U0741085

全国高职高专教育精品规划教材

工商企业管理基础

主　编　周云霞　张建华

副主编　李　巍　王　翠

参　编　吴兆明　沈建男

北京交通大学出版社

·北京·

内 容 简 介

"工商融和"的复合型高技能人才培养模式是苏州经贸职业技术学院的办学特色,是应苏州区域社会经济的发展、用人单位的呼唤和就业形势的需求而产生。强化"工商融和"办学理念、深化"工商融和"内涵、组织"工商融和"教材建设是加速推进这一人才培养模式的有效路径。《工商企业管理基础》一书正是顺应学院和社会的这种需求而推出,它以企业活动过程为线索,项目组织、任务驱动、案例引导,改变了管理理论传统的教学方法与模式,新颖独特。本书同时立足高职高专职业教育的特点,分 8 个项目展开论述:企业管理认识、企业经营决策、销售管理、生产运营管理、财务管理、人力资源管理、物流采购管理及构建企业文化。根据实际需求,可以对不同专业的学生进行选讲与选做不同项目内容,重点清晰明确,突出实际应用。

本书既可作为高职高专管理类及其他专业的教学用书,具有"工商融合"的特色,也可作为企业在职管理人员的业务培训用书,还可作为工商企业领导及各级经营管理人员的参阅读本。

版权所有,侵权必究。

图书在版编目(CIP)数据

工商企业管理基础 / 周云霞,张建华主编. — 北京:北京交通大学出版社,2011.2
(全国高职高专教育精品规划教材)
ISBN 978 – 7 – 5121 – 0504 – 1

Ⅰ. ① 工… Ⅱ.① 周… ② 张… Ⅲ. ① 工商企业 – 企业管理 – 高等学校:技术学校 – 教材 Ⅳ. ① F276.4

中国版本图书馆 CIP 数据核字(2011)第 020326 号

责任编辑:薛飞丽

出版发行:北京交通大学出版社　　　　　　电话:010 – 51686414
　　　　　北京市海淀区高梁桥斜街 44 号　　邮编:100044
印　刷　者:北京泽宇印刷有限公司
经　　　销:全国新华书店
开　　　本:185×260　　印张:18.75　　字数:458 千字
版　　　次:2011 年 2 月第 1 版　　2011 年 7 月第 2 次印刷
书　　　号:ISBN 978 – 7 – 5121 – 0504 – 1/F · 803
印　　　数:3 001 ～ 10 000 册　　定价:32.00 元

本书如有质量问题,请向北京交通大学出版社质监组反映。对您的意见和批评,我们表示欢迎和感谢。
投诉电话:010 – 51686043,51686008;传真:010 – 62225406;E-mail:press@bjtu.edu.cn。

全国高职高专教育精品
规划教材丛书编委会

主　任：曹　殊
副主任：武汉生（西安翻译学院）
　　　　朱光东（天津冶金职业技术学院）
　　　　何建乐（绍兴越秀外国语学院）
　　　　文晓璋（绵阳职业技术学院）
　　　　梅松华（丽水职业技术学院）
　　　　王　立（内蒙古建筑职业技术学院）
　　　　文振华（湖南现代物流职业技术学院）
　　　　叶深南（肇庆科技职业技术学院）
　　　　陈锡畴（郑州旅游职业学院）
　　　　王志平（河南经贸职业学院）
　　　　张子泉（潍坊科技职业学院）
　　　　王法能（青岛黄海学院）
　　　　邱曙熙（厦门华天涉外职业技术学院）
　　　　逯　侃（步长集团陕西国际商贸学院）
委　员：黄盛兰（石家庄职业技术学院）
　　　　张小菊（石家庄职业技术学院）
　　　　邢金龙（太原大学）
　　　　孟益民（湖南现代物流职业技术学院）
　　　　周务农（湖南现代物流职业技术学院）
　　　　周新焕（郑州旅游职业学院）
　　　　周云霞（苏州经贸职业技术学院）
　　　　高庆新（河南经贸职业学院）
　　　　李玉香（天津冶金职业技术学院）
　　　　邵淑华（德州科技职业学院）
　　　　刘爱青（德州科技职业学院）
　　　　宋立远（广东轻工职业技术学院）
　　　　孙法义（潍坊科技职业学院）
　　　　颜　海（武汉生物工程学院）

出 版 说 明

　　高职高专教育是我国高等教育的重要组成部分，其根本任务是培养生产、建设、管理和服务第一线需要的德、智、体、美全面发展的应用型专门人才，所培养的学生在掌握必要的基础理论和专业知识的基础上，应重点掌握从事本专业领域实际工作的基础知识和职业技能，因此与其相对应的教材也必须有自己的体系和特点。

　　为了适应我国高职高专教育发展及其对教育改革和教材建设的需要，在教育部的指导下，在全国范围内组织并成立了"全国高职高专教育精品规划教材研究与编审委员会"（以下简称"教材研究与编审委员会"）。"教材研究与编审委员会"的成员所在单位皆为教学改革成效较大、办学实力强、办学特色鲜明的高等专科学校、成人高等学校、高等职业学校和高等院校主办的二级职业技术学院，其中一些学校是国家重点建设的示范性职业技术学院。

　　为了保证精品规划教材的出版质量，"教材研究与编审委员会"在全国范围内选聘"全国高职高专教育精品规划教材编审委员会"（以下简称"教材编审委员会"）成员和征集教材，并要求"教材编审委员会"成员和规划教材的编著者必须是从事高职高专教学第一线的优秀教师和专家。此外，"教材编审委员会"还组织各专业的专家、教授对所征集的教材进行评选，对所列选教材进行审定。

　　此次精品规划教材按照教育部制定的"高职高专教育基础课程教学基本要求"进行编写。规划教材按照突出应用性、针对性和实践性的原则，重组系列课程教材结构，力求反映高职高专课程和教学内容体系改革方向；反映当前教学的新内容，突出基础理论知识的应用和实践技能的培养；在兼顾理论和实践内容的同时，避免"全"而"深"的面面俱到，基础理论以应用为目的，以必要、够用为尺度；尽量体现新知识和新方法，以利于学生综合素质的形成和科学思维方式与创新能力的培养。

　　此外，为了使规划教材更具有广泛性、科学性、先进性和代表性，"教材研究与编审委员会"真心希望全国从事高职高专教育的院校能够积极参与到"教材研究与编审委员会"中来，推荐有特色、有创新的教材。同时，希望将教学实践的意见和建议及时反馈给"教材研究与编审委员会"，以便对出版的教材不断修订、完善，不断提高教材质量，完善教材体系，为社会奉献更多、更新的与高职高专教育配套的高质量教材。

　　此次所有精品规划教材由全国重点大学出版社——北京交通大学出版社出版，适合于各类高等专科学校、成人高等学校、高等职业学校和高等院校主办的二级技术学院使用。

全国高职高专教育精品规划教材研究与编审委员会

2011 年 2 月

总　序

历史的车轮已经跨入了公元 2011 年，我国高等教育的规模已经是世界之最，2009 年的毛入学率达到了 24.2%，属于高等教育大众化教育阶段。根据教育部 2006 年第 16 号《关于全面提高高等职业教育教学质量的若干意见》等文件精神，高职高专院校要积极构建与生产劳动和社会实践相结合的学习模式，把工学结合作为高等职业教育人才培养模式改革的重要切入点，带动专业调整与建设，引导课程设置、教学内容和教学方法改革。由此，高职高专教学改革进入了一个崭新阶段。

新设高职类型的院校是一种新型的专科教育模式，高职高专院校培养的人才应当是应用型、操作型人才，是高级蓝领。新型的教育模式需要改变原有的教育模式和教育方法，改变没有相应的专用教材和相应的新型师资力量的现状。

为了使高职院校的办学有特色，毕业生有专长，需要建立"以就业为导向"的新型人才培养模式。为了达到这个目标，提出了"以就业为导向，要从教材差异化开始"的改革思路，打破高职高专院校使用教材的统一性，根据各高职高专院校专业和生源的差异性，因材施教。从高职高专教学最基本的基础课程，到各个专业的专业课程，着重编写出实用、适用高职高专不同类型人才培养的教材。同时，根据院校所在地经济条件的不同和学生兴趣的差异，编写出形式活泼、授课方式灵活、满足社会需求的教材。

培养的差异性是高等教育进入大众化教育阶段的客观规律，也是高等教育发展与社会发展相适应的必然结果。只有让在校学生接受差异性的教育，才能充分调动学生浓厚的学习兴趣，才能保证不同层次的学生掌握不同的技能专长，避免毕业生被用人单位打上"批量产品"的标签。只有高等学校的培养有差异性，其毕业生才能有特色，才会在就业市场上具有竞争力，从而使高职高专的就业率大幅度提高。

北京交通大学出版社出版的这套高职高专教材，是在教育部"十一五规划教材"所倡导的"创新独特"四字方针下产生的。教材本身融入了很多较新的理念，出现了一批独具匠心的教材，其中，扬州环境资源职业技术学院的李德才教授编写的《分层数学》，教材立意新颖、独具一格，提出以生源的质量决定教授数学课程的层次和级别；无锡南洋职业技术学院的杨鑫教授编写的一套《经营学概论》系列教材，将管理学、经济学等不同学科知识融为一体，具有很强的实用性。

此套系列教材是由长期工作在第一线、具有丰富教学经验的老师编写的，具有很好的指导作用，达到了教育部所提倡的"以就业为导向培养高职高专学生"和因材施教的目标要求。

教育部全国高等学校学生信息咨询与就业指导中心择业指导处处长
中国高等教育学会毕业生就业指导分会秘书长
曹　殊　研究员

前　言

中国加入 WTO 以后，企业面临着更加开放的市场环境，面对经济全球化的挑战，面对市场经济大潮的猛烈冲击，现代企业管理正处于崭新的发展变化时期，企业管理的体制在全面改革，企业管理的变革在不断加剧，企业管理的创新在不断演进，与此相适应，对企业管理理论的研究也处于不断拓展与深化的阶段，其突出表现是：企业管理的外延在不断扩大、内涵在不断丰富、体系在不断健全、理论在不断升华。企业管理实践的不断创新，企业管理理论的逐步完善，是社会生产迅速发展、市场经济逐步成熟、企业管理体制改革不断深化的要求和结果。企业管理的发展和演化是社会经济环境中各种因素的综合反映和系统表现，并且这些因素具有明显的层次性和广泛的关联性。

管理是人类共同劳动的产物，是一切有组织的协作所不可缺少的活动。随着社会生产的不断发展，体制改革的不断深化，消费需求的多元变化，生活理念的不断变更，对外开放的不断扩大，市场竞争的日趋激烈，必然会推动企业管理方式的不断创新。在这种态势下，企业管理理论必然会推陈出新，与此相应地，对企业管理和方法的研究也就显得更为必要和迫切。

《工商企业管理基础》一书正是企业管理实践活动和企业管理理论探索的产物，以企业活动过程为线索，项目组织、任务驱动、案例引导，根据管理职业的实际需要，收集有关管理工作环境及其所担当的管理角色，通过分析他们所应掌握的管理基本知识、技能，以及应该通过多种实训环节来提高学生的管理能力和职业素养，为学生将来的职业发展打下良好的基础。

本书是一种"实用型"教科书。这种实用型教科书建立在"高职高专教育是以培养适用性人才为主旨"的基础上。其目的是：针对职业岗位需要，培养一线的企业管理应用型人才。本书秉承教育部高职高专示范院校建设精神，遵循职业教育教学规律，在社会行业调研的基础上，以学生将来就业面临的实际管理活动设计本书的学习项目，突出学生的管理实践技能的培养。

本书以入市后企业面临的全新的市场环境为切入点，立足高职高专职业教育的特点，从企业的核心、管理的本质到人力资源管理等企业管理的实务进行了全面的论述。《工商企业管理基础》的体系结构共分为 8 个项目，分别为：企业管理认识、企业经营决策、销售管理、生产运营管理、财务管理、人力资源管理、物流采购管理及构建企业文化。

本书注重理论与实践相统一，国内与国际相衔接，历史与现实相交融，当前与长远相结合，内容丰富，结构严谨，图文并茂，新颖实用，注重实践，强调适用，便于研习，信息量大，可读性强，适应面宽。本书每个项目都附有学习目标、项目小结、典型案例、课后讨论及复习思考等，便于读者抓住重点，领会要点，排除疑点，解决难点。

本书在苏州经贸职业技术学院各位领导的支持下，由长期从事管理理论研究和管理实践工作的本院专家教授编写而成，各项目编写分工为：周云霞副教授编写前言、项目 4，担任主编统筹安排、审核；张建华教授编写项目 8，并担任主编；李巍副教授编写项目 7，担任副主编；王翠老师编写项目 1、项目 2，并担任副主编；吴兆明老师编写项目 3、项目 5，沈建男老师编写项目 6。

具体项目内容如下。（教学建议：对应管理类专业 68 学时左右，如下图所示；其他专业作为"工商融和"教材34学时左右，可以根据专业类型不同，选讲所需项目。）

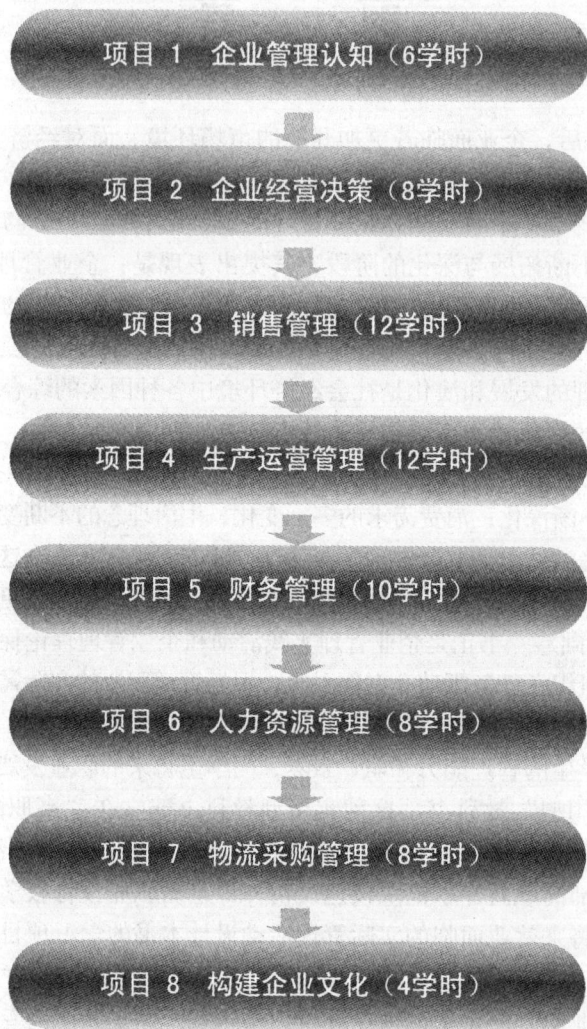

项目 1　企业管理认知（6学时）

项目 2　企业经营决策（8学时）

项目 3　销售管理（12学时）

项目 4　生产运营管理（12学时）

项目 5　财务管理（10学时）

项目 6　人力资源管理（8学时）

项目 7　物流采购管理（8学时）

项目 8　构建企业文化（4学时）

本书在编写过程中得到了苏州经贸职业技术学院李冬教授、李良副教授等多位专家的指导，也参考了国内外众多专家学者在企业管理方面的著作、教材，还吸收了部分专家、学者的研究成果；还得到了苏州苏宁电器有限公司张森部长、苏州市生产性服务业协会许晓文部长、上海琪洋物流有限公司王勇总经理、苏州森欣企业管理咨询有限公司杨思川总监、中外运高新物流苏州有限公司田琳经理、苏州腾蛟机电有限公司郑秀健经理等的大力支持与帮助，在此一并表示谢忱。

由于编者水平有限，加之时间仓促，还有不少不足之处，敬请同行专家及广大读者多提宝贵意见，以便修订完善。

编　者
2011 年 1 月

目　　录

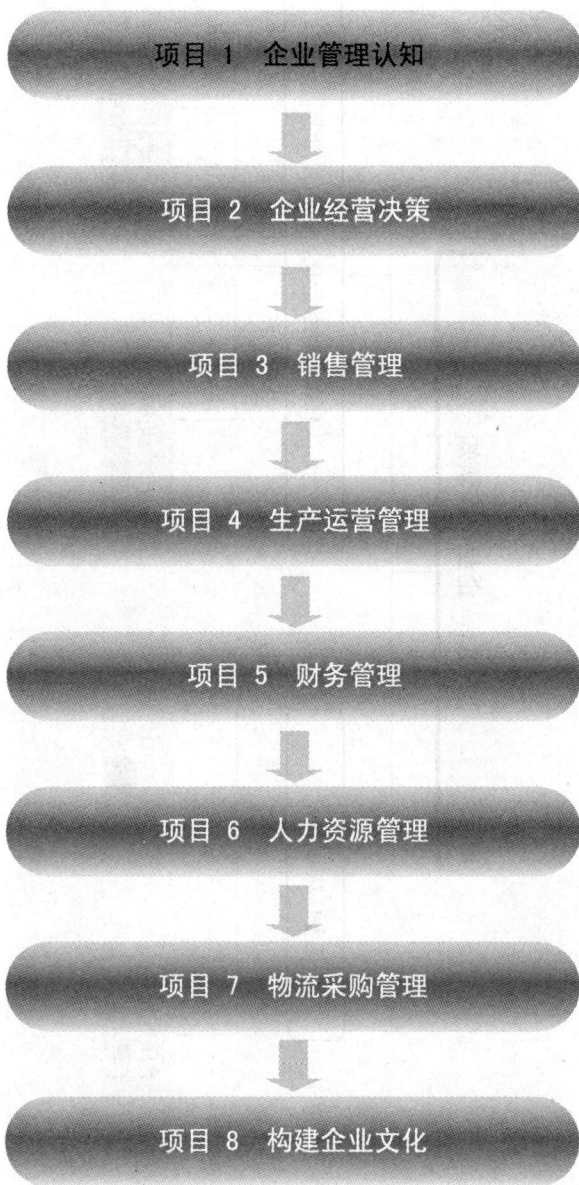

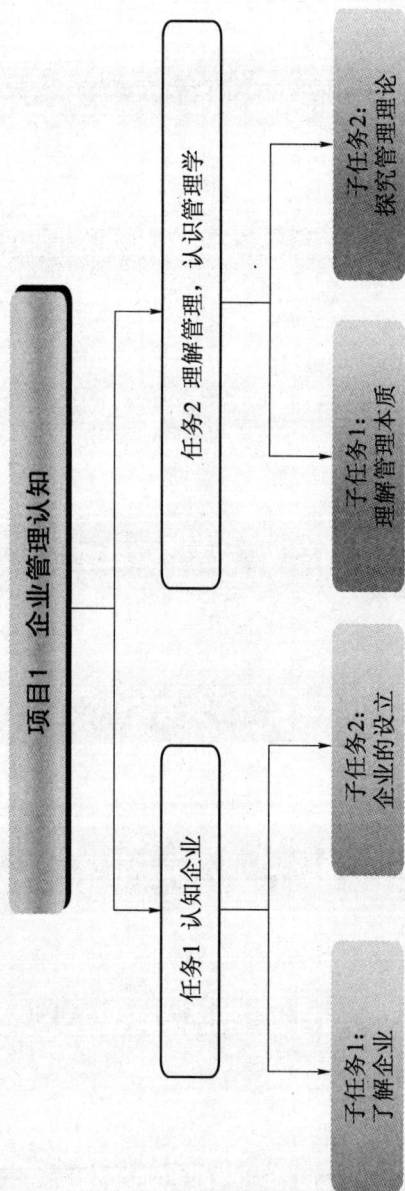

项目 1

企业管理认知

　　"企业"与"管理"这两个名词集成组装起来，说明企业的各项运营活动和一般性的管理活动是综合而成的。因此，管理本身必然包括企业的运营实践、管理实践及其实践过程之中规律性、理论性的不断总结；另一方面，管理的历史源远流长，有共同劳动就要管理。管理之中也必然有"理"，有其学问，需要我们去学习和掌握。本项目通过对企业的了解，深入学习管理在企业中的运用和实施。

学习目标

1. 理解企业的含义，了解企业的产生与发展。
2. 熟悉设立企业的基本条件及步骤。
3. 理解管理的含义。
4. 掌握并理解管理的性质和管理的职能。
5. 了解管理理论的发展，掌握现代管理理论的主要内容。

任务 1　认 知 企 业

子任务 1　了解企业

　　【要求】通过案例分析，引导学生认识企业及其产生过程。

案例 1

埃克森美孚公司

　　埃克森美孚公司是世界领先的石油和石化公司，总部设在美国得克萨斯州爱文市。埃克森美孚始于约翰洛克菲勒 1882 年在美国创建的标准石油公司。目前，埃克森美孚通过其关联公司在全球大约 200 个国家和地区开展业务，拥有 8.6 万名员工。埃克森美孚秉承着眼于长远利益、严谨的投资方针，致力于开发和运用行业领先技术，不懈地追求完善的运营管理，从而使之居于行业领先地位。为了充分展示其实力，埃克森美孚：每年研发投资 6 亿多美元，在过去的 10 年内获得了 1 万多项专利；在近 40 个国家进行油气勘探、开发和生产，拥有已探明油气储量 220 亿油当量桶；是世界最大的非政府油气生产商及最大的非政府天然气销售商；是世界最大的炼油商之一，拥有分布在 25 个国家的 45 家炼油厂；在 100 多个国家销售埃克森、埃索及美孚品牌的油品，拥有 3.7 万多个加油站及 100 万个工业和批发客户；是世界航空燃料的主要供应商，客户遍及全球 600 个机场；是世界最大的润滑油基础油供应商，成品润滑油及特种油品的主要销售商；是众多基本石化产品的主要生产商，每年在 150 多个国家销售大约 2 800 万吨石化产品；连续 85 年以上获得 3A 信用等级，是世界上保持这一记录为数不多的公司之一。

讨论：2009 年福布斯排行榜，埃克森美孚公司位列第一，试讨论其成功的原因。

▶ 知识油库

1-1-1-1　企业的产生和发展

🔍 小词典

> **企业的含义**：企业是从事生产、流通和服务等经济活动，以产品或服务满足社会需要并获取盈利，实行独立核算、自主经营、以收抵支、自负盈亏的经济实体，是具有法人资格的基本经济单位。企业是国民经济的基本单位，是现代社会的重要细胞。

一、企业的产生

从企业产生的历史渊源来看，它是生产力发展到一定水平和劳动分工细化到一定程度的产物。企业是作为取代家庭和作坊而出现的一种具有更高生产效率的经济单位。我们知道，从原始社会到封建社会，一直是"牛郎织女"式的男耕女织，自然经济占统治地位。社会生产和消费主要是以家庭为经济单位或是以手工劳动为基础的作坊，这还都不是企业。在生产力发展的推动下，在劳动分工越来越细，商品经济不断发展的前提下，资本主义商品经济代替了自然经济，企业才成为社会的基本经济单位。

从企业出现的制度原因来看，企业是商品经济发展到一定阶段的产物。传统的企业理论主要从协作效益、规模经济等生产技术因素分析企业产生的根源，把企业看成是一种以最小的投入获得最大的产出的生产函数。但企业的存在还有制度方面的原因，20 世纪 30 年代，由著名学者科斯所开创的现代企业理论从制度分析出发提出了企业起源假设。

二、企业的发展

企业是社会生产力发展、进步的结果，是产品经济发展到一定历史阶段的产物，同时，企业又是一个动态变化的经济组织，它随着人类社会的进步、生产的发展、科学技术水平的提高而不断地发展、进步。纵观企业的发展过程，大致经历了几个发展阶段：手工业生产发展阶段、工厂发展阶段和企业生产发展阶段。

企业的发展历程表明，制约和推进企业发展的因素是多方面的。例如，社会发展的客观需要，市场发展变化对企业提出的新要求，经济发展带来的文化、观念、道德等方面的变化对企业发展的影响等。但是，推动和制约企业发展的根本因素是技术革命，自人类社会经济生活中产生企业三百多年以来，至少经历了 4 次技术革命。第一次是三百年前的技术革命，以大机器为中心；第二次是一百多年前以重工业技术为中心的革命；第三次是第二次世界大战之后的一系列技术革命；第四次是当前高新技术的产生和发展，如生命科学、信息工程、材料科学等。从企业发展的角度看，每次技术革命必然伴随一场空前规模的产业调整，一方面一大批适应社会经济发展需要的新企业迅速崛起，开拓出一系列新的生产领域；另一方面传统企业在技术、设备、工艺和管理上进行一系列的根本性改革，使社会生产力产生质的飞跃。

子任务2 企业的设立

【要求】通过案例分析，探讨设立企业所需条件及设立步骤。

📖 案例2

股份有限公司的设立

国有企业火炬化工厂与另外一国有企业火星化工原料厂决定共同作为发起股份有限公司。股份有限公司章程规定公司注册资本为人民币5 000万元。火炬化工厂以厂房、机器设备和土地使用权出资，评估作价400万元；火星化工原料厂以原料及厂房出资，经评估作价200万元；另外，火炬化工厂还以本厂的商标及专利技术出资，经评估作价1 100万元，该专利技术并非高新技术。公司将以募集方式设立，除了发起人按规定认购的股份以外，其余股份准备向社会公开募集。

试分析：

（1）发起人是否符合法定人数？

（2）公司注册资本是否符合法定最低限额？

（3）发起人的出资是否符合法律规定？

（4）股份的公开募集是否符合《公司法》的规定？

▶ **知识油库**

1-1-2-1 公司设立

一、公司设立的含义

公司设立是指公司设立人依照法定的条件和程序，为组建公司并取得法人资格而必须采取和完成的法律行为。

🔍 **小提醒**

公司设立不同于公司的设立登记，后者仅是公司设立行为的最后阶段；公司设立也不同于公司成立，后者不是一种法律行为，而是设立人取得公司法人资格的一种事实状态或设立人设立公司行为的法律后果。所以，公司设立的实质是一种法律行为，属于法律行为中的多方法律行为，但一人有限责任公司和国有独资公司的设立行为属于单方法律行为。

公司设立行为属于法律行为之一，其成立要件、效力要件除了需要受民、商事基本法如民法典、商法典的规制外，主要受公司法的规制。

二、公司设立方式

公司设立的方式基本为两种，即发起设立和募集设立。

发起设立又称"同时设立"、"单纯设立"，是指公司的全部股份或首期发行的股份由发起人自行认购而设立公司的方式。有限责任公司只能采取发起设立的方式，由全体股东出资设立。股份有限公司可采取发起设立的方式，也可以采取募集设立的方式。发起设立在程序上较为简便。

募集设立又称"渐次设立"或"复杂设立"，是指发起人只认购公司股份或首期发行股份的一部分，其余部分对外募集而设立公司的方式。所以，募集设立既可以是通过向社会公开发行股票的方式设立，也可以是不发行股票而只向特定对象募集而设立，这种方式只为股份有限公司设立。由于募集设立的股份有限公司资本规模较大，涉及众多投资者的利益，故各国公司法均对其设立程序严格限制。如为防止发起人完全凭借他人资本设立公司，损害一般投资者的利益，各国大都规定了发起人认购的股份在公司股本总数中应占的比例，我国的规定比例是35%。

三、公司设立登记

公司设立登记是指公司设立人按法定程序向公司登记机关申请，经公司登记机关审核并记录在案，以供公众查阅的行为。设置公司设立登记制度，旨在巩固公司信誉并保障社会交易的安全。在我国，公司进行设立登记，应向各级工商行政管理机关提出申请，并应遵守《公司登记管理条例》的有关规定。

1. 公司名称预先核准

根据《公司登记管理条例》第17条的规定，设立公司应当向公司登记机关（工商行政管理局）申请公司名称的预先核准。其中，法律、行政法规或者国务院决定规定设立公司必须报经批准，或者公司经营范围中属于法律、行政法规或者国务院决定规定在登记前须经批准的项目的，应当在报送批准前办理公司名称预先核准，并以公司登记机关核准的公司名称报送批准。

设立有限责任公司，应当由全体股东指定的代表或者共同委托的代理人向公司登记机关申请名称预先核准；设立股份有限公司，应当由全体发起人指定的代表或者共同委托的代理人向公司登记机关申请名称预先核准。申请名称预先核准，应当提交下列文件：① 有限责任公司的全体股东或者股份有限公司的全体发起人签署的公司名称预先核准申请书；② 全体股东或者发起人指定代表或者共同委托代理人的证明；③ 国家工商行政管理总局规定要求提交的其他文件。

预先核准的公司名称保留期为6个月。预先核准的公司名称在保留期内不得用于从事经营活动，不得转让。

2. 公司设立登记程序

公司设立人首先应当向其所在地工商行政管理机关提出申请。设立有限责任公司应由全体股东指定的代表或共同委托的代理人作为申请人；设立国有独资公司应由国家授权投资机构或国家授权的部门作为申请人；设立股份有限公司应由董事会作为申请人。

申请设立有限责任公司应向公司登记机关提交下列文件：① 公司法定代表人签署的设立登记申请书；② 全体股东指定代表或者共同委托代理人的证明；③ 公司章程；④ 依法设立的验资机构出具的验资证明，法律、行政法规另有规定的除外；⑤ 股东首次出资是非货币财产的，应当在公司设立登记时提交已办理其财产权转移手续的证明文件；⑥ 股东的主体资格证明或者自然人身份证明；⑦ 载明公司董事、监事、经理的姓名、住所的文件及有关委派、选举或者聘用的证明；⑧ 公司法定代表人任职文件和身份证明；⑨ 企业名称预先核准通知书；⑩ 公司住所证明；⑪ 国家工商行政管理总局规定要求提交的其他文件（《公司登记管理条例》第20条）。

申请设立股份有限公司，应当向公司登记机关提交下列文件：① 公司法定代表人签署的设立登记申请书；② 董事会指定代表或者共同委托代理人的证明；③ 公司章程；④ 依法设立的验资机构出具的验资证明；⑤ 发起人首次出资是非货币财产的，应当在公司设立登记时提交已办理其财产权转移手续的证明文件；⑥ 发起人的主体资格证明或者自然人身份证明；⑦ 载明公司董事、监事、经理姓名、住所的文件及有关委派、选举或者聘用的证明；⑧ 公司法定代表人任职文件和身份证明；⑨ 企业名称预先核准通知书；⑩ 公司住所证明；⑪ 国家工商行政管理总局规定要求提交的其他文件。其中，以募集方式设立股份有限公司的，还应当提交创立大会的会议记录；以募集方式设立股份有限公司公开发行股票的，还应当提交国务院证券监督管理机构的核准文件。法律、行政法规或者国务院决定规定设立股份有限公司必须报经批准的，还应当提交有关批准文件。对于公司申请登记的经营范围中属于法律、行政法规或者国务院决定规定在登记前须经批准的项目的，应当在申请登记前报经国家有关部门批准，并向公司登记机关提交有关批准文件（《公司登记管理条例》第21条、第22条）。

由此可见，设立有限责任公司与设立股份有限公司在设立申请文件方面其实是一样的要求，只是相关法律文件的签署人的称谓不同而已：在前者称为股东，在后者则称为发起人。当然，以募集方式设立的股份有限公司在设立申请时需要提交的文件有所不同，主要是增加了创立大会的会议记录；其中以募集方式设立公开发行股票的，还需提交国务院证券监督管理机构的核准文件。

3. 公司设立登记的法律效力

《公司登记管理条例》第25条规定："依法设立的公司，由公司登记机关发给《企业法人营业执照》。公司营业执照签发日期为公司成立日期。公司凭公司登记机关核发的《企业法人营业执照》刻制印章，开立银行账户，申请纳税登记。"由此可见，公司经设立登记的法律效力就是使公司取得法人资格，进而取得从事经营活动的合法身份。

四、公司设立的条件

（一）有限责任公司设立的条件

根据《公司法》的规定，设立有限责任公司，应当具备下列5个条件。

1. 股东符合法定人数

设立有限责任公司的法定人数分两种情况：一是通常情况下，法定股东数须是2人以上50人以下；二是特殊情况下，国家授权投资的机构或国家授权的部门可以单独设立国有独资的有限责任公司。

2. 股东出资达到法定资本最低限额

法定资本是指公司向公司登记机关登记时，实缴的出资额，即经法定程序确认的资本。在我国，法定资本又称为注册资本，既是公司成为法人的基本特征之一，又是企业承担亏损风险的资本担保，同时也是股东权益划分的标准。

我国《公司法》根据行业的不同特点，规定了不同的法定资本最低限额：以生产经营为主的公司，人民币 50 万元；以商品批发为主的公司，人民币 50 万元；以商业零售为主的公司，人民币 30 万元；科技开发、咨询、服务性公司，人民币 10 万元（现有些地区减至 3 万元）。

关于出资方式，股东可以用货币出资，也可以用实物、工业产权、非专利技术、土地使用权作价出资。其中以工业产权、非专利技术作价出资的金额不得超过有限责任公司注册资本的 20%，但国家对采用高新技术成果有特别规定的除外。

3. 股东共同制定章程

公司章程是关于公司组织及其活动的基本规章。制定公司章程既是公司内部管理的需要，也是便于外界监督管理和交往的需要。根据《公司法》的规定，公司章程应当载明的事项有：公司名称和住所、公司经营范围、公司注册资本、股东姓名或名称、股东的权利和义务、股东的出资方式和出资额、股东转让出资的条件、公司的机构及其产生办法和职权及议事的规则、公司的法定代表人、公司的解散事项与清算办法、其他事项。

4. 有公司名称，建立符合有限责任公司要求的组织机构

公司作为独立的企业法人，必须有自己的名称。公司设立名称时还必须符合法律、法规的规定。有限责任公司的组织机构是指股东会、董事会或执行董事、监事会或监事。

5. 有固定的生产经营场所和必要的生产经营条件

生产经营场所可以是公司的住所，也可以是其他经营地。生产经营条件是指与公司经营范围相适应的条件。它们都是公司从事经营活动的物质基础，是设立公司的起码要求。

（二）股份有限公司设立的条件

根据我国《公司法》的规定，设立股份有限公司，应当具备以下 6 个条件。

① 发起人符合法定人数。设立股份有限公司必须要有发起人，发起人既可以是自然人，也可以是法人。发起人应当在 5 人以上，其中须有过半数的发起人在中国境内有住所。国有企业改建为股份有限公司的，发起人可以少于 5 人，但应当采取募集设立方式。

② 发起人认缴和社会公开募集的股本达到法定资本的最低限额。我国《公司法》明确规定：股份有限公司的注册资本应为在公司登记机关登记的实收股本。股本总额为公司股票面值与股份总数的乘积。同时还规定，公司注册资本的最低限额为人民币 1 000 万元，最低限额需要高于人民币 1 000 万元的，由法律、行政法规另行规定。在发起设立的情况下，发起人应认购公司发行的全部股份；在募集设立的情况下，发起人认购的股份不得少于公司股份数的 35%。

③ 股份发行、筹办事项符合法律规定。

④ 发起人制定公司章程，并经创立大会通过。

⑤ 有公司名称，建立符合股份有限公司要求的组织机构。股份有限公司的组织机构由股东大会、董事会、经理、监事会组成。股东大会是最高权力机构，股东出席股东大会，所持每一股份有一表决权。董事会是公司股东会的执行机构，由 5 ～ 19 人组成。经理负责公

司的日常经营管理工作。

⑥ 有固定的生产经营场所和必要的生产经营条件。

（三）合伙企业设立的条件

根据《合伙企业法》的规定，设立合伙企业应当具备下列 5 个条件。

1. 有两个以上的合伙人，并且都是依法承担无限责任者

合伙企业合伙人至少为 2 人以上，这是最低的限额，最高限额未做规定。与有限责任公司的股东不同，合伙企业中的合伙人承担的是无限责任，合伙企业不允许有承担有限责任的合伙人。

2. 有书面合伙协议

合伙协议是由各合伙人通过协商，共同决定相互间的权利义务，达成的具有法律约束力的协议。合伙协议应当由全体合伙人协商一致，以书面形式定立。合伙协议经全体合伙人签名、盖章后生效。

3. 有各合伙人实际缴付的出资

合伙人的出资可以用货币、实物、土地使用权、知识产权或其他财产权利缴纳出资。经全体合伙人协商一致，合伙人也可以用劳务出资。对劳务出资，其评估办法由全体合伙人协商确定。

4. 有合伙企业名称

合伙人在成立合伙企业时，必须确定其合伙企业名称。该名称必须符合企业名称管理的有关规定。

5. 有营业场所和从事合伙经营的必要条件

合伙企业要经常、持续地从事生产经营活动，就必须有一定的营业场所和从事合伙经营的必要条件。所谓必要条件，就是根据合伙企业的合伙目的和经营范围要求，如果欠缺则无法从事生产经营活动的物质条件。

（四）一人企业设立的条件

依照公司法，设立一人公司需要具体以下几个条件。首先，对一人公司实行严格的资本确定原则，一人公司的注册资本最低为 10 万元，并且必须一次性足额缴纳；其次，一人公司必须在公司营业执照上载明是自然人独资或者法人独资；第三，一个自然人只能设立一家一人公司，该自然人不能再设立新的一人公司；第四，一人公司应当在每一会计年度编制财务会计报告，并经依法设立的会计师事务所审计；第五，一人公司股东如果不能证明公司的财产独立于股东个人的财产，应当对公司的债务承担连带的责任。

五、公司章程

（一）公司章程的特征

小词典

公司章程是指公司所必备的，规定其名称、宗旨、资本、组织机构等对内对外事务的基本法律文件。公司章程作为规范公司的组织和活动的基本规则，在公司存续期间具有重要意义。

公司章程具有以下基本特征。

1. 法定性

法定性主要强调公司章程的法律地位，其主要内容及修改程序、效力都由法律强制规定，任何公司都不得违反。公司章程是公司设立的必备条件之一，无论是设立有限责任公司还是设立股份有限公司，都必须由全体股东或发起人订立公司章程，并且必须在公司设立登记时提交公司登记机关进行登记。

2. 真实性

真实性主要强调公司章程记载的内容必须是客观存在的、与实际相符的事实。

3. 自治性

自治性主要体现在：其一，公司章程作为一种行为规范，不是由国家而是由公司依法自行制定的，是公司股东意思表示一致的结果；其二，公司章程是一种法律以外的行为规范，由公司自己来执行，无需国家强制力来保证实施；其三，公司章程作为公司内部规章，其效力仅及于公司和相关当事人，而不具有普遍的约束力。

4. 公开性

公开性主要对股份有限公司而言。公司章程的内容不仅要对投资人公开，还要对包括债权人在内的一般社会公众公开。

（二）公司章程的内容

公司章程的内容即指公司章程所记载的事项。公司章程的具体内容可因公司种类、公司经营范围、公司经营方式的不同而有所区别，但都可以归为以下三类。

1. 绝对记载事项

公司章程的绝对记载事项，是指法律规定公司章程中必须记载的事项。对于绝对记载事项，公司有义务必须一一记载，没有权利作出自由选择。如果缺少其中任何一项或任何一项记载不合法，将导致整个章程无效。

2. 相对记载事项

公司章程的相对记载事项，是指法律列举规定了某些事项，但这些事项是否记入公司章程，全由章程制定者决定。相对记载事项，非经载明于章程，不生效力。

3. 任意记载事项

公司章程的任意记载事项，是指法律并无明文规定，但公司章程制定者认为需要协商记入公司章程，以便使公司能更好运转且不违反强行法之规定和公序良俗之原则的事项。如公司之存续期限，股东会之表决程序，变更公司之事由，董事、监事、高级管理人员之报酬等。

（三）我国公司法对公司章程内容的规定

我国《公司法》第 25 条和第 82 条分别对有限责任公司和股份有限公司的章程应当载明的事项给予了规定。

1. 有限责任公司章程的绝对记载事项

有限责任公司的章程应当载明下列事项：

① 公司名称和住所；

② 公司经营范围；

③ 公司注册资本；

④ 公司股东的姓名或名称；

⑤ 股东的出资方式、出资额和出资时间；

⑥ 公司的机构及其产生办法、职权、议事规则；

⑦ 公司法定代表人；

⑧ 股东会会议认为需要规定的其他事项。

2. 股份有限公司章程的绝对记载事项

股份有限公司的章程应当载明下列事项：

① 公司名称和住所；

② 公司经营范围；

③ 公司设立方式；

④ 公司股份总数、每股金额和注册资本；

⑤ 发起人的姓名或者名称、认购的股份数、出资方式和出资时间；

⑥ 董事会的组成、职权和议事规则；

⑦ 公司法定代表人；

⑧ 监事会的组成、职权和议事规则；

⑨ 公司利润分配办法；

⑩ 公司的解散事由和清算办法；

⑪ 公司的通知和公告办法；

⑫ 股东大会会议认为需要规定的其他事项。

从《公司法》的上述规定可以看出，法律对有限责任公司章程的法定记载事项采取较为宽松的规则；而对股份有限公司章程的法定记载事项则采取较为严格的规则，要求记载的事项较多。这是由股份有限公司的资合性和开放性所决定的。

1-1-2-2　公司资本

一、公司资本的含义

公司资本也称为股本，它在公司法上的含义是指由公司章程确定并载明的、全体股东的出资总额。公司资本的具体形态有以下几种。

1. 注册资本

即狭义上的公司资本，是指公司在设立时筹集的、由章程载明的、经公司登记机关登记注册的资本。《公司法》第26条规定："有限责任公司的注册资本为在公司登记机关登记的全体股东认缴的出资额。"第81条规定："股份有限公司采取发起设立方式设立的，注册资本为在公司登记机关登记的全体发起人认购的股本总额。股份有限公司采取募集方式设立的，注册资本为在公司登记机关登记的实收股本总额。"

2. 发行资本

又称认缴资本，是指公司实际上已向股东发行的股本总额。发行资本可能等于注册资本，也可能小于注册资本。实行法定资本制的国家，公司章程所确定的资本应一次全部认足，因此，发行资本一般等于注册资本。但股东在全部认足资本后，可以分期缴纳股款。实行授权资本制的国家，一般不要求注册资本都能得到发行，所以它小于注册资本。

3. 认购资本

是指出资人同意缴付的出资总额。

4. 实缴资本

又称实收资本，是指公司成立时公司实际收到的股东的出资总额。它是公司现实拥有的资本。由于股东认购股份以后，可能一次全部缴清，也可能在一定期限内分期缴纳。故而实缴资本可能等于或小于注册资本。

我国新修订的《公司法》对公司资本采纳了一定程度上的授权资本制，即允许公司成立时股东只实际缴付一定比例的认缴资本，其余认缴的资本在公司成立后的一定期限内缴清即可。所以，公司的注册资本等于公司成立时全体股东的认缴资本总额，但公司成立时的实缴资本可能小于注册资本。

二、公司资本原则

公司资本原则，是指由公司法所确立的在公司设立、营运及管理的整个过程中为确保公司资本的真实、安全而必须遵循的法律准则。传统公司法所确认的三项资本原则最为重要，即资本确定原则、资本维持原则和资本不变原则。

1. 资本确定原则

它是指公司设立时应在章程中载明的公司资本总额，并由发起人认足或募足，否则公司不能成立。现在很少有国家严守此项原则。

2. 资本维持原则

又称资本充实原则，是指公司在其存续过程中，应当经常保持与其资本额相当的财产。我国公司法贯彻了资本维持原则的要义，规定了若干强制性规范以确保公司拥有充足的财产。主要有：公司成立后，发起人或股东不得退股，不得抽回股本；股票发行价格不得低于股票面值；公司应按规定提取和使用法定公积金。

3. 资本不变原则

它是指公司资本总额一旦确定，非经法定程序，不得任意变动。实际上资本不变原则是资本维持原则的必然要求。我国《公司法》主要对公司资本的减少作出严格限制。这些规定有：须编制资产负债表和财产清单；须经股东大会作出决议；须于减资决议后的法定期间内向债权人发出通知并且公告；债权人有权在法定期间内要求公司清偿债务或者提供相应的担保；公司减少注册资本后的数额不得低于法定的最低限额；须向公司登记机关办理变更登记。

任务 2　理解管理，认识管理学

子任务 1　理解管理本质

【要求】案例分析，通过对管理的理解，深入认识管理的双重性及职能。

案例 3

双汇春都——两种管理两种结果

我国两大肉类加工企业双汇集团和春都集团在市场竞争中因管理不同而呈现出不同景

观：双汇集团去年实现利税5.02亿元，比上年增长69.5%，步入快速发展轨道；春都集团去年亏损6 982万元，连续两年出现巨额亏损，企业陷入困境。

同是国务院确定的全国520家重点企业、同是中国名牌、同是地处中原的肉类加工企业，双汇的迅速崛起和春都的严重滑坡引起社会各界的广泛关注。

双汇集团和春都集团的前身分别是漯河肉联厂和洛阳肉联厂，都始建于1958年，又都是1984年由省管下放到地方。不同的是，1984年漯河肉联厂的资产总额是468万元，企业累计亏损534万元，而洛阳肉联厂当时的资产总额是2 000万元，当年实现利税200万元。1986年，中国第一根火腿肠在洛阳肉联厂诞生，而漯河肉联厂生产出第一根火腿肠已经是6年之后的1992年。1993年，春都集团实现工业总产值、利税分别为11.599亿元、1.082亿元，而双汇集团仅为8.57亿元和7 045万元。各方面都处于劣势的双汇集团为什么在短短几年内成了同行业的排头兵，而春都集团却在市场竞争中败下阵来？

双汇集团注重决策管理，而春都集团却多次失误。同是企业扩张，双汇集团紧紧围绕肉类加工主业项目扩大规模，使企业迅速形成了以肉类加工为主，养殖、屠宰、包装、彩印等紧密联系的产业群体，1998年集团实现利税2.95亿元，去年又突破了5亿元大关。而春都集团在发展中盲目贪大求快，不仅收购和兼并了洛阳市旋宫大厦、平顶山肉联厂、重庆万州区食品公司等10多家扭亏无望的企业，使春都背上了沉重的包袱，而且在条件不成熟的情况下，还投巨资上了茶饮料项目等10多个大型项目，由于缺乏流动资金，这些项目大都无法启动。

在资金管理上，双汇集团对项目精心运作，最大限度地压缩银行存款、减少仓库存货，实行产品销售一律现款现货制度，对原料采购实行生产试用合格后付款制度。双汇集团靠严格的资金管理取得了良好的经营业绩，投资者的回报率高达35%至70%。而春都集团的12亿元贷款中，有6.6亿元被项目占用，2.3亿元用于购买或兼并亏损企业，2亿元是长期外欠货款，也就是说有10.9亿元资金退出了市场，用于生产经营的不足1/10。春都集团在成本管理、人事管理、营销管理、质量管理、基础管理等方面与双汇集团的差距更大。在营销管理上，双汇集团提出了"踏遍千山万水、历尽千辛万苦、走进千家万户、说尽千言万语"找市场的营销策略，而春都集团则"在全国不设一兵一卒"。在基础管理上，双汇集团建立健全了财务部垂直管理、审计部日常监督的财务管理体制，使财务管理走上了规范化、制度化、法制化轨道。而春都集团财务上报数据虚假，该集团债转股情况汇报上显示1998年集团实现利润4 994万元，而上报省贸易厅的数字是实现利润2 055万元。对春都集团目前的状况，集团新任总裁赵海均坦言："现在看来，春都在发展中确实是轻视了管理。"而双汇总裁万隆也不避讳，他说："管理是企业的生命，双汇赢就赢在管理上。"

思考题：两种管理指什么？它们有何区别？

➡ **知识油库**

1-2-1-1 识别管理

一、管理的含义

管理是指组织为了达到个人无法实现的目的，通过各项职能活动，合理分配、协调相关资源的过程。

对这一定义可作进一步解释。

① 管理的载体是组织。组织包括企事业单位、国家机关、政治党派、社会团体及宗教组织等。

② 管理的本质是合理分配和协调各种资源的过程，而不是其他。所谓"合理"，是从管理者的角度来看的，因而有局限性和相对的合理性。

③ 管理的对象是资源，即包括人力资源在内的一切可以调用的资源。可以调用的资源通常包括原材料、人员、资金、土地、设备、顾客和信息等。在这些资源中，人员是最重要的。在任何类型的组织中，都同时存在人与人、人与物的关系。但人与物的关系最终仍表现为人与人的关系，任何资源的分配、协调实际上都是以人为中心的。所以管理要以人为中心。

④ 管理的职能活动包括信息、决策、计划、组织、领导、控制和创新。之所以把"信息"列为管理的职能之一是因为信息在现代管理活动中占有特殊的地位。

⑤ 管理的目的是为了实现既定的目标，而该目标仅凭单个人的力量是无法实现的，这也是建立组织的原因。组织可以小到几个人，大到几万、几十万、几千万、几亿人。

二、管理的性质

1. 管理的科学性与艺术性

管理活动本身具有其内在的规律性，经过长期的发展，它已经成为一个由一系列概念、原则、原理和方法构成的完整科学体系。没有科学理论指导的管理，最终是注定要失败的，作为一门独立的学科，管理学在实践中起着不可替代的作用。

管理是一门艺术，需要有技巧性、创造性、实践性和灵活性。管理总是在一定环境中的管理，而管理环境是不断变化的，所以不可能有不变的管理模式；人的主观能动性的基础是人能够积极思维，能够自主作出行为决定。管理者只有充分利用这种主观能动性，才能够将组织成员的积极性和创造性调动起来，使其自觉地为实现组织的目标去努力工作。

管理科学性与艺术性是相互作用、相互影响、辩证统一的。管理艺术性的发挥必须是在科学理论指导下的艺术性发挥，离开科学的理论基础就不可能有真正的艺术性。管理的艺术性是对管理的科学理论的合理发挥。

2. 管理的二重性

马克思指出："凡是直接生产过程具有社会结合过程的形态，而不是表现为独立生产者的孤立劳动的地方，都必然会产生监督劳动和指挥劳动。""一方面，凡是有许多人进行协作的劳动，过程的联系和统一都必然表现在一个指挥的意志上，表现在各种与局部劳动无关而与工场全部活动有关的职能上，就像一个乐队要有一个指挥一样，这是一种生产劳动，是每一种生产方式中必须进行的劳动。""另一方面，完全撇开商业部门不说，凡是建立在作为直接生产劳动者和生产资料所有者之间的对立上的生产方式中，都必然会产生这种监督劳动。这种对立越严重，这种监督劳动所起的作用也就越大。"管理活动一方面表现为指挥劳动，具有自然属性；另一方面则表现为监督劳动，具有社会属性。

三、管理的职能

1. 管理的基本职能

所谓管理的基本职能，是指在管理的过程中所体现的最基本的职能，其往往隐藏在管理活动之中，是管理活动的实质内容。管理的基本职能包括合理组织发展生产力、维护完善生产关系，这两大方面的实现体现在管理的具体职能上，只有各个具体职能的逐步完成，才能达到管理的根本目的。

2. 管理的具体职能

管理的过程就是基于信息的决策过程。具体来讲，管理可进一步分为6大职能，即计划、组织、指挥、协调、控制和创新，其意义如下。

(1) 计划职能

这是管理的首要职能，它对未来事件作出预测，以制订行动方案。计划工作是为事物未来的发展规定方向和进程的，重点要解决好两个基本问题：一是目标的确定问题，如果目标选择不对，计划再周密具体也枉费心机，这是计划的关键；二是进程的时序，即先做什么，后做什么，可以同时做什么，均不能错位，这是计划的准则。

(2) 组织职能

其指完成计划所需的组织结构、规章制度、人财物的配备等。它有两个基本要求：一是按目标要求设置机构、明确岗位、配备人员、规定权限、赋予职责，并建立一个统一的组织系统；二是按实现目标的计划和进程，合理地组织人力、物力和财力，并保证它们在数量和质量上相互匹配，以取得最佳的经济和社会效益。

(3) 指挥职能

其指对所属对象的行为进行发令、调度、检查。指挥职能就是运用组织权限，发挥领导的权威作用，按计划目标的要求，把所有的管理对象集合起来，形成一个高效的指挥系统，保证人财物在时间和空间上的相互衔接。

(4) 协调职能

其指使组织内部的每一部分或每一成员的个别行动都能服从于整个集体目标，是管理过程中带有综合性、整体性的一种职能。它的功能是保证各项活动不发生矛盾、重叠和冲突，以建立默契的配合关系，保持整体平衡。与指挥不同，协调不仅可以通过命令，也可以通过调整人际关系、疏通环节、达成共识等途径来实现平衡。

(5) 控制职能

控制是促使组织的活动按照计划规定的要求展开的过程。控制职能是按照既定的目标、计划和标准，对组织活动各方面的实际情况进行检查和考察，发现差距，分析原因，采取措施，予以纠正，使工作能按原计划进行；或者根据客观情况的变化，对计划做适当的调整，使其更符合实际。

控制必须具备三个基本条件：① 有明确的执行标准，如数量、定额、指标、规章制度、政策等；② 及时获得发生偏差的信息，如报表、简报、原始记录、口头汇报等；③ 纠正偏差的有效措施。缺少任何一个条件，管理活动便会失去控制。控制职能与计划职能密不可分。计划是控制的前提，为控制提供目标和标准，没有计划就不存在控制；控制是实现计划的手段，没有控制工作，事先拟订的计划是不会自动实现的。

(6) 创新职能

在组织的管理实践中，管理活动的基本内容是维持与创新的辩证统一。维持是保证组织系统活动顺利进行的基本手段，而创新是组织获得长足发展的原动力，创新为一个组织在更高层次上的维持提供依托和框架。

子任务 2　探究管理理论

【要求】通过案例分析，认识管理理论的发展和内容。

案例 4

同仁堂传奇

在北京大栅栏林立的店铺中，有一座古朴庄重的楼阁，这便是清康熙八年（公元 1669 年）由祖籍浙江宁波、明代迁居北京的乐家第四代传人乐尊育创建的、享誉海内外的老字号"同仁堂"药店。

在坎坷的岁月中，在市场经济大潮的冲刷下，同仁堂非但没有消逝，反而日见辉煌——由新中国成立前的三间小门脸发展到今天营业面积为 4 600 平方米的大楼；从过去"供奉御药"的中药房发展为总资产 18 亿元、拥有 6 000 多名员工的现代集团企业，并成为医药界为数不多的上市企业。其店名更成为企业德、诚、信的化身。

同仁堂经营不少名贵药——上千元的人参鹿茸，同时廉价药品也十分丰富：一元一张的狗皮膏、几角钱一瓶的眼药水……他们做大生意，但也不放过小买卖，"只要能方便顾客就行"。同仁堂以"养生济世"为己任，从不为不义之财所动。

同仁堂"德、诚、信"这一服务宗旨更是体现在药品质量上。20 世纪 60 年代曾发现过一批保存了几十年甚至百余年同仁堂制作的中成药，这些药香气浓郁，润而不干，就好像近期制作的一般，其过硬的质量是不言而喻的。

同仁堂的药质和药效让人倍感神奇，殊不知它的采购和制作是何等的考究。同仁堂一向不惜以高价购买上品参茸；对于不按时令采集的劣等药材，尽管市场价格便宜，也绝不购买。对黄酒、蜂蜜等附加料的选择也是极为重视。在制作成药过程中，同仁堂严格地按照祖训"炮制虽繁，必不敢省人工；品味虽贵，必不敢减物力"行事。如今，"质量第一"的宗旨不变，店内所有药品都从主渠道进货，"产非其地，采非其时"的药材被拒之门外。店内的中成药，从购进原料、炮制工到包装上柜，要经上百道工序，每道工序都有严格的标准。所售饮片，均需经过再加工，除去杂质方可销售。

三百多个春秋过去了，同仁堂药店大了，名气大了，但它的追求——"质量第一"却丝毫未变。

俗话说"丸散膏丹，神仙难辨"。传统的中药生产鉴别所凭借的经验，是对药物的眼看、手摸、耳闻、口尝的感性认识。但鉴于现今假冒伪劣药品充斥市场，同仁堂的产品除了传统的鉴别方法外，要由质检科送权威检测部门检验，合格后方可销售。

在市场经济中，同仁堂人更没有放弃对自己的宣传。媒体的宣传是其中的一小部分，大部分的宣传手段靠的是"真诚的服务"。

多年来，同仁堂一直默默地为顾客提供着费工、费时、不见经济效益的各种便民服务。买药的顾客有时对药性不清楚，或是代别人抓药，为此同仁堂在店堂中设立了"问病服药处"，聘请有经验的退休老药工为顾客免费提供咨询。中药里，汤剂的比重较大，熬制汤药费工费时。同仁堂坚持为顾客熬制汤药，只收取极低的工本费。此外，他们还长期代客加工中成药，加工的丸、散、膏、丹等保持了传统的制作工艺，用料细，做工精，有效成份保持得好，因而许多国际友人和海外华侨托人或专程来同仁堂配药。

代客邮寄药品业务也是赔本的买卖，可邮寄部始终做到"有信必答，有求必应"。顾客寄来的钱剩余的多，便为顾客寄回；如果只剩下块八毛的，就买成邮票同药一起寄回。他们这种"计较"的态度令顾客感动不已……

这些便民、利民的服务胜过了千言万语的文字宣传，因为它深入民心。

现在，在经济大潮中，同仁堂为维护自己的声誉——在国内外进行商标注册。同仁堂商标已在新加坡、泰国、菲律宾、意大利、英国、日本等国家和地区及28个马德里协约国注册或申请注册。由于全面考虑商标的可读性和可传播性，同仁堂又在以上国家申请注册"TONCRENTANG"英文商标，双龙加英文应为同仁堂出口产品的专用标志。

同仁堂"德、诚、信"的声誉的确来之不易。同仁堂人十分清楚自己的处境；中国大地上有不少中外合资、外商独资的制药企业。他们的西药简单方便、疗效快的优势对同仁堂冲击很大。而且，欧美仍有不少国家和地区对中医、中草药持怀疑态度，这块市场很难抢占。现今中国年轻一代受现代文化的影响，对"同仁堂"只有少许印象。

面对这些不利因素，同仁堂集团公司投资3.4亿元改造生产环境，增添现代化设备。他们添置的高压液相仪、原子吸收光谱仪、薄层扫描仪等全套检测设备，使产品质量有了科学保证。店内还完善了计算机信息管理系统，各业务部销售情况、物价、资金使用情况、人员档案、广告宣传，以及水蜜丸、药酒等的生产过程中的投料、监控等均采用微机操作。同仁堂积极巩固国内"阵地"，在北京、香港等建立分店，电视上也出现了他们的广告。与此同时，他们还大胆地走出国门，目前"同仁堂"已取得了十几个国家和地区的质量认证和进口许可，产品通过直接和转口贸易形式出口40多个国家和地区；在亚洲、欧洲、大洋洲的4个城市设立销售分公司，以拉近与这些地区消费者的距离。为了适应国外的习惯，同仁堂集团努力在药品的剂型、包装、销售等方面与世界接轨。中药的说明采用的往往是古老的四六句，老外弄不明白，且不标明毒理和病理数据，同仁堂集团把出口药品的说明改成普通语言，标明有关检测数据，甚至用图解说明。这些努力在世界卫生组织及西亚太地区举办的首届国际传统医药大会上得以回报：牛黄清心丸获首届长城国际金奖，国公酒、白凤丸获银奖。

虽说从前门闹市到轰轰烈烈地杀到了国际市场这个大舞台，同仁堂却像往昔一般平淡：热情的服务，一流的质量，唯有新扩建的同仁堂又增添了许多中国古老的中医药文化的气息，还有门口那两只经过细心选择的、寓示着祥瑞之意的可爱的麒麟……

思考题：结合所学的中外早期管理思想，分析百年老店同仁堂包含了哪些朴素的管理思想。

➡ 知识油库

1-2-2-1 管理理论发展

关于管理原理的体系，管理学界存在较大的分歧，许多学者曾做过深入的研究和探讨，并提出相应的管理原理体系的构成模式。我们认为，在当今的社会技术经济环境下，管理原理体系应包括以下三个基本组成部分，即科学管理理论、行为科学理论和现代管理理论。

一、科学管理理论

科学管理理论是泰勒和他的同事及其追随者对过去的管理思想进行全面系统地整理、总结而形成的一种管理理论，它有三个基本出发点。

1. 管理的根本目的——提高工作效率

科学管理的根本目的是谋求最高的工作效率，即提高劳动生产率，这是科学管理理论的基本出发点，是泰勒确定科学管理的原理、方法的基础。

2. 提高效率的手段——运用科学方法

用科学管理的方法来代替传统的经验管理，这是提高工作效率的重要手段。

3. 科学管理的实质是实现劳资双方的一次思想革命

科学管理的核心是要求管理人员和工人双方都实行重要的精神变革——心理革命。进行观念上的转变，双方将注意力从盈余的分配转向增加盈余的数量，双方友好合作、互相帮助，使盈余迅猛增加到没有必要为盈余的分配进行争吵的程度，从而达到科学管理的根本目的。

泰勒的科学管理是以工厂管理为对象，以提高工人的劳动生产率为目标，着重研究车间的生产活动，在对工人的工作和任务进行研究的基础上制定出标准操作方法，是加强企业基础性管理的科学管理方法。但是它只解决企业内部工作效率问题，未能解决企业与外部环境的适应问题。它把工人当做机器附属物，未能充分考虑职工积极性对提高生产效率的作用。"经济人"的人性假设是泰勒管理思想的核心，他认为人的一切活动都出于经济动机，经济利益驱动人像机器一样工作，经济人观点使管理人员与劳动者找到了一个共同点：一方要高额利润；另一方要较高的工资报酬，都有经济动机。要想获得高额利润，就必须高薪购买积极性；想要高薪，就必须创造出高额利润；经济动机使工厂处于"良性"运转之中。

泰勒的科学管理思想影响广泛而深远，虽有其局限性，但贡献是世界性的。

二、行为科学理论

行为科学是对员工在企业生产劳动中的行为及这些行为产生的原因进行分析研究，以便调节企业中的人际关系，提高劳动生产率的一门科学。行为科学理论重视人的行为的作用，重视人的行为对于组织目标达成的作用，研究的内容主要包括：人的本性和需要，行为的动机，尤其是生产中的人际关系（包括领导和雇员的关系）及其调节。

行为科学理论对管理理论发展的杰出贡献在于，从根本上改变了古典管理理论传统的思维方式，把管理研究的重心重新转向人，改变了对人的看法，强调重视人的因素，发展了管理理论的新的研究方向，填补了管理理论研究的一大空白，开辟了管理实践的新道路，推动了管理理论和管理实践的发展。

三、现代管理理论

20 世纪 60 年代以后，西方管理理论又出现了许多新的学派，这些理论和学派在内容上相互联系并互相影响，我们把它统称为现代管理理论。现代管理理论是在前两个阶段基础上，充分吸收现代科学技术、适应现代市场经济环境而不断创新所形成的学派体系。1981年美国著名管理学家哈罗德·孔茨对西方的管理理论作系统总结，把管理理论划分为 11 个学派，即：管理过程学派；人际关系学派；群体行为学派；经验学派；社会协作系统学派；社会技术系统学派；系统管理学派；决策理论学派；管理科学学派；权变管理学派和经理角色学派。

到了20世纪90年代后，源于新一轮管理实践的若干新管理理论或观点逐渐形成和发展起来，其主流是管理的变革和创新。其中最有影响的是业务流程再造、学习型组织创建和知识管理等理论。

1. 企业再造

企业再造也叫做企业流程再造，或直接简称再造、重建或重构，来源于美国著名管理专家米切尔·哈默和詹姆斯·钱皮合著并于1993年出版的《再造公司——企业革命宣言》一书。所谓企业再造，是指对企业的业务流程、组织结构和文化进行根本性的再思考和彻底地再设计，从而获得在成本、质量、服务和速度等方面业绩的戏剧性改善。

企业流程再造所提倡的是一种革命式变革，其过程是彻底的自我否定和自新的过程，是彻底的重新设计。企业流程再造的原则和方法很多，但重点有以下几条。

① 紧密配合需求确定企业的业务流程。

② 根据企业的业务流程确定企业的组织结构。

③ 以新的、柔性的、扁平化的和以团队为基础的企业组织结构取代传统的企业组织结构。

④ 强调信息技术与信息的及时获取，加强企业与顾客、企业内部经营部门与职能部门的沟通和联系。

总之，企业流程再造的关键是重新设计业务流程；再造的目的不是略有改善，而是通过治本使业绩有显著增长，有大的飞跃。

2. 学习型组织

学习型组织是指通过营造整个组织的学习气氛，充分发挥员工的创造性思维能力而建立起来的一种有机的、高度柔性的、横向网络式的、符合人性的、能持续发展的组织。

它包括三层内涵：层次扁平化，即在学习型组织中，已不存在各种等级制度，员工之间由原来的彼此顺从关系转变为伙伴关系；组织咨询化，即整个组织就像一个咨询公司，员工之间彼此询问学习，相互之间的关系非常和谐、非常融洽；系统开放化，即组织本身形成了一个系统，而这个系统又只是社会系统的一部分，它能与社会有机地结合起来。据统计，在《财富》评出的全球500强企业中，有一半以上的企业是学习型企业；在美国排名前25位的企业中，有80%是学习型企业；在全球排名前10位的企业中，100%是学习型企业。

美国麻省理工斯隆管理学院的彼得·圣吉教授于1990年出版了《第五项修炼——学习型组织的艺术和实务》一书，指出未来组织所应具备的最根本性的品质是学习。他认为，要使组织变成一个学习型组织，必须具有以下五项修炼的扎实基础。

（1）自我超越

自我超越是指个人成长的学习修炼，是五项修炼的起点、学习型组织的精神基础。对于管理者来说，重视员工的自我超越修炼就是培养下属突破极限的自我实现能力，达到工作上、心理上的成熟，人际关系处理的练达，所拥有知识的不断丰富，业务活动中精益和勤奋精神的充裕。建立个人愿景、保持创造性张力（愿景与现实之差距）、认清结构性冲突、诚实地面对真相、运用潜意识等，是进行自我超越修炼的着手处；管理者鼓励员工自我超越的最大力量，是管理者自己先认真追求自我超越。

（2）改善心智模式

员工和管理者都有根植于脑海的心智模式。心智模式即思维定势，以及由思维定势所决定的思想、心理和行为方式。每个人的心智模式都有缺陷之处，这往往会阻碍人们的创新、改变和进步。改善心智模式的修炼主要落实在对自己心智模式的反思和对他们心智模式的探询上。企业的每位员工，特别是领导者必须审视自己的心智模式，找出与市场竞争主流发展趋势相符合的心智模式的差异，并运用实践证明是有效的修炼技巧，不断改善个人和组织的心智模式。

（3）建立共同愿景

所谓共同愿景是指能鼓舞组织成员共同努力的愿望和远景，或者说是共同的目标和理想。共同愿景主要包括三个要素：共同的目标、价值观和使命感。它创造出众人是一体的凝聚感，并贯彻到组织各项工作的联结与协作上。"2010年进入世界500强"，当上海宝山钢铁集团把这个目标作为自己的大愿景时，宝钢人就有了自己奋斗的目标。"愿景"强调的是大家共同愿意去做的远景，因此与纯粹只是告诉大家什么是"远景"不同。在缺乏愿景的情形下，充其量只会产生"适应性学习"；只有组织建立了共同的理想、共同的使命、共同的文化，员工能看到组织近期、中期和远期的发展目标和方向时，才会产生"创造性学习"，使每个人的聪明才智得以充分发挥，使组织形成一种合力，追求卓越。

（4）团队学习

团队学习就是组织化的学习或交互式的学习。这是组织中沟通和思考的对话工具，强调彼此在不本位、不自我防卫、不预设立场、不敬畏的情况下共同学习，以发挥协同作用，充分体现集体智商对于各个人智商之和的效力。团队学习的修炼包含深度汇谈和讨论。在深度汇谈中，团队成员自由交流想法，在一种无拘无束的气氛中，把各自深藏的经验与想法完全浮现出来；而讨论是一种交谈方式，通常倾向于说服他人接受自己的观点，因此，深度汇谈具有远远超过讨论的功用，是团队学习的最主要形式。

（5）系统思考

系统思考是第五项修炼，也是五项修炼的核心，强调把各个独立的、片断的实践联系起来看，以发现其内在的互动关系。因此组织在处理问题时，必须扩大思考空间和时间范围，了解前因后果，才能辨识问题的全貌。管理者可在拓宽思维的广度、挖掘思维的深度、掌握动态思维方法上加以努力，以提高系统思考水平。

圣吉教授提倡的学习型组织突破了原有方法论的模式，以系统思考代替机械思考，以整体思考代替片断思考，以动态思维代替静止思考。现代企业和其他组织面临复杂多变的环境，只有增加学习能力，才能适应种种变化。行家预测：21世纪最成功的企业将是"学习型组织"，因为未来唯一持久的竞争优势是有能力比你的竞争对手学习得更快。

3．知识管理

管理学大师彼得·德鲁克曾指出，在新的经济体系内，知识并不是和人才、资本、土地并列的社会生产资源之一，而是唯一有意义的资源，其独到之处，正在于知识是资源的本身，而非仅是资源的一种。特殊的资源需要管理，需要特殊的管理，一类新的管理理论——知识管理出现在管理科学的大殿堂。

对知识管理概念的定义，有广义与狭义之分。对知识本身的管理，包括对知识的获取、处理、创新、存储、传输、应用的管理，是对知识管理的狭义理解；广义的知识管理不仅是指要对知识本身进行管理，还包括对与知识有关的各种资源和无形资产的管理，涉及知识组织、知识设施、知识资产、知识活动、知识工作者等全方位和全过程的管理。知识管理理论包括以下主要内容：知识创新管理、智力资源管理、知识管理应用、知识型组织及其管理模式、知识管理的方法、技术与工具、知识流程管理、知识管理者、知识工作者、知识管理评价及知识管理与知识经济。

总之，上述"业务流程再造"、"学习型组织"和"知识管理"，都是为迎接知识经济时代管理的全面革新将出现大的扬弃、大的变革中几个有革命性变化的新探索成果。

案例5

美欧日改革的三部曲
——战略调整、业务重组、管理改革

20世纪90年代以来，美欧日跨国公司先后进行了三方面的改革，即战略调整、业务重组和管理改革。

美国——以通用为例

美国公司率先适应经济全球化和信息化新趋势，同时进行了战略调整、业务重组和管理三方面的改革，并且互相补充。

通用电器公司（GE）是调整与改革的代表。早在80年代初，首席执行官韦尔奇就主动开始了极具魄力的战略调整和业务重组，提高企业的竞争力。"数一数二"的原则是韦尔奇进行企业重组的重要原则。韦尔奇认为，只有那些在市场上领先于对手的企业才有可能在90年代之后依然存在和发展。他将企业划分出核心制造、科技密集和服务等三大领域。他提出，GE旗下企业如果在这三方面不是位居全球第一或第二，都必须整顿，提高竞争力，否则将关闭和出售。在公司业务重组的同时，"消肿减肥"，进行结构改革，裁减层级，精简人员。到80年代末，GE共裁减了10万个职位。

90年代初期以来，GE着重进行产业调整，公司经营重心转向服务业。公司总裁韦尔奇认为，GE仅靠制造优良产品来赚钱的时代已经过去了，他决定把公司的重点从制造业转向服务业。GE的主要业务可分为制造、广播、金融服务和其他生产服务四大项。1999年3/4以上的收入将来自金融、信息和产品等方面的服务。随后，其他一些美国公司也纷纷进行战略调整、业务重组和结构改革。

综合美国公司80年代，特别是90年代以来所进行的战略调整、业务重组及结构改革，我们可以发现这些改革突出了如下几个原则。

企业经营目标：首先为股东盈利，不断提高营业收入收益率和资产收益率。

企业战略调整：经营重点从一般制造业转向服务业，从硬件产品转向软件产品和系统产品。

企业业务重组：提出核心业务，发展相关多元化业务。

企业管理改革：减少层级，精简人员，贴近客户，增加灵活性和适应性。

欧洲——以戴姆勒奔驰为例

戴姆勒奔驰（DBAG）从20世纪90年代中期开始进行企业战略调整和业务重组。该公司吸收美国企业改革的基本原则，调整了企业经营目标。公司提出"旨在增值的企业经营管理目标"。公司在重视顾客与雇员利益的基础上强调股东的利益。公司提出"为我们的股东提供适当的利润；为我们的顾客提供有吸引力的产品与服务；为我们的雇员（同事）提供优厚的和有保障的工作职位"。

该公司把经营重点领域进行集中化——把核心业务集中于交通运输（航天、航空、轨道、汽车）。与此同时，调整领导结构，更为接近顾客和更为灵活地接受挑战。

为了适应未来的挑战，DBAG 公司积极推进战略联盟与合并。1998 年该公司跨越大西洋与美国克莱斯勒合并，成为汽车业巨头之一。

德国企业战略调整和改革的主要内容包括以下几个方面。

● 经营业务重组，集中力量开展具备优势的业务。

● 组织结构重组，形成战略管理控股的公司总部和法律上独立的运营公司；战略联盟与合并，实现业务重组。

● 财会制度改革，增加企业经营透明度。

经过 90 年代初期和中期深刻的战略调整、业务重组与管理改革，美国与西欧一大批企业的经营状况大大改善，竞争力明显增强。

日本——以索尼为例

美欧公司进行改革时，少数日本公司也开始进行战略调整和业务重组。例如，索尼公司 1993 年开始进行改革，以适应 90 年代世界经济全球化和信息化的发展。公司坚持把音视产品领域作为主营业务，积极推进软件产品和硬件产品结合的系统产品，并且不断调整企业经营管理结构，引进外部董事，因此形成了富有活力的高度全球化的经管体制（3/4 的生产和员工均在日本以外的国家）。

然而多数日本企业改革滞后于美欧企业。东亚金融危机充分暴露了日本企业的问题。1998 年以来，日本企业开始了全面深入的改革，主要包括以下内容。

调整企业经营目的。目前多数公司认为，企业必须重视为股东盈利。索尼公司现在把股东、员工和客户三者利益摆在同等重要的地位。

调整企业发展战略，突出企业经营重点。过去日本公司多进行大规模多元化经营，现在许多企业对原有业务进行选择和集中，突出有竞争力的主营业务，特别注重发展公司内服务业，重视软件产品和"解决方案"。

进行企业管理结构的改革。伊藤忠商社是一个综合商社，现在正在按照欧美控股公司模式进行改革。其目标是在总公司下面按照不同业务组建 8 个分公司，分公司独立经营，独立核算；总公司负责全公司战略管理。管理结构改革还包括对董事会的改革，索尼公司把董事会成员减少到 10 人，引进 3 名外部董事。东芝公司建立"执行董事"制，使董事数量减少，职责清晰。欧姆龙公司也打算进行同样的改革。

进行财务制度改革。增加企业财务透明度，实行美国式的联结结算（合并报表），注重公司的市场价值。

进行人事制度改革。过去作为日本企业优点的"终身雇佣"制和"年工序列"制已经不适应新的国际竞争形势，必须改变。

上述几个方面的改革，对日本企业传统的经营目的、经营管理体制及企业文化形成了冲击。

战略调整和业务重组是跨国公司之间收购兼并的基本原因，收购兼并则进一步推动了跨国公司的战略调整和业务重组。

90 年代中期，随着因特网的推广，网络经济很快渗透到各个传统产业和企业。网络经济对传统跨国公司提出了严峻的挑战。跨国公司及时感受到这一变化，并且迅速作出反应。90 年代末以来，它们纷纷制定了自己的网络经济战略，"触电"、"上网"，抢占网络经济制高点，使跨国公司在 21 世纪全球化和信息化竞争中处于领先地位。

综上所述，跨国公司 20 世纪 90 年代以来在全球范围进行了深刻而广泛的变革：战略调整和管理改革；全球收购；全面推进网络化。

思考：

（1）美欧日跨国公司的改革三部曲对中国企业界带来什么样的影响？我们该采取哪些应对措施？

（2）面对全球化和信息化的经济发展浪潮，中国企业界怎样才能找到自己的立足之地？它是否能经受得住这严峻的考验？

项目小结 》》

本项目是工商企业管理基础的第一项目，该项目的主要任务是了解企业的起源，把握企业的本质，掌握管理的含义与性质、管理学的发展历程及管理学主要理论等内容。

本项目进程以案例任务开始，围绕本书重点研究概念企业和管理进行介绍，希望读者在完成该项目的学习后能够及时进行自我的过程性评价。本项目的能力目标是，完成本项目后，读者能熟练掌握管理的基本内容，并熟悉企业设立的相关内容。

为"项目2 企业经营决策"奠定良好的基础。

课后讨论 》》

1. 如果你想开一个有限责任公司，该如何设立？
2. 如何理解管理的二重性？

复习思考 》》

1. 申请设立有限责任公司应向公司登记机关提交哪些文件？
2. 公司章程的基本特征。
3. 管理的具体职能有哪些？
4. 科学管理理论的认识。
5.《第五项修炼——学习型组织的艺术和实务》中提及的组织学习需要的五项修炼是什么？

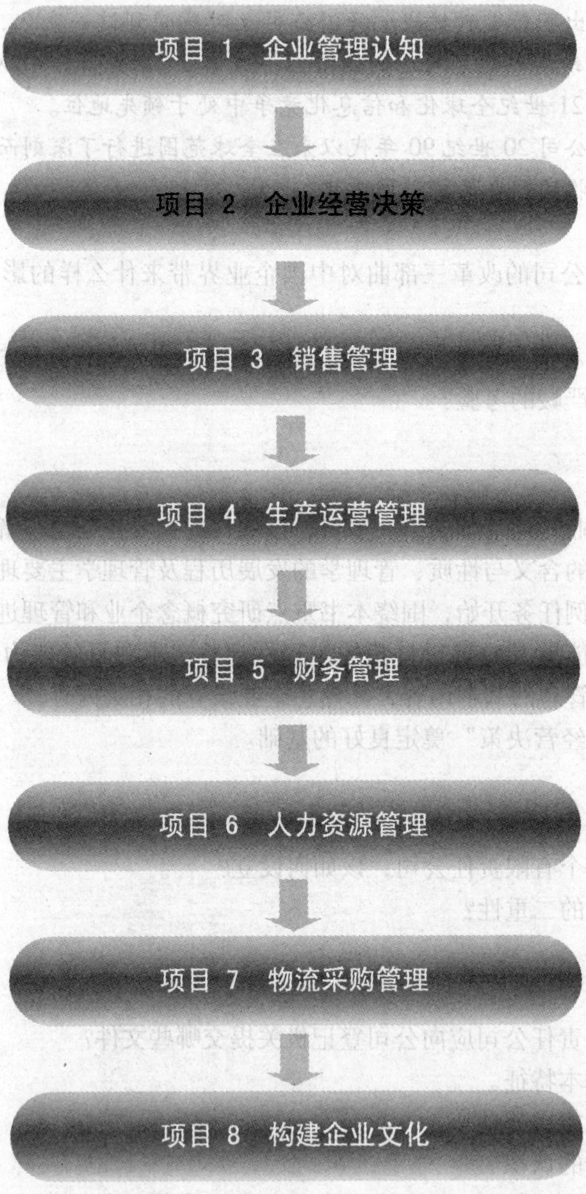

项目 1　企业管理认知

项目 2　企业经营决策

项目 3　销售管理

项目 4　生产运营管理

项目 5　财务管理

项目 6　人力资源管理

项目 7　物流采购管理

项目 8　构建企业文化

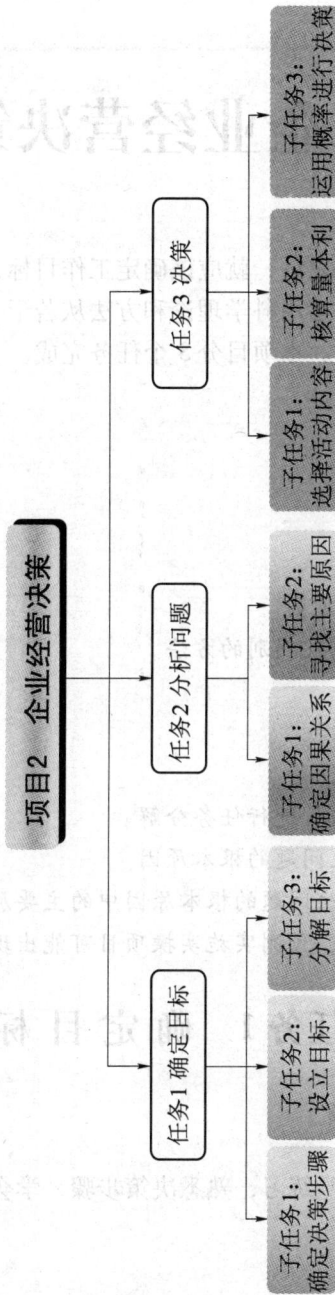

项目 2　企业经营决策

任务 1　确定目标
- 子任务 1：确定决策步骤
- 子任务 2：设立目标
- 子任务 3：分解目标

任务 2　分析问题
- 子任务 1：确定因果关系
- 子任务 2：寻找主要原因

任务 3　决策
- 子任务 1：选择活动内容
- 子任务 2：核算量本利
- 子任务 3：运用概率进行决策

项目 2

企业经营决策

收集信息并进行分析和预测之后，就应该确定工作目标，然后作出实现目标的决策。决策是指管理者为实现组织目标，运用科学理论和方法从若干个可行性方案中选择或综合出优化方案，并加以实施的活动总称。本项目分 3 个任务完成。

学习目标

1. 了解管理决策的步骤。
2. 理解平衡计分卡的思想。
3. 掌握设立目标的 SMART 原则。
4. 掌握关联图和排列图绘制及判别的方法。
5. 了解决策有效性标准。
6. 掌握量本利分析。
7. 理解概率在决策中的作用。
8. 能够运用系统图对实操项目进行任务分解。
9. 能够运用关联图分析产生问题的根本原因。
10. 能够运用排列图找出产生问题的根本原因中的主要原因。
11. 能运用过程决策程序图，预测实施实操项目可能出现的问题，并提出应变措施。

任务 1 确 定 目 标

子任务 1 确定决策步骤

【要求】通过案例分析和课堂练习，熟悉决策步骤，学会如何做企业管理决策。

案例 1

化妆品公司的决策

一、案例介绍

艾琳·格拉斯纳曾在一家全国大公司里当过地区部经理，工作是第一流的，管理 250 多个上门推销的推销员。当她离开这家大公司之后，便开始经营她自己的化妆品公司。她从意大利一家小型的香水厂得到了一套化妆品配制流水线，租用了一座旧仓库，并且安装了一套小型的化妆品灌瓶与包装生产线。三年快过去了，艾琳化妆品公司初见成效，格拉斯纳小姐打算拓展她的产品，增添生产线，建立分销网络。以下是她所采取的步骤。

第一步，她准备了一份使命报告书，其中阐明了她想要自己的企业成为一个什么样子。她是这样写的："艾琳化妆品公司准备生产一套化妆品系列，在美国东北部通过百货商店与专业商店分销上市。"她还建立了长期目标，如下所列：第一，成为意大利香水在美国市场上的一个主要代理人；第二，只销售高级化妆品；第三，以高收入顾客为主要销售对象。

第二步，格拉斯纳小姐为扩展业务去银行贷款，银行问她的经营有何独到之处？她回答说：第一，她只批发给独家经营她的产品的那些百货商店与专业商店；第二，在圣诞节旺季到来的3个月之前来采购的话，她给那些商店在价格上打对折，甚至更优惠；第三，她将建立一种内部制度，所有来采购的订单先要核实其信用，然后，在装货起运之前才在价格上标出适当的折扣。格拉斯纳小姐一回到厂里，就对运输室管理人员说："你最好相信我现在告诉你的话，你绝对不可以，再说一遍，你绝对不可以在信用部认可之前运走任何东西。"

第三步，格拉斯纳小姐一确认所需要的资金到位了，她就着手具体计划。她特别想达到的一个目标是：在美国东部的5座大城市里，开设自己的经销办事处。因此，她巡视了10座城市，寻找最佳的落脚点，她选中了5座城市，和她的律师与销售部经理一起为那些落脚点办理租约设立了一套程序，然后确定了最后期限，明年的6月1日，这些办事处开张营业。这个期限没有兑现，当她找律师与销售部经理谈话的时候才发现，他们双方都认为要尊重对方，计划应该由对方最后拍板之后，才能付诸实施。

第四步，格拉斯纳小姐为艾琳化妆品公司设下的另一个目标是，在下一年度，销售额应达到300万美元。她的销售部经理说，这个目标不现实。格拉斯纳便说："如果你认为我的预测太乐观，请你给我另外3个你认为合理的销售指标。"格拉斯纳问艾琳公司的生产部经理，如果所有的生产线都上马，明年工厂是否能完成300万美元的订单任务。他回答说，这得等他核准了生产能力的各项数字后，才能给她一个答复。格拉斯纳回头又与律师和销售部经理联系，商讨如何加快那5个新的经销办事处的开业。她感到有点失望，他们都强调在开张之前，一切事宜必须协调好：签署租约、添置办公设备、安装电话、雇用办事员、招聘或续聘推销员、通知客户们、准备新的办事处专用信笺，等等。

第五步，面对那么多要完成的目标，那么多要拍板的决定，格拉斯纳决心把她的一些职权委派给那些主要部门的经理们。她逐一与他们碰头，一一落实要达到的目标。她给生产部经理定下的目标是，增强生产能力，每个月生产1万只产品，破损率降低到5%，把工薪支出保持在预算的50万美元之内。那位经理提出了异议，认为有的指标不合理。格拉斯纳回答说："也许是那么回事吧，你只要尽力而为。"到了年终，生产部经理完成了头两个目标，可是工薪支出超出预算10万美元。"有的事只能如此了，"那位经理解释道，"就目前而言，我认为，增强生产能力与降低破损率比我们在劳动力上花掉多少钱更重要。"

二、案例分析

在安排一个重大计划时，第一个步骤是要确定整个企业的目标，然后确定每个下属工作单位的目标，以及确定长期的和短期的目标。目标规定的预期结果并要可考核。

企业目标应指明主要计划的方向，而这些主要计划又根据反映企业目标的方式，规定各个主要部门的目标。而主要部门的目标，又依次控制下属各部门的目标，如此等等，沿着这样一条线依次类推。然而，如果下级部门的主管人员了解企业的全面目标，以及派生目标，并且如果给他们机会，把他们的注意力放在确立自己的目标和企业的目标上，那么，较小部门目标将制定得更好一些。

三、讨论

（1）在你知道了这家公司的长期目标之后，认为那份使命报告书在产品系列及市场推销上应该做哪些修改？

（2）如何才能使得"成为一个主要代理人"的目标更具体化？

（3）在格拉斯纳答复银行的提问时，她的基本政策是什么？哪些是她公司的操作程序？

（4）在开设新的办事处中，格拉斯纳忽略了制订计划中的哪一个步骤？

（5）生产部经理选择了优先考虑增强生产能力与降低破损率，是否正确？为什么？

（6）格拉斯纳如何能让生产部经理更明确她的目标，并且承担起责任？

➡ **知识油库**

2-1-1-1　企业管理决策步骤

不同类型的决策，其制定的步骤是不完全相同的，企业中管理决策的一般步骤，如图 2-1 所示。

图 2-1　企业管理决策的一般步骤

【课堂训练 2-1】 赵康买了一套新房，决定将旧房出租。由于旧房比较小，租房的人大多数是单身的年轻人。年轻人大多喜欢用洗衣机来洗衣服，如果没有洗衣机，他们只愿意出比较低的租金。为了得到更高的租金（租金一般低 50 元/月）。能够满足需要的洗衣机的价格一般不超过 1 500 元/台，使用寿命大约 10 年。购买一台洗衣机能将租金提高 50 元/月，投资收益是合算的，但是决策中既要考虑购买的成本，也要考虑维护的时间成本等其他因素。以下是他的决策过程，如图 2-2 所示。

子任务 2　设立目标

【要求】 通过课堂练习，掌握目标设定的步骤，结合目标制定的原则，设定自己的人生目标。

➡ **知识油库**

2-1-2-1　目　标　设　立

一、什么是目标

目标就是希望达到的未来状态，即指想要完成的事，是企业或组织所指向的终点。

建立目标 → 每月租金提高50元

发现和分析问题 → 需要买一台新洗衣机

确定决策指标,给指标分配权重 →

指标	价格	保修期	功能	质量可靠性
权重	0.5	0.1	0.1	0.3

形成备选方案 → 海豚牌、天鹅牌、荷花牌

评价和选择备选方案 →

评分方案	指标 价格	保修期	功能	质量	合计
	权重 0.5	0.1	0.1	0.3	1.0
海豚牌	80	95	100	90	86.5
天鹅牌	90	100	95	100	94.5
荷花牌	100	80	80	70	87

实施方案 → 购买天鹅牌洗衣机

评估决策结果 → 能以比原来高50元/月的租金出租了房子吗?

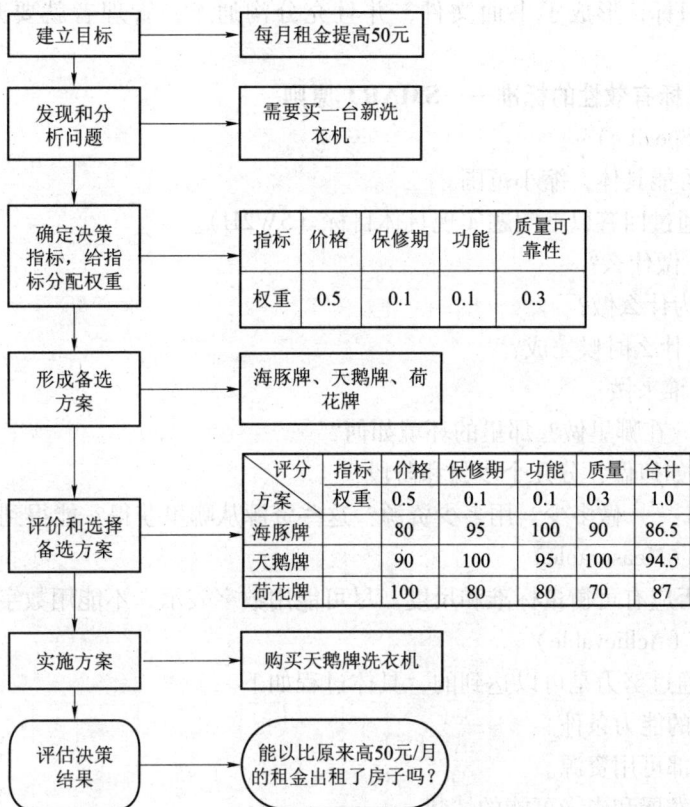

图 2-2 决策过程

(一)目标设立的步骤

概括起来,管理者在设立目标时应遵循以下5个步骤。

1. 审视组织的使命,也就是组织的目的

使命是对组织目的的一种广泛的陈述,它对组织成员如何思考问题是一个重要的指南。在确定目标之前审视组织的使命是十分重要的,因为目标应该反映一个组织的使命。

2. 评估可获得的资源

管理者不应该超越可获得的资源设定不可能实现的目标。尽管目标应该具有挑战性,如果没有相应的资源,无论如何努力也是不可能实现目标的。例如,甲某的年收入假定是5万元,并且没有其他的财政来源,但是他设定了要在两年中购买价值100万元的房子,那么他无论如何努力工作,这个目标也是不可能达到的。

3. 在制定目标时同时考虑相关的因素

目标要反映希望的结果,同时应该与组织的使命和其他领域的目标相协调;目标还应该是可度量的、具体的、包含完成期限的。

4. 写出目标

以书面形式陈述目标,并且与相关的人员充分沟通。

5. 评估结果以判断目标是否达到

如果环境变化了,要对目标作出适当调整。

一旦设立了目标，形成了书面文件，并且充分沟通了，管理者就要开发计划以实现目标。

（二）判断目标有效性的标准——SMART 原则

1. 明确的（Specific）

目标必须尽可能具体，缩小范围。

管理者可以通过回答以下问题实现具体目标（5W2H）。

① What—— 做什么？

② Why——为什么做？

③ When——什么时候完成？

④ Who—— 谁来做？

⑤ Where—— 在哪里做？那里的环境如何？

⑥ How—— 如何做？分几个步骤和阶段？

⑦ How much—— 做多少？用多少资源？这些资源从哪里获得？能得到吗？

2. 可衡量的（Measurable）

目标达到与否应有可衡量标准和尺度。尽可能用数字表示，不能用数字描述的要清晰。

3. 可达成的（Achievable）

设定的目标通过努力是可以达到的，具体过程如下。

① 依照本身的能力条件。

② 依据内外部可用资源。

③ 依据当前发展和未来可能的情势。

④ 区分阶段按步实施。

4. 相适的（Relevance）

尽可能体现其客观要求与其他任务的关联性，具体过程如下。

① 个人目标与所在公司、部门目标相联结。

② 个人目标与家庭目标和期望相联结。

③ 长、中、短期目标相联结。

④ 个人发展、经济事业、兴趣爱好、和谐关系 4 大目标系统平衡关联。

⑤ 目标之间彼此不冲突。

5. 时间性（Timeliness）

以时间为基础的，计划目标的完成程度必须与时间相关联，具体过程如下。

① 设定目标达成的时间期限。

② 在目标执行过程中，设定中间检核点。

③ 强调行动速度与反应时间。

④ 依不同期间设定阶段性目标（年度、月份、每周、每日目标）。

（三）不愿意设定目标原因分析

很多人不愿意设定目标的原因有以下几点。

① 不了解目标的重要性，没有人教导什么是目标，更不知道为什么要设定目标。

② 不知道如何设定目标，在学校教育当中从来没有教导学生如何设定目标，如何去达到目标。

③ 因为害怕被别人拒绝，假如不设定目标，就不会被别人批评、嘲笑，可以免除害怕被拒绝的恐怖。

④ 害怕自己会失败，一般成年人在生活上失败最大的原因就是对失败的恐惧感。总以为自己不行，可能会损失钱财，浪费时间。

（四）设定目标失败原因分析

（1）太多的长期、中期目标

你是否设定了太多的目标，并且天真地希望自己全部都能一一实现。这不是不可能，更多的目标意味着精力的分散，特别是当你拥有太多的长期目标和中期目标时。

学习一门新技能、减肥 20 千克，等等，这些都需要花费几个月才可能达到目标。如果你设定了太多诸如此类的大目标，你就会被到处牵着走，反而又变成没有目的性了。所以，建议你只留 2～3 个长期、中期目标，通过将大目标分解为若干个小目标，落实到具体的每天每周的任务上。

（2）不明确个人的目标

你为什么要设定这个计划？达到这个计划的目标对你意味着什么？当你达到目标后你会有什么感觉？如果你对这些问题都还不是很清楚，说明今年你还不是特别急切地希望达到这些目标。

一个明确的目标，即使面对艰难和挑战，你仍然急切地想要竭尽所能来达到它。所以，你需要十分透彻地明白你制定的目标对你的意义。否则，你只会很容易忘记它，并且很难会有进展。

（3）不把它们写下来

想要记住并且开始执行自己的目标，最好的办法就是写下来！描述你的目标是什么，你要怎样达到它。如果你从来没有将目标记下来过，那现在就把你的目标写下。

将目标写下来，可以梳理你的含糊不清、条理不顺的想法。记住，明确的目标才能保证你的成功，而明确的目标不会轻松地用脑袋想想就能全部明白的。所以，花点时间，坐下来仔细写下来。

（4）不能每天都看到自己的目标

人类是健忘的动物。即使你有将目标写下来，可是你还是会忘记。让自己深深记住，潜意识里不断提醒自己的最好的方法就是"重复"——让你天天都可以看到自己的目标。

你可以把自己的目标放在每天可以看到的地方，如写在记事本里、通过电脑提醒，等等。

（5）不去定期回顾自己的目标

我想你已经知道回顾的重要性。定期回顾使你确定自己是否朝着目标前进，有没有取得预期的成功。

就像飞行员驾驶飞机时，需要定时检查和修正飞行的航线。定期回顾可以使你发现目标和计划中出现的问题，并且找出其中的解决办法。参考阅读《如何时刻保持在目标的正确轨道上》

（6）只有自己知道目标是什么

将你的目标告诉别人，因为你需要一点压力。也许你害怕对别人作出承诺，但是将自己的目标告诉别人只会迫使你要对自己的目标负责。

你很可能会感到不舒服，那就告诉亲人和朋友。保证一定要完成目标，并且让他们监督你。如果你还在乎自己在他们心中的优秀形象，那就赶快执行目标吧。

（7）得不到别人的支持

一个好汉三个帮，去取得目标不意味着你是一个独行侠。相反，你还需要家人、朋友的支持。

例如，如果你打算减肥，但是你的家人却每天吃快餐，这绝对不会对你有帮助；如果你想培养起早床，室友却每天睡懒觉，你最好也把他拉进计划。向你周围的人谈谈你的目标和计划，要求他们给你提供多少支持，不管是精神上的还是物质上的。

【课堂训练 2 - 2】在表 2 - 1 中列出自己的一系列目标和梦想。

表 2 - 1　人生目标

序号	目标	本月	本年	3 年	5 年	10 年	梦想
1	薪水						
2	职位						
3	主管人数						
4	存款						
5	资产						
6	学历						
7	住房						
8	交通						
9	旅游						
10	作品						
11	奖项						
12	社交						
13	社会名声						
14	家庭						
15	业务						
…	…						

二、运用设立目标的工具

平衡计分卡的提出，告诉管理者应该从哪几个方面来关注企业绩效，为其选择设置目标的领域提供了全面性和科学性的方法。

平衡记分卡的设计包括 4 个方面：财务角度、顾客角度、内部经营流程、学习与成长。这几个角度分别代表企业三个主要的利益相关者：股东、顾客、员工，每个角度的重要性取决于角度的本身和指标的选择是否与公司战略相一致，其中每一个方面，都有其核心内容。

1. 财务层面

财务业绩指标可以显示企业的战略及其实施和执行是否对改善企业盈利做出贡献。财务目标通常与获利能力有关，其衡量指标有营业收入、资本报酬率、经济增加值等，也可能是销售额的迅速提高或创造现金流量。

2. 客户层面

在平衡记分卡的客户层面，管理者确立了其业务单位将竞争的客户和市场，以及业务单位在这些目标客户和市场中的衡量指标。客户层面指标通常包括客户满意度、客户保持率、客户获得率、客户盈利率，以及在目标市场中所占的份额。客户层面使业务单位的管理者能够阐明客户和市场战略，从而创造出出色的财务回报。

3. 内部经营流程层面

在这一层面上，管理者要确认组织必须擅长的关键的内部流程，这些流程帮助业务单位提供价值主张，以吸引和留住目标细分市场的客户，并满足股东对卓越财务回报的期望。

4. 学习与成长层面

它确立了企业要创造长期的成长和改善就必须建立的基础框架，确立了目前和未来成功的关键因素。平衡记分卡的前三个层面一般会揭示企业的实际能力与实现突破性业绩所必需的能力之间的差距，为了弥补这个差距，企业必须投资于员工技术的再造、组织程序和日常工作的理顺，这些都是平衡记分卡学习与成长层面追求的目标。如员工满意度、员工保持率、员工培训和技能等，以及这些指标的驱动因素。

平衡计分卡的基本思想如图2-3所示，企业必须通过创新与学习，持续改善内部运作过程，获得最大化的客户满意度，才能够获得良好的财务收益。这4个方面必须取得平衡，其本质是平衡企业的长期利益和短期利益。

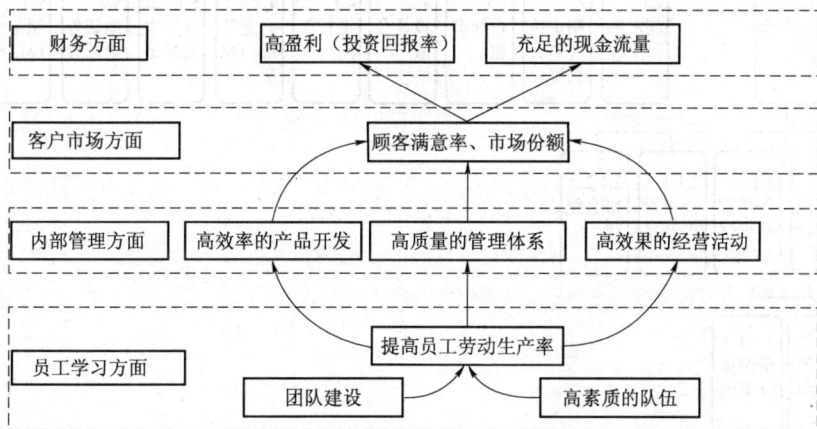

图2-3 平衡计分卡

在设立目标时，主管应该在上述4个方面取得平衡。例如，不能由于过度追求企业利润使顾客满意率降低。

子任务3 分解目标

【要求】通过课堂练习，掌握系统图方法，并运用方法分解目标。

知识油库

2-1-3-1 目标分解方法

系统图又称树形图或树图。就是把要实现的目标与需要采取的措施或手段系统地展开，并绘制成图，以明确问题的重点，寻找最佳措施或最理想的途径。它以目标——手段的方式，有系统地寻求实现目标的最佳手段。

目标分解在项目管理中称为工作分解结构。目标分解的原则是，小目标是大目标的条件，大目标是小目标的结果，小目标的实现之和，一定是大目标的实现。

【课堂训练 2-3】图 2-4 是一个某学院学生在学院成立一个"大学生经营管理协会"时所做的工作分解结构。

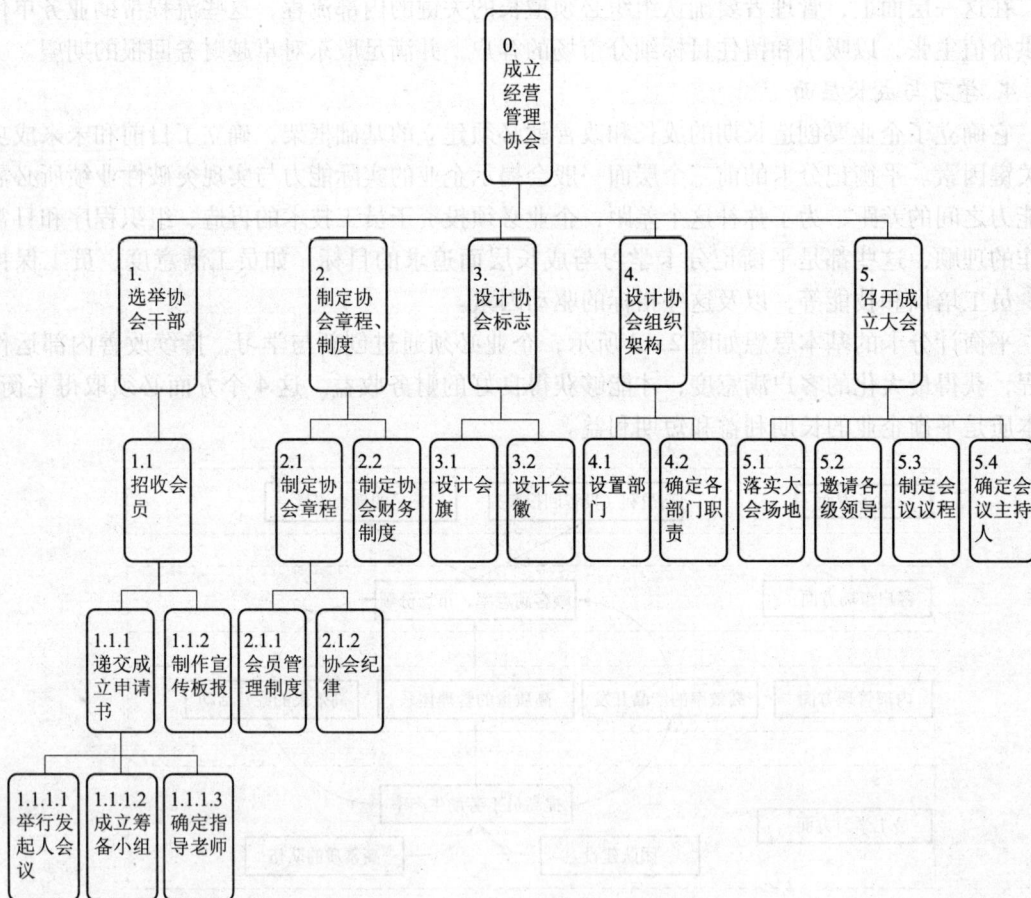

图 2-4 工作分解结构示例

一、系统图

系统图，系统图法又叫树图法，为达到目的，需选择手段，上一个目的又与下一个手段相联系，这种目的和手段相互联系起来逐级展开的图形叫系统图法。利用它可系统分析问题的原因并确定解决问题的方法。它的具体做法是将把要达到的目的所需要的手段逐级深入。

企业目标的实现通常是多途径的，如何从多种途径中选出一条达到目标的最佳路径呢？

系统图法就是系统地分析、探求以达到目的的最理想的方法。

系统图由方块和箭头构成,形状似树枝,又叫树枝系统图、家谱图、组织图,等等,它是把价值工程中所用的机能系统图的手法应用到质量管理中来的一种图形方法。

二、系统图的画法

系统图的画法具体如下。

① 写下一个大目标。

② 写出实现该目标所有的必要条件及充分条件,作为小目标,即第一层树杈。

③ 写出实现每个小目标所需的必要条件及充分条件,变成第二层树杈。

④ 依此类推,直到画出所有的树叶——即时目标为止,才算完成该目标的分解。

⑤ 检查分解是否充分,即反之从叶子到树枝再到树干,不断检查。如果小目标均达成,大目标是否一定会达成,若是则表示分解已完成;若不是则表明所列的条件还不够充分,继续补充被忽略的树枝。

系统图的画法不止一种,下面以宝塔形系统图为例,如图2-5所示。

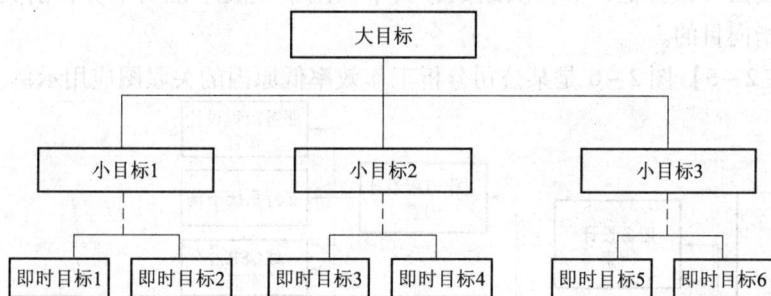

图2-5 宝塔形系统图

三、系统图的用途

系统图的用途主要有以下几个方面。

① 目标、管理项目、方针的展开。

② 新产品研制过程中设计质量的展开。

③ 制订质量计划,展开质量活动。

④ 明确管理职能和部门职能。

⑤ 创意地解决有关质量、成本、交货期等相关问题。

【课堂训练2-4】表2-2所示为举行一个生日宴会所要做的工作,要求对其进行目标分解。

表2-2 生日宴会工作内容

准备	做凉菜	采购物品	饮料
邀请来宾	做熟菜	CV/VCD 光碟	室内布置
晚宴	娱乐	灯光布置	蔬菜类
清洗	音响	海鲜类	生日蛋糕
食品	做菜	其他类	餐具

任务 2　分 析 问 题

子任务 1　确定因果关系

【要求】通过课堂练习，熟悉关联图的应用，学会利用这种方法明确问题的因果关系。

➡ **知识油库**

2-2-1-1　关　联　图

关联图是分析因果关系的一种常用工具。所谓关联图，又称关系图，就是对原因—结果、目的—手段等关系复杂而且相互纠缠的问题，在逻辑上用箭头把各要素之间的因果关系连接起来，从而找出主要因素和项目的方法。

关联图由圆圈（或方框）和箭头组成，其中圆圈中是文字说明部分，箭头由原因指向结果，由手段指向目的。

【课堂训练 2-5】图 2-6 是某公司分析工作效率低原因的关联图应用示例。

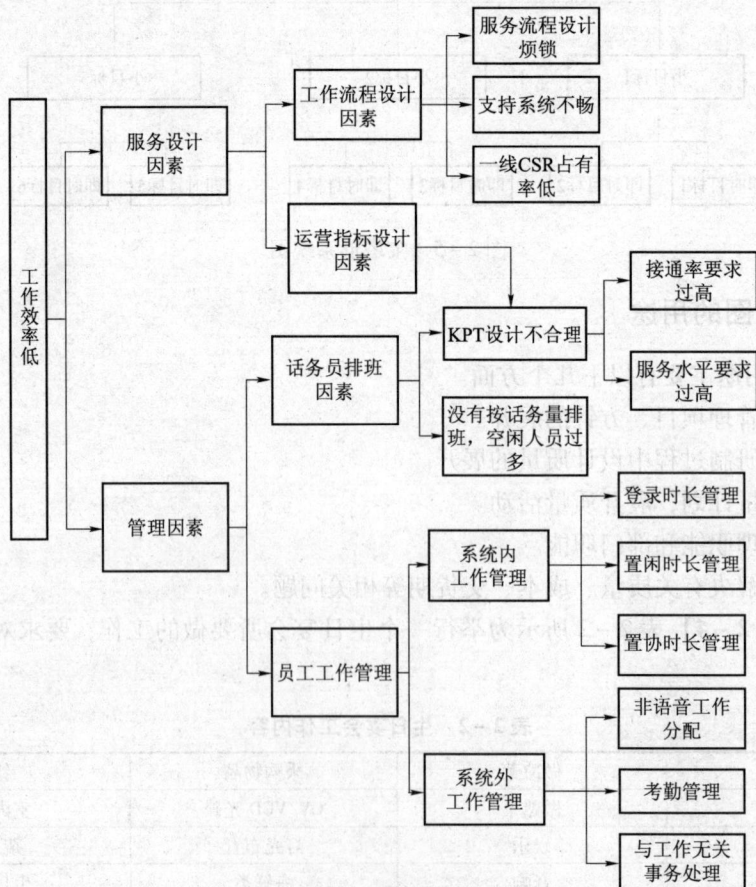

图 2-6　关联图应用示例

一、关联图绘制方法和步骤

关联图的绘制方法和步骤具体如下。

① 提出认为与问题有关的所有因素。

② 用简明而确切的文字和语言概要地表达。

③ 把因素之间的因果关系用箭头符号作出逻辑上的连接。

④ 根据图形，进行分析讨论，检查有无不够确切或遗漏之处，复核和认可上述各种因素之间的逻辑关系。

⑤ 找出重点，确定从何处入手来解决问题。

二、关联图的 4 种绘制形式

① 中央集中型的关联图。它是尽量把重要的项目或要解决的问题，安排在中央位置，把关系最密切的因素尽量排在它的周围。

② 单向汇集型的关联图。它是把重要的项目或要解决的问题，安排在右边（或左边），把各种因素按主要因果关系，尽可能地从左（从右）向右（或左）排列。

③ 关系表示型的关联图。它是以各项目间或各因素间的因果关系为主体的关联图。

④ 应用型的关联图。它是以上三种图形为基础而使用的图形。

三、关联图的判别方法

通过示例，管理者可以总结出关联图的判别方法。

① 箭头只进不出的是问题。

② 箭头有进有出的是中间因素。

③ 箭头只出不进的是根本原因。

管理者的注意力应该是放在寻找根本原因上。解决了根本原因，中间因素也就解决了。

四、关联图的用途

关联图的用途有以下几种。

① 适用于分析整理各种复杂因素交织在一起的问题。

② 可以明确关键，抓住要点。

③ 简明扼要，一目了然，容易让人理解。

④ 便于补充和修改。

【课堂训练 2 - 6】为什么车间照明耗电量大?

香露饮料公司的果汁生产车间照明耗电量比其他车间大，生产部长韦重任要求车间主任管一方调查原因并提出整改方案。

管一方召集车间职工开会，向大家了解照明耗电量大的原因，大家便七嘴八舌议论开来。

保安张迪：有几次我半夜巡视发现，车间里的灯还亮着。

班长陈池：是的，有的人节电意识比较差，最后一个离开车间的人，应检查车间内所有的灯是否关闭。

工人龚田：车间太大了，光线比较暗，用的照明灯较多，我认为这也是造成我们车间耗电量大的原因吧。

维修工李进：厂房布局不合理，乱盖房，造成灯头多，这也是耗电量大的原因。

电工黄健：有一次，我在检查电路的时候，发现有人剥接电源——乱接灯。

班长谢宏：我发现，电灯开关布局不合理，本来只想开两灯，按一下开关，却亮了十盏灯，真是"用一亮八"。

带班长原勇：我认为，要加强节电意识的宣传工作，让节电工作在全车间开展起来。

车间严副主任说：我们的管理意识还比较薄弱，不仅要在上级领导来检查时我们要注意节电，更应该是每一级的管理人员平时都要认真检查。有问题要及时反馈，该整改的要进行整改，坚决杜绝一切浪费现象，以后绩效要与耗电量挂钩。

请你分析车间照明耗电量大的根本原因是哪几个？关联图分析示例如图2-7所示。

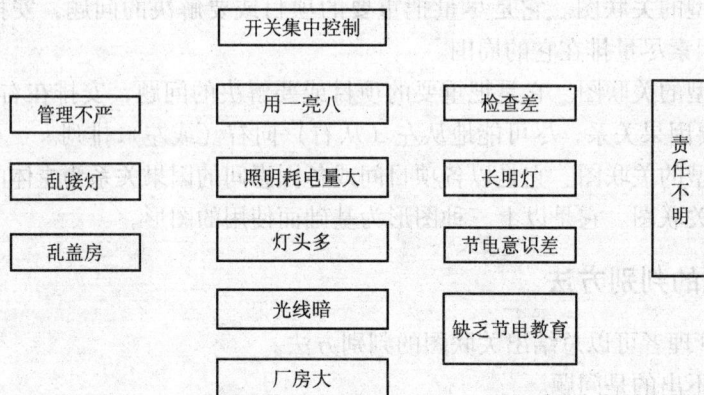

图2-7　关联图分析示例

子任务2　寻找主要原因

【要求】通过课堂练习，了解帕累托图，学会利用帕累托图找出主要原因。

➡ 知识油库

2-2-2-1　帕 累 托 图

在用关联图分析因果关系时，可以发现，造成一个问题的原因往往不止一个，有些原因对问题的产生影响可能大一些，有些原因对问题的产生影响可能小一些。

帕累托图又称为排列图，如图2-8所示。排列图法遵循"关键的少数和一般的多数"的原则，是主次矛盾的辩证思想的实际应用。此法通过对数据的分类，找出产生问题的主要原因，以便有针对性地解决产品质量问题。

排列图的作图具体步骤如下：按影响因素确定分类项目；确定计量单位；确定时间间隔；按分类项目进行统计，求出其频数；将各分类项目按其影响程度的大小，在排列图的横坐标轴从左至右依次排列；按分类项目分别求出其频率（分类数据占全部数据的百分比）和累计频率（累计百分比）；在排列图各分类项目相应位置上画一长方形，其高度代表该项目的频数（率）值。将各项目的频数（率）从左至右累加，并画出累计频数（率）曲线，

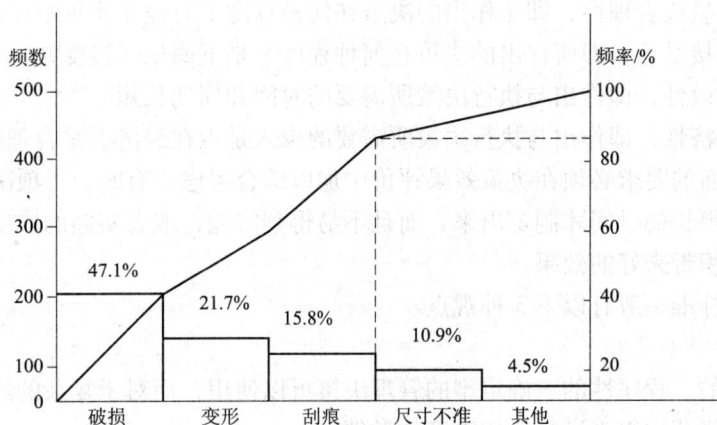

图 2-8　排列图示例

称为帕累托曲线。

　　绘制排列图时，通常把影响因素按其频率高低分为以下 3 类：把包括在累计频率 0 ~ 80% 左右的有关因素称为主要因素，也可称为 A 类因素，其项目一般为 1 ~ 2 个；把累计频率在 80% ~ 95% 左右的有关因素称为次要因素，也可称为 B 类因素，次要因素一般较主要因素为多，但影响程度较低；其余因素为一般因素，也可称为 C 类因素，其累计频率在 5% ~ 100% 左右。在图中按大小顺序排列，关键性因素一目了然，使问题显而易见。

　　【课堂训练 2-7】香露饮料公司制瓶车间中有不合格品 414 个，造成不合格的原因和件数如表 2-3 所示，绘制排列图如图 2-8 所示。

表 2-3　不合格品的原因和件数统计表

序号	不合格原因	不合格品件数/个	占总不合格品比率/%	累计比率/%
1	破损	195	47.1	
2	变形	90	21.7	68.8
3	刮痕	65	15.8	84.6
4	尺寸不准	45	10.9	95.5
5	其他	19	4.5	100
合计		414	100	

　　由帕累托图可以看出，不合格品最主要成因是破损，占 47.1%，破损、变形和刮痕 3 项合计 84.6%，应是主要原因，要重点分析解决办法。

任务 3　决　　策

　　管理学教授里基·格里芬在《管理学》中指出："决策是从两个以上的备选方案中选择一个的过程。"

　　一项决策是好是坏、效果如何，必须得到及时准确的评价，以便于改进决策工作。评价决策工作有效性的主要指标有以下几个方面。

① 决策的质量或合理性，即所作出的决策在何种程度上有益于实现组织的目标。

② 决策的可接受性，即所作出的决策在何种程度上是下属乐于接受并付诸实施的。

③ 决策的时效性，即作出与执行决策所需要的时间和周期长短。

④ 决策的经济性，即作出与执行决策所需要的投入是否在经济上是合理的。

以上 4 个方面的要求必须在决策效果评价中加以综合考虑。有时，一项决策的质量确实很高，但花费了很长的时间才制定出来，而且不易得到实施，或者实施的成本过高，这样的决策并不会给组织带来好的效果。

选择方案的标准一般有以下 3 种观点。

1. 最优标准

对一些简单的、程序性的、确定型的管理决策可以使用，而对于复杂的经营决策基本上无法使用，因为经营中很难满足最优决策的条件。

2. 满意标准

在方案数量有限、执行结果不确定和结果判定不明确的条件下，人们难以作出真正最优的决策，而只能是根据已知的全部条件，加上主观判断，作出相对满意的选择，经营决策大多采用满意原则。

3. 合理标准

尽管未来环境包含不肯定因素，做到完全合理很难，但是主管人员应该在合理性的限度内，根据各种变化的性质和风险大小而尽其所能地作出最好的决策。这种观点对管理工作具有指导意义，这也是现在重视精细化管理的原因。

子任务 1　选择活动内容

【要求】通过案例分析与课堂练习，熟悉头脑风暴法、PDPC 法、德尔菲法和波士顿矩阵法。

案例 2

悲情铱星警示无情市场

2000 年 3 月 18 日，两年前曾耗资 50 多亿美元建造 66 颗低轨卫星系统的美国铱星公司，背负着 40 多亿美元的债务宣告破产。铱星所创造的科技童话及其在移动通信领域的里程碑意义，使我们在惜别铱星的时刻猛然警醒：电信产业的巨额投资往往使某种技术成为赌注，技术的前沿性固然非常重要，但决定赌注胜负的关键却是市场。

铱星的悲剧告诉我们，技术不能代替市场，决策失误导致铱星陨落。

铱星代表了未来通信发展的方向，但仅凭技术的优势并不能保证市场的胜利。"他们在错误的时间，错误的市场，投入了错误的产品。"这是业界权威对铱星陨落的评价。

第一，技术选择失误。铱星系统技术上的先进性在目前的卫星通信系统中处于领先地位。但这一系统风险大，成本过高，维护成本相当高。

第二，市场定位错误。谁也不能否认铱星的高科技含量，但用 66 颗高技术卫星编织起来的世纪末科技童话在商用之初却把自己的位置定在了"贵族科技"上。铱星手机价格每部高达 3 000 美元，加上高昂的通话费用，使得通信公司运营最基础的前提——用户发展数目远低于它的预想。在开业的前两个季度，铱星在全球只发展了 1 万用户，而根据铱星方面的预计，初期仅在中国市场就要达到 10 万用户，这使得铱星公司前两个季度的亏损即达 10 亿美元。尽管铱星手机后来降低了收费，但仍未能扭转颓势。

第三，决策失误。有专家认为，铱星系统在 1998 年 11 月份投入商业服务的决定是"毁灭性的"。受投资方及签订的合约所限，在系统本身不完善的情况下，铱星系统迫于时间表的压力而匆匆投入商用，差劲的服务给用户留下的第一印象对于铱星公司来说是灾难性的。因此，到铱星公司宣布破产保护时为止，铱星公司的客户还只有 2 万多家，而该公司要实现盈利至少需要 65 万个用户，每年只维护费就要几亿美元。

第四，销售渠道不畅。铱星系统投入商业运营时未能向零售商们供应铱星电话机；有需求而不能及时得到满足，这也损失了不少用户。

第五，作为一个全球性的个人卫星通信系统，理论上它应该是在全球通信市场开放的情况下，由一个经营者在全球统一负责经营，而事实上这是根本不现实的。

由于以上这些原因造成了铱星的债务累累，入不敷出。

分析讨论：铱星公司的破产给了我们很大的启示：决策的正确与否决定了一个项目的命运，在新项目投入市场之前，一定要作好市场预测工作，给产品准确地定位，否则将遭到致命的打击。请谈谈你自己的体会。

➡ 知识油库

2-3-1-1　头脑风暴法

【课堂训练 2-8】如何实现用一笔（不间断）4 段直线连接下面 9 个圆点。

$$\begin{matrix} \circ & \circ & \circ \\ \circ & \circ & \circ \\ \circ & \circ & \circ \end{matrix}$$

头脑风暴法又叫集思广益法，是采用开调查会的形式，将有关专家召集到一起，向他们提出需要决策的题目，让他们通过讨论作出判断。它通过有关专家之间的信息交流，引起思维共振，产生组合效应，从而导致创造性思维。头脑风暴法的特点是，让与会者敞开思想，使各种设想在相互碰撞中激起脑海的创造性风暴。

从明确问题到会后评价，头脑风暴法有 3 个阶段，其流程如图 2-9 所示。

在决策过程中必须遵循以下 4 条原则。

（1）自由思考

参加者不应该受任何条条框框的限制，放松思想，让思维自由驰骋，从不同角度、不同层次、不同方位大胆地展开想象，尽可能地标新立异、与众不同，提出独创性的想法。

（2）禁止批评

绝对禁止批评是头脑风暴法应该遵循的一个重要原则。参加头脑风暴会议的每个人都不得对别人的设想提出批评意见，因为批评对创造性思维无疑会产生抑制作用，同时，发言人的自我批评也在禁止之列。有些人习惯于用一些自谦之词，这些自我批评性质的说法同样会破坏会场气氛，影响自由畅想。

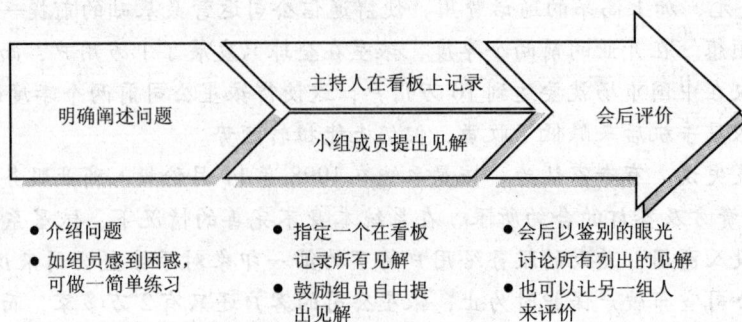

明确阐述问题　　主持人在看板上记录
　　　　　　　　小组成员提出见解　　会后评价

- 介绍问题
- 如组员感到困惑，可做一简单练习

- 指定一个在看板记录所有见解
- 鼓励组员自由提出见解

- 会后以鉴别的眼光讨论所有列出的见解
- 也可以让另一组人来评价

图 2－9　头脑风暴法流程

（3）庭外判决

头脑风暴法必须坚持当场不对任何设想作出评价的原则。既不能肯定某个设想，又不能否定某个设想，也不能对某个设想发表评论性的意见，一切评价和判断都要延迟到会议结束以后才能进行。这样做一方面是为了防止评判约束与会者的积极思维，破坏自由畅谈的有利气氛；另一方面是为了集中精力先开发设想，避免把应该在以后阶段做的工作提前进行，影响创造性设想的大量产生。

（4）追求数量

头脑风暴会议的目标是获得尽可能多的设想，追求数量是它的首要任务。参加会议的每个人都要抓紧时间多思考，多提设想。至于设想的质量问题，可留到会后的设想处理阶段去解决。在某种意义上，设想的质量和数量密切相关，产生的设想越多，创造性设想就越多。

2－3－1－2　PDPC 法

PDPC 法即过程决策程序图法，是为了完成某项任务或达到某个目标，在制订行动计划或设计方案时，预测可能出现的问题，并提出多种应变措施，保证最终目标达成的一种方法。PDPC 原理如图 2－10 所示。

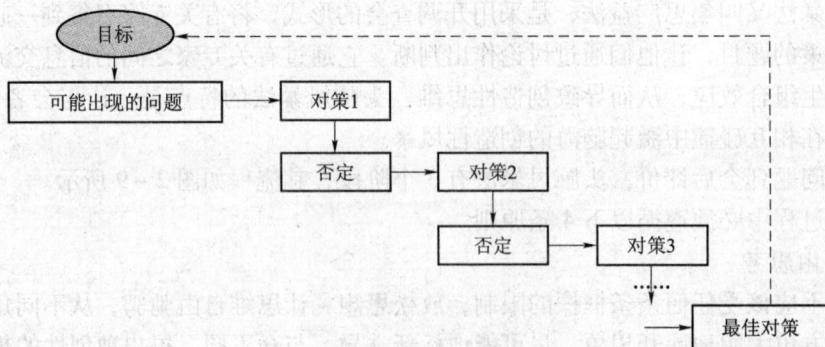

图 2－10　PDPC 原理

2－3－1－3　德尔菲法

德尔菲法依据系统的程序，采用匿名发表意见的方式，即专家之间不得互相讨论，不发生横向联系，只能与调查人员发生关系，通过多轮次调查专家对问卷所提问题的看法，经过反复征询、归纳、修改，最后汇总成基本一致的看法，作为预测的结果。这种方法具有广泛的代表性，较为可靠。

1. 德尔菲法的具体实施步骤

① 组成专家小组。按照课题所需要的知识范围，确定专家。专家人数可根据预测课题的大小和涉及面的宽窄而定，一般不超过 20 人。

② 向所有专家提出所要预测的问题及有关要求，并附上有关问题的所有背景材料，同时请专家提出还需要什么材料。然后，由专家做书面答复。

③ 每位专家根据所收到的材料，提出自己的预测意见，并说明自己是怎样利用这些材料提出预测值的。

④ 将各位专家第一次判断意见汇总，列成图表，进行对比，再分发给各位专家，让其比较自己同他人的不同意见，修改自己的意见和判断；也可以把各位专家的意见加以整理，或者请身份更高的其他专家加以评论，然后把这些意见再分送给各位专家，以便他们参考后修改自己的意见。

⑤ 将所有专家的修改意见收集起来，汇总之后，再次分发给各位专家，以便做第二次修改。逐轮收集意见并为专家反馈信息是德尔菲法的主要环节，收集意见和信息反馈一般要经过三四轮。在向专家进行反馈的时候，只给出各种意见，但并不说明发表意见的专家的具体姓名，这一过程重复进行，直到每位专家不再改变自己的意见为止。

⑥ 对专家的意见进行综合处理。

2. 德尔菲法的优缺点

德尔菲法的优点，具体如下。

① 能充分发挥专家的作用，集思广益，准确性高。

② 能把专家意见的分歧点表达出来，取各家之长，避各家之短。

③ 德尔菲法又能避免专家会议法的缺点，如权威人士的意见影响他人的意见；有些专家碍于情面，不愿意发表与其他人不同的意见；出于自尊心而不愿意修改自己原来不全面的意见。

德尔菲法的主要缺点是过程比较复杂，花费时间较长。

2-3-1-4　波士顿矩阵法

波士顿矩阵法是由波士顿咨询公司提出来的。该方法认为，在确定某个单位经营活动方向时，应该考虑它的相对竞争地位和业务增长率两个维度。相对竞争地位经常体现在市场占有率上，它决定了企业的销售量、销售额和盈利能力；而业务增长率反映业务增长的速度，影响投资的回收期限。

在图 2-11 中，企业经营业务的状况被分成 4 种类型。

① "瘦狗" 型的经营单位市场份额和业务增长率都较低，只能带来很少的现金和利润，甚至可能亏损。对这种不景气的业务，应该采取收缩甚至放弃的战略。

② "幼童" 型的经营单位业务增长率较高，目前市场占有率较低。这有可能是企业刚开发的很有前途的领域。高增长的速度需要大量资金，而仅通过该业务自身难以筹措。企业面临的选择是向该业务投入必要的资金，以提高市场份额，使其向 "明星" 型转变；如果

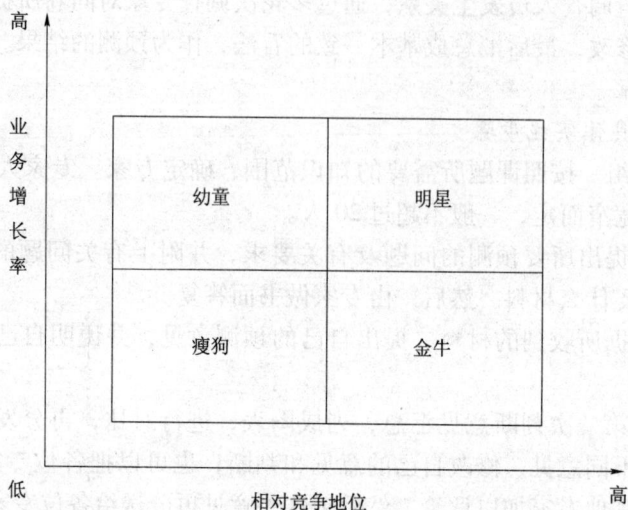

图 2-11　企业经营业务状况的 4 种类型

判断它不能转化成"明星"型，应忍痛割爱，及时放弃该领域。

③"金牛"型经营单位的特点是市场占有率较高，而业务增长率较低，从而为企业带来较多的利润，同时需要较少的资金投资。这种业务产生的大量现金可以满足企业经营的需要。

④"明星"型经营单位的特点是市场占有率和业务增长率都较高，代表着最高利润增长率和最佳投资机会，企业应该不失时机地投入必要的资金，扩大生产规模。

【课堂训练 2-9】香露饮料公司王总经理明天要到下属永新奶牛场主持各个奶牛场的现场总结交流大会。为了保证按时到达会场，王总的司机画了一个 PDPC 图，如图 2-12 所示，请你根据图中的情况，判断司机应该采取哪些准备行动。

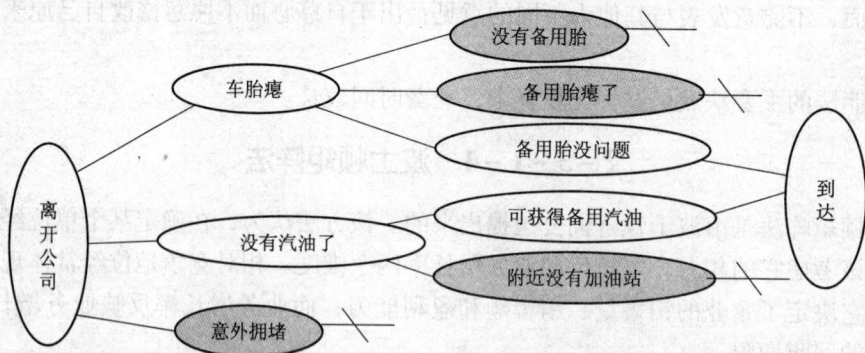

图 2-12　PDPC 示例

子任务 2　核算量本利

【要求】通过理论与计算，学习量本利分析，熟悉量本利分析在多方面的运用。

➡️ **知识油库**

2 – 3 – 2 – 1　量本利分析

一、量本利分析

（一）盈亏平衡分析

盈亏平衡分析是通过盈亏平衡点分析企业成本与收益的平衡关系的一种方法。各种不确定因素（如投资、成本、销售量、产品价格、项目寿命期等）的变化会影响经营方案的经济效果，当这些因素的变化达到某一临界值时，就会影响方案的取舍。盈亏平衡分析的目的就是找出这种临界值，即盈亏平衡点，判断经营方案对不确定因素变化的承受能力，为决策提供依据。

盈亏平衡点越低，说明该业务盈利的可能性越大，亏损的可能性越小，因而该业务有较大的抗经营风险能力。因为盈亏平衡分析是分析产量（销售量）、成本与利润的关系，所以也称量本利分析。

盈亏平衡点的表达形式有多种。它可以用实物产量（销售量）、单位产品售价、单位产品可变成本等表示，其中产量（销售量）是进行不确定性分析中应用较广的。

（二）独立方案盈亏平衡分析

独立方案盈亏平衡分析的目的是通过分析产品产量、成本与方案盈利能力之间的关系找出方案盈利与亏损在产量、产品价格、单位产品成本等方面的界限，以判断在各种不确定因素作用下方案的风险情况。销售收入与产品销售量（如果按销售量组织生产，产品销售量等于产品产量）的关系有两种情况：线性和非线性。这里以线性盈亏平衡分析为主。

线性盈亏平衡分析前提假设如下。

① 产量等于销售量，销售量变化，销售单价不变，销售收入与销售量呈线性关系。

② 假设正常生产年份的总成本可划分为固定和可变成本两部分，其中固定成本不随产量变动而变化，可变成本总额随产量变动按比例变化，单个产品可变成本为一常数，总可变成本是产量的线性函数。

③ 假定在分析期内，产品市场价格、生产工艺、技术装备、生产方法、管理水平等均无变化。

④ 假定项目只生产一种产品，或当生产多种产品时，产品结构不变，且都可以换算为单一产品计算。

该项目的生产销售活动不会明显地影响市场供求状况，假定其他市场条件不变，产品价格不会随该项目的销售量的变化而变化，可以看做一个常数。销售收入与销售量呈线性关系，即

$$销售收入 = 单位产品价格 \times 产品销售量$$

项目投产后，其生产成本可以分为固定成本与变动成本两部分。固定成本是指在一定的生产规模限度内不随产量的变动而变动的费用，变动成本是指随产品产量的变动而变动的费用。变动成本总额中的大部分与产品产量成正比例关系。也有一部分变动成本与产品产量不呈正比例关系，如与生产批量有关的某些消耗性材料费用、模具费及运输费等，这部分变动

成本随产量变动的规律一般是呈阶梯形曲线，通常称这部分变动成本为半变动成本。由于半变动成本通常在总成本中所占比例很小，在经济分析中一般可以近似地认为它也随产量成正比例变动。

总成本就是固定成本与变动成本之和，它与产品产量的关系也可以近似地认为是线性关系，即

总生产成本 = 固定成本 + 单位产品变动成本 × 产品销售量

在同一坐标图上表示出来，可以构成线性量本利分析图。

图 2-13 中销售收入线 B 与总成本线 C 的交点称盈亏平衡点，也就是项目盈利与亏损的临界点。在盈亏平衡点的左边，总成本大于销售收入，项目亏损，在盈亏平衡点的右边，销售收入大于总成本，项目盈利，在盈亏平衡点上，项目不亏不盈。

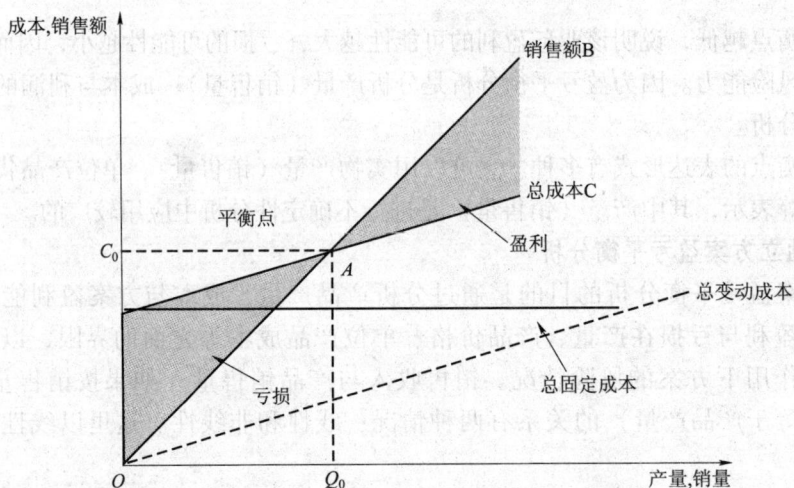

图 2-13　盈亏平衡分析基本模型图

在销售收入及总成本都与产量呈线性关系的情况下，可以很方便地用解析方法求出以产品产量（销售量）表示的盈亏平衡点。在盈亏平衡点，销售收入 B 等于总成本 C，设对应于盈亏平衡点的产量为 Q_0。如果销售单价为 W，则有

销售单价 × 盈亏平衡点产量 = 固定成本 + 单位产品变动成本 × 盈亏平衡点产量

盈亏平衡产量计算公式为

$$Q_0 = \frac{C_f}{W - C_0}$$

如果期望利润为 P，则应实现销量为

$$Q = \frac{C_f + P}{W - C_0}$$

【课堂训练 2-10】No.1 休闲饮料吧坐落于某市繁华的朝阳路上，主要经营各种茶饮料兼外卖。该店年租金 36 000 元，设备按 10 年折旧，装修费按 5 年分摊。每份茶饮料平均售价 4 元，其他经营费用如表 2-4 所示。若要实现盈亏平衡，平均每天需卖出多少份茶饮料？如果期望年盈利为 30 000 元，平均每天需卖出多少份茶饮料？

表2-4 No.1休闲饮料吧成本费用

类别	项目	经营期计算	说明
固定成本	1. 设备折旧费	40 000 元÷10 年=4 000 元/年	
	2. 店面租金	3 000 元/月×12 月=36 000 元	
	3. 装修	400 元/平×40 平方÷5 年=3 200 元/年	装修每平方：400 元（南宁价格）
	4. 工资	900 元/人·月×2 人×12 月=21 600 元	
	5. 工商管理费	90 元/月×12 月=1 080 元	定额收费
	6. 电话费	50 元/月×12 月=600 元	
	7. 其他费用	30 元/月×12 月=360 元	
每年固定成本合计		_____ 元/年	
变动成本	1. 税收	每份饮料平均按 4 元×5%=0.2 元	按每份饮料
	2. 水电费	每份饮料平均按 4 元×3%=0.12 元	按每份饮料
	3. 材料及用品费	4 元×8%=0.32 元	按每份饮料
	4. 其他	每份饮料平均按 4 元×3%=0.12 元	按每份饮料
饮料变动成本合计		_____ 元/份	

二、量本利分析的应用

1. 预测一定销售量下的利润水平

【例2-1】某企业生产销售一种产品，单位变动成本为50元，年固定成本为15 000元，销售单价为200元。如果根据市场预测，年销售量为150件，则企业可获得多少利润？

解：根据公式

$$销售收入 = 固定成本 + 总变动成本 + 利润$$

则：

$$利润 = 销售收入 - (固定成本 + 总变动成本)$$
$$= 销售量×销售单价 - 固定成本 - 销售量×单位变动成本$$
$$= 销售量×(销售单价 - 单位变动成本) - 固定成本$$
$$= 150×(200 - 50) - 15 000$$
$$= 7 500（元）$$

即可获年利润 7 500 元。

2. 确定企业的目标成本

【例2-2】某厂生产甲产品售价为5万元/台，单位变动成本为3万元，年固定成本为200万元，如目标利润为200万元，则目标成本应为多少？

解：根据公式

$$销售收入 = \frac{固定成本 + 利润}{1 - \dfrac{总变动成本}{销售收入}} = \frac{固定成本 + 利润}{1 - \dfrac{单位变动成本}{销售单价}}$$

$$= \frac{200 + 200}{1 - \dfrac{3}{5}}$$

$$= 1 000（万元）$$

目标成本 = 销售收入 – 目标利润 = 1 000 – 200 = 800（万元）

即在保证 200 万元年目标利润的情况下，目标成本应为 800 万元。

3. 判断企业的经营状况

企业的经营状况可通过计算经营安全率来判定，所谓经营安全率，它是计划（或现实）的销售量超过盈亏平衡点相应销售量的差额部分与计划（或现实）的销售量比率。其计算公式为

$$经营安全率 = \frac{计划或实现的销售量 – 盈亏平衡点销售量}{计划或实现的销售量} \times 100\%$$

经营安全率的数值越接近 100%，说明企业的经营状况越好；越接近 0，则经营状况越差，一般可参照表 2 – 5 的经验数据作出判断。

表 2 – 5　经营安全率经验数据

经营安全率/%	30 以上	25 ~ 30	15 ~ 25	10 ~ 15	10 以下
经营状况	安全	较安全	不太好	要警惕	危险

提高经营安全率有两个途径：一是增加销售量；二是将盈亏平衡点下移。盈亏平衡点下移有 3 种办法：① 降低固定成本；② 降低变动成本；③ 增加固定成本，降低变动成本，使总成本降低。

4. 生产方法盈利性对比分析

【例 2 – 3】对手工、半自动化、全自动化 3 种生产方式进行比较，其固定成本和变动成本所占比重不同，如表 2 – 6 所示，企业应采取哪种生产方式？

表 2 – 6　生产方式与生产成本

生产方式	生产成本	
	固定成本/元	变动成本总额/元
手工	1 000	20X
半自动	4 000	10X
全自动	10 000	5X

注：X 表示产量。

解：按上列资料可作转换点图，如图 2 – 14 所示。

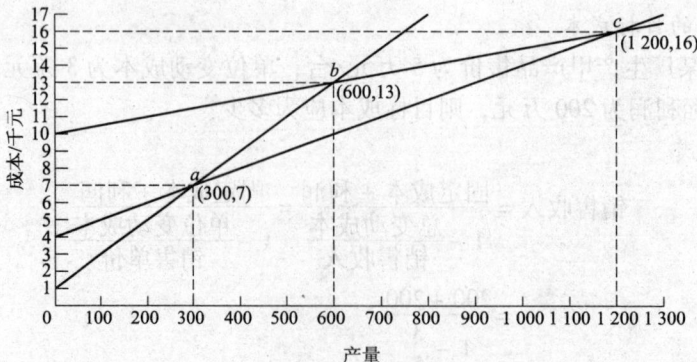

图 2 – 14　转换点图

图中的 a 点表示手工生产与半自动生产的转换点；b 点表示手工生产与全自动化生产的转换点；c 点表示半自动化生产与全自动化生产的转换点。

a 点 $(X=300)$：$1\ 000+20X=4\ 000+10X$

b 点 $(X=600)$：$1\ 000+20X=10\ 000+5X$

c 点 $(X=1200)$：$4\ 000+10X=10\ 000+5X$

结论：当产量小于 300 时，采用手工生产成本最低；当产量在 300 ~ 1 200 之间时，采用半自动生产成本最低；当产量在 1 200 以上时，采用全自动生产成本最低。

子任务 3　运用概率进行决策

【要求】通过课堂练习，学习几种运用概率进行决策的方法。

▶ 知识油库

2 - 3 - 3 - 1　收益矩阵法

一、收益矩阵法

利用收益矩阵进行决策的顺序是，先分别设定各个方案在不同自然状态下的收益，然后按客观概率的大小，加权平均计算出各方案的期望收益值，通过比较，从中选择一个最佳方案。

【课堂训练 2 - 11】香露饮料公司生产的蛋糕去年 1—3 月销量统计，如表 2 - 7 所示。每箱成本 30 元，售出价格为 80 元，如果当天售不出去，就要做销毁，每箱损失 30 元。预计今年 1—3 月份需求量与去年同期无变化。作为销售部的主管，你会建议生产部将日产计划定为多少能获利最大？

表 2 - 7　1—3 月蛋糕销售量

日销售量/箱	100	110	120	130	合计
销售天数	18	36	27	9	90
概率	0.2	0.4	0.3	0.1	1.0

根据条件，可行方案有 4 个，即日产 100 箱、110 箱、120 箱、130 箱。编制决策收益矩阵表，如表 2 - 8 所示。

表 2 - 8　决策收益矩阵表

自然状态		需求量/箱				期望利润/元
		100	110	120	130	
概率		0.2	0.4	0.3	0.1	
生产方案	100 箱/日	5 000	5 000	5 000	5 000	5 000
	110 箱/日	4 700	5 500	5 500	5 500	5 340
	120 箱/日	4 400	5 200	6 000	6 000	5 360
	130 箱/日	4 100	4 900	6 500	6 500	5 140

① 每日生产 100 箱的收益期望值：5 000（元）

② 每日生产 110 箱的收益期望值：$4\,700 \times 0.2 + 5\,500 \times (0.4 + 0.3 + 0.1) = 5\,340$（元）

③ 每日生产 120 箱的收益期望值：$4\,400 \times 0.2 + 5\,200 \times 0.4 + 6\,000 \times (0.3 + 0.1) = 5\,360$（元）

④ 每日生产 130 箱的收益期望值：$4\,100 \times 0.2 + 4\,900 \times 0.4 + 5\,700 \times 0.3 + 6\,500 \times 0.1 = 5\,140$（元）

其中，每日生产 120 箱获利最大。

2-3-3-2 决策树

决策树方法也是以期望收益计算为依据，进行优选决策。所不同的是，决策树是一种图解方式，更适于分析复杂问题。

（一）决策树的构成

决策树主要有 4 个要素：决策点、方案枝、状态结点和概率枝，如图 2-15 所示。

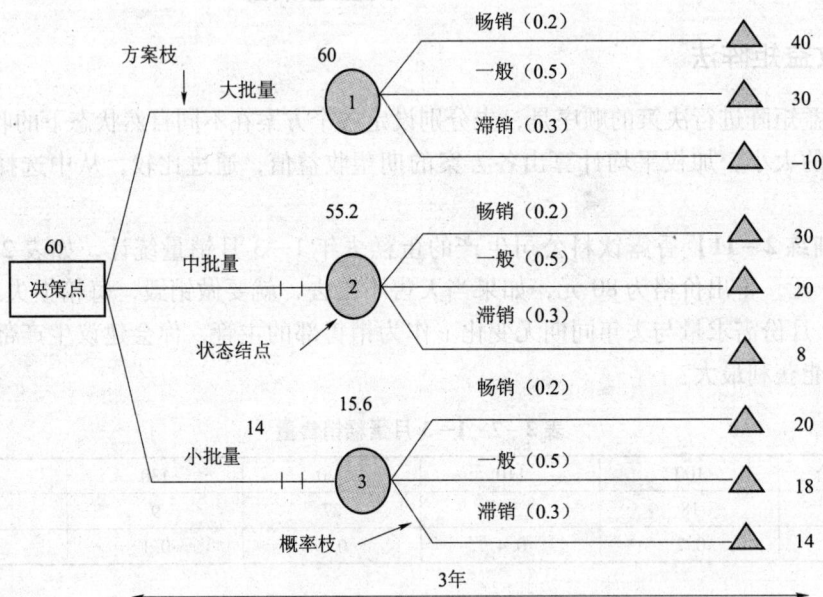

图 2-15 决策树

（二）决策树的分析程序

1. 绘制树形图

绘制程序是自左至右分别展开。在进行决策条件分析的基础上，确定有哪些方案可供决策时选择，以及每种方案的实行会发生哪几种自然状态？如遇多级决策，则要确定是几级决策，并逐级展开其方案枝、状态结点、概率枝。

2. 计算期望值

期望值的计算要由右向左依次进行。首先将每种自然状态的收益值分别乘以各种概率枝上的概率，再乘以计算期限，最后将各种概率枝的值相加，标于状态结点上。

3. 剪枝决策

比较各方案的期望值，如方案实施时有费用发生，应将状态结点值减去方案费用后再进行比较。剪掉期望值小的方案，最终只剩下一条贯穿于始终的方案枝，它的期望值最大，是最佳方案，将此最大值标于决策点上。

运用决策树方法还可以进行多级决策。例如，某方案还有不同的途径和方法需要选择，即最终决策前，还需先对某方案进行一次决策选择，这种情况就属于多级决策。

2 - 3 - 3 - 3 不确定性决策

不确定性决策方法是指决策人无法确定未来各种自然状态发生的概率的决策。不确定型决策方法主要有"乐观"法、"悲观"法和"折中"法等。

1. "乐观"法

乐观法又称"最大最大"决策准则，这种决策准则就是充分考虑可能出现的最大利益，在各最大利益中选取最大者，将其对应的方案作为最优方案。

乐观法决策的一般步骤如下。

① 确定各种可行方案。

② 确定决策问题将面临的各种自然状态。

③ 将各种方案在各种自然状态下的损益值列于决策矩阵表中。

④ 求出每一方案在各种自然状态下的最大损益值，将其填写在决策矩阵表的最后一列。

⑤ 在矩阵最后一列的损益值中的最大值所对应的方案为最佳决策方案。

2. "悲观"法

悲观法是指充分考虑可能出现的最坏情况，从每个方案的最坏结果中选择一个最佳值，将其对应的方案作为最优方案。

悲观法决策的一般步骤如下。

① 确定各种可行方案。

② 确定决策问题将面临的各种自然状态。

③ 将各种方案在各种自然状态下的损益值列于决策矩阵表中。

④ 求出每一方案在各种自然状态下的最小损益值，将其填写在决策矩阵表的最后一列。

⑤ 在矩阵最后一列的损益值中的最大值所对应的方案为最佳决策方案。

3. "折中"法

折中法又称 α 系数决策准则，是对乐观法和悲观法进行折中的一种决策准则。α 系数依决策者认定情况是乐观还是悲观而取不同的值。若 $\alpha = 1$，则认定情况完全乐观；$\alpha = 0$，则认定情况完全悲观；一般情况下，则 $0 < \alpha < 1$。

折中法决策的一般步骤如下。

① 确定各种可行方案。

② 确定决策问题将面临的各种自然状态。

③ 将各种方案在各种自然状态下的损益值列于决策矩阵表中。

④ 求出每一方案在各自然状态下的最大损益值 $\times \alpha$ + 最小损益值 $(1 - \alpha)$，将其填写在决策矩阵表的最后一列。

⑤ 在矩阵最后一列的损益值中的最大值所对应的方案为最佳决策方案。

【例2-4】某企业想开展多种经营，准备生产液晶电视，设想出了三种方案，即建设大型工厂、建设中型工厂和建设小工厂，每种方案市场前景不明，暂且分为两种状态，并预测出每种方案损益值，如表2-9所示。

表2-9　三种方案的两种状态下的损益值

决策方法	自 然 状 态	
	销路好（S_1）	销路差（S_2）
建设大型工厂（d_1）	200	-20
建设中型工厂（d_2）	150	20
建设小型工厂（d_3）	100	60

要求：

① 按乐观法选择决策方案。

② 按悲观法选择决策方案。

③ 按折中法选择决策方案。

分析：

这是一个不确定性决策问题。

（1）按乐观法选择决策方案

首先求出每一方案在各种自然状态下的最大收益值

$$f(d_1) = \max\{200, -20\} = 200$$
$$f(d_2) = \max\{150, 20\} = 150$$
$$f(d_3) = \max\{100, 60\} = 100$$

在最大收益值中再选取最大者，最大值为200。其对应的第一方案，因此乐观法决策结果是第一方案为最优方案。

（2）按悲观法选择决策方案

首先求出每一方案在各种自然状态下的最小收益值

$$f(d_1) = \min\{200, -20\} = -20$$
$$f(d_2) = \min\{150, 20\} = 20$$
$$f(d_3) = \min\{100, 60\} = 60$$

在最小收益值中再选取最大者，最大值为60。其对应的第三方案，因此悲观法决策结果是第三方案为最优方案。

（3）按折中法选择决策方案

$$f(d_1) = \alpha\max\{200, -20\} + (1-\alpha)\min\{200, -20\} = 220\alpha - 20$$
$$f(d_2) = \alpha\max\{150, 20\} + (1-\alpha)\min\{150, 20\} = 130\alpha + 20$$
$$f(d_3) = \alpha\max\{100, 60\} + (1-\alpha)\min\{100, 60\} = 40\alpha + 60$$

若第一方案有最大收益，由$f(d_1) \geq f(d_3)$，$f(d_1) \geq f(d_2)$，可得

$$\alpha \geq \frac{4}{9}$$

若第二方案有最大收益，由 $f(d_2) \geq f(d_1)$，$f(d_2) \geq f(d_3)$，可得

$$\alpha = \frac{4}{9}$$

若第三方案有最大收益，由 $f(d_3) \geq f(d_2)$，$f(d_3) \geq f(d_1)$，可得

$$\alpha \leq \frac{4}{9}$$

由此得出结论：

当 $\alpha > \frac{4}{9}$ 时，第一方案为最优方案；

当 $\alpha < \frac{4}{9}$ 时，第三方案为最优方案；

当 $\alpha = \frac{4}{9}$ 时，三个方案有相同的收益。

实　训

※ 请学员完成小组实操项目分解任务3。

※ 个人课外训练任务3：大学生涯规划1——目标分解。

一、训练目标

能够使用系统图和过程决策程序图对目标进行任务分解。

二、训练内容与要求

（1）设置自己的大学生涯目标。

（2）使用系统图和过程决策程序图对该目标进行任务分解。

三、成果检测

与个人课外训练任务4一起上交一份"我的大学生涯规划"，教师根据每个学生作业的合理性、可行性进行评分。

课后讨论

1. 讨论目标设定与决策的关系。
2. 各种决策方法的运用。
3. 根据学习本章内容，给自己的人生做一个规划。

课后练习

1. 企业管理决策的过程。
2. 目标设立的步骤。
3. 什么是目标的 SMART 原则？
4. 平衡计分卡的基本思想。
5. 系统图的画法。
6. 关联图绘制方法和步骤。
7. 评价决策工作有效性的主要指标。
8. 运用概率进行决策的两种方法及具体操作。

课后案例 ▶▶

案例 1

集体决策优于个人决策吗

近年来，北京的高中低各档商场均以各自不同的经营形式与风格出现在首都人的面前。由于商业网络密布，致使许多零售企业的盈利下降。而此时的巴巴拉零售联盟组织的利润却大幅度上升。

巴巴拉零售联盟组织的高级管理人员将这一盈利成绩归功于其相对新型的管理方法。这种方法是从日本同行那里学来的——以"集体决策"的方式作为企业管理的中心。

现任董事长王勃先生（即将退休）采用协商一致的管理方法，使管理人员有足够的机会参与企业的主要决策。这样做的最大好处是可以帮助管理人员了解公司组织各个层次的工作状况。同时，集体管理的方法有利于培养管理人员。例如，某委员会的工作涉及诸如策略等政策问题时，通过集体参与，许多年轻的管理人员逐渐熟悉了公司所面临的关键问题。

尽管巴巴拉零售联盟组织的大多数管理人员认为集体管理方法很成功，但也有少数人持反对态度，马骏就是其中态度最坚决的一位。他认为管理人员参加委员会会议是浪费时间，集体决策是妥协的产物，而且最终产生的可能不是最佳决策。

然而，他的同事们却指出，集体管理方法打破了一些部门之间的壁垒，促进了部门之间的协调。他们承认集体制订计划可能是费时的，但计划的实施却很迅速。再者，他们认为与个人决策相比，集体管理方法鼓励管理人员去探索更多的可供选择的方案，有不同年龄、不同观点的人参加，是一种极佳的投入。

马骏不同意这些意见。他指出"巴巴拉"集体管理之所以行得通，只是由于现任董事长的管理风格在很大程度上影响着大家。一旦他退休了，新的董事长是否会保持这一管理风格并不能肯定。到那时，巴巴拉管理人员之间的合作也就结束了。

看来巴巴拉零售联盟组织内部出现了意见分歧，要解决这一难题，使企业内部所有员工同心协力摆脱目前的僵局，他们首先需要弄清楚几个问题，请你帮助他们分析一下。

分析讨论：

1. "集体决策"这一方法的优点是什么？
2. "集体决策"方法有什么缺点？
3. 请你分析出马骏等人对"集体决策"持否定态度的原因。
4. 怎样才能使委员会或工作组更有效地工作，即减少马骏等人提出的所谓"人员浪费"？

案例 2

个人价值观与决策

过去 11 年，佩吉·格利森在某发展中的大城市市区的一家大联营医药商店当药剂师。

现在，她每年的薪金为1.4万美元。她工作的这个单位，每年要增加三至五家新店。这样扩大，就增加了新的管理职位。其中有些职位，包括优厚的分红在内，公司一年要付出2.7万美元。有时，还提升药剂师为分店的经理。虽然，过去没有让女性担任过这样的管理职位，但佩吉小姐相信，在不久的将来她会得到这样的机会。

佩吉的父亲格利森自己开药店，由于健康原因最近不得不退休。格利森先生便雇了一位刚毕业的药剂师临时经营药店，店里的其他部门继续由佩吉的母亲经营，佩吉的父亲想让女儿回来经营她最终要继承的药店。而且，由于靠近城市的一个大湖滨游乐场所的建成，该店所在小镇的人口也在增长。因此，药店发展和扩大的可能性比前些年大多了。

佩吉和双亲讨论时，得知药店现在一年的销售额大约为10万美元，而销售毛利差不多是3.9万美元。由于格利森先生的退休，他和他太太要提支工资2.2万美元，加上每年大约1.6万美元的经营费用，交税前的净利为每年1 000美元。自格利森先生退休以来，从药店得到的利润基本上和以前相同。目前，他付给他雇佣的药剂师的薪金每年为1.2万美元，格利森夫人得到的薪金每年为1万美元，格利森先生自己不再从药店支取薪金了。

如果佩吉决定担任药店的管理工作，格利森先生打算也按现在的工资数付给她1.4万美元的年薪。他还打算，开始时拿出50%的盈利作为红利分给佩吉；两年后增加到50%。因为格利森夫人将不再在该店工作，就必须雇一个非全日工作的办事员帮助佩吉经营药店，他估计这笔费用大约需要4 600美元。

格利森先生已知有人试图出15万美元买他的药店，这笔款项的大部分，佩吉在不久的将来是要继承的。对格利森老夫妇来说，他们的经济状况并不需要过多地取用这笔资产来养老送终。

分析讨论：
1. 对佩吉来说，有什么行动方案可供其选择？
2. 你建议采取哪种备选方案？
3. 以佩吉的个人价值观她会作出哪种决策？
4. 如果佩吉小姐是男子的话，你的建议会与此相同吗？

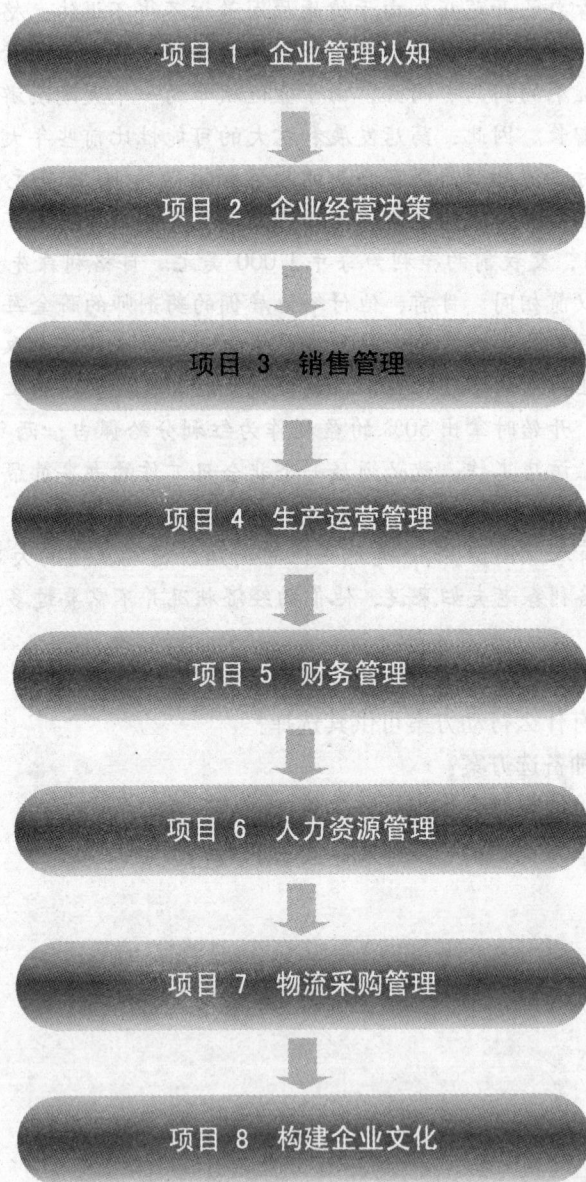

项目 1　企业管理认知

项目 2　企业经营决策

项目 3　销售管理

项目 4　生产运营管理

项目 5　财务管理

项目 6　人力资源管理

项目 7　物流采购管理

项目 8　构建企业文化

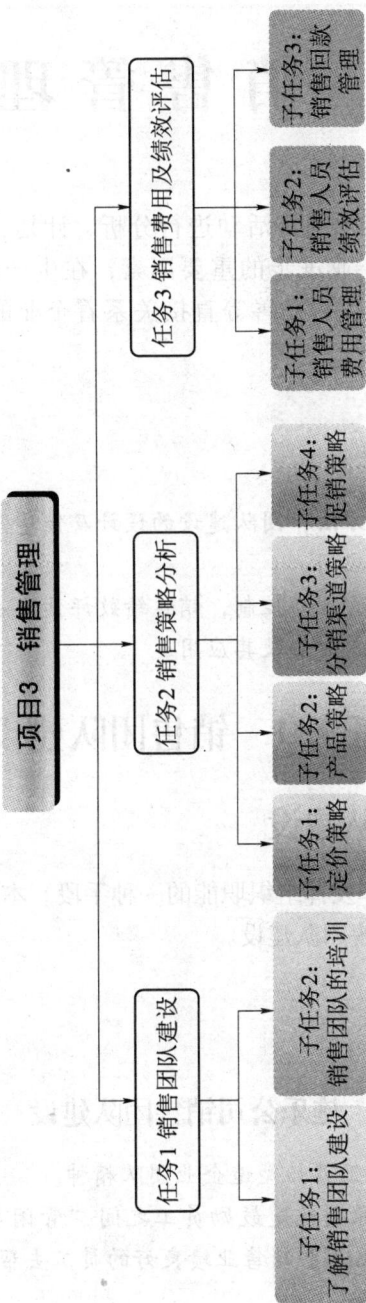

项目 **3**

销 售 管 理

销售管理是指对企业的整个销售活动进行分析、计划、执行和控制，从而实现组织目标。销售管理工作是促进企业进步的重要因素，在生产流通中，销售观念是否超前、销售工作是否到位、销售管理是否完善等直接关系着企业的发展与进步。本项目分 3 个任务完成。

学习目标

1. 了解销售团队建设基本方法，团队建设的设计及销售团队的培训。
2. 掌握主要销售策略及其应用。
3. 理解并掌握销售费用的管理与控制，销售绩效评估方法及应用。
4. 掌握销售绩效评估的基本方法及其应用。

任务 1　销售团队建设

子任务 1　了解销售团队建设

【要求】团队建设是高效率发挥组织职能的一种手段。本案例通过施乐公司成功的团队建设，让学生了解如何进行销售团队建设。

案例 1

施乐公司销售团队建设

从 1980 年开始，新总裁大卫开始塑造企业团队精神。

施乐团队建设的一条重要原则就是鼓励员工之间"管闲事"，对同僚业务方面的困难，应积极帮助。为此，施乐经常派那些销售业绩良好的员工去帮助销售业绩不佳的员工，他们认为，合作应从"管闲事"开始。

施乐团队建设的第二条重要原则就是强调经验交流和分享。任何一位员工有创意且成功的做法，都会得到施乐公司的赞美和推广。

施乐团队建设的第三条重要原则是开会时允许参加者海阔天空的自由发挥，随意交流，并允许发牢骚、谈顾虑，即便是重要的会议也开得像茶馆那样热闹，经常是"说者无心、听者有意"，启发出旁听者的火花般灵感，以致于思路大开。

团队建设离不开人。施乐选拔人才特别强调合作精神，常常把骄傲的人拒之门外。他们认为，骄傲的人往往对一个团队具有破坏力，哪怕是天才也不接受。施乐需要的是强化彼此成就的人，即合作重于一切。

施乐的团队建设并不排斥竞争，但强调竞争必须不伤和气，不但要公平，而且讲究艺术。例如，公司下属某销售区各小组间的竞争就显得幽默而有效率：每月底，累计营业额最低的小组将得到特殊的"奖品"——一个小丑娃娃，而且以后一月内必须放在办公桌上"昭示"众人，直到有新的"中奖者"。各小组自然谁也不愿"中奖"，为此，大家你追我赶，唯恐垫底"中奖"。至 1989 年，施乐扭亏为盈，后逐渐在世界 140 个国家建立了分公司。

思考：

1. 施乐公司在开会时允许参加者海阔天空的自由发挥，随意交流，并允许发牢骚。这种方式有什么利弊？

2. 根据本案例，你认为团队较之一般群体有何优点？

3. 根据施乐公司的经验，加上你的实践经验，你觉得应如何建立有效的销售团队？

➡ 知识油库

3-1-1-1　销售团队的规模设计

销售队伍规模的大小是设计销售组织结构的前提条件。确定销售人员的数量是两难的问题，扩大销售队伍的规模一方面可以创造更多的销售额，另一方面又增加销售成本。在这两方面寻求平衡显得困难而且重要，它决定了销售利润。销售团队规模设计方法有统计分析法、工作量法和增量分析法。

1. 统计分析法

统计分析法的计算公式

$$N = s/p$$

式中：N——下年度所需销售队伍的规模

　　　s——下年度计划销售额

　　　p——销售人员年人均生产率

2. 工作量法

使用工作量法确定销售队伍规模的前提为：假设所有的销售人员承担同样的工作量。工作量法的计算步骤和方法如下。

第一步：编制企业所有客户的分类目录

通常以每个客户的购买额作为分类标准，用 ABC 分类法对客户分类排序。将大客户归入 A 类，中等客户归入 B 类，小客户归入 C 类。如 S 企业有 1 030 家客户，按上述 ABC 原则分成三类。

A 类：大客户 200 家

B 类：客户 350 家

C 类：小客户 480 家

第二步：确定为每类客户服务的频率及每次服务时间

例如，S 公司估计对 A 类客户每两周访问一次，每次 60 分钟；B 类客户每一个月访问一次，每次 30 分钟；C 类客户每两个月访问一次，每次 20 分钟。

第三步：计算出工作总量

接上步，每类客户每年所需要的访问时间为以下内容。

A 类：26 次 × 60 分/次 = 1 560 分（26 小时）。

B 类：12 次 × 30 分/次 = 360 分（6 小时）。

C 类：6 次 × 20 分/次 = 120 分（2 小时）。

根据二、三步的数据，可计算出 S 公司全年的销售活动总工作量。

A 类：200 家 × 26 小时/家 = 5 200 小时。

B 类：350 家 × 6 小时/家 = 2 100 小时。

C 类：480 家 × 2 小时/家 = 960 小时。

总计：8 260 小时。

第四步：确定销售人员年工作时间

假定 S 公司销售人员每周工作 40 小时，每年工作 48 周，这样每个销售人员年工作时间为：40 小时/周 × 48 周 = 1 920 小时

第五步：确定不同工作占销售人员总工作时间的比例

S 公司的安排如下。

推销活动：40% × 1 920 = 768 小时。

非推销活动：30% × 1 920 = 576 小时。

旅行：30% × 1 920 = 576 小时。

总计：100%，1 920 小时（销售人员年工作时间）。

第六步：计算出销售队伍规模

根据已知数据，可知 S 公司所需销售人员总数为

8 260 小时 ÷ 768 小时/人 = 10.75 人 ≈ 11 人。

即 S 公司有 11 名推销员就可以完成为现有客户服务的工作量。

3. 增量分析法

从理论上讲，增量分析法比其他方法更精确。增量分析法的基本前提是：只要增加的销售人员所创造的利润（既边际销售利润）大于增加的销售成本（既边际销售成本），那么就应该继续扩大销售队伍的规模，直至两者相等。

增量分析法具体操作分三步如图 3 - 1 所示。

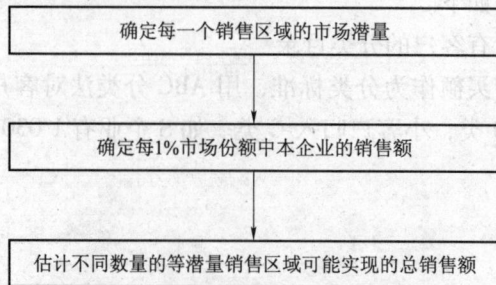

确定每一个销售区域的市场潜量

确定每 1% 市场份额中本企业的销售额

估计不同数量的等潜量销售区域可能实现的总销售额

图 3 - 1　增量分析法的步骤和方法

1. 确定每一个销售区域的市场潜量

这一数据可以从营销调研部门获得。假设 H 企业有 10 个销售区域，整个行业市场容量为 4 千万元，数据资料如表 3 - 1 所示。

表 3 - 1 每 1% 市场份额中本企业销售额

销售区域	市场潜量①	占总容量的百分比② = ① ÷ 40 000	实际销售额③	每 1% 市场份额中 H 企业的销售额④ = ③ ÷ ② ÷ 100
1	400	1%	80	80
2	1 000	2.5%	175	70
3	200	0.5%	50	100
4	400	1%	80	80
5	2 000	5%	300	60
6	2 000	5%	300	60
7	1 000	2.5%	175	70
8	4 000	10%	560	56
9	400	1%	80	80
10	1 000	2.5%	175	70
…				
总计	40 000		3 200	

2. 确定每 1% 市场份额中本企业销售额

计算方法见表 3 - 1 第①栏。只有企业一贯采用分销售区域统计数据的方法时，增量分析法才有可靠性。

表中假设市场潜量相等的销售区域中 H 企业的实际销售额相等，这种简化是为了说明问题方便，若实际中数据不等可以取平均值。

3. 估计不同数量的等潜量销售区域可能实现的总销售额

等潜量销售区域也是一个假设的概念。在这种等潜量销售区域中，各个销售区域假定是同质的，具有相等的市场潜量。如果将整个市场划分为 100 个销售区域，则每个区域占市场总量的 1%，其余以此类推。前面我们已经假设了在市场潜量相等的销售区域里，企业实现的销售收入相等，不等则取平均数。在表 3 - 1 中，已经知道了不同规模市场中 H 企业的实际销售额，那么就可以计算出每种不同等潜量区域方案的总销售额了。计算方法如表 3 - 2 所示。

表 3 - 2 不同等潜量区域方案的总销售额

销售区域数目①	相对市场潜量 ② = 1 ÷ ① × 100%	每 1% 市场份额中本企业的销售额③	总销售额④ = ① × ② × ③ × 100
200	0.5%	100	10 000
100	1%	80	8 000
40	2.5%	70	7 000
20	5%	60	6 000
10	10%	56	5 600

可见，表中的每1%市场份额中本企业销售额只是一个过渡指标，采用这一指标的目的在于说明销售人员在比较小的销售区域可以获得比较高的市场份额，便于公正地评价不同销售区域的业绩。

从表3-2可以看出，H企业雇用200名销售人员（一名销售人员负责一个销售区域），可以实现1千万元销售收入，市场占有率为25%（1千万÷4千万×100% =25%）；若雇用100名销售人员，可实现8百万元销售收入，市场占有率为20%，依此类推。销售队伍规模越小，销售额与市场占有率也随之降低。因为产品的生产成本已知，只要知道不同规模销售队伍的支持费用，就能够计算出5种方案的利润水平，从中选择一个保持利润最大的销售队伍规模。当然，企业也可以把市场占有率或其他目标作为首要目标。但不论企业的目标是什么，都要考虑所采用的营销策略对销售利润的影响。

增量分析法将销售队伍规模与销售利润结合起来考虑，方法比较精确，更接近理想的销售队伍规模水平，但运用起来也更加困难。同时，该方法也说明，企业提高营销努力的做法是有限度的，各种刺激销售的措施都应保持在合理的范围之内，否则，物极必反，过度扩张销售队伍规模是得不偿失的。

3-1-1-2 销售团队区域设计方法

销售团队区域设计包括销售区域划分、销售区域的部署等部分内容。

一、销售区域划分（表3-3）

表3-3 销售团队区域设计方法

方法	说 明
按经济商圈划分	根据商贸集散地、辐射范围划分销售区域。 ① 南部：以广州或深圳为中心成立区域销售团队，辐射范围包括广东、福建、湖南、广西、海南等销售区域。 ② 东部：以上海为中心成立区域销售团队，辐射范围包括江苏、浙江、江西、安徽。 ③ 北部：以北京为中心成立区域销售团队，辐射范围包括天津、黑龙江、吉林、辽宁、河北、山西、山东、河南、陕西、内蒙古。 ④ 西部：以成都为中心设立区域销售团队，辐射范围包括重庆、四川、湖北、云南和贵州。
按大区划分	按照地域经济、文化特点及市场规模划分销售区域，目的是为了提高销售管理的有效性、减少成本费用支出。 ① 广东、广西、海南划分为一个大区。 ② 湖南、湖北、江西划分为一个大区。 ③ 上海、福建、江苏、浙江划分为一个大区。 ④ 成都、重庆、贵州、云南、西藏为一个大区。 ⑤ 北京、河北、天津为一个大区。 ⑥ 陕西、河南、安徽、山东为一个大区。 ⑦ 黑龙江、吉林、辽宁为一个大区。 ⑧ 内蒙古、兰州、青海、宁夏、新疆为一个大区。 ⑨ 香港、澳门各为一个大区。

方法	说　明
按国家行政区域划分	按照国家行政身份和直辖行政区划分销售区域，如 ① 北京 ② 上海 ③ 广州 ④ 香港 ⑤ 湖南 ⑥ 湖北 ⑦ 四川 ……

二、销售区域的部署方法（表 3 - 4）

表 3 - 4　销售区域的部署方法

方法	说　明
市场分级	① 将大区销售市场分成若干个相互关联的"亚区域市场"。 ② 将每个"亚区域市场"再分成若干个相互呼应的"子区域市场"。 对区域市场做进一步划分时，应确保它们可以相互连接成线，目的是为了便于梳理市场脉络、突出重点、抓住关键、带动全局。例如，将华东划分为 3 个亚区域市场： ① 长江三角洲亚区域市场呈扇形分布。 ② 杭嘉湖"亚区域市场"呈三角形分布。 ③ 长江下游"亚区域市场"呈条带形布局。
点面呼应	各"亚区域市场"的布点应尽量以某个城市群（带）中的某一中心城市为中心，以物流 1 日内可达客户的距离为半径进行点面整合，使之形成以下市场格局： ① 辐射状； ② 同心圆型； ③ 扇形或三角形等市场格局。
点线呼应	以"亚区域市场"内或"亚区域市场"之间的铁路干线、公路干线、水运干线为主线，将各个交通枢纽城市贯穿成线，形成纵横交织的网络格局。例如，中原市场可以郑州为中心，以京广线、陇海线为纵横坐标轴，北连新乡、安阳，南抵许昌、漯河、信阳，西起西安、洛阳，东至开封、徐州，形成"十字形"连通的市场格局。

子任务 2　销售团队的培训

【要求】通过案例分析，教师指导，使学生理解并掌握销售团队培训的基本方法及其应用。

案例 2

IBM 公司的销售人员 "苦行僧" 式培训

国际商用机器公司（International Business Machines Corporation, IBM）是一家拥有 40 万中层干部，520 亿美元资产的大型企业。它是世界上经营最好、管理最成功的公司之一。

IBM 公司追求卓越，特别是在人才培训、造就销售人才方面取得了成功的经验。具体地说，IBM 公司决不让一名未经培训或者未经全面培训的人到销售第一线去。销售人员们说些什么、做些什么及怎样说和怎样做，都对公司的形象和信用影响极大。如果准备不足就仓促上阵，会使一个很有潜力的销售人员夭折。因此该公司用于培训的资金充足，计划严密，结构合理。一到培训结束，学员就可以有足够的技能，满怀信心地同用户打交道。

IBM 公司的销售人员和系统工程师要接受为期 12 个月的初步培训，主要采用现场实习和课堂讲授相结合的教学方法。其中 75% 的时间是在各地分公司中度过的；25% 的时间在公司的教育中心学习。分公司负责培训工作的中层干部将检查该公司学员的教学大纲，这个大纲包括从公司中学员的素养、价值观念、信念原则到整个生产过程中的基本知识等方面的内容。学员们利用一定时间与市场营销人员一起访问用户，从实际工作中得到体会。

现场实习之后，再进行一段长时间的理论学习，这是一段令人 "心力交瘁" 的课程。所谓 "心力交瘁" 的课程是指紧张的学习每天从早上 8 时到晚上 6 时，而附加的课外作业常常要使学生们熬到半夜。在商业界中，人们必须学会合理安排自己的时间，他们必须明白：充分努力意味着什么？整个通宵是否比只学习到晚上 10 时好？经过一段时间的学习之后，考试便增加了主观因素，学员们还要进行销售学习，这是一项具有很高的价值和收益的活动。一个用户判断一位销售人员的能力时，只能从他如何表达自己的知识来鉴别其能力的高低，商业界就是一个自我表现的世界，销售人员必须做好准备去适应这个世界。一般情况下，学员们在艰苦的培训过程中，在长时间的激烈竞争中迅速成长。每天长达 14 至 15 个小时的紧张学习压得人喘不过气来，然而，却很少有人抱怨，几乎每个人都能完成学业。

案例 3

格兰仕的 "F1 方程赛" 模式

广东格兰仕集团有限公司是一家全球化家电专业生产企业，成立于 1978 年 9 月 28 日，前身为桂洲羽绒制品厂，1992 年，带着让中国的微波炉工业在市场上占有一席之地、让中国品牌在微波炉行业扬眉吐气、让微波炉成为中国家庭的普及品的雄心壮志，格兰仕大举闯入家电业。到 2003 年，2 万余名格兰仕人已打造出 "全球微波炉制造中心"、"全球空调制造中心"、"全球小家电制造中心"、"全球物资管理中心" 四大基地。

如果你走进格兰仕集团，迎面看到最显眼的一块广告就是："人是格兰仕的第一资本"。

格兰仕的门永远对高素质人才敞开，一直大胆采用新人，形成"F1方程赛"一样"能者上，庸者下"的格局。

对于应届毕业生的聘用，会将其放到基层锻炼，然后从中筛选出优秀的人才，提拔使用。格兰仕把这一举措称为"人才蓄水"。最近几年来，格兰仕已经有数位大学生脱颖而出，担任区域经理、营销中心经理等重要职务。

终端的竞争，最关键的是人力资源的竞争，即可说是终端促销员队伍管理水平与培训机制的竞争。多年来格兰仕正是靠打造高素质、充满霸气的促销团队在市场上厮杀拼打，迎来一次次的胜利。为在二级市场更好地全面阻击竞争对手，格兰仕设计了有计划性、针对性和策略性的比较完善的培训课程。

培训课程分三大部分进行。第一部分，企业文化。以一个个生动鲜活的故事串成格兰仕的发展史，加深学员对企业理念的认识。第二部分，微波炉产品知识及日常促销技巧。包括微波炉的特性、卖点及今后的推销方向，各品牌畅销机型优劣势分析，并安排学员参观售点建设。第三部分，互动交流。把销售现场搬上课堂，通过生动的演示对照，补缺固优，提高技巧；此后全体导购员分组讨论交流经验和心得。培训后，营销中心对学员进行了模拟考试和评分，学员们对培训进行评估和反馈。

思考：

（1）分析案例2，你认为IBM的培训模式有哪些特点？

（2）分析案例3，你认为销售人员培训后会有哪些提高，对企业会有哪些影响？

（3）对比分析案例2和案例3，论述销售人员培训对企业的重要性。

▶ **知识油库**

3-1-2-1 销售培训内容

成功的销售不但来自于优秀的策划，也需要优秀的销售团队的参与。为了提高企业核心竞争力，企业也越来越重视员工培训，特别是销售培训和中层管理人员的培训。

首先，要明确销售培训主要是针对哪些人的培训。销售培训不光是针对本公司销售人员的培训，也应包括对经销商、代理商及零售商等渠道上的人员进行培训。

其次，要明确销售培训的主要内容包括哪些。销售培训的内容主要包括三部分。

① 销售人员的心理素质和潜能培训。由于销售人员通常面对的是拒绝与挫折，因此，通过培训使销售人员永远充满自信和保持积极进取的心态显得尤为重要。

② 专业销售技巧培训。销售是一门专业的科学，主要包括有销售前的准备技巧（了解推销区域、找出准客户、做好销售计划等）、接近客户的技巧（电话拜访客户、直接拜访客户、邮件拜访等）、进入销售主题的技巧、事实调查的技巧、询问与倾听的技巧、产品展示和说明的技巧、处理客户异议的技巧、如何撰写建议书的技巧及最后如何达成交易的技巧，等等。

③ 商品知识方面的培训。能够将产品的特性迅速转化成客户的利益需求点，这是专业销售员应该具备的基本素质。

第三，要明确由谁来实施销售培训，这是企业能否使有限的培训费用达到最佳的培训效果的关键。一般而言，应该以本公司的内部培训师为主，适当引进外部的培训教材和培训讲师。

美国诗人爱默生说过，自信是成功的第一秘诀。我们常常把销售过程的"打单"和打仗比较，中国传统的兵法就指出"故战者必本乎率身以励士，如心之使四肢也。"（《尉缭子·战威·第四》），其中的"励"，包含有振奋、鼓舞，使之奋然向上的意思。或奖励，或勉励，或鼓励，或激励，使销售人员始终保持高昂的士气（信心），这样才能充分发挥整个团队的力量，排除困难去争取胜利。

任务 2 销售策略分析

子任务 1 定价策略

【要求】通过案例分析，掌握主要定价策略的基本方法及其运用。

案例 4

声望定价在各行业中的运用

微软公司的 windows98（中文版）进入中国市场时，一开始就定价 1 998 元人民币，便是一种典型的声望定价。另外，用于正式场合的西装、礼服、领带等商品，且服务对象为企业总裁、著名律师、外交官等职业的消费者，则都应该采用声望定价，否则，这些消费者就不会去购买。

德国的奔驰轿车，瑞士莱克司手表，巴黎里约时装中心的服装，以及我国的一些国产精品也多采用这种定价方式。当然，采用这种定价法必须慎重，一般商店、一般商品若滥用此法，弄不好便会失去市场。

案例 5

超市生鲜食品的招徕定价

超市经营生鲜成本很高，冷库、冰柜等设备的前期投入非常大，加之商品损耗大等因素，所以，生鲜产品利润很薄，个别（如活鸡、活鱼宰杀）根本不赚钱。一业内人士则透露，蔬果类商品的毛利只有 3%～5%。但为什么超市不通过提价增加利润呢？

家乐福生鲜部经理道出了真相：生鲜有集聚人气，稳定消费群体的作用。对家庭来说，生鲜商品是每日必需的。主妇前往超市买菜时，肯定也会顺带买一些卫生纸、洗衣粉之类的商品，无形中带动了其他商品的销售。所以我们还会定期对一些生鲜食品制定特别低的价格，以此招揽顾客。

案例 6

沃尔玛的折价销售

沃尔玛能够迅速发展，除了正确的战略定位以外，也得益于其首创的"折价销售"策略。每家沃尔玛商店都贴有"天天廉价"的大标语。同一种商品在沃尔玛比其他商店要便宜。沃尔玛提倡的是低成本、低费用结构、低价格的经营思想，主张把更多的利益让给消费者，"为顾客节省每一美元"是他们的目标。沃尔玛的利润通常在30%左右，而其他零售商如凯马特的利润率都在45%左右。公司每星期六早上举行经理人员会议，如果有分店报告某商品在其他商店比沃尔玛低，可立即决定降价。低廉的价格、可靠的质量是沃尔玛的一大竞争优势，吸引了一批又一批的顾客。

案例7

松下如何确立认知差异

日本松下公司设计出5种不同的彩色立体声摄影机。从4.6磅简单摄影机到带有自动定焦距、有感光控制器和两种速度的变焦镜头的6.3磅复杂摄影机，每一种后继机都比前一种多了附加新功能，为价格差异提供了质量差异的证据。松下公司详细考虑了包括计算各产品成本之间、顾客对产品不同特点的评价之间、与竞争者的价格之间的差异，制定出相应的价格等级。另外，他们发现，如果两种等级摄影机之间的价格差异较小，购买者会选择质量较高级的那种，而且此时两产品的成本差异小于价格差异，将提高企业的总利润；如果价格差异较大，购买者会选择较低档的那种产品。

思考：

（1）通过上述案例，分析定价策略有哪些？

（2）上述4个案例的定价策略各有什么异同？

（3）讨论影响不同企业定价的因素有哪些？

知识油库

3-2-1-1 定价方法

一、成本导向定价法

1. 成本加成定价法

成本加成是按照单位成本加上一个标准的利润加成，是最基本的定价方法。假定一个制造商的固定成本是300 000元，单位变动成本是10元，预计单位销售量是50 000个，则该制造商的单位成本为：单位成本 = 单位变动成本 + 固定成本除以预计单位销售量 = 10元 + 300 000元/50 000 = 16元。这时有两种思路：

（1）逆加法

假设制造商想在销售额中有20%的利润加成，则：

价格 = 单位成本 ÷ （1 - 加成率） = 16元 ÷ （1 - 20%） = 20元

（2）顺加法

假设制造商想在成本的基础上获得20%的利润加成，则：

价格 = 单位成本 × （1 + 加成率） = 16元 × （1 + 20%） = 19.2元

在零售企业中，百货店、杂货店一般采用逆加法来制定产品价格；而水果店、蔬菜店则多采用顺加法来定价。

2. 目标利润定价法

目标利润定价法是根据损益平衡点的总成本及预期利润和预期销售量来制定产品价格的方法。

假设用 Q 表示其销售量，L 表示目标利润，P 表示价格，V 表示单位变动成本，F 表示固定成本，根据目标利润 = 总收入 − 总成本，有：

$$L = QP - QV - F$$

当 $L = 0$，即总收益等于总成本时，

$L = 0 = QP - QV - F$，则 $P = F/Q + V$，这就是保本价格的计算公式。

当 $L > 0$ 时，即 L 为目标利润时，总收益大于总成本，有：

$$P = (F + L)/Q + V$$

上例中，假设预计销售 50 000 个，只想保本的话，则保本点价格定位为

$$P = F/Q + V = 300\,000/50\,000 + 10 = 16 \text{ 元}$$

上例中，假设预期销售量达到 50 000 个时，想赚取 200 000 元目标利润的话，价格为

$$P = (F + L)/Q + V = (300\,000 + 200\,000)/50\,000 + 10 = 20 \text{ 元}$$

利用上述公式，也可以计算保本量，如果以 20 元的价格出售上述商品，则保本销售量为

$$Q = F/(P - V) = 300\,000/(20 - 10) = 30\,000 \text{ 个}，如图 3 - 2 所示。$$

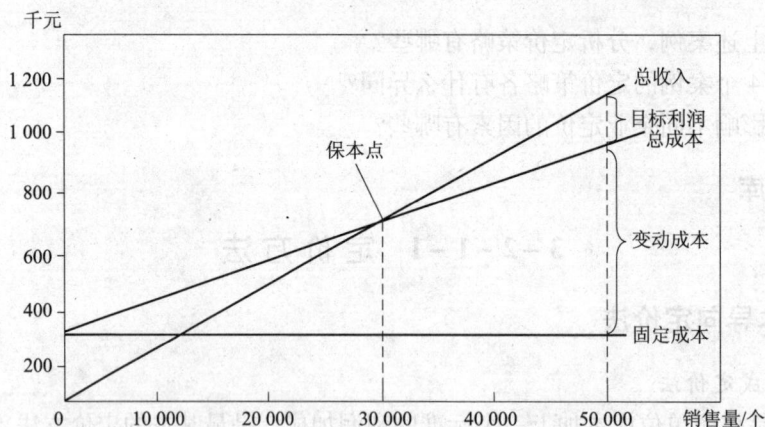

图 3 - 2　决定目标价格的量本利分析图

3. 边际成本定价法

边际成本定价法，指企业在定价时只考虑变动成本，不计算固定成本。在经济学中，企业短期的固定成本称为沉没成本，企业决策时可以不予考虑，因为毕竟"覆水难收"。上例中，单位固定成本为 300 000 元 ÷ 50 000 = 6 元，单位可变成本为 10 元，因此单位成本为 16 元，意味着价格低于 16 元就要亏损。现在假设出现一个机会，有人愿意以 13 元的价格购买企业的产品，这时企业应不应该抓住这个机会呢？答案是，如果市场竞争激烈，企业的短期目标是生存，生产能力过剩，或者固定成本已经收回，可以利用边际成本定价法，抓住这一机会。因为 13 元除了可以弥补 10 元的变动成本之外，还可以弥补 3 元的

固定成本。

二、需求导向定价法

需求导向定价法是一种以市场需求强度及消费者感受为主要依据的定价方法，下面主要介绍两种方法。

1. 认知价值定价法

它是企业根据购买者对产品的认知价值来制定价格的一种方法。他们明白，作为定价的关键，不是卖方的成本，而是买方对价值的认知。

消费者对商品价值的认知价值，是他们根据自己对产品的功能、效用、质量、档次等多方面的印象，综合购物经验、对市场行情和同类产品的了解而对价格作出的评判，其实质是商品的效用价格比，其关键是消费者对价值的理解和认可。因此，认知价值定价法的关键有两点：① 充分运用各种营销策略特别是营销组合的非价格变量影响和提高消费者对商品的认知价值，特别是同竞争对手的同类产品相比较而言的认知价值。② 尽量准确估测购买者对商品的认知价值。估测过高，会造成定价过高而使消费者感到企业漫天要价从而抑制购买；估测过低，又会造成定价太低而使消费者怀疑产品的质量也不愿意购买。

2. 后相推算定价法

后向推算定价法是指企业依据消费者能够接受的最终销售价格，逆向推算出产品的出厂价、批发价。这种定价方法不以实际成本为主要依据，而是以市场需求为定价出发点，力求使价格为消费者所接受。例如，在出口定价中可以用这种方法推算 FOB 价。假定国外市场可以接受的价格是 100 美元，将去 40% 的零售商毛利，零售商的成本就是 60 美元。减去经销商 15% 的毛利（$60 \times 15\% = 9$），经销商的进货成本是 51 美元。减去 10% 的关税（$51 \times 1\,026：5.1$）得 CIF 价 45.90 美元，减去运费保险费 5 美元，则得到 FOB（出口净价）价格为 40.90 美元。

三、竞争导向定价法

1. 随行就市定价法

随行就市定价法是指企业按照行业的平均现行价格水平来定价。在以下情况时往往采取这种定价方法：① 难以估算成本；② 企业打算与同行和平共处；③ 如果另行定价，很难了解购买者对本企业的价格的反应。

随行就市是运用最为广泛的定价方法之一，它有利于与竞争者和平相处，避免因价格竞争带来的风险，保证企业获得恰当的利润。同时，市场通行价格也易于消费者所接受，从而保证产品销路。

2. 密封投标定价法

密封投标定价法即由密封投标竞争的方式确定商品价格的方法。企业定价的基点与其说是依赖对企业成本或需求的密切联系，不如说是取决于预期的竞争者将制定怎样的价格。某企业想要赢得某个合同，这就需要它制定比其他企业较低的价格。同时，公司不能将价格定得低于成本，以致恶化它的地位。

3-2-1-2　定价策略

一、新产品定价策略

新产品价格是指产品处于导入期的价格。新产品的定价合理与否，关系到新产品的开发与推广。在确定新产品的价格时，最重要的是充分考虑消费者愿意支付的价格。常见的新产品定价技巧和策略有以下几个方面。

1. 撇脂定价

撇脂定价策略是一种高价策略，是新产品刚投入市场时，企业将产品价格定得比成本高出很多，尽可能在产品生命周期的最初阶段，获得最大利润，尽快回收投资。撇脂是从鲜奶中提取乳酪，取其精华，因此而得名。

采用这种定价策略的优点是：高价格高利润，能迅速收回投资，随着产品销量的扩大，成本降低，可降价空间大，当竞争者加入时，可调低价格，巩固和进一步扩大市场，树立企业形象，创造名牌产品。其缺点是：定价较高，会限制需求，销路不易扩大；产品获利大，易诱发竞争，给企业形成大的压力；高价高利的时期也短。

2. 渗透定价

渗透定价策略是一种低价策略，是新产品刚投放市场时，企业把价格定得相对较低，以利于被市场所接受，迅速打开销路，扩大市场占有率。新产品低价投入市场，薄利多销，犹如往海绵里注水，故此得名。

采用渗透策略的优点是：低价薄利不易诱发竞争，能有效抑制竞争者的加入；能快速扩大产品销路；随着销量的增加，产品单位成本可因生产批量的扩大而降低，从而提高竞争力。其缺点是：投资回收期长；当企业提价销售时，消费者反感力强。

3. 满意定价

满意定价策略是一种温和中价定价策略，是新产品刚投放市场时，企业把价格定在一个比较合理的水平，使消费者比较满意，企业又能获得适当的利润。这种策略兼顾了生产者、中间商及消费者的利益，使各方面都感到满意。即使当企业处于优势地位，本可采用高价时，但为了博得顾客的好感和长期合作，仍然选择中价，这样可赢得各方尊重。

满意定价策略的优点是：价格比较稳定，在正常情况下能实现企业盈利目标，赢得中间商和消费者的广泛合作。其缺点是：应变能力差，不适合复杂多变和竞争激烈的市场环境。

二、价格折扣策略

价格折扣策略指企业根据产品的销售对象、成交数量、交货时间、付款条件等因素的不同，给予不同价格折扣的一种定价决策，其实质是减价策略。这是一种舍少得多，鼓励消费者购买，提高市场占有率的有效手段。

1. 现金折扣

这是对按约定日期或者说提前以现金付款的购买者，根据其所购买商品原价给予一定优惠的策略。采用现金折扣一般要考虑三个因素：折扣率、给予折扣的时间期限、付清全部货款的期限。折扣率的高低，一般由买方付款期间利率的多少、付款期限和经营风险的大小来决定，这一折扣率必须提供给所有符合规定条件的消费者。

2. 数量折扣

指根据购买数量的多少，分别给予不同的折扣，购买数量越多，折扣就越大。这种折扣必须提供给所有的消费者，但不能超过销售商大批量销售所节省的费用。数量折扣的实质是将大量购买时所节约的费用的一部分返还给购买者，其目的是鼓励消费者大量购买或集中购买，期望顾客与本企业建立长期商业关系。

3. 交易折扣

指企业根据各类中间商在市场中的不同地位和功能，给予不同的折扣，故又称功能折扣。折扣的大小随行业与产品的不同有所区别，一般给予批发商的折扣较大，给予零售商的折扣较小，对工业使用者可能另定一种折扣。

4. 季节折扣

季节折扣是生产季节性产品的企业对在消费淡季购买产品的顾客提供一定的价格折扣，目的在于鼓励顾客淡季采购，以减少企业的仓储费用和资金占用。

三、心理定价策略

心理定价策略是企业根据顾客购买商品时的心理动机相应采取的定价策略。

1. 尾数定价

尾数定价就是给商品一个带有零头的数作为结尾的非整数价格。尾数定价会给消费者价格低、定价认真的感觉，认为有尾数的价格是经过认真核算才产生的，消费者对定价容易产生信任感。尾数定价一般用于中低价的日用消费品，而名牌、高质量的商品不宜采用，否则会影响名牌、高质量商品的声誉。

2. 整数定价

这种策略适用于高档商品、名牌商品、礼品和消费者对性能不太了解的商品。因为在现代商品交易中，生产者众多，花色品种各异，购买高档名牌商品的消费者往往有显示自己身份地位的心理动机，他们对商品的质量和价格非常重视，认为："一分钱一分货"，价格越高，质量越好，越能显示自己的身份。在这种情况下，采用整数定价，可以抬高商品身价，这比尾数定价更能刺激顾客的购买欲。

3. 声望定价

声望定价是指企业针对消费者"价高质必优"的心理，对在消费者心中享有一定威望、声誉和被信任的产品制定较高的价格。购买声望价格商品的顾客，一般对价格是不介意的，只在乎商品能否显示其身份和地位，商品的商标、品牌及价格能否炫耀其"豪华"。因此，定价较高，不仅能增加盈利，还给予顾客心理上的满足，有利于销售。这种策略主要适用于：刚进入市场的新产品，质量容易被鉴定的产品，高档日用品和耐用消费品及装饰品等。

4. 招徕定价

招徕定价就是将少数商品降价，有的商品降低的价格甚至低于成本，刺激顾客购买。近年来，越来越多的零售商利用节假日和换季时机举行"酬宾大减价"等活动，把部分商品按原价打折出售，吸引顾客，从而带动其他商品的销售。

5. 习惯定价

市场上许多产品由于销售已久，形成一种习惯价格或便利价格，消费者习惯于按此价格购买，对此类产品，任何企业要进入市场，必须依照习惯价格定价，这就是习惯定价。采用习惯定价的产品，纵使成本降低，也不要轻易降价，降价易引起消费者对产品质量的怀疑，若产品成本升高，也不要轻易升价，宁可在产品内容、包装、容量等方面进行调整，升价会导致消费者的不满。

子任务 2　产品策略

【要求】通过案例分析，使学生理解产品的整体概念，掌握产品组合决策、品牌概念和品牌决策、产品生命周期特征和策略、新产品开发等策略。

案例 8

宝洁公司的产品组合

表 3 – 5　宝洁公司的产品组合

	产品组合的宽度				
	洗涤剂	牙膏	香皂	尿布	纸巾
产品线长度	象牙雪 1930 洁拂 1933 汰渍 1946 快乐 1950 奥克多 1952 达士 1954 大胆 1965 吉思 1966 黎明 1972	格里 1952 佳洁士 1955	象牙 1879 柯柯 1885 拉瓦 1893 佳美 1895 爵士 1952 舒肤佳 1963 海岸 1974 玉兰油 1978	帮宝适 1961 露肤 1976	媚人 1928 白云 1958 普夫 1960 旗帜 1982

在表 3 – 5 中产品项目总数 25 个，即产品线总长度为 25，平均长度 5，产品宽度为 5。

案例 9

从 "Legend" 到 "lenovo"

20 世纪 50 年代末，毫无海外知名度可言的"东京通讯工业公司"决定改名，这意味着它 10 年来的品牌经营付诸东流。面对铺天盖地的质问与怀疑，创始人盛田昭夫平静地解释说："这样能使公司扩展到世界各地，因为旧的名字外国人不容易念出来，我们希望改变日本产品（在世界各地）品质低劣的形象。"这家公司就是现在的索尼。

40 多年后，一家中国公司在做着类似的事情，将"Legend"换成了"lenovo"，这就是联想。

Intel、Sony，很多国外企业在取名的时候，都采取了自己"造词"的办法，并最终让这些"莫名其妙"的字母变得家喻户晓，而联想打算走同样的道路。

在造了40来个含义不同的词语后，lenovo脱颖而出。"读的时候重音应该在'no'上面"，联想集团高级副总裁兼首席财务官马雪征带着联想总裁室的全体成员一起读过新标识，很顺口。总裁杨元庆在解读这个全新的字母组合时表示："'novo'是一个拉丁词根，代表'新意'，'le'，取自原先的'Legend'，承继'传奇'之意，整个单词寓意为'创新的联想'"。

案例10

3M 公司的创新方法

某些公司由于成功地和连续不断地进行创新，已获得了令人瞩目的声望。在这些公司中名列前茅的是明尼苏达采矿和制造公司（3M公司）。公司生产6万多种产品，包括标准纸、胶粘剂、软盘、接触镜片、架空射灯、贴纸等，每一年公司推出了200多个新产品。公司雄心勃勃的目标是销售150亿美元。公司每个部门在其上市的产品中至少获得30%的收益。

3M公司每年拿出销售收入的6.5%作为研究与开发费用——比其他公司平均多2倍。3M公司不仅鼓励工程师而且鼓励每个人成为"产品冠军"。公司鼓励每个关心新产品构思的人，让他们做一些家庭作业，以发现有哪些有关开发新产品的知识。公司开发的新产品市场在哪里，以及新产品可能的获利性如何。公司更新了"15%法则"，允许全部员工有15%的工作时间"违反纪律"——干个人感兴趣的事。如果新产品构思得到公司的支持，就将相应建立一个新产品试验组，该组由来自公司的新产品研究和开发部门、制造部门、销售部门、营销部门和法律部门的代表组成。每组由"执行冠军"领导，他负责训练试验组，并且保护试验组免受官僚主义的干扰。如果一旦研制出"式样健全的产品"，试验组就会一直工作下去直到将产品推出市场；如果产品失败了，每个组员仍得回到他或她原先的工作岗位上去。有些开拓组经过了3至4次的努力，才使一个产品构思最终获得成功，而在有些情况下，产品构思十分顺利。

3M公司知道千万个新产品构思可能只成功一个。一个体现3M价值观的口号是"为了发现王子，你必须与无数个青蛙接吻"。

思考：

（1）上述案例分别采用了产品策略中的哪种细分策略？

（2）讨论如何正确运用这些方法？

（3）不同的产品策略应用时应考虑哪些影响因素？

知识油库

3-2-2-1 产品组合决策

一、产品组合（Product Mix）

产品组合也称品种配置，指特定销售者出售的所有产品和产品品目的组合。

二、产品组合的宽度（Width）

产品组合的宽度是指该公司有多少产品线或产品大类。如米奇林有三条产品线：轮胎、地图和餐饮服务。产品线（Product Line）是指同一产品种类中密切相关的一组产品。这种密切相关表现在它们功能相似，而且通过相同的渠道和在一定价格范围内卖给相同的顾客群体。

三、产品组合的长度（Length）

产品组合的长度是指它的产品组合中所包含的产品品目总数。如果用总长度除以产品线数目就是公司产品组合的平均长度。

四、产品组合的深度（Depth）

产品组合的深度是指产品线中每种产品有多少花色、品种、规格。如果佳洁士有三种规格和两种配方，佳洁士的深度就是6。

五、产品组合的关联度（Consistency）

产品组合的关联度是指各条产品线在最终用途、生产条件、分销渠道或者其他方面相互关联的程度。

3-2-2-2　品牌策略

一、品牌与商标

品牌是一种名称、术语、标记、符号或设计，或是它们的组合运用，其目的是借以辨识某个销售者或销售者集团的产品或服务，并使之同竞争对手的产品和服务区别开来。

把品牌或者品牌的一部分到工商局登记注册后就形成了商标。商标法规定：商标使用的文字、图形或者其组合，应当有显著特征，以便识别。同时规定商标注册人享有商标专用权，受法律保护。

虽然品牌与商标都是用来标识商品，起识别商品的作用，但是也存在许多区别：商标更偏重于是一个法律概念，如注册商标；品牌更偏重于是一个管理概念，用来传播企业或产品形象。商标管理的重点在于组成商标的文字、图案、颜色或者其组合的设计和保护；而品牌管理的重点在于赋予品牌以形象意义和建立品牌资产。一般来说，商标管理是品牌管理的一个内容。

二、品牌所能表达的含义

品牌实质上代表了销售者对让渡给购买者的产品特征、利益和服务的一贯性的承诺。最好的品牌传递了质量保证。品牌是一个非常复杂的符号，它能传递6个方面的意义。

1. 属性（Attributes）

品牌首先使人想到某些特定的属性。例如，梅塞德斯（Mercedes）汽车具有昂贵、制造精良、耐用性高的声誉、高的再售价值、快速等属性。

2. 利益（Benefit）

品牌反映出能带给消费者的利益。因为消费者购买的不是产品的属性而是产品所带来的利益，所以需要把属性转化为功能型（Functional）或情感型（Emotional）利益。如耐用性好（属性）使使用者这几年将不需要购买新车（功能型利益）；价格昂贵使使用者感到自己很重要和令人羡慕（情感型利益）；制造精良保证万一出交通事故，使用者是安全的。

3. 价值（Value）

品牌也能反映出该制造商的某些价值。梅塞德斯车包含的价值有高绩效、安全和名声。品牌营销者必须分辨出对这些企业价值感兴趣或产生共鸣的顾客。

4. 文化（Culture）

品牌可以表达一定的文化内涵。梅塞德斯车包含德国文化，如组织性、效率和高质量。

5. 个性（Personality）

品牌也可能反映出一定的个性。如果把品牌联想为一个特定的人，动物或物体，则梅塞德斯车可能使人联想起一位不说废话的老板（人）；一头有权势的狮子（动物）；一座雄伟的宫殿（物体）。

6. 使用者（User）

品牌建议或暗示购买或使用该产品的消费者类型。它反映出品牌的用户形象，使用梅塞德斯车的消费者应该是成功的人士。

三、品牌资产

在市场上，有些品牌的品牌知晓程度高（Brand Awareness），有些品牌的品牌接受程度高（Brand Acceptability），有些品牌的顾客偏好程度高（Brand Preference），有些品牌的品牌忠诚度高（Brand Loyalty）。不同的品牌在市场上的实力和价值不一样。品牌在市场上的实力和价值实质上是品牌所具有的资产。品牌资产（Brand Equity）属于无形资产和长期资产。

3-2-2-3　产品生命周期策略

一、产品生命周期的概念

产品生命周期是指某产品从进入市场到被淘汰退出市场的全部过程。指的是产品的市场寿命，而不是使用寿命。

二、产品生命周期阶段

典型的产品生命周期一般分为 4 个阶段：产品引入阶段、市场成长阶段、市场成熟阶段和市场衰退阶段。产品引入阶段（也称介绍期）是指在市场上推出新产品，产品销售呈缓慢增长状态的阶段。成长阶段是指该产品在市场迅速为顾客所接受、销售额迅速上升的阶段。成熟阶段是指大多数购买者已经接受该项产品，市场销售额缓慢增长或下降的阶段。衰退阶段是指销售额急剧下降、利润渐趋于零的阶段。

1. 导入期营销策略

（1）快速撇脂策略

即以高价格和高促销推出新产品。

（2）缓慢撇脂策略

即以高价格低促销费用将新产品推入市场。高价格和低促销水平结合可以使企业获得更多利润。实施该策略的市场条件是：市场规模相对较小，竞争威胁不大；市场上大多数用户对该产品没有过多疑虑；适当的高价能为市场所接受。

（3）快速渗透策略

即以低价格和高促销费用推出新产品。目的在于先发制人，以最快的速度打入市场，该策略可以给企业带来最快的市场渗透率和最高的市场占有率。实施这一策略的条件是，产品市场容量很大；潜在消费者对产品不了解，且对价格十分敏感；潜在竞争比较激烈：产品的单位制造成本可随生产规模和销售量的扩大迅速下降。

（4）缓慢渗透策略

即企业以低价格和低促销费用推出新品。低价是为了促使市场迅速地接受新产品，低促销费用则可以实现更多的利润。企业坚信该市场需求价格弹性较高，而促销弹性较小。

2. 成长期营销策略

企业营销策略的核心是尽可能地延长产品的成长期。具体来说，可采取以下营销策略。

根据用户需求和其他市场信息，不断提高产品质量，努力发展产品的新款式、新型号，增加产品的新用途。加强促销环节，树立强有力的产品形象。促销策略的重心应从建立产品知名度转移到树立产品形象，主要目标是建立品牌偏好，争取新的顾客。

重新评价渠道、选择决策、巩固原有渠道，增加新的销售渠道，开拓新的市场。选择适当的时机调整价格，以争取更多顾客。

企业采用上述部分或全部市场扩张策略，会加强产品的竞争能力，但也会相应地加大营销成本。因此，在成长阶段，面临着"高市场占有率"或"高利润率"的选择。一般来说，实施市场扩张策略会减少眼前利润，但加强了企业的市场地位和竞争力，有利于维持和扩大企业的市场占有率，从长期利润观点看，更有利于企业发展。

3. 成熟期的营销策略

（1）市场改良

市场改良策略也称市场多元化策略，即企业发现产品的新用途或改变推销方式等，以使产品销售量得以扩大。采取这种决策可从以下三个方面考虑：寻求新的细分市场，把产品引入尚未使用过这种产品的市场，重点是发现产品的新用途，应用于其他的领域，以使产品的成长期延长；寻求能够刺激消费者、增加产品率的方法；市场重新定位，寻求有潜在需求的新顾客。

（2）产品改良

产品改良也称为"产品再推出"，是指以产品自身的改变来满足顾客的不同需要，吸引有不同需求的顾客。具体包括：品质改良、特性改良、式样改良、附加产品改良。

（3）营销组合改良

营销组合改良指通过改变定价、销售渠道及促销方式来延长产品成熟期。

4. 衰退期营销策略

（1）集中策略

即把资源集中使用在最有利的细分市场、最有效的销售渠道和最易销售的品种、款式上。概言之，缩短战线，以最有利的市场赢得尽可能多的利润。

（2）维持策略

即保持原有的细分市场和营销组合策略，把销售维持在一个低水平。待到适当时机，便停止经营，退出市场。

（3）榨取策略

即大大降低销售费用，如广告费用削减为零、大幅度精简推销人员等，虽然销售量有可能迅速下降，但是可以增加眼前利润。

如果企业决定停止经营衰退期的产品，应在立即停产还是逐步停产问题上慎重，并应理好善后事宜，使企业有秩序地转向新产品经营。

子任务 3　分销渠道策略

【要求】通过案例分析，教师指导，使学生理解并掌握分销渠道策略的基本方法及其运用。

案例 11

诺基亚销售渠道改革

2000 年以前，占据市场主导地位的诺基亚、摩托罗拉等国外品牌，采用的渠道策略是找一家或几家全国总代理，厂家通过总代理向市场铺货。

总代理制最适合刚刚进入市场、没有渠道基础的厂家，好处是渠道范围广，可以迅速把货"铺"到全国大多数地区的大中城市。但缺点也非常明显：从厂家到最后的零售商之间，至少要经过三个批发层次，层层都要沉淀利润，造成渠道成本高；销售终端主要局限在一级城市和二级城市；经销商多是国有企业出身，主要利用已有的销售渠道，有"坐商"习气，渠道开拓能力差。

2000 年以后，中国的手机用户数量开始进入一个快速增长期。手机不再是一级城市中高级收入人群的专利品，二、三级城市甚至农村的普通人群也开始成为手机的消费者。普遍采用总代理制的国外品牌，面对迅速成长的二、三级市场则是鞭长莫及。而国内一些手机品牌，则抓住这个机会，占领了二、三级市场。

为了改变这种局面，2002 年 6 月，诺基亚开始在全国寻找省级分销商，到 2004 年年中，已经扩展到近百家。几家保留的全国总代理也成功转型，如中邮普泰，除了在全国设立一个总部的基础上，还在全国分设了 10 个大区，在大区之下再在全国设立了 64 个分公司。这些分公司不仅可以分销来自总部的产品，同时在得到总部许可的情况下还可以从诺基亚那里拿到省级代理的业务。

经过几年的努力，诺基亚第一轮的渠道变革终于在 2004 年完成。随着全国总代理的成功转型和省级代理商数目的增多，诺基亚可以通过他们的相互配合，渗透到以前很少能够达到的二、三级市场甚至农村市场。

2000 年以来，手机渠道还出现了另外一个新变化，即手机大卖场、专业连锁店和家电连锁企业等新生力量介入。赛迪顾问的报告显示，2003 年，以国美、大中、苏宁等为代表的家电连锁企业以零售网点规模、售后服务和客流量的优势，获得了大量消费者的认可。这些市场上的新兴力量为了在竞争中取得优势，一般都采用绕开代理商，直接从生产企业进货的采购形式，避免了因中间环节过多造成的进货成本高昂。

2001 年，诺基亚开始直供试验，当时诺基亚选择了上海的润讯、光大开始直供，在得到了良好的效果反馈之后，这种模式开始全面铺开。2002年，诺基亚在内部成立了一个DRP（Direct Retail Program）小组，专门负责向大的终端零售卖场供货。2004年，诺基亚的直供力度进一步加大，与国美签订了全国性的直供协议，向国美所有的连锁店直供产品。迪信通、永乐、光大、苏宁、国商等家电连锁企业也从诺基亚那里得到不同程度的直供优惠。直接从诺基亚手中提货，使得家电连锁企业在销售诺基亚产品时，同样有一个较高的利润空间。

从2004年年中开始，诺基亚开始了第二轮渠道改革计划。核心内容是一种名为"省级直控分销"的混合渠道模式，目标则是目前诺基亚仍未完全渗透的三级以下的城镇市场。在这种模式下，诺基亚将全权负责和零售终端接触，省级分销商只扮演物流和资金流平台的角色。目前，诺基亚已经在山西、湖北、湖南等省份开始了这种新模式的尝试。

诺基亚一系列变革其实是弥补它在渠道渗透力上的不足，这一直是国内品牌取胜的法宝。但当诺基亚针对中国市场调整了渠道的运作策略以后，它在产品质量、品牌等方面的优势就可以得到凸显，而在这方面国内品牌是难以在短时间内赶上的。渠道方面的强力渗透，一直都是诺基亚传统的对手摩托罗拉、三星的弱项。所以，完成渠道布局之后的诺基亚，就可以凭借产品质量、品牌等方面的优势击退国内品牌，又可凭借渠道的渗透力超越摩托罗拉等竞争对手。

思考：
（1）分销渠道对企业有何重要性？
（2）我国企业应从哪些方面借鉴诺基亚的经验？

▶ **知识油库**

3-2-3-1　分销渠道

企业生产出适合目标市场的产品，制定出适合目标市场的价格后，产品还没有真正进入市场，企业产品和广大消费者之间在购买时间、购买地点、购买数量和所有权转移上还存在很大的差异，企业必须寻找最佳的流通渠道，使消费者在适当的时间、适当的地点，以适当的价格购买到企业的产品。可以说，分销渠道决策是市场营销组合的又一重要因素，分销渠道决策成功与否，对企业经营目标的实现至关重要。

一、分销渠道的概念

> 分销渠道，是指在商品和劳务从生产者向消费者或用户转移过程中由组织者所连接的路线，也就是商品或劳务从生产者到消费者或用户的所有权转移过程中所有经过的各个环节连起来的通道。

在市场经济高度发达的今天，商品和劳务从生产者到达消费者或用户手中，一般不是从生产者直接售给消费者的，而是要经过若干个中间机构，经过若干次所有权转移的买卖活动来实现的。例如，生产者—代理商—批发商—零售商—消费者，生产者通过代理商帮助把所有权转移给批发商，批发商取得商品的所有权后再把所有权转移给零售商，零售商再将其所有权让渡给消费者；再如，生产者—批发商—零售商—消费者，经过 3 次所有权转移实现了商品的流通。

所以，分销渠道是由参与商品流通过程的生产者、代理商、批发商、零售商和消费者组成的。每一条分销渠道的起点是生产者，终点是最终消费者，处于中间的是实现商品的使用价值和价值转移的各个商业机构。

二、分销渠道的类型

在产品从生产者转移到消费者的流通过程中，要经过若干个流通环节或层次，任何一个取得产品所有权或帮助转移所有权的中间机构就叫做一个渠道层次。

分销渠道按其渠道不同层次的多少和同一层次不同机构的多少可分为长度不同的渠道和宽度不同的渠道。

1. 长度不同的渠道

分销渠道可根据渠道层次数目的多少划分为长度不同的渠道。虽然生产者和消费者都是渠道的组成部分，但是现代市场学是以中间机构层次的数目来确定渠道的长度。图 3-3 列出了几条长度不同的分销渠道。

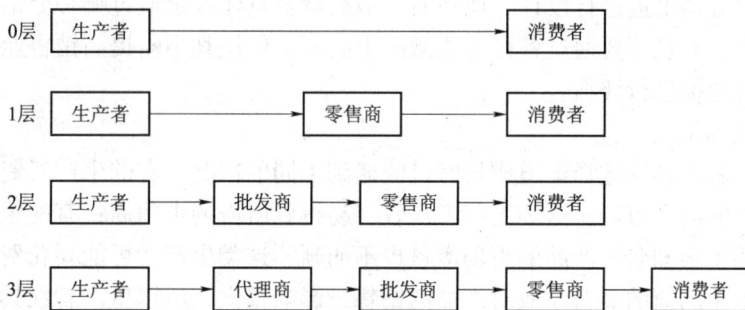

图 3-3　长度不同的分销渠道

以上 4 种不同长度的分销渠道还可以概括为直接渠道和间接渠道。直接渠道就是零层渠道，由于它不经过任何中间机构，因此是最短的分销渠道。间接渠道就是经过一个层次或一个层次以上的渠道，经过的层次越多，分销渠道就越长。

2. 宽度不同的渠道

分销渠道如果按照其宽度分类，还可以分为若干宽度不同的渠道。分销渠道的宽度取决于渠道的每个层次中使用同种类型中间商数目的多少。

如果生产者采用较宽的分销渠道，也就是通过许多批发商和众多零售商销售其产品，就可以从空间上扩大产品的销售范围，可以使生产者的产品在较短的时间内迅速地销售到众多消费者手中，这种分销方式可以叫做密集分销。由于参与产品销售的中间机构比较多，生产者对渠道的控制能力就比较弱。

如果生产者采用较窄的分销渠道，也就是生产者在某一地区只通过少数几个负责任的中间商推销其产品，那么其产品的销售范围就比较窄，产品很难在较短的时间内迅速销售到众多消费者手中，这种分销方式可以叫做选择分销。

如果消费者采用更窄的分销渠道，也就是生产者在某一地区只通过一家经过精心挑选的最合适的批发商或零售商销售其产品，并通过协商签订独家经销合同，规定经销商不得经营竞争者的产品，这种分销方式可以叫做独家分销。

3. 长度和宽度的组合渠道

不同长度的分销渠道和不同宽度的分销渠道在实现商品销售的过程中表现出的特点是不同的，作用也是不一样的。在营销活动中，不同长度和不同宽度的分销渠道常常是组合使用的。

4. 多渠道分销

多渠道分销是在市场竞争越来越激烈的情况下产生的一种分销类型。对于既可以卖给消费者用于生活消费，又可以卖给产业用户用于生产消费的同一种产品，制造商往往通过多条渠道将同一产品送到不同的市场（消费者市场和生产者市场），有些制造商还通过多条渠道将其产品送到相同的市场，这种多渠道分销也叫做双重分销。

多渠道分销有两种类型：一种是制造商通过两条以上竞争的分销渠道销售一种商标的产品；另一种是制造商通过两类分销网销售两种商标基本相同的产品。

三、分销渠道的选择与管理

生产者在对分销渠道进行设计、评估后，最后就要具体确定通过哪种分销渠道利用哪些中间商推销产品，而且还要通过各种方式激励中间商，促使其不断提高销售业绩，还要定期对中间商的销售业绩进行评估。

1. 选择渠道成员

不同的生产者在具体选择渠道成员时可能遇到不同的情况，有的生产者资金雄厚，商誉好，产品有很大的潜在市场，这类生产者比较容易得到所需的中间商；有的生产者由于在初创阶段，品牌还不很知名，产品的市场潜量也不明晰，这类生产者可能要花费很多精力来寻找中间商。由于中间商的经营绩效对产品的销售量影响很大，所以生产者在具体挑选中间商时，必须全面了解中间商的以下情况：中间商的规模和财力、中间商的经管水平、员工的素质、整体服务水平及合作态度等。

2. 确定与渠道成员的关系

生产者与中间商的关系主要有 3 种不同形式，即合同、合伙和分销规划。

合同关系指生产者与中间商建立合同关系，生产者可以利用给予特别优惠、价格折扣和信用条件等办法激励中间商努力推销，开拓市场，还可以利用降低中间商的利润率、推迟发货甚至终止合同关系等办法惩治工作消极的中间商。在这种合同关系中，生产者与中间商的关系比较疏远。

合伙关系指有些生产者通过签订协议与中间商建立合伙关系。在协议中确定双方的权利和义务，如规定中间商要达到的市场覆盖面吸引潜在顾客，以及提供的销售服务、市场信息等，根据协议执行情况对中间商支付酬金。在这种合伙关系中，生产者与中间商的关系比较密切。

分销规划指生产者与中间商建立最密切的关系，即生产者与中间商建立一个有计划的、实行专业化管理的垂直市场营销系统，统一规划营销工作，如拟定销售目标、存货水平、商品陈列计划、广告和营业推广计划等，把生产者的需要和中间商的需要结合起来，在提高营销工作绩效中共同发展。

3. 激励渠道成员

生产者在选择了中间商后，还要不断地激励、指导中间商的营销工作。激励工作的首要步骤，就是要多站在中间商的角度考虑问题，尊重并理解中间商独立的利益。中间商可采用提高中间商可得的毛利率，放宽信用条件对提前付款的中间商给予现金折扣，向中间商提供有关次品或跌价的特殊保证等方式激励中间商。

生产者给中间商的优惠条件不能太高，也不能太低。如果太高可能导致销售量上升而利润下降；如果太低起不到激励作用，利润同样不能增长。

4. 评估渠道成员

生产者要定期对渠道成员进行评估，考查中间商的销售业绩。评估的方法有两种：一种是对每一中间商的销售绩效与上期的绩效进行比较，并以整个群体的升降百分比作为评价标准；一种是将各中间商的绩效与该地区的销售潜量分析所设立的配额相比较，也就是计算中间商实际销售额与其潜在销售额的比率。在评估中间商时，不仅要看各中间商销售水平的绝对值，而且还须考虑到他们各自面临的各种不同可控制程度的变化环境，考虑到生产者的产品大类在各中间商的全部货物搭配中的相对重要程度。

5. 渠道改进

在市场竞争异常激烈的今天，市场形势往往不断发生变化，生产者原有的渠道系统能否适应市场的变化，直接影响生产者产品的销售情况，生产者必须随着市场的变化及时改进和修正其渠道系统。例如，增加或减少某些分销渠道，增加或减少某些渠道成员。

子任务4 促销策略

【要求】通过案例分析，教师指导，使学生掌握促销组合及设计促销组合方案，能进行相关促销方案设计。

案例12

蒙牛的促销策略

蒙牛从进入群雄逐鹿的乳业战场的第一天起，蒙牛一直快而不乱地推行其"空——地"营销策略，用广告实施空中打击，夺取制空权；用其他促销手段实行地面推进，逐一清除地面壁垒，"空——地"联动，立体攻击，短短三年，便实实在在地打造了一个中国乳业的奇迹。

1. 蒙牛广告

据蒙牛乳业营销企划监察中心主任孙先红介绍，蒙牛的广告投放量基本以年销售额3%速度递增。

（1）澄清敌我，彰显个性

为确保出师名正言顺，为避免战场腹背受敌，1999年的乳业场上，蒙牛一出生便打出了第一块广告牌：蒙牛向伊利学习，做内蒙古第二品牌。在其产品包装上，蒙牛也信誓旦旦：为民族工业争光，向伊利学习。蒙牛采取的是比附定位，它与伊利品牌是紧密联系在一起的，共存共荣，共同发展。

蒙牛的广告策划非常大胆，2001年北京申奥，蒙牛第一个站起来，"我们捐赠1 000万"。语惊中华。待群情稍稍平覆，蒙牛策划进一步深入，"一厘钱精神，千万元奉献"，即在每根雪糕、每袋牛奶的销售收入各提取1厘钱，7年延期付清，"真情"流露一目了然……这种品牌形象的集束传播，使得蒙牛得以以最小的资本投入，最快的速度，获得与伊利"能力"品牌个性相辉映的鲜明品牌形象。

（2）阶段推进，更换主题

细心的人会看到，随着蒙牛的逐步壮大，蒙牛广告也牛气起来，伊利已走向全国，蒙牛也该走出内蒙古了。2001年6月，蒙牛以"我们共同的品牌——中国乳都呼和浩特"为主题，在呼和浩特的主要街道高密度投放灯箱广告，与此同时的另一个广告版本是"为内蒙古喝彩，千里草原腾起伊利集团、兴发集团、蒙牛乳业；塞外明珠辉照宁成集团、仕奇集团；河套峥嵘蒙古王、高原独秀鄂尔多斯、内蒙古娇子兆君羊绒……我们为内蒙古喝彩，让内蒙古腾飞。"

（3）精确打击，集中传播

"忽如一夜春风来，千树万树梨花开"，以此形容蒙牛广告攻势并不为过。在蒙牛开创初期，为迅速打开市场，蒙牛投入35万元包揽了央视6套两个月的阶段广告，夺取了制空权，同时投资300多万元在呼和浩特进行广告宣传，因为呼和浩特城市并不大，300多万元足以造成铺天盖地的广告效果。于是，电视、报纸、路牌、车体、墙板……只要能够利用的广告媒体，蒙牛尽量利用，一时间，蒙牛在呼和浩特几乎是家喻户晓，人尽皆知。

2. 蒙牛的其他促销策略

现在企业做市场有两种方式，一种是巨量广告狂轰滥炸，终端促销蜻蜓点水；一种是倡导广告和其他促销方式结合的深度行销，两种方式在不同市场有不同效果。对于乳业，蒙牛选择的是后者。蒙牛终端促销周密细致，一如草原牧歌般款款情深。

（1）渠道促销：定位制导

根据各类终端的性质，蒙牛对不同的终端进行了相应的价值定位，量身打造渠道个性促销策略。

大卖场——扩大影响力，做销量。蒙牛的促销策略是增加卖场的生动化展示，包括扩大货架陈列面，做整箱堆头陈列；派驻促销兼理货员；举办免费品尝活动；在周日及节日期间举办卖赠促销活动；整箱购买优惠；在适当时间做大卖场的上刊特价商品等。

连锁超市——做好产品与消费者的见面工作，支持品牌形象，方便消费者购买。蒙牛的促销策略是以理货为主，陈列要求容易让顾客看得见，买得到，陈列标准是让产品进冷风柜，摆放冷风柜第一至三层，全品上架，不断货；选择居民居住集中的门店举办免费品尝活动；举办捆绑促销。

送奶到户渠道——锁定顾客，增加现金流。通过服务来锁定顾客，培养顾客忠诚度。蒙牛的促销策略是制定上午订下午取，下午订隔天上午送，客户投诉24小时解决等服务措施；建立顾客资料库；推出集点优惠促销；向居民信箱大量投放DM广告；在新社区举办免费品尝活动；在电话账单上刊登产品广告及促销信息广告等。

（2）市场促销：迎合需求

2003年3月26日，蒙牛乳业在全国范围内一下子推出了20多个新品冰激凌，与同类竞品相比，蒙牛在产品数量上可谓一枝独秀。

　　在进行异域市场开拓时，蒙牛策略依旧。蒙牛始终相信，最好的促销来自消费者需求的个性化设计。如开拓上海市场时，蒙牛发现，上海消费者的购物习惯正悄然改变，他们开始追求购物的方便和享受。于是，蒙牛顺势选择了舒适和文化层次作为市场细分变量。面对整个纯鲜牛奶市场，它以产品包装形态的特殊性（保质期30～45天的利乐枕）专门满足图方便的消费群体，扮演市场补缺者，而在这个图方便的细分市场中，它又是一个市场领导者。战略目标确定之后，蒙牛量身定做了借助电子商务网和家庭饮用水配送网的销售网络，并根据网络端点的特性进行价值定位，以打造个性化的促销策略。

　　（3）合势促销：秉承主题

　　"来自大草原、香浓好感受"，"深深草原情、浓浓草原心"，"天蓝色布衬、乳白色牛奶、大草原风情"……蒙牛的每一次露天促销，这些都是不变的元素。

　　广告更多的是一种承诺，广告促销是要将这种承诺清晰地展现在消费者眼前。在蒙牛的市场运作中，广告和其他促销手段是一体的。

　　思考：

　　（1）蒙牛广告的预算方法和定位策略是什么？

　　（2）结合案例谈谈广告和非广告促销的作用有什么不同？

　　（3）蒙牛运用了哪些促销手段，各有何特色？

　　（4）结合案例，谈谈你对整合营销传播的理解。

▶ 知识油库

3 - 2 - 4 - 1　促销组合决策

　　现代企业已经意识到不仅要提供优质的产品和服务，制定合理的价格，把产品分销到顾客手中；而且要利用各种手段与消费者交流与沟通，达到促销产品，实现企业目标的目的。促销组合决策主要包括广告、销售促进、公共关系及人员推销4个方面。

一、广告

　　广告是对目标顾客和公众进行直接说服性沟通的主要方式之一。广告是以付费的方式对观念、商品或服务进行宣传展示和促销。广告是一种十分有效的信息传播方式，制定广告投放决策主要涉及以下5个方面：广告的目标、广告的费用、广告的信息、广告的媒体及广告的效果评价。

　　1. 广告的目标

　　广告目标有提供信息、说服购买和提醒使用三种。信息性广告主要用于产品的市场开拓阶段，目标是建立初步的需求。说服性广告主要用来强化与竞争对手产品的差别，培养顾客对品牌的偏好。提醒性广告主要应用于成熟产品，目的是提醒消费者购买自己的产品。

　　2. 广告的费用

　　广告可以提高对产品的需求，增加销售，但同时广告也带来了销售费用的增加。广告费用多大效果最好，需要进行预测和评估。确定广告费用的多少应该考虑以下几个方面：产品的寿命周期阶段、市场份额和消费者基础、竞争和干扰情况、广告的频率、产品替代性和市场特征。新产品的广告费用较大，已经有一定知名度的品牌的广告费用相对要少。市场份额较高的产品，单位广告费用较低。广告费用多少还取决于竞争对手的情况，竞争者投入的广告费用多、干扰大，则企业的广告费用也要增加，否则难以达到效果。

3. 广告的信息

广告要传递信息，必须引起目标受众的注意，才能达到沟通目标。广告信息决策涉及信息制作、信息评估与选择和信息表达。

4. 广告的媒体

包括确定广告所期望的送达率、频率和效果，选择主要的媒体种类，选择特定的媒体载体，决定媒体的使用及地域分配。主要的媒体种类有报纸、电视、广播、邮寄、杂志和户外广告。不同的媒体种类在效率在效果方面都有差异。企业应该根据广告的目标、预算、信息等因素来选择合适的媒体。

5. 广告的效果评价

广告效果是广告的最终目的，也是评价广告成功与失败的最终标准。广告效果的评价主要有两个方面：一是广告的沟通效果；二是广告的销售效果。可以通过市场调查技术来评价广告的沟通效果，广告的销售效果较难评价，可以通过分析历史资料和实验数据来作出大致的估计。

二、销售促进

销售促进就是运用多种激励工具，刺激消费者更多、更快地购买某种产品或服务。如有奖销售、赠优惠券、减价、免费试用等。销售促进的主要决策有如下内容。

1. 确定促销目标

针对消费者的促销目标有：鼓励大量购买、争取未使用者使用、从竞争者手中争取顾客。针对零售商的促销目标有：鼓励经营新产品、保持较高的存货水平、竞争性促销及建立零售商的品牌忠诚度等。

2. 选择促销工具

有各种不同的促销工具，应该考虑市场类型、促销目标、竞争条件和成本效益因素来选择合适的促销工具。

3. 制订促销方案

促销方案包括以下内容：刺激规模、参加者的条件、促销持续的时间、促销措施的分配途径、确定促销时机及制定促销总预算。

三、公共关系

企业在生产经营过程中，会与各个方面发生一定的联系，如消费者、供应商、政府、中间商、股东、金融机构、其他组织等，这些组织构成了企业的社会公众，它们对企业实现自己的目标有现实或潜在的影响，这些影响可能是积极的，也可能消极的。因此，企业需要处理好与社会公众之间的关系，树立企业在社会公众中的良好形象。现代企业一般都设有专门的公共关系部门，负责处理公关事务。公共关系已经成为市场营销促销中的一种重要手段，发挥着重要作用。

四、人员推销

指企业派出推销人员或委托推销人员，直接与消费者接触，向目标顾客进行产品介绍、推广，促进销售的沟通活动。

任务 3 销售费用及绩效评估

子任务 1 销售人员费用管理

【要求】通过案例分析，教师指导，使学生掌握销售基本费用，理解并掌握如何控制与管理销售费用。

案例 13

Majestic Plastics Company 削减差旅费用

Clyde Brion 刚刚读了一份来自总裁办公室的备忘录，要求所有部门经理削减差旅费用。备忘录既没有说明具体的削减百分比，也没有详细指示经理们该怎样削减。Brion 发现，他的销售队伍的差旅费用占整个公司差旅费相当大的比重，因此，他意识到自己肩负着主要的责任。他面临的问题是，在不过度损害销售队伍士气的前提下，如何实现这一重大的成本削减。

Brion 知道，许多公司正在为同样的成本削减问题而努力，比如，一些以前对乘飞机允许坐头等舱的公司现在要求员工，包括经理人员，乘坐经济舱。Brion 想知道是否可以把在《今日美国》国际版的一篇文章上发现的一些好主意，用到自己的销售队伍上。

如果销售代表在外出拜访时周末肯在外地过夜，航空旅行的费用则会大大减少。销售代表周五回家，而不是周末在外过夜，在某些航线上他们就要花费两到三倍的费用。现在，一些公司要求销售代表周末在外过夜，另一些公司则采取自愿的原则。这两种方式都会影响士气。即使采取自愿的方式，自愿者也会招致非议，那些不愿在外过夜的人会对他们产生敌意。

在一些航线上，如果你很早或很晚出发，可以得到半价优惠。有些公司把在城市中或到机场的交通工具，由出租车改为公交车。让销售人员下榻在假日酒店，而不是马里奥特或海特酒店，可以削减住宿费用。在餐饮方面，一个公司把要求提供单据的最低费用额由 25 美元降低到 15 美元，该公司由此节省了 19% 的费用，因为雇员此前一直在虚报餐饮费用账目。

Brion 正在仔细地考虑这些削减费用的备选方案，特别是周末在外过夜的方案。他也想知道其他的选择。

思考：

（1）通过上述案例分析，Majestic Plastics Company 在销售费用管理问题上存在的主要问题有哪些？

（2）如何有效控制管理销售费用？

➡ 知识油库

3－3－1－1 销售费用

销售成本和销售奖酬方案的主要部分是额外福利和成本支出。额外福利，是公司用来提供工作满意度和建立公司忠诚度的方法，由此，公司可以尽可能地降低员工跳槽的损失。公司同时还面临着不断上涨的销售费用支出，主要有差旅费、餐费和住宿费。

一、费用方案设计

由于费用报销需经销售经理的严格审核，所以费用方案需要仔细设计，从而确定其公平性、灵活性并要易于管理。

1. 公平性

在确定费用报销方案时，最重要的因素是它对公司和对销售人员个人的公平性。费用方案，不管获利还是损失，应报销所有合理的因推销而产生的销售费用。合理的费用开支要考虑地区性消费差异，在住宿、差旅、餐费和娱乐及与不同类型客户打交道、销售不同产品或履行不同销售计划时的费用支出。公司通过查看每年登在"销售与营销管理"中的销售成本指数（SCI）就能够获得在某些大城市开展业务时的情况，对费用支出情况有初始了解。

2. 灵活性

与所有销售奖酬一样，费用方案也要具有灵活性。不断变化的市场局势要求销售人员具有相应的自主权来保持已有的客户关系，建立产品销售基础并且不断获得新客户。这可能意味着对大量潜在的客户需要花费更大，超过通常允许的成本范围。一个销售费用方案在必要的时候，需要具有足够的灵活性予以保证，甚至鼓励这种行为。

3. 易于管理

公司必须定出清晰的指导方法，从而使销售人员能够很容易理解哪些费用是可以报销的，这些费用应根据最简单的记录，及时有效地予以报销。

二、费用报销方案的类型

由于销售成本的不断上涨，对公司而言，当销售费用不由销售人员承担时，实行较好的报销方案就显得非常重要。这经常发生在直接提成式的报销方案中。其中有三种报销方案的使用较为广泛：有限度的报销、无限度的报销、混合式报销。

1. 有限度的报销方案

在该类方案中，销售人员的报销费用或者是按照时期限定固定报销额度，或者是按照事项规定报销额度。在前者中，公司按每天或每星期规定的固定报销额，超过的费用部分则不能报销。在事项限额中，公司设立了一系列固定报销指标，如住宿费、餐费或每千米差旅费。这种方法，通过设立非常清晰的指标，就避免了出现误解和开支添凑现象，但在实践中，很明显缺乏道德责任感。这种方法可以使开支能够预期估算，使预算更加精确。

2. 无限度的报销方案

无限度的报销方案是用来报销所有必要的推销和差旅费开支。要求报销时，销售人员必须提供逐项列举的开支报告，并附有必要的收据和发票。这种方案的灵活性允许开支额度因考虑到地区、客户或产品的差异性而有所不同。销售经理必须确信，销售人员不会无效率地活动，也不会添凑报销账目。但不管怎样，该方案难以精确预计开支情况。

3. 混合式报销方案

混合式报销方案通常具有最大的灵活性和可控性。一个普通的混合方案是对特定项目设定限额，比如餐费和住宿费，但差旅费无限度。

另一种报销方案将开支与销售相挂钩。例如，一个销售人员可按净销售额的 3% 来报销其所有的费用，当开支水平低于净销售额的 3% 时，他还有可能收到奖金。如果净销售额为 3 万美元，那么销售人员只能报销 900 美元（3 万美元的 3%），而非所产生的 940 美元。

三、费用控制的方法

首先，管理层必须决定是由公司支付销售代表在外销售的费用，还是让他们用自己的收入来支付。

1. 销售人员自己支付费用

有几个原因使销售代表愿意支付他们自己的费用。他们常常因有更多的运作自由而喜欢这个计划；他们不必向管理部门解释费用情况；许多销售代表相信自己支付费用会带来所得税上的好处；比起公司将收入和费用分开的方式，他们能够扣除更多的费用；而且，从管理层的角度看，这种计划不但简单，而且操作起来没有成本。

然而，销售人员自己支付费用也许会带来管理层不愿看到的结果。公司在很大程度上失去了对销售人员活动的控制，例如，销售代表也许不会长途旅行去拜访和招待暂时不具销售潜力的新顾客。

2. 无限额支付计划

无限额支付计划是报销销售代表所有与公司业务有关的合理的业务和差旅费用。这种做法没有总费用或单项费用的限额，但是销售代表必须呈交开支的详细账目。

无限额费用控制的主要优点是其具有弹性。这种计划很少会因销售区域、工作职位或产品之间的费用差异而产生问题。假如销售代表诚实、准确地报告他们的花费，这种弹性使计划对销售人员和管理部门来讲都是公平的。进一步来说，这个计划使管理部门能对销售人员的活动实施相当程度的控制。如果销售经理想开发一个新地区或者拜访外地的新客户，这种费用计划不会成为阻碍。

另一方面，无限额费用控制计划可能使管理部门无法正确预测直接销售成本。无限额的特点成为明显的诱惑，致使一些人挥霍无度或通过不正当的事项虚报费用账户。这种计划令销售人员没有动力去精打细算。

3. 限额支付计划

对销售代表的费用支付进行限制有两个广泛使用的费用控制计划。其中一个计划为每个费用项目规定了报销限额。例如，公司对住宿每天最多支付 140 美元，早餐 7 美元，午餐 12 美元，晚餐 25 美元（或每天为食物支付 44 美元）。另一个限额支付计划限制一段时间内的费用总金额，诸如每天或每周。设定费用支付的限额有一些好处。这种计划尤其适用于那些销售代表的活动有规律并且出差路线重复的情况。这样就可以更准地预测费用。这些预测的最高费用额有助于制定预算规划。而且，预先知道限额可以减少管理部门和销售代表在费用账目上的争议，特别是当限额被认为是公平时。

4. 组合计划

限额和非限额计划共同的优点有时可以通过两者的组合使用而实现。比如，管理部门可以在食宿这类项目上制定限额，但对交通费用不加限制。另一种组合计划是费用定额计划，在这种计划下，管理部门制定一个总费用限额，但是最高限额与经营报告书中的某些其他项目相关, 如净销售额。例如, 由于预计月销售额为 40 000 美元, 所以一个月的费用定额就是 2 000 美元。通过允许销售代表每月报销不超过净销售额 5% 的费用, 费用就与销售额更直接地联系在一起。如果销售代表的费用保持在定额以下, 就为其发放奖金, 这样, 薪酬计划就可以在费用控制系统中起到一些作用。

费用定额计划确实具有使管理部门能够将销售队伍费用和净销售额联系起来的优点。通过这种方法, 管理部门可以对这一直接销售费用有所控制。而且, 销售代表可以在总体费用预算之下有一定的灵活性, 具备了费用意识的销售代表不会浪费。

子任务 2　销售人员绩效评估

【要求】通过案例分析, 教师指导, 使学生掌握销售人员绩效评估的基本方法。

案例 14

日常运作问题: 销售人员对评估不满

每年 12 月, Clyde Brion 都会从公司的销售分析文件中收集每位销售人员的信息, 再根据定性或主观的信息, 给每位销售人员一封信总结其全年的工作绩效及来年的努力方向。

这并非 Brion 喜欢的差事, 但是高层管理人员还承诺进行正式的评估计划。他知道他给洛杉矶的销售代表 Margaret Badger 的信肯定会遭到质问。不论基于她的绩效数字, 还是 Brion 的调查都没法给她褒奖。他正在考虑换人, 可是又受到公司政策的限制。

打开 Brion 来信 32 秒左右, Margaret Badger 就愤怒地拎起电话。

"这都是你想要开除我, 而弄出来的一堆垃圾。如果你想开除我, 就开除吧, 但是不要指望我会买你这些垃圾来侮辱我的智慧!" Margaret Badger 非常激动。

"你最好到我办公室来一下, 我们坐下来好好再看看你不同意的地方。我们对你的工作和销售与其他同事绩效的比较有很好的记录和统计。" Brion 平静地说。

"我不是说那些数字。我知道数字难看, 我也很不高兴。我说的是你们比较不可比的东西。你们将我和其他销售代表作比较明显不公平。作为一个新手, 我处理的是一个最糟糕的地区。为什么要开辟这个市场? 我的前任曾经告诉我他离职的原因, 我正在和同样的情况做斗争, 这里缺乏市场潜力且竞争激烈。" Badger 说。

Brion 也注意到工厂设在该区的非常强劲的竞争对手。等了一会儿, Brion 问到: "你想要我做些什么呢?"

"我需要的是理解我的处境, 考虑我的实际情况。我档案中的评估可以葬送我在这里的前途。它说我很差, 它说我不能安排好工作或者无法进入市场。它还说我不是销售这块料。但事实不是!" Badger 简直要烧着了。

思考:
(1) 上述案例中销售人员为什么对评估不满?
(2) 销售评估应该注意哪些问题?

▶ 知识油库

3-3-2-1　绩效评估

一、绩效评估的性质和重要性

评估销售人员绩效是评估管理职能的一部分，也是营销审计的一部分。管理层会用个人努力的结果与为其设置的目标进行比较。目的就是要明确在过去发生了什么，并运用这一信息，采取纠错行动或是奖励，以此改进将来的绩效。

良好的绩效评估能成为其他销售队伍管理任务的好帮手。升职和提薪都能以客观的绩效数据为基础，而不是基于偏袒、主观观察或者意见。实地销售努力的不足一经确认，就可以未雨绸缪，在销售培训计划中加入纠错标准。另一方面，管理层能够发现那些优秀销售员使用的销售技术，并将之在其他销售人员中推广。绩效评估也有助于发现改进薪酬计划的需要。

绩效分析对销售监督尤为有用。不知道一个人做对了什么，做错了什么及其原因，就很难有效地进行监督。例如，如果销售人员的销售量不令人满意，绩效考察就会显示出来。而且，评估有助于发现原因——销售人员是不是日拜访率太低，每月没有工作足够的天数，拜访了错误的潜在顾客，销售陈述有问题，等等。

有效的个人绩效评估程序也能提高士气。任何人如果知道自己的任务，有一定的衡量标准，就会感到更有保障。绩效评估一定要确保应该表扬的人接受它，而应该批评的则处理得当。销量最高的销售人员不一定是最好的，甚至可能没做好全面工作。仅仅因销量而奖励此人，必然会损害其他人的士气。同样，如果管理层批评一位销售较低的销售人员，而销售低是因为当地的市场潜力本身较低，或者当地的竞争异常严峻，那么士气也会受损。绩效评估系统就要事先防止这种情况出现。

二、销售绩效评估过程

销售绩效评估过程如图 3-4 所示。

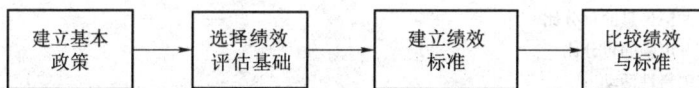

图 3-4　销售绩效评估过程

第一步：建立基本政策。具体评估之前，管理层应建立一些基本准则。一个需要考虑的问题是：谁将参加评估？通常几个主管人员会参与其中。最可能参加的是销售人员的直接上司——可能是销售总监、地区经理或者分公司经理。直接上司的领导也可能参加。

当然，销售人员也应积极参与其中，通常是某种形式的自我评估。销售人员参与其目标制定，将会提高其责任感和集体感。在一些企业中，经理和销售人员共同确认和商讨未来的特定目标。然后签订以此目标为绩效标准的绩效协议。

另一个需要考虑的是评估的频率。尽管许多公司每年只做一次全面的绩效评估，大多数员工更倾向于更频繁的评估——半年或每季度一次。尽管频繁的评估所需的时间和成本必须与收益平衡，但是，绩效的提高一般情况下都超过了耗费的成本。

第二步：选择绩效评估基础。关键是尽可能多的从不同的角度去评估销售人员的绩效。

（1）产出标准

主要常用的产出标准如图 3-5 所示。

●销售量
销售量和销售产品数量
按产品和顾客（或顾客群）划分
按邮购、电话订购、个人销售拜访划分
●销售量所占百分比
定额
市场潜力（也就是市场份额）
●按产品线、顾客群和订单规模划分的毛利
●订单
订单数量
平均订单规模（订单的金额）
平均成功率（订单数量÷拜访次数）
撤销的订单数量
●客户
客户购买的比例
新客户数量
丢失的客户数量
拖欠货款的客户数量

图 3-5　产出标准

（2）投入标准

投入标准可分为定量标准和定性标准，如图 3-6 和 3-7 所示。定量标准注重销售人员的努力活动。定性标准表现为销售陈述质量、产品知识、客户关系和销售人员态度等。

●日拜访次数（拜访率）
●工作天数
●销售时间与非销售时间
●直接销售费用总额
　占销售量的百分比
　占定额的百分比
●非销售性活动
　广告展示
　写给潜在客户的信件
　打给潜在客户的电话
　与经销商和/或分销商会见次数
　服务性拜访次数
　信息收集
　接受顾客抱怨的次数

图 3-6　常用的投入定量因素

（3）比率标准

订单数/拜访次数、费用额/销售量、销售量/订单数是常用于评估和比较销售人员绩效的比率。

第三步：建立绩效标准。

- 销售人员的个人努力
  - 时间管理
  - 拜访的规划和准备
  - 销售陈述的质量
  - 处理顾客不满和成交的能力
- 知识
  - 产品
  - 公司和公司政策
  - 竞争者的产品和战略
  - 顾客

顾客关系
个人形象和健康状况
个性和态度因素
合作性
智慧
责任感
逻辑分析和决策能力

图 3 - 7　常用的投入定性因素

　　建立绩效标准是绩效评估中最困难的环节。标准作为基准，可以用来衡量销售人员的绩效。同样，标准也让销售人员了解工作任务，指导并规划工作。标准必须公平合理，否则销售人员会丧失工作兴趣，甚至对管理层失去信心，士气大损。销售绩效标准过高或过低对于绩效评估来说不仅毫无意义，甚至有害。

　　许多产出（结果）因素的标准可以与公司的地区、产品线或者顾客群目标相联系。这些绩效标准如销售量、毛利或市场份额可能已经设定了。

　　更困难的是设定努力程度（投入）的绩效标准。详细的销售工作时间——任务分析应为管理层提供评价日拜访率、展示安排和其他因素满意绩效的基础。另一种方法则是凭与销售人员一起实地工作的主管自己的观察来判断销售人员的工作绩效。

　　要衡量公司销售努力的效率，管理层必须平衡投入与产出。因而，企业应该把一系列诸如销售量/拜访次数、订单数/拜访次数、毛利/订单数和销售量/费用额等投入/产出比作为标准。

　　一旦设定了标准，就要将标准传达给销售人员。就算销售人员参与了标准的确立，也应该正式与他们沟通，才能保证销售人员对要评估其绩效的标准没有误解。

　　第四步：比较绩效与标准。

　　销售量与市场份额。大多数销售经理评估销售人员相对绩效的第一个标准是销售量。一些主管相信，抛开其他因素，卖得最多的就是最好的。遗憾的是，销售量可能是反映销售人员价值很糟的指标。仅仅有总销售量不能说明企业销售人员对公司利润和客户关系的任何贡献。

　　然而，如果谨慎地分析充分的细节后，销售量可能是有用的绩效指标。为了评估这一目的，销售人员的总销售量可以按产品或顾客群或订单规模分类研究。就算这样，销售量数字仍然不是很有意义，除非它们可以与预定的、可接受的绩效标准相联系，比如各产品线或顾客群的销售定额指标。

　　另一个重要的评估因素，是每个销售人员所拥有的市场份额。企业用销售人员销售量比该地区的市场潜力就可以得到这一数字。这里再次强调，只有当每个产品线或顾客群的市场份额可以确定时，这一数据才更有用。

　　管理层在比较销售人员之间的市场份额时必须十分谨慎。销售员 A 可能获得 C 所在地区 20% 的市场份额，而销售员 B 只获得了所在地区 10% 的市场份额。但是 B 的工作可能更出色。因为，B 所在地区竞争的激烈程度可能远远超过其他地区。或者公司可能给予 A 相当多的广告支持。

子任务3　销售回款管理

【要求】 通过案例分析，教师指导，使学生掌握如何规范账款回收工作，掌握账款回收的具体方法等。

案例15

凌远公司销售与回款的两难困境

凌远公司是一家集生产与销售为一体，以电器开关为主导产品的中型企业。面对日趋激烈的市场竞争，公司不得不采取赊销的销售方式。然而随之而来的是越来越多的客户要求增加赊购比例甚至全部赊购，否则就停止进货。无奈之下，公司对赊销的限制越来越松，许多销售员为了多拉客户、提高销售业绩，在对客户资信状况没有充分调查了解的情况下就贸然签订赊销合同。

公司年底统计，其应收账款已经超过 5 000 万元，其中包括大量显然已无法收回的货款。公司实在无法背负如此巨大的财务包袱，资金周转也陷入了困境。公司总经理决定今后一律禁止赊销，这在公司管理层和销售部中引发了激烈的争议，包括销售经理在内的一些销售业务骨干甚至表示一旦不允许赊销就集体辞职，公司陷入了两难的境地。

思考：

（1）通过上述案例的描述，可以得知造成销售与回款两难困境的原因主要有哪些？

（2）如何有效解决销售回款问题？

知识油库

3 –3 –3 –1　销售回款管理

一、销货与回款矩阵

销货与回款的关系取决于企业的态度，强调销货可造成回款率下降，影响资金回笼；过于重视回款可能影响产品销售，打击销售人员的信心。具体的销货与回款如图 3 –8，表 3 –6 所示。

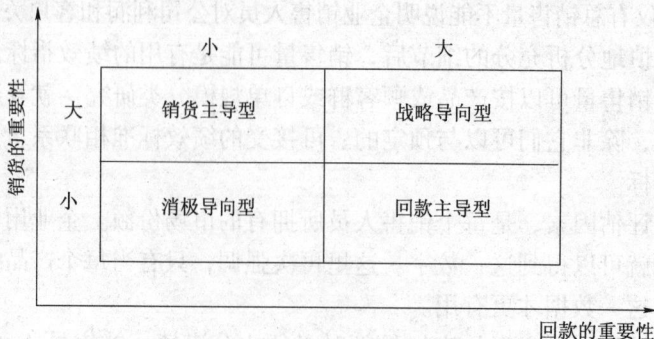

	小	大
大	销货主导型	战略导向型
小	消极导向型	回款主导型

（纵轴：销货的重要性　横轴：回款的重要性）

图 3 –8　销货与回款矩阵图

表3-6 销售与回款的各种形式

消极导向型	销货与回款都没有得到重视，销售乏力，回款率降低，不利于企业发展
销货主导型	销售部重视产品销售工作，忽视了货款回收工作，导致回款效率降低，降低销售的有效性，打击销售人员的积极性
回款主导型	销售部重视货款回收工作，没有建立有效的平衡机制，导致销售乏力，产品的市场占有率下降，打击销售人员的自信心
战略导向型	销售部将销货与回款视为同等重要，建立有效的机制保证两者的平衡，符合企业发展的要求。战略导向型是销售部的发展战略，销售人员应将其作为销售工作的指导思想，增加工作的有效性，推动业绩上升

二、账款回收的日常管理方法

1. 建立客户信用档案

（1）销售员提供原始资料

建立客户信用档案过程中，销售员应负责收集或提供以下资料。

➤ 谈判记录，可行性研究报告和报审及批准文件。

➤ 客户的营业执照副本复印件。

➤ 客户履约能力证明资料复印件。

➤ 客户的法定代表人或合同承办人的职务资格证明、个人身份证明、介绍信、授权委托书的原件或复印件。

➤ 销售员的授权委托书的原件和复印件。

➤ 双方签订或履行合同的往来传真、信函、电话记录等书面材料和视听材料。

➤ 合同正本、副本及变更、解除合同的书面协议。

➤ 收付款项的原始凭证复印件。

（2）销售员及时移交原始资料

销售员办理完合同签订、变更、履行及解除合同的各项手续后，将合同档案资料移交信用管理员。

（3）建立完整的客户信用资料

完整的客户信用资料包括"客户信用申请表"、"客户信用调查表"、"客户信用审批表"、"回复客户的标准函"、"客户信用表单"、"年审评价报告"、授信资料等，并附客户概况、付款习惯、财务状况、商账追讨记录、往来银行、经营状况等调查原始资料。

2. 事前控制

销售人员应全面了解客户的财务状况，选择财务和信用良好的客户优先交易。

事前控制的主要内容如表3-7所示。

表3-7　事前控制的主要内容

内容	具 体 内 容
客户审查	人员素质、销售业绩、社会关系
	地理位置、物流配送情况
	从事本行业的时间、何时开始合作、是否有合作经历
	信用档案、有无不良记录
	关键点、合作原因、合作动机、合作前景
评定客户等级	A类客户，2个月内回款
	B类客户，5个月内回款（最好预付一部分货款）
	C类客户，8个月内回款（必须预付一部分货款）
	D类客户，回款时间相当长，不可靠（必须货款两清）
签订销售合同	明确交易条件，例如：品名、规格、数量、交货期限、价格、付款方式、付款日期、运输情况、验收标准等
	明确双方的权利义务和违约责任
	确定合同期限
	签订时间和经办人签名加盖合同专用章或公司印章（避免使用私章、其他代用章或单一签字）
	合同的签订必须经过销售部经理审核确认才可以盖章

3. 事中控制

从发货到合同回款日期的过程控制，事中控制的主要内容如表3-8所示。

表3-8　事中控制的主要内容

内容	说 明
发货查询，货款跟踪	发货前，销售人员必须与销售合同进行核对
	发货后，销售人员应及时启动监控程序，根据客户的不同信用状况实施针对性的收账策略，在货款形成的早期进行适度催收
回款记录，账龄分析	销售人员应协助财务人员每隔一个月或一个季度与客户核对账目，避免回款工作脱节，造成账目混乱，责任不清
	销售人员应详细记录每笔货款的回收情况，定期进行账龄分析

4. 事后控制

事后控制主要内容如表3-9所示。

表3-9　事后控制的主要内容

内容	说 明
从欠款到追收	1. 联系：电话沟通、债务分析和拖款征兆分析 2. 信函：实地考察，保持压力，确定追付方式。要求销售人员对客户进行全程跟进，保证客户接触率与成功回收率呈正比 3. 走访：资信调查、合适的催讨方式。要求销售人员应定期探访客户，客户账款到期，应按时上门收款，或电话催收

内　　　容	说　　　明
总量控制 分级管理	财务部负责应收账款的计划、控制和考核。销售员是应收账款的直接责任人，公司对销售员考核的要点是收现指标
对已拖欠款项的 处理事项	1. 文件：检查被拖欠款项的销售文件是否齐备 2. 收集资料：要求客户提供拖欠款项的事由，并收集资料以证明其正确性 3. 追讨文件：建立账款催收预案。根据情况不同，建立三种不同程度的追讨文件——预告、警告、律师函，视情况及时发出 4. 最后期限：要求客户了解最后的期限及其后果，让客户明确最后期限的含义 5. 要求协助：使用法律手段维护自己的利益，进行仲裁或诉讼

三、客户拖款原因与应对方法

销售员追收货款之前，需要弄清客户拖款的原因，从而采取有针对性的收款措施。客户拖款主要原因，如表3-10所示。

表3-10　客户拖款主要原因

原　　　因	说　　　明
库存过多	客户的库存过多，产品积压，资金回笼不到位，不愿回款进货
销售季节已过	产品的销售旺季已过，客户不愿回款进货占用资金
产品利润低	产品利润低，客户不愿回款进货
问题未得到解决	客户的问题未得到解决，对销售人员和企业产生不满情绪，不愿回款
把回款当成谈判筹码	客户将回款作为筹码，要求销售人员在其他合作条件上作出让步，例如，价格等
故意拖欠	客户缺乏职业素养，品行恶劣，喜欢恶意拖欠、刁难客户，不及时回款
资金不够	客户资金紧张，无法及时回款

客户拖款的应对方法有如下几方面的内容。

1. 限量发货法

限量供应客户所订的畅销产品，鼓励其他客户多销，迫使客户询问"为什么总是减少发货量"。销售员可以回答："这种产品很畅销，公司的库存很少，其他客户都是现款提货，我们只能优先满足他们的订货需求。"

2. 情感法

销售员与客户建立良好的私人关系，说明自己的难处，请求客户协助回款。

3. 双簧法

销售员与同事配合，一个扮白脸一个扮黑脸，从消极和积极两个方面与客户沟通。例如，同事扮白脸通过电话向客户发难："李先生，您的货款已经拖欠了一年的时间，累计金额高达80万元，已经影响了我们的正常发展，希望您在月底之前结清欠款，否则，我们只能收回您的地区代理权，采用法律手段回收欠款。"接着，销售人员扮红脸说："我跟经理反映了您的难处，其实他很希望彼此能够相互理解，把货款问题解决，共同发展。他今天说的话有点过激，您不要介意，他也有难处。"

4. 声东击西法

制造假象让客户担心，使客户主动回款。例如，销售员频繁接触客户的竞争对手，让客户感到不解和担心，再通过第三方传出该客户回款不利的消息，促进客户回款。

5. 欲擒故纵法

销售员对客户提出的重要要求表示很难满足，暗示客户结清货款方可解决，促使客户主动回款。

项目小结

销售管理是企业管理过程的核心环节之一，销售业务管理在企业供需中处于市场与企业供应接口位置，主要职能是为客户与最终用户提供产品与服务，从而实现企业的资金转化并获取利润，为企业提供生存与发展的动力源泉，并由此实现企业的社会价值。

本项目主要内容：

1. 销售团队建设。包括构建销售团队的意义、基本方法及销售团队的培训等。

2. 销售策略分析。包括定价策略、产品策略、分销渠道策略、促销策略等主要销售策略的应用与分析。

3. 销售费用及销售绩效评估。包括销售人员费用管理与控制、销售人员绩效评估。

4. 销售回款管理。

课后讨论

1. 如何有效调动销售队伍的积极性与团队合作意识？
2. 如何加强销售绩效管理？

复习思考

1. 销售团队规模设计方法主要有哪些？
2. 销售培训的内容主要包括哪些？
3. 产品生命周期各阶段的主要特征和策略有哪些？
4. 客户拖款的应对方法主要有哪些？

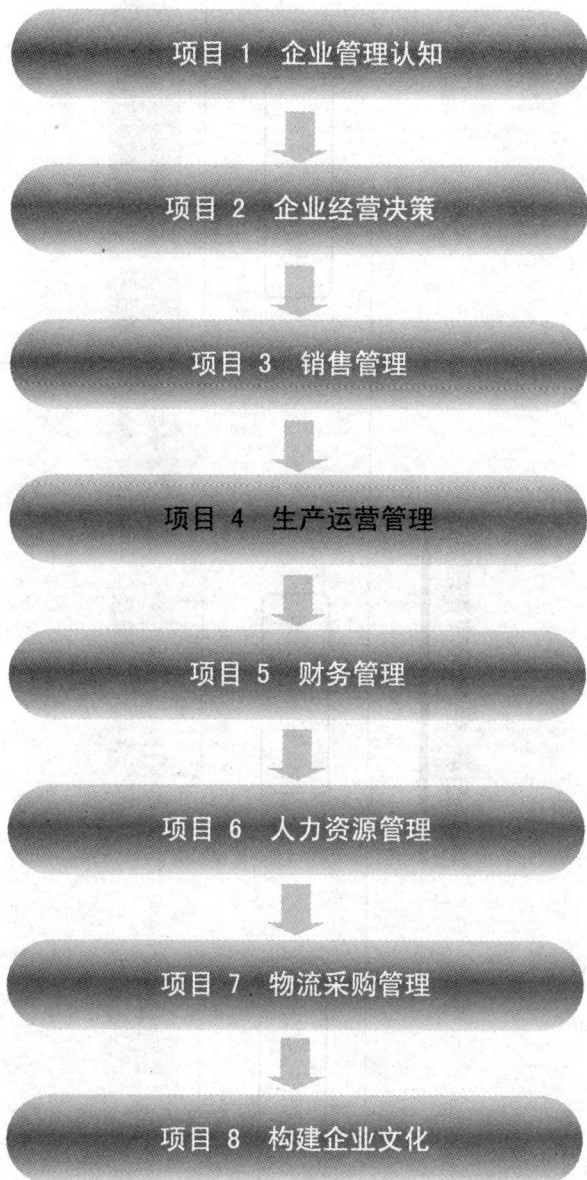

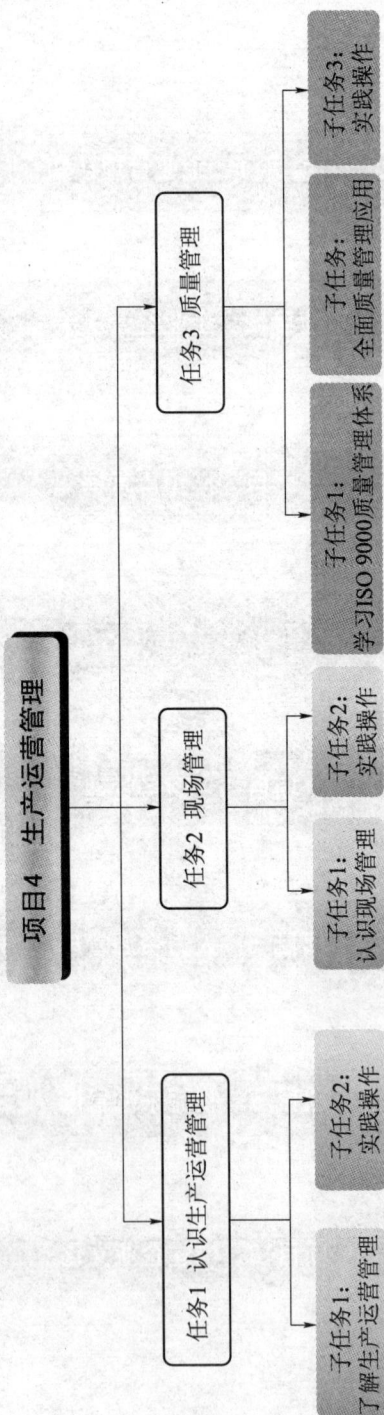

项目4　生产运营管理

任务1　认识生产运营管理
　子任务1：了解生产运营管理
　子任务2：实践操作

任务2　现场管理
　子任务1：认识现场管理
　子任务2：实践操作

任务3　质量管理
　子任务1：学习ISO 9000质量管理体系
　子任务2：全面质量管理应用
　子任务3：实践操作

项目 4

生产运营管理

生产运营同市场营销、财务会计一样，是企业最基本的职能之一。在国内外激烈的市场竞争中，质量、成本和交货期这三大竞争要素都与企业生产运营管理密切相关。随着科技进步和社会经济的发展，市场竞争日趋激烈，快速适应不断变化的市场需求，开发、生产、销售、交付顾客满意的产品和服务是企业在竞争中必备的能力，高效率、低成本和柔性管理已成为企业取得持续竞争优势的重要源泉。本项目分 3 个任务展开。

学习目标

1. 掌握企业生产运营管理的内涵。
2. 了解生产过程组织的基本内容。
3. 了解生产计划的内容。
4. 掌握现场管理的内容与方法，全面掌握 6S 管理。
5. 理解目视管理、看板管理。
6. 掌握全面质量管理的基本知识。

案例 1

沃尔玛敲响了"中国制造"的警钟

近期，由于美国经济的疲软，加上沃尔玛商业决策的失误，造成了沃尔玛库存商品一路攀升，其中包括价值 20 亿美元的服装和家装产品，为了摆脱目前的不利局面，沃尔玛决定削减采购量，这将许多中国供应商推向了始料不及的危机之中。

由于沃尔玛曾经的订单数额巨大，许多中国供应商都为其迅速扩充产能，动用所有能力以满足沃尔玛。浪莎就是在 4 年前通过沃尔玛 3 000 万美元的大订单来成就"全球袜业之王"的。为了报答沃尔玛，浪莎投建了新的工业园，兼并了一些工厂，以此来弥补大订单带来的严重的产能不足问题。当时浪莎生产出来的产品，50% 是通过沃尔玛全球的数千家商店进入全世界亿万家庭的。同时，在浪莎毫无觉察的情况下，自己也进入沃尔玛这个巨无霸零售商制造的"紧箍咒"陷阱中。

庆幸的是，浪莎今天的产品只有 5% 左右的比例是通过沃尔玛销售的，当沃尔玛转身离去时，并没有使浪莎造成致命的损失。但多数供应商并没有像浪莎那样"侥幸"，那些依靠沃尔玛生存的"中国制造"企业，在沃尔玛"身体微恙"一直吞吐不了大量的货物时，他们一直找不到买家，已经生产出来的产品只能堆积在仓库里发霉，曾经机器轰鸣的工厂也立即成了"废墟"。

其实，沃尔玛库存调整影响中国供应商订单只是表面的，其根源应该是价格持续上涨的中国产品。一年以来，人民币大幅度升值，出口退税率下降，原材料上涨，工资上调等因素，使得中国出口产品的价格不得不上升达 8% ~ 15%（尽管企业只是为了维持 2% ~ 5% 的利润空间），但这显然是沃尔玛们所不能接受的。为了追求低价，他们必须寻找更多的"中国制造"的替代者，比如转向印度等生产成本更优于中国的产品。

沃尔玛的转身，庞大的采购订单的转移，已经形成了一些工厂倒闭和大量制造工人失业等连锁反应。沃尔玛已经敲响了"中国制造"的警钟。

思考：

（1）那些当年满足沃尔玛等外商需求而努力扩充生产规模，身体已经膨胀起来的工厂应该怎么办？

（2）"中国制造"怎么才能在世界竞争中处于不败之地？

任务 1　认识生产运营管理

子任务 1　了解生产运营管理

【要求】分析案例，教师引导，学生思索企业生产运营管理的方法，明确相关的概念。

案例 2

生产运营管理案例分析——Dewey 订书机公司运营解决方案

根据 Dewey 订书机公司两位经理与写给总裁的信，可以发现该公司内部管理上出现了许多问题，包括部门之间权责不清、库存与销售之间的不协调、部门内部沟通不顺畅等。由于内部运营不顺，导致公司市场份额下滑、销售额下降、客户服务水平降低，最终使得公司内部成员士气不振、缺乏团队精神。为更精准地发现 Dewey 公司所存在的种种管理问题，现将两位经理提到的各种问题作出说明与归纳，以便能更好地为这家公司提出适宜的改革建议。问题分析如下。

① 产品销售的淡旺季造成了需求不平稳与生产平稳性之间的矛盾。在旺季需求量大，但是工厂的生产能力不足，不能满足市场的需求，容易造成缺货及订单不能及时满足的情况。淡季市场需求比较小，又会造成生产能力的过剩。

② 内部缺少良好的工作流程。各个部门之间没有良好的协作配合精神，反而相互抱怨、推卸责任；各部门之间信息交流不畅。具体来说：分店没有把对于市场需求所做的预测及时通知生产工厂，造成了工厂生产上一定的盲目性；分店为了降低其自身的库存周转率，在销售淡季不愿意准备库存来调节淡旺季之间的需求差异，造成了缺货以后又把责任全部推到总部。

③ 公司设立分店的目的是为了更好的接近和服务顾客，但是仍然有 40% 的货物是从

总部出货。这样，总部对于分店和自身的订单不能一视同仁，在旺季生产能力不足库存紧张的情况下会作出优先满足自己订单的决策，伤害到分店的积极性、服务水平和客户的满意度。

④ 公司所作出的分店和总部都要保持一个月库存的决定，不是建立在对需求进行科学预测后进行测算的基础上的，因此不尽合理，也没有得到分店的充分理解。

⑤ 库存能力有限。仅凭借工厂有限的库存能力不能达到在淡季储备库存来满足旺季需求的目的，需要分店和总部之间的相互配合才能完成。

⑥ 考核体系的问题。分店除了要实现自己的销售目标以外，还要关注其库存周转率指标，这也是造成分店不愿意增加库存的重要原因。

⑦ 以上问题的直接后果就是公司服务水平的下降，客户满意度的降低，市场占有率的下降。根据销售经理的说法，公司的市场份额下降了10%～15%。

由以上所整理出的7点问题可以发现，该公司内部所存在的管理问题其实是环环相扣的，但是可以总结为两大方面：① 组织内部管理；② 淡旺季生产库存管理。为解决其所面临的难题，我们将从上述两方面着手，分别提出相应的解决方案与建议。

一、内部管理流程问题改善

基于此前一年分店与总部在销售与库存等环节出现的各种问题，Dewey 公司最大的问题在于它的组织结构不合理、职能分工不清、内部沟通机制不顺畅、绩效考核指标无法有效反映出公司的战略目标。针对这些问题，为适应市场竞争、扩大市场份额及更理性化地管理库存，以下将针对 Dewey 公司的组织结构、业务流程、沟通机制与绩效考核制度分别提出改革建议。

（一）组织结构改革

1. 分离分店的销售与库存职能

由于分店在进行销售的同时，还需管理自己的库存，为降低库存周转率，分店势必在淡季减少订货。其组织结构图如图4-1所示。而在旺季库存不够时，总部也难以同时满足如此大的订货量，从而造成无论淡旺季，分店库存空间均未得到合理利用，完全背离了当初设立分店的初衷。

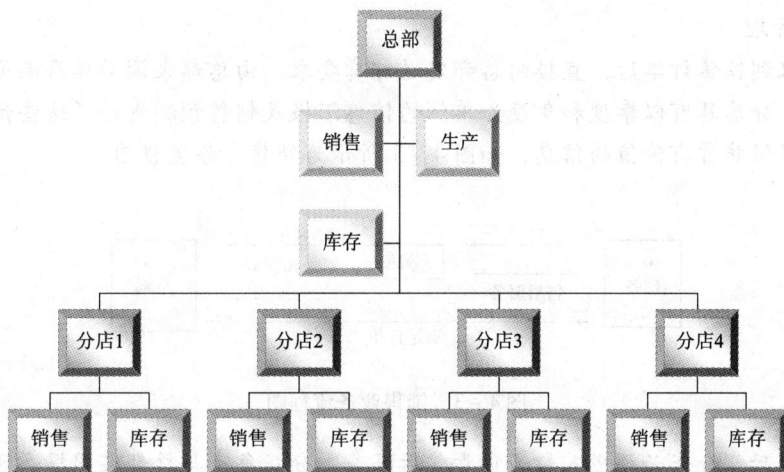

图4-1 改革前组织结构图

因此，分离分店的销售与库存职能，使分店能专心于销售，才能回到设立分店库存的轨道。其改革后的组织结构图如图4-2所示。总部职能众多，比如生产、销售、库存、人事和财务，等等。在这些职能之中，设立营运部门，由营运部门主管销售、生产和库存。

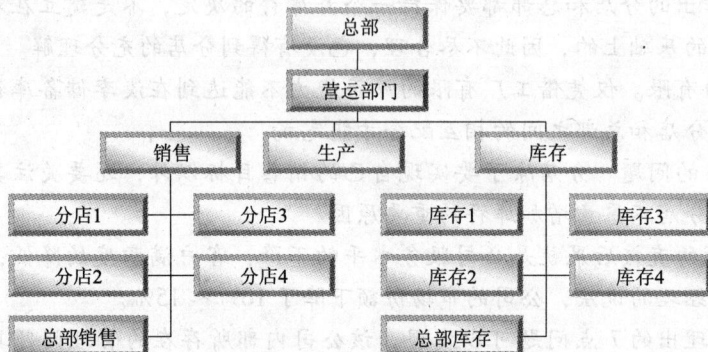

图 4-2　改革后组织结构图

2. 总部统一规划与管理各分店库存

通过图4-2可以看到，分店的销售与库存职能分离后，由总部统一通过建立内部ERP系统规划与管理各分店库存，分店原库存管理的人员也由总部统一管理。总部可以根据分店的销售情况和市场走势预测，组织生产，制订生产计划，使生产保持相对平稳。

3. 分店职能仅包括产品销售与市场走势预测，以及售后服务

分店在分离掉库存管理后，其职能仅包括产品销售与市场走势预测，以及售后服务等。这样它们将不会因为考虑库存周转率而虚报预测，而可以专心于开拓市场、提高预测准确度和售后服务质量。

在销售工作中，分店的重心将转移到开发市场、扩大市场份额上。

另外，售后服务质量关系是顾客满意度的一个重要的衡量标准。分店可以利用剥离库存职能后节省的精力集中投入到提高售后服务质量上去，从而为顾客满意度的提高起到推动作用。

（二）业务流程改革

1. 销售管理

分店争取到销售订单后，直接向总部发送订货要求，由总部来调动库存满足顾客的订货需求。另外，分店具有以季度和年度为单位的销售汇报及销售预测责任，这些预测将为总部的库存管理提供非常有价值的信息，如图4-3所示为销售业务流程图。

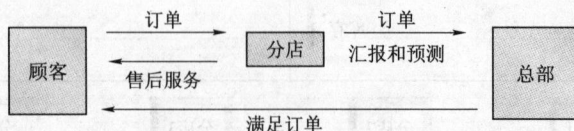

图 4-3　销售业务流程图

产品售出后，分店必须投入精力负责售后服务，分店负有与总部共同提高顾客满意度的责任。

2. 库存管理

　　首先需要建立的是 Dewey 公司内部的 ERP 系统。在公司现有计算机系统的基础上，设置连接所有库房的计算机系统。公司有使用计算机系统的先天基础，每个分库存都有自己的一套计算机系统，通过使用计算机系统的各种库存都很齐全。现在所要做的只是花费少量的费用，建立内部的 ERP 系统，连接各个分库存计算机系统，如图 4-4 所示为 Dewey 公司内部 ERP 系统图。

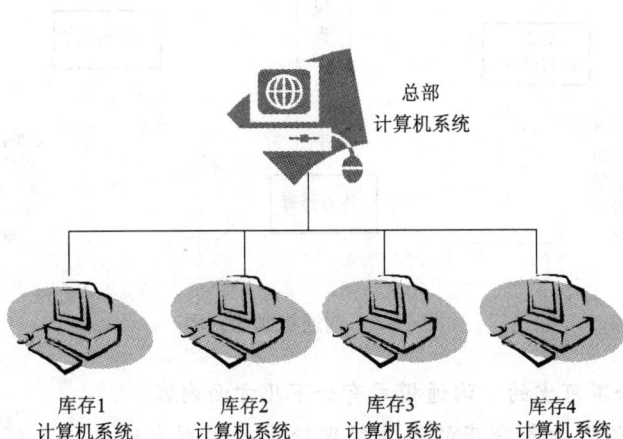

图 4-4　Dewey 公司内部 ERP 系统图

　　总部通过内部 ERP 系统实时监控各分店库存。接到分店的订货单后，总部通过内部 ERP 系统，以就近原则调配各个分店库存满足分店的订货需求。

　　总部根据以往销售量和分店的销售预测制订生产计划，尽量达到平稳生产的目的。在淡季可将产品按比例运到各个分店的库存空间，从而缓解旺季的生产压力。

　　在运输过程中，考虑到淡季供货时间与生产的矛盾并不突出，可以在运输系统上进行改善，比如从陆路运输转换成水路或海路运输，以降低物流成本。

（三）沟通机制

　　从案例中我们可以看到，公司存在的一个很大的问题就是沟通问题。库存经理、销售经理、生产经理都仅仅只是从各自本部门的利益出发去看待所遇到的问题。

　　为了诸如此类的问题，我们提出如上所述的组织模式。总部把所有的库存交给库存经理管理。各分店的销售经理负责进行年度需求预测，当然预测的准确度是与销售经理的绩效挂钩的。库存经理则在需求预测的基础上同生产经理沟通，安排生产，并负责把货物及时地送到分店的仓库。淡季时，每月的生产量由库存经理按比例分配给各个分店，以备旺季之用。生产经理在保证基本稳产的前提下可以自主地安排工作。运输经理的建议也可以被考虑，即在淡季时分店对货物需求不那么迫切时，可以采用海运的形式以减少运费具体的沟通机制示意图如图 4-5 所示。

　　在这种模式下，分店销售经理与生产经理和库存经理之间的沟通就显得相当重要，因为分店的销售经理对全年需求的预期直接影响到生产经理的生产安排，需求预测与实际销售之间的差别必然造成库存成本的波动，这也会影响到库存经理的绩效。因此销售、库存和生产

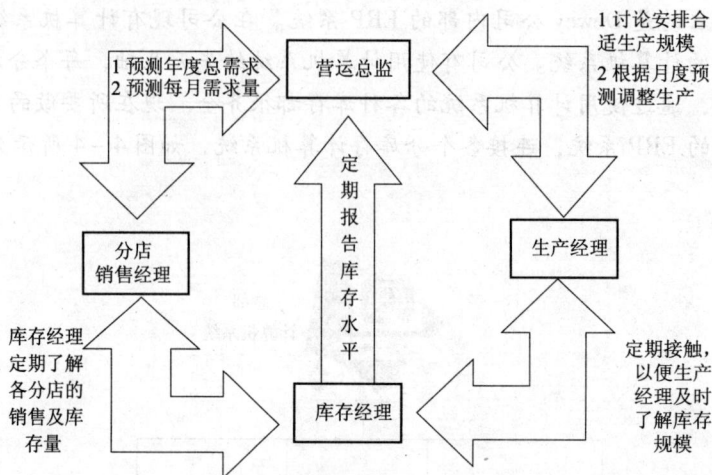

图 4 - 5　沟通机制示意图

之间的沟通机制是必不可少的。沟通模式有如下几方面内容。

① 年度总需求预测由各分店的销售经理给出,预测准确度作为销售经理的绩效考核指标。

② 生产经理在年度需求预测的基础上以稳产为目标安排合适的生产规模(设备和工人规模),产量的小幅变化则由安排工人加班或休工来满足。

③ 分店经理对每月的需求量也要作出合理预测,并与营运总监和生产经理定期(每月)交流,以便在需求有较大变动时生产经理可以及时调整生产规模。

④ 库存经理以各分店上报的年度总需求预测按比例给各分店发货,另外,他每月应与各分店的销售经理至少沟通一次,了解各分店实际销售和库存的情况,以便随时调整各分店的库存规模。库存经理定期与生产经理交流,以便生产经理及时了解库存,微调月度产量。另外,当分店库存比较充足或者对货物需求不那么迫切时,库存经理可以安排适度的海运,以降低运输成本。

(四) 绩效考核

1. 对销售经理的绩效考核

在新的组织框架中采用了总部设库存经理整体协调各个分店的库存情况,并且由总部来承担所有的库存成本。这样做的好处,一方面在于分店的销售人员就不会对库存的增加有多余的抵触情绪,可以专心做好销售工作;另一方面工厂可以顺利实行平稳生产,在淡季增加总库存(包括总部库存和分店库存),在旺季则以多余的库存满足市场需求。

需要指出的是,在这种存在淡旺季差别的行业中,在淡季由于销售下降,企业资金回流减少;但原材料采购、研发费用等支出却有增无减,便会产生不同程度的资金紧张问题。如何防止企业在淡季发生支付危机,保持现金流动的均衡性,是企业管理人员必须重点考虑的内容。在淡季督促经销商回款就成为销售人员一项重要的工作,所以货款回收率就成为销售经理绩效考核的一个重要指标。

另外,这种基于全年的整体需求来分配库存的模式能否成功实现高效运营的一个重要因素就是企业对全年预期销售量的把握。基于此，现把年初预期需求量与年终实际销售量之间的吻合程度也作为对销售经理的一个重要考核指标。对销售经理的绩效考评指标如表4-1所示。

表4-1　销售经理的绩效考评指标

考核指标	指标说明
产品销售额	以考核期内签订的合同为依据
销售费用率	（差旅费＋公关费＋意外开支＋其他支出）/产品销售额
货款回收率	（上月末欠款＋本月应收款－本月实收款）/本月实收款
新增客户数	对空白市场的开发而获得的客户
客户投诉数	由于售后服务问题、交货不及时及发货失误被投诉的次数
预测准确度	年初预测需求量/年末实际销售量

2. 对库存经理的绩效考核

库存方面的部门负责成品库存控制与调动及协调公司的生产计划。运输（配送）方面的部门负责公司所有的成品、原材料的实物运输和仓储及进出口业务。

对库存经理的主要考核指标如表4-2所示。

表4-2　对库存经理的主要考核指标

考核指标	指标说明
库存水平	库存平均天数不超过 X 天
服务水平	订单完成率、缺货率、货损
运输费用	不超过销售额的 $Y\%$

二、淡旺季生产与库存定量解决方案

由前所述，为了更好的协调总部与分店的关系，应在组织结构上下工夫，将库存与销售分离，采取统一管理，统一分配的策略，并辅以相应的绩效考核制度。在原有的历史数据的基础上，对各种方案都进行严格的计算，筛选出成本最小化的方案。

（一）相关数据

1. 历史需求数据

历史需求数据，如表4-3所示。

表4-3　历史需求数据　　单位：万件

月份	一	二	三	四	五	六	七	八	九	十	十一	十二
上海	11	8.53	6.05	3.58	6.05	8.53	11	13.5	16	18.4	16	13.5
广州	10	7.75	5.5	3.25	5.5	7.75	10	12.3	14.5	16.8	14.5	12.3
北京	9	6.98	4.95	2.93	4.95	6.98	9	11	13.1	15.1	13.1	11
重庆	5	3.88	2.75	1.63	2.75	3.88	5	6.13	7.25	8.38	7.25	6.13
西安	5	3.88	2.75	1.63	2.75	3.88	5	6.13	7.25	8.38	7.25	6.13
合计	40	31	22	13	22	31	40	49	58	67	58	49

为了更直观的观察总需求的波动情况，绘制总需求波动的折线图，如图 4 - 6 所示。

总需求的波动

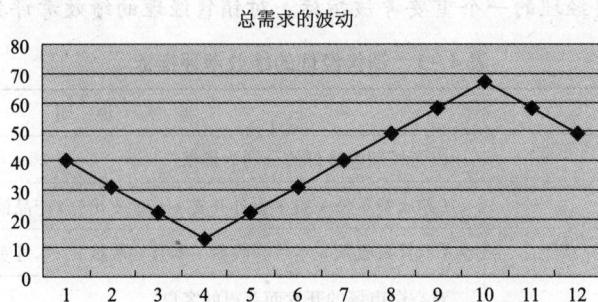

图 4 - 6　总需求波动的折线图

由图 4 - 6 中可以看出，就全国范围来说，对订书机的需求具有明显的淡季和旺季。基本上 6 个月处于销售的淡季，从 7 月份开始，需求开始回升，出现销售的旺季。这一趋势非常明显。因此，如何组织生产方式，如何控制库存成为重点，也是难点所在。

2. 其他相关数据

① 库存费用：每月每万件 0.08 万元。

② 存货消耗的财务费用：每万件 217.5 元（取每件产品的成本为 5 元，短期月贷款利率为 0.435%）。

③ 工人加班的额外成本：每万件 0.3 万元（包括加班工人的工资，机器额外的折旧费，等等）。

④ 休产导致的额外成本：每万件 0.1 万元（主要指虽然减产但仍需付给工人的工资）。

⑤ 临时工的额外成本：每万件 0.7 万元（主要是招募临时工的费用、培训费用及支付的工资）。

⑥ 添置新设备每年所需要的成本：20 万元（购入新设备需要 100 万，5 年报销，根据直线折旧法，每年设备的折旧费为 20 万元）。

（二）安全库存的设定

要确定总部的安全库存，首先要从各分店所需的安全库存量出发。计算的思路是根据各分店的日平均需求和不同的订货提前期，并由以往的数字获得的需求标准差，得出各分店所需的安全库存（这里 z 取 1.64，相当于服务水平达到 95%）。计算的公式是：$S = d \times l + \sigma \times z$（这里 S 代表安全库存量；d 是日需求量；l 是订货提前期；σ 为不同提前期需求的标准差；z 是标准差的个数），计算结果如表 4 - 4 所示。

表 4 - 4　安全库存

	上海	广州	北京	重庆	西安
各分店月平均需求量/万件	11	10	9	5	5
日平均需求量/万件	0.37	0.33	0.30	0.17	0.17
订货提前期/天	0	4	4	3	3
相应订货提前期内的需求标准差		0.4	0.3	0.1	0.2
所需的安全库存/万件	0	1.99	1.69	0.66	0.83
所需安全库存量占平均需求量的比重	0	0.199	0.188	0.133	0.166

通过以上计算可以看出，各地对安全库存量占需求的百分比基本比较接近，为了简化模型，在今后的计算中都要以该月份需求量的 20% 作为安全库存量。总部的安全库存也为总需求量的 20%。

（三）生产方式的确定

由以上的需求波动图可以看出，一年当中消费者对订书机的需求量具有明显的差异，即存在明显的淡旺季之分。因此如果完全采用平稳生产的方式，可能对库存的要求较高，导致库存成本的居高不下。因此，可以考虑其他一些生产计划方式，通过比较他们的成本和费用，以成本最小化的原则确定最优方案。

备选方案有以下 4 种。

方案一：平稳生产。

方案二：劳力不变，工作时间变（加班）。

方案三：增加劳力，原有工人的工作时间也变（加班）。

方案四：增加劳力，原有工人的工作时间也变（加班），同时添置新的设备。

可以通过以上数据（第一部分），分别计算 4 个不同方案下的成本与费用。

首先，计算出各个月份计划需要生产的产品的数量。一方面，有第一部分给出的 12 个月的需求量；另一方面根据第二部分给出的 20% 的安全库存比例，可以计算出每个月份需要达到的安全库存的量，由此可以得出每个月份计划的生产量。计算的公式为：$P_t = D_t + S_t - S_{t-1}$（$D_t$ 为本月的需求量；S_t 为本月的安全库存；S_{t-1} 为上个月的安全库存）。最后计算结果如表 4-5 所示。

表 4-5 产品的数量　　　　　　　单位：万件

月　份	1	2	3	4	5	6	7	8	9	10	11	12
需求量	40	31	22	13	22	31	40	49	58	67	58	49
安全库存	8	6.2	4.4	2.6	4.4	6.2	8	9.8	11.6	13.4	11.6	9.8
计划生产量	38.2	29.2	20.2	11.2	23.8	32.8	41.8	50.8	59.8	68.8	56.2	47.2

需要说明的是，第一个月的上一期安全库存是用上一年的 12 月份的安全库存来做的，即 9.8 万。

以下就 4 个方案的不同成本和费用分别进行计算。

方案一：平稳生产

① 根据计划需要生产的量和平稳生产条件下实际每月生产的量，计算出库存。

② 根据库存的费用（每万件每月 0.08 万元）和存货占用的财务费用（每万件 217.5元），计算出平稳生产方式下的总成本。

具体计算结果如表 4-6 所示。

表 4-6 成本计算表

月　份	1	2	3	4	5	6	7	8	9	10	11	12	总计
计划生产量/万件	38.2	29.2	20.2	11.2	23.8	32.8	41.8	50.8	59.8	68.8	56.2	47.2	480
平稳生产产量/万件	40	40	40	40	40	40	40	40	40	40	40	40	480
产量与计划产量的差/万件	1.8	10.8	19.8	28.8	16.2	7.2	-1.8	-11	-20	-29	-16	-7.2	

月　份	1	2	3	4	5	6	7	8	9	10	11	12	总计
安全库存外的库存量/万件	1.8	12.6	32.4	61.2	77.4	84.6	82.8	72	52.2	23.4	7.2	0	
库存费用/万元	0.14	1.01	2.59	4.9	6.19	6.77	6.62	5.76	4.18	1.87	0.58	0	40.6
存货占用财务费用/万元	0.04	0.27	0.7	1.33	1.68	1.84	1.8	1.57	1.14	0.51	0.16	0	11
增加的成本合计/万元	0.18	1.28	3.3	6.23	7.88	8.61	8.42	7.33	5.31	2.38	0.73	0	51.6

方案二： 劳力不变，工作时间变（加班）

① 由工人加班提供的产量加上原有的产量计算出此时工人的总产量。

② 计算实际的总产量和计划产量之差。

③ 由第二步计算结果得出安全库存以外的库存量，并由此计算出所需的库存成本及存货所占用的财务费用。

④ 根据工人加班提供的产量值计算出加班额外增加的成本（每万件0.3万元）。

⑤ 计算休产所减少的产量及由此增加的额外成本。

具体计算结果如表4-7所示。

表4-7　增加额外成本计算表

月　份	1	2	3	4	5	6	7	8	9	10	11	12	总计
计划生产量/万件	38.2	29.2	20.2	11.2	23.8	32.8	41.8	50.8	59.8	68.8	56.2	47.2	480
工人加班提供的产量/万件	0	0	0	0	0	0	1.8	5	5	5	5	5	26.8
工人的总产量/万件	38.2	35	35	35	35	35	41.8	45	45	45	45	45	480
安全库存外的库存量/万件	0	5.8	20.6	44.4	55.6	57.8	57.8	52	37.2	13.4	2.2	0	
库存费用/万元	0	0.46	1.65	3.55	4.45	4.62	4.62	4.16	2.98	1.07	0.18	0	27.7
存货占用财务费用/万元	0	0.13	0.45	0.97	1.21	1.26	1.26	1.13	0.81	0.29	0.05	0	7.54
实际产量与计划产量的差/万件	0	5.8	14.8	23.8	11.2	2.2	0	-5.8	-15	-24	-11	-2.2	0
加班额外增加的成本/万元	0	0	0	0	0	0	0.54	1.5	1.5	1.5	1.5	1.5	8.04
休产所减少的产量/万件	1.8	5	5	5	5	5	0	0	0	0	0	0	26.8
休产所增加的额外成本/万元	0.18	0.5	0.5	0.5	0.5	0.5	0	0	0	0	0	0	2.68
增加的成本合计/万元	0.18	1.09	2.6	5.02	6.16	6.38	6.42	6.79	5.29	2.86	1.72	1.5	46

需要说明的是：① 在第二种方案下，工人在正常工作时间内提供的产品数量在淡季时候（1月到6月）为35万，旺季时候（7月到12月）为45万；② 由于加班时间及设备等方面的限制，每月加班工人所提供的额外产量不能超过5万件。

方案三： 增加劳力，原有工人的工作时间也变（加班）

① 由工人加班提供的产量及聘用临时工所增加的产量加上原有的产量计算出此时工人的总产量。

② 计算实际的总产量和计划产量之差。

③ 由第二步计算结果得出安全库存以外的库存量，并由此计算出所需的库存成本及存货所占用的财务费用。

④ 根据工人加班提供的产量值计算出加班额外增加的成本（每万件 0.3 万元）。

⑤ 根据临时工提供的产量值计算出额外的成本（每万件 0.7 万元）。

⑥ 计算休产所减少的产量及由此增加的额外成本。

具体计算结果如表 4 - 8 所示。

表 4 - 8　休产所减少的产量及由此增加的额外成本

月 份	1	2	3	4	5	6	7	8	9	10	11	12	总计
计划生产量/万件	38.2	29.2	20.2	11.2	23.8	32.8	41.8	50.8	59.8	68.8	56.2	47.2	480
原有工人加班可生产的量/万件	0	0	0	0	0	0	1.8	5	5	5	5	5	26.8
原有工人的产量/万件	38.2	29.2	25	25	25	32.8	41.8	45	45	45	45	45	442
雇用临时工的产量/万件	0	0	0	0	0	0	0	10	10	10	2.2		38
原有工人加临时工的总产量/万件	38.2	29.2	25	25	25	32.8	41.8	50.8	55	55	55	47.2	480
产量与计划产量的差/万件	0	0	4.8	13.8	1.2	0	0	0	-4.8	-14	-1.2	0	0
原有工人加班额外增加的成本/万元	0.3	0	0	0	0	0.54	1.5	1.5	1.5	1.5	1.5		8.04
临时工额外增加的成本/万元	0.7	0	0	0	0	0	0	4.06	7	7	7	1.54	26.6
休产所减少的产量/万件	1.8	10.8	15	15	15	7.2	0	0	0	0	0	0	64.8
休产所增加的额外成本/万元	0.1	0.18	1.08	1.5	1.5	1.5	0.72	0	0	0	0	0	6.48
安全库存外的库存量/万件	0	0	4.8	18.6	19.8	19.8	19.8	19.8	15	1.2			
库存费用/万元	0.08	0	0.38	1.49	1.58	1.58	1.58	1.58	1.2	0.1	0	0	9.5
存货占用财务费用/万元	0	0	0.1	0.4	0.43	0.43	0.43	0.43	0.33	0.03	0	0	2.58
增加的成本合计/万元	0.18	1.08	1.99	3.39	3.51	2.73	2.55	7.57	10	8.62	8.5	3.04	53.2

需要说明的是：由于设备等方面的限制，每月临时工所能提供的额外产量不能超过 10 万件。

方案四： 增加劳力，有加班，同时添置新的设备

方案四的计算步骤与方案三的基本一样，在这里需要说明的是：由于购置了新的设备，因此临时工人的产量就没有限制的因素了，因此实际的总产量可以与市场情况完全吻合。

具体计算结果如表 4 - 9 所示。

表 4 - 9　方案四的计算

月 份	1	2	3	4	5	6	7	8	9	10	11	12	总计
计划生产量/万件	38.2	29.2	20.2	11.2	23.8	32.8	41.8	50.8	59.8	68.8	56.2	47.2	480
原有工人加班可生产的量/万件	0	0	0	0	0	0	1.8	5	5	5	5	5	26.8
原有工人的产量/万件	38.2	29.2	20.2	11.2	23.8	32.8	41.8	45	45	45	45	45	422
雇用临时工的产量/万件	0	0	0	0	0	0	0	5.8	14.8	23.8	11.2	2.2	57.8
原有工人加临时工的总产量/万件	38.2	29.2	20.2	11.2	23.8	32.8	41.8	50.8	59.8	68.8	56.2	47.2	480
产量与计划产量的差/万件	0	0	0	0	0	0	0	0	0	0	0	0	0
原有工人加班额外增加的成本/万元	0.3	0	0	0	0	0.54	1.5	1.5	1.5	1.5	1.5		8.04
临时工额外增加的成本/万元	0.7	0	0	0	0	0	0	4.06	10.4	16.7	7.84	1.54	40.5
新设备成本/万元													20
休产所减少的产量/万件	1.8	10.8	19.8	28.8	16.2	7.2	1.8	0	0	0	0	0	86.4
休产所增加的额外成本/万元	0.1	0.18	1.08	1.98	2.88	1.62	0.72	0.18	0	0	0	0	8.64

月　　份	1	2	3	4	5	6	7	8	9	10	11	12	总计
安全库存外的库存量/万件	0	0	0	0	0	0	0	0	0	0	0	0	
库存费用/万元	0.08	0	0	0	0	0	0	0	0	0	0	0	0
存货占用财务费用/万元	0	0	0	0	0	0	0	0	0	0	0	0	0
增加的成本合计/万元	0.18	1.08	1.98	2.88	1.62	0.72	0.72	5.56	11.9	18.2	9.34	3.04	77.1

小结

最后，为了更清楚的表示出4种方案下的每月生产计划和每月安全库存以外的库存量，可以用图4-7、图4-8来表示。

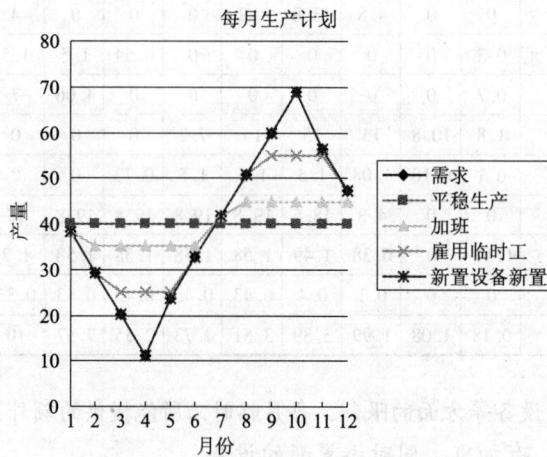

图4-7　每月生产计划

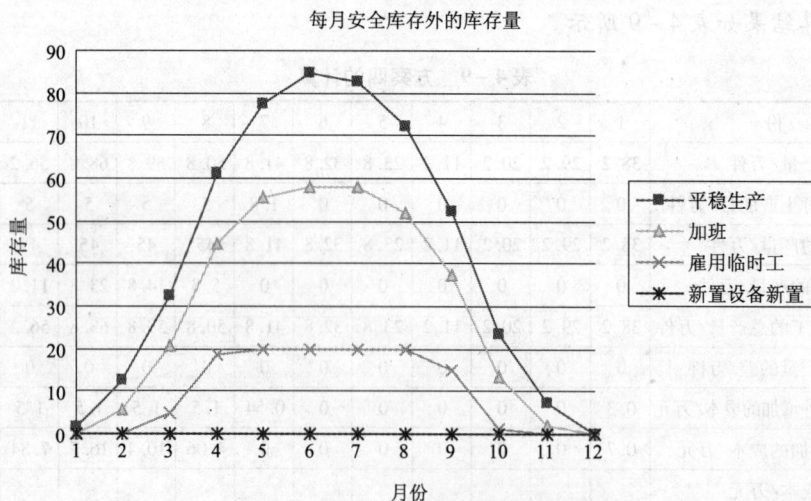

图4-8　每月安全库存以外的库存量

根据最后 4 种方案计算的总成本合计（显示在表 4-6 至表 4-9 中），可以得出，第二种方案是最优方案，采取第二种方案作为安排生产的方式：即在不增加工人数量的情况下，根据市场需求，适当的增加或减少工作时间来调节。

（四）运输方式的确定

现在出现了一种新的情况，即从总部上海到广州分店开通了一条新的海运。这对我们说可能是一种机会，可以考虑从总部到广州的货由原来的铁路运输改为海运。单从定性的角度来考虑：改成海运，可以节省运输费用。同时由于海运时间较长，相当于提供了一个临时周转仓库，减少了库存成本。但是在节省运输和库存成本的同时，因为订货提前期的增长，海运也加大了需求的波动，这需要总部对广州的需求设置更高的安全库存标准，进而导致季度需求波动的加剧，增加了生产成本。经过计算，若改用海运，库存和运输每年分别可以节省 2.24 万元和 19.5 万元，而生产成本将增加 13.9 万元，两者相比，改用海运利大于弊，值得采用。

（五）生产和运输方案

综上，建议 Dewey 公司采取旺季原有工人加班，淡季小量减产的措施，同时改用海运运输总部至广州的货物。

思考：

（1）Dewey 公司生产运营中面临的主要问题有哪些？如何解决的？

（2）从案例中，你觉得生产运营管理包涵哪些内容？

（3）针对 Dewey 公司的问题，你有没有更好的解决方案？

知识油库

4-1-1-1　认识生产运营管理与生产过程

一、生产运营管理的概念

人们习惯称提供有形产品的活动为制造型生产，而将提供无形产品（即服务）的活动称为服务型生产。

简单地说，生产运营管理是指对企业生产/服务活动进行计划、组织和控制的总称。它包括生产系统设计与运行管理。

生产系统设计是对厂址选择（包括工厂、配送中心和门店等的选址）、能力规划、生产部门布置、产品和服务计划、设备布置等的决策过程。生产系统运行管理主要涉及计划、组织和控制 3 个方面，具体工作内容主要有需求管理、预测编制生产计划和能力计划、库存控制、人员调配、作业调度和质量保证等。

生产运营管理的目标就是要使输出要素（产品或服务）在交货期、质量、成本、柔性和服务等几个方面都取得最优效果。

小档案

①　确保交货期——包括交货日期和交货期限两层含义。

②　减少在制品占用量——最有效的措施是减少加工过程中零件的停放时间、合理设计零件在生产过程中的移动方式。

③　提高生产效率——主要是提高人与设备的工作效率。

④　降低生产成本——是生产运营管理的重要目标。只有按低于社会平均劳动消耗的成本水平在市场上销售，企业才有可能盈利。

⑤　提高质量——高质量的产品和服务是赢得用户信赖的基本条件，是提高企业竞争力的基础。

二、生产过程的构成

工业企业的生产过程可以从两个方面来研究：一方面是产品生产过程；另一方面是工业企业（工厂）生产过程。

1. 产品生产过程

工业产品的生产过程，是指从产品生产准备开始，经投料加工，直到把产品生产出来的全部过程。有的产品加工还需要借助于自然力的作用，如铸件的时效、木材的干燥、锻件的冷却等。所以，产品生产过程是劳动过程和自然过程的总称。劳动过程是利用劳动手段作用于劳动对象，使之成为产品的全部过程；自然过程是借助于自然力，改变加工对象的物理和化学性能。生产过程一般包括：工艺过程、检验过程、运输过程、自然过程和储存等待过程。

2. 工业企业生产过程

工业企业生产过程是指工业企业制造产品的各个生产环节。它由生产技术准备过程、基本生产过程、辅助生产过程和生产服务等环节所组成。

产品生产过程和工业企业生产过程是两个不同的概念。二者既有区别又有联系。产品生产过程指的是制造整个产品的全过程，而工业企业生产过程指的是一个企业的生产过程。

小提示

现代工业生产，分工愈来愈细，专业化程度愈来愈高，一个企业不一定包括制造整个产品的全过程，而可能只进行某些零件或工艺阶段的加工，但也有一个企业包括几个产品的生产过程的情况。

三、合理组织生产过程的要求

合理组织生产过程的目的，是使产品在生产过程中行程最短，时间最省，耗费最少，效益最好。为此，生产过程的组织必须满足如下要求。

1. 生产过程的连续性

它是指劳动对象在生产过程中，始终处于运动状态，在加工、装配检验或运输途中，没有或很少有中断时间。提高连续性的办法有：提高生产过程机械化、自动化水平；采用先进的生产组织形式，如流水线、自动线；工厂布置符合工艺流向，使运输路线最短；合理安排工序，使上下工序紧密衔接，减少停放时间；做好生产技术准备工作和服务工作等。

2. 生产过程的平行性

是指组成生产过程的各个环节，尽可能组织平行作业。其主要体现是：产品的各种零件在配套的前提下，尽可能组织平行生产，一批相同零件同时在不同工艺阶段上加工，一批相同零件同时在不同工序上加工。这样，才能缩短生产周期，减少在制品，为连续生产创造条件。

3. 生产过程的比例性（协调性）

它是指在生产过程中，各阶段、各工序之间在生产能力上要保持适当的比例关系，克服薄弱环节。生产过程的比例性，可以使企业的人力设备、资金和生产面积等，得到充分的利用；使生产过程协调、均衡、连续。

4. 生产过程的均衡（节奏）性

它是指企业各生产环节，都按生产计划的要求，在相等的时间里，生产相等或递增数量的产品，或者完成相等或递增数量的工作量，使各工作地的负荷保持相对稳定，不发生时松时紧的现象。生产过程的均衡性，有利于保证设备、人力均衡负荷，提高设备利用率和工时利用率；有利于建立正常的生产秩序和管理秩序，保证产品质量和安全生产；有利于节约物资消耗，减少在制品，加速资金周转，降低产品成本。

5. 生产过程的柔性

它是指企业生产过程对产品的变动，应具有较强的应变能力。随着科学技术的进步和生产的发展，人民生活水平的提高，市场需求具有多变性。要求多品种、小批量、交货迅速，服务周到，迫使企业不断开发新产品。因而，不能不考虑产品变动这一因素，对合理组织生产过程所带来的问题和影响。

上述 5 项要求，既有区别，又有联系，有时还会出现矛盾。例如，某新产品急需提前上市，需要加班加点，这就出现适应性与均衡性之间的矛盾。处理这些矛盾，要权衡利弊，不要轻易强调某一要求而否定另一要求。这些要求的目的都是为了提高经济效益。

四、生产类型

生产类型是生产系统结构类型的总称，是产品的品种、产量和生产的专业化程度在企业生产系统的技术、组织和经济效果等方面的综合表现。生产类型分类如表 4 – 10 所示。

表 4 – 10 　 生产类型分类

划分标准	类型	含 义
生产工艺特点	采掘提取型	从地下或海中采掘、提取产品，如采矿企业、石油企业等
	合成型	指把不同成分的原材料合成产品，如水泥企业、化工企业等
	分解型	指原材料加工处理后，分解成多种产品，如炼油企业、焦化企业等
	调制型	指通过改变加工对象的形状和性能而制成的产品，如橡胶厂、轧钢厂等
	装配型	指把零部件组装成产品，如机械制造企业等

划分标准	类型	含　义
接受任务的方式	订货生产方式	根据用户的订货要求进行生产，生产完成后就立即交货，产品不存在库存问题
	存货生产方式	预先对市场需求进行预测，在此基础上制订生产计划，然后进行生产，产品有库存
生产的连续程度	连续性生产	在生产过程中，物料均匀、连续地按一定工艺顺序运动，又称流程式生产
	离散性生产	由离散的零部件装配而成的，零部件以各自的工艺过程通过各个生产环节，物料运动呈离散状态
工作地的专业化程度	大量生产	生产的产品品种单一而产量大，专业化程度高
	单件生产	生产的产品品种繁多，每种产品只生产一件或几件之后不再重复
	成批生产	产品品种较多，各种产品的数量不等

案例3

牡丹公司为何一枝独秀——生产秩序管理

任何一个企业产品的生产，都必须经历一定的生产过程。

有一年，国内彩电市场出现了少有的反常变化，元旦春节传统旺销季不旺，3月份以后本是淡季，彩电市场却陡然旺销了起来，一时间各地市场进口彩电竟相继告罄。意外的热销，使许多彩电厂家手忙脚乱。虽然彩电热销，但现状是进口彩电缺货，市场上的国产彩电并不抢手，原因很简单，大多数国产彩电依旧是老型号、老面孔。彩电厂家也考虑到新品的开发，然而因仓促上阵，导致生产秩序紊乱，无法及时应对突变的市场。相形之下，牡丹彩电反应神速，出尽风头。就在洋货断档的同时，牡丹47C10、54CIO、64CIO等新型号彩电大量应市，一时间，北京许多商场的彩电柜台几乎成了牡丹专柜，纷至沓来的提货卡车一辆接一辆开进牡丹公司，厂家开足了生产能力仍然无法满足需求。在最紧张的那段日子，牡丹公司每天都压着5 000多台提货单。

牡丹公司能够在此次彩电市场的突变中一枝独秀，一个很重要的原因是他们有着良好的生产秩序及管理经验。牡丹公司在20多年的电视生产经营过程中认识到：市场有不测风云，企业只有对此作出迅速反应，才能在竞争中保持不败。而建立、健全良好的生产秩序，是其中的重要一环。基于这一认识，牡丹公司在兼并原东风电视机厂之初，就着力转变经营机制，建立良好的生产秩序，并着手建立能适应市场变化的快速反应机制。公司首先划小了内部核算单位，组建了营销公司、设计公司、新技术开发公司、维修公司和广告公司等一系列专业公司，同时列入竞争机制，多专业公司实行独立核算，集团公司与这些专业公司实行经济结算。各个专业公司再从各自的实际出发，建立、健全了一整套各具特色的经营管理制度，使之有着良好的生产秩序。

这种由一系列既环环相衔又各具自主权的专业公司为基础所组成的快速反应机制，在这次市场突变中初露锋芒，当市场信息反馈回集团公司时，不用集团公司督促，开发公司自动加快品种研制速度，各部门通力协作，兼有良好的生产秩序，生产人员也调动起来，不到 30 天就向市场推出了 54CIO 等新产品，很快填补了进口彩电缺货造成的市场空当，抓住了稍纵即逝的市场机遇。

牡丹电视的成功，应归结为它们超群的反应，而这卓然的市场反映能力能够在实际的生产经营中很好地体现出来，则又要归功于公司所建立的良好的生产秩序管理。

思考：

（1）生产运营管理的内涵是什么？

（2）生产秩序管理的重要性是什么？

4－1－1－2　制定生产过程组织内容

一、生产过程的空间组织

生产过程的空间组织是指在一定空间内，合理地设置企业内部各基本生产单位（车间、工段、班组），使生产活动能高效地顺利进行，通常有以下三种形式。

1. 工艺专业化形式

它是按照生产过程工艺特点来设置生产单位的形式。在工艺专业化的生产单位内，具有"三同一异"的特性，即生产单位内配置着同种类型的生产设备和同工种的工人，对企业生产的各种产品（零件），进行相同工艺方法的加工。每个生产单位只完成产品生产过程中部分的工艺阶段或工艺加工工序，不能独立地生产产品。其优点是对产品品种适应性强，可以适应企业中不同产品的加工要求；有利于充分利用机器设备和作业空间；有利于加强专业管理和进行技术指导；个别设备出现故障或进行维修，对整个产品的生产制造影响小。缺点是半成品运输线路长，运输量大；生产过程中停放、等待时间较多，生产周期长，占有流动资金较多；生产单位间的协作及相应的组织工作复杂。这种组织形式适用于企业产品品种多、变化大、产品制造工艺不确定、单件小批生产类型的企业。它一般表现为按订货要求组织生产，特别适用于新产品开发试制。

2. 对象专业化形式

它是按照产品的不同来设置生产单位的形式。是根据生产的产品来确定车间的专业分工，每个车间完成其所负担的加工对象的全部工艺过程，工艺过程是封闭的。在对象专业化生产单位里，配置着为制造某种产品所需的各种不同类型的生产设备和不同工种的人，对其所负责的产品进行着不同工艺方法的加工。其优点是生产比较集中，生产周期短，运输路线短，周转量小；计划管理、库存管理相对简单；在制品用量少、资金周转快，协作关系少，有利于强化质量责任和成本责任，便于流水生产线等先进生产组织形式，提高生产效率。缺点是设备专用性强，设备的生产能力难以充分利用；对产品变化及对市场需求变化适应性差。一旦因生产的产品市场不再需要而进行设备更换，则调整代价大，设备投资大，不利于开展专业化技术管理，这种组织形式适用于产品品种较稳定，工艺稳定，企业的专业方向已定的大批量生产类型。

3. 混合形式

是把工艺专业化和对象专业化形式结合起来设置生产单位的形式。它有两种组织方法：一种是在对象专业化的基础上，适当采用工艺专业化形式；另一种是在工艺专业化的基础上，适当采用对象专业化形式。这种形式灵活机动，综合了工艺专业化和对象专业化的优点。在实际生产中，得到较为普遍应用。

二、生产过程的时间组织

合理组织生产过程，不仅要求生产单位在空间上密切配合，而且要求劳动对象和机器设备在时间上紧密衔接，以实现有节奏的连续生产，提高生产效率和设备利用率，减少资金占用，缩短生产周期。生产过程的时间组织，主要研究一批零件在加工过程中采用何种移动方式。一批零件在工序间的移动方式一般有以三种。

1. 顺序移动方式

指一批零件在前道工序全部加工完毕后，整批地转到后道工序加工的移动方式。其特点是：一道工序在工作，其他工序都在等待，导致生产周期长，资金周期长，资金周转慢。但也具有组织与计划工作简单，设备调整时间少，运输工作量较小等优点。

2. 平行移动方式

指每一零件在前道工序加工完成，立即转入下道工序去继续加工的移动方式。其特点是：一批零件同时在不同的工序上平行进行加工，因而缩短了生产周期。但由于前后工序时间不等，当后道工序时间小于前道工序时间时，后道工序有停歇时间，且时间零碎不易充分利用。

3. 平行顺序移动方式

这种方法是前两种方法结合运用的一种组织生产方式。吸收了上述两种方式的优点，避开了其短处，但组织和设计工作比较复杂。其特点是：当一批制件在前一道工序上尚未全部加工完毕，就将已加工的部分制作转到下道工序进行加工并使下道工序能够连续地、全部地加工该批制件。为了达到这一要求，要按以下规则运送零件：当前道工序时间小于后道工序时间时，前道工序完成后的零件应立即转入后道工序；当前道工序的时间大于后道工序的时间，则要等前道工序完成的零件数足以保证后道工序连续加工时，才将完工的零件转入后道工序。这样，就可将人力及设备的零散时间集中使用。

在选择移动方式时，应结合具体情况来考虑，灵活运用。一般对批量小或重量轻，而且加工时间短的零件，宜采取顺序移动方式，反之宜采取另外两种移动方式；按对象专业化形式设置的生产单位，宜采用平行顺序移动方式或平行移动方式；按工艺专业化形式设置的生产单位，宜采用顺序移动方式。

三、流水生产组织

流水生产是指劳动对象按照一定的工艺过程，顺序地、一件一件地通过各个工作地，并按照统一的生产速度和路线，完成工序作业的生产过程组织形式。它将对象专业化的空间组织方式和平行移动的时间方式高度结合，是一种先进的生产组织形式。

1. 流水生产的特征

① 专业性。流水线上每个工作地完成一道或几道工序都是固定的，因此，工作地专业化程度高。

② 连续性。生产过程具有高度的连续性。

③ 比例性。各道工序的加工时间之间，规定着相等或倍数关系。

④ 节奏性。按规定的节拍或时间间隔出产品。

⑤ 封闭性。工作地和设备按产品加工顺序排列。

2. 流水生产的条件

一个企业要建流水生产线，应进行充分的可行性分析与论证，建流水线一般应具备以下条件。

① 市场需求大，产品品种稳定且有足够大的产品产量，以保证流水线上各工作地充分负荷。

② 产品结构、加工工艺、性能等应比较先进。

③ 工艺过程能划分为简单的工序，而工序的分解与合并可以满足工序同步化的要求。

④ 企业自身条件，如资金、作业空间、技术力量能达到要求。

⑤ 产品的检验工作能够在流水线上进行或通过工艺设备保证。

3. 流水线的设计

流水线设计的步骤如下。

（1）确定流水线平均节拍

平均节拍是指流水线上连续出产前后两件产品之间的时间间隔。其中计划期产品出产量包括计划产量和预计废品量。

（2）组织工序同步化（同期化）

工序同步化是指通过采取技术组织措施，使各道工序的加工时间与流水线的平均节拍相等或成倍比关系。这是组织连续流水生产线的必要条件。

（3）确定设备（或工作地）数量

流水线上各道工序的加工时间，都必须接近节拍或节拍的倍数，但实际上各道工序的加工时间长短不一。为了适应节拍的要求，必须计算每道工序确切需要的设备（或工作地）数量。

（4）计算设备（或工作地）负荷率和流水线的平均负荷率

在确定各工序实际采用的设备（工作地）数后，还应分别计算各工序的负荷率与整条流水线的平均负荷率。流水线的平均负荷率等于计算累计设备数与实际累计设备数的比值。

4-1-1-3 制订生产计划与主生产作业计划

一、生产计划

生产计划是关于企业生产运营系统总体方面的计划，是企业在计划期应达到的产品品种、质量、产量和产值等生产任务的计划和对产品生产进度的安排。

小知识

一个优化的生产计划必须具备以下三个特征。

① 有利于充分利用销售机会，满足市场需求。

② 有利于充分利用盈利机会，实现生产成本最低化。

③ 有利于充分利用生产资源，最大限度地减少生产资源的闲置和浪费。

生产计划是指一方面为满足客户要求的三要素"交期、品质、成本"而计划；另一方面又使企业获得适当利益，而对生产的三要素"材料、人员、机器设备"的适当准备、分配及使用的计划。

（一）生产计划的任务

① 要保证交货日期与生产量。

② 使企业维持同其生产能力相称的工作量（负荷）及适当开工率。

③ 作为物料采购的基准依据。

④ 将重要的产品或物料的库存量维持在适当水平。

⑤ 对长期的增产计划，作出人员与机械设备补充的安排。

（二）生产计划的内容

1. 生产什么东西——产品名称、零件名称

例如，生产汽配行业的一种凸轮，名称代号：kj908。

2. 生产多少——数量或重量

因客人订单需要 10 000 只，那实际生产应考虑到报废的产生，需要投产 10 500 只，方能保证 10 000 只的交货量。

3. 在哪里生产——部门、单位

因生产制造行业的特性，显然主要是在生产部门完成指标，细化是在生产的各个工序班组间加工，包括：铸造、锻压、车床、铣床、高频淬火、磨床、清洗等。

4. 要求什么时候完成——期间、交期

假如客人订单的交货期要求在本月的 20 号，那么公司生产到完工应在 20 号之前完成，以确保客人能在时限内收货。

（三）生产计划的种类

按不同性质划分，生产计划有各种类型，如表 4 - 11 所示。

表 4 - 11　生产计划的种类

划分种类		对象	期间	期别
大日程（长期）	长期生产计划	产品群	2 - 3 年	季
	年度生产计划	产品群、产品别	1 年	月
中日程（中期）	3 - 6 月生产计划	产品别	季、半年	周、月
	月份生产计划	产品别、零件别	月	日
小日程（短期）	周生产计划	产品别、零件别	周	日
	日生产计划	产品别、零件别	日	小时

（四）生产计划指标

制订生产计划指标是生产计划的重要内容。为了有效地和全面的指导企业生产计划期的生产活动，生产计划应建立包括产品品种、产品质量、产品产量和产品产值的 4 类指标为主要内容的生产指标体系。

1. 产品品种指标

产品品种指标是指企业在报告期内规定生产产品的名称、型号、规格和种类。它不仅反映企业对社会需求的满足能力，还反映了企业的专业化水平和管理水平。

产品品种指标的确定首先要考虑市场需求和企业实力，按产品品种系列平衡法来确定。

2. 产品质量指标

产品质量指标是衡量企业经济状况和技术发展水平的重要指标之一。产品质量受若干个质量控制参数控制。对质量参数的统一规定形成了质量技术标准，包括国际标准、国家标准、企业标准、企业内部标准等。

3. 产品产量指标

产品产量指标是指企业在一定时期内生产的，并符合产品质量要求的实物数量。以实物量计算的产品产量，反映企业生产的发展水平，是制定和检查产量完成情况，分析各种产品质检比例关系和进行产品平衡分配，计算实物量生产指数的依据。

确定产品产量指标主要采用盈亏平衡法、线性规划法等。

4. 产品产值指标

产品产值指标是用货币表示的产量指标，能综合反映企业生产经营活动成果，以便进行不同行业间比较。根据具体内容和作用不同分为工业总产值、工业商品产值和工业增加值三种形式。

二、主生产计划

主生产计划（Master Production Schedule，MPS）是按时间分段方法，计划企业将生产的最终产品的数量和交货期。主生产计划是一种先期生产计划，它给出了特定的项目或产品在每个计划周期的生产数量。一个有效的主生产计划是生产对客户需求的一种承诺，它充分利用企业资源，协调生产与市场，实现生产计划大纲中所表达的企业经营目标。主生产计划在计划管理中起"龙头"模块作用，它决定了后续的所有计划及制造行为的目标。在短期内作为物料需求计划、零件生产计划、订货优先级和短期能力需求计划的依据；在长期内作为估计本厂生产能力、仓储能力、技术人员、资金等资源需求的依据。

（一）MPS 编制原则

主生产计划是根据企业的能力确定要做的事情，通过均衡地安排生产实现生产规划的目标，使企业在客户服务水平、库存周转率和生产率方面都能得到提高，并及时更新、保持计划的切实可行和有效性。主生产计划中不能有超越可用物料和可能能力的项目，在编制主生产计划时，应遵循如下基本原则。

① 最少项目原则：用最少的项目数进行主生产计划的安排。如果 MPS 中的项目数过多，就会使预测和管理都变得困难。

② 独立具体原则：要列出实际的、具体的可构造项目，而不是一些项目组或计划清单项目。这些产品可分解成可识别的零件或组件。

③ 关键项目原则：列出对生产能力、财务指标或关键材料有重大影响的项目。

④ 全面代表原则：计划的项目应尽可能全面代表企业的生产产品。

⑤ 适当裕量原则：留有适当余地，并考虑预防性维修设备的时间。

⑥ 适当稳定原则：在有效的期限内应保持适当稳定。

（二）主生产计划的对象

主生产计划的计划对象主要是把生产规划中的产品系列具体化以后的出厂产品，通称最终项目，所谓"最终项目"通常是独立需求件，对它的需求不依赖于对其他物料的需求而独立存在。但是由于计划范围和销售环境不同，作为计划对象的最终项目其含义也不完全相同。

（三）编制生产计划的步骤

① 收集资料，分项研究。编制生产计划所需的资源信息和生产信息。

② 拟订优化计划方案统筹安排。初步确定各项生产计划指标，包括产量指标的优选和确定、质量指标的确定、产品品种的合理搭配、产品出产进度的合理安排。

③ 编制计划草案做好生产计划的平衡工作。主要是生产指标与生产能力的平衡；测算企业主要生产设备和生产面积对生产任务的保证程度；生产任务与劳动力、物资供应、能源、生产技术准备能力之间的平衡；生产指标与资金、成本、利润等指标之间的平衡。

④ 讨论修正与定稿报批通过综合平衡，对计划做适当调整，正确制定各项生产指标。报请总经理或上级主管部门批准。

同时，生产计划的编制要注意全局性、效益性、平衡性、群众性、应变性。

子任务 2　实践操作

根据对企业生产运营管理的了解，在当地寻找合适的企业进行调研，观察与寻求该企业在生产运营管理中所运用的方式方法，所存在的问题及采用的解决问题的对策，形成调研报告。教师进行点评。

1. 实训目的

根据所学企业生产运营管理的相关知识油库，到企业进行调研验证，进一步理解理论。

2. 实训计划

① 教师可以把 8～10 名学生分为一组，各组组长负起责任，首先讨论编写出本次实训准备向企业生产管理者想了解的问题。

② 教师带领各组学生花半天的时间到某一生产企业现场进行参观调研，让学生与企业相关人员交流沟通。

③ 回校后各组学生根据参观学习状况展开讨论，写出各组实训认识报告，并做汇报。

④ 教师点评。

3. 实训要求

① 教师一定要对学生进行安全教育。

② 加强对学生的要求，在企业内一定听企业负责人的指挥，不乱动生产机器。

③ 懂礼貌，在企业不得大声喧哗。

④ 认真思考，做好记录。

⑤ 写出实训报告。

4. 实训成果（结果）与评价

各组学生按时汇报与上交实训报告，教师根据各组学生在企业现场与讨论汇报状况，给出合理评价。

任务2 现场管理

子任务1 认识现场管理

【要求】通过讨论分析现场管理的制度，明确现场管理的内容、方式方法。

案例4

动物园的现场管理

有一家动物园，主要圈养大袋鼠。公园在饲养袋鼠时，袋鼠在篱笆里面跑来跑去，好让所有游客都能清楚地看到袋鼠活动时的情形。但是，动物园的管理人员发现，所有的袋鼠全跑到长颈鹿那边去了，这种现象让所有的动物园管理人员很紧张。

因为袋鼠的身高是1.5 m，而篱笆只有2 m高，袋鼠用力一跳就可以跳出篱笆。所有的管理员经过仔细研究以后，决定把篱笆从2 m围到2.5 m高。但是，围起来的第二天，袋鼠又统统都跑出去了。所以，管理人员打电话询问澳洲的动物学家，袋鼠最高到底能跳多高？澳洲的动物学家告诉动物园管理员一个事实：袋鼠最高只能跳到2.5 m，所以篱笆应该没有问题，可能是篱笆本身的结构存在问题。管理人员马上将篱笆拍照，迅速传真到澳洲。澳洲的动物学家发现，果然是篱笆本身的结构不对。因为动物园管理人员没有注意到袋鼠的两只前爪很有力，篱笆不是铁栏杆的，而是网做成的，袋鼠就是通过网格爬出去了。

因此，管理员在加高篱笆的同时把篱笆向内弯折。因为一旦折进去，袋鼠爬到最上面时自然就会掉下来。当管理人员完成篱笆改造后，第二天，又发现所有的袋鼠都跑出去了。管理人员更加奇怪了，百思不得其解，只好将所有的篱笆再加高，并且再加第二道、第三道篱笆，这样的抗争持续了很久。但是，一个月之后，管理人员发现袋鼠又全跑到长颈鹿那边去了，于是管理人员绝望了。

现在篱笆的高度已经有10米多，甚至已经比长颈鹿还要高，而且管理人员还在开会研究要不要把篱笆再继续加高，或者像鸟笼一样关起来。后来发现问题出在管理人员每次喂完袋鼠之后，往往忘记关门。

实际上，在工厂的生产中，大家在设法解决生产问题时也经常容易犯同样的错误；没有真正找到问题产生的根源，使得问题越来越严重和复杂；在分析、解决问题时，经常遗漏了最为关键的事情。

思考：

（1）生产现场管理的意义是什么？

（2）现场管理的手段有哪些？

知识油库

质量是企业的生命，安全则是企业的天。企业要提高质量，保证安全，就必须重视生产现场的管理。高职教育的培养目标，是培养企业生产一线的操作人员和管理人员。因此，生产现场管理是高职教学中一项非常重要的内容。

4–2–1–1　感知现场管理

小词典

　　广义上，凡是企业用来从事生产经营的场所，都称之为现场。如厂区、车间、仓库、运输线路、办公室及营销场所等。狭义上，企业内部直接从事基本或辅助生产过程组织的结果，是生产系统布置的具体体现，是企业实现生产经营目标的基本要素之一。狭义上的现场也就是一般大家默认的。

　　现场管理（Scene Management）就是指用科学的管理制度、标准和方法对生产现场各生产要素，包括人（工人和管理人员）、机（设备、工具、工位器具）、料（原材料）、法（加工、检测方法）、环（环境）、信（信息）等进行合理有效的计划、组织、协调、控制和检测，使其处于良好的结合状态，达到优质、高效、低耗、均衡、安全、文明生产的目的。现场管理是生产第一线的综合管理，是生产管理的重要内容，也是生产系统合理布置的补充和深入。

　　现场管理的内容主要包括以下几个方面。

　　① 加强工艺管理，优化工艺路线和工艺布局，提高工艺水平，严格按工艺要求组织生产，使生产处于受控状态，保证产品质量。

　　② 现场实行"定置管理"，使人流、物流、信息流畅通有序，现场环境整洁，文明生产。

　　③ 以生产现场组织体系的合理化、高效化为目的，不断优化生产劳动组织，提高劳动效率。

　　④ 健全各项规章制度、技术标准、管理标准、工作标准、劳动及消耗定额、统计台账等。

　　⑤ 建立和完善管理保障体系，有效控制投入产出，提高现场管理的运行效能。

　　⑥ 搞好班组建设和民主管理，充分调动职工的积极性和创造性。

4–2–1–2　认识生产现场工艺纪律管理

　　企业生产从产品投料到产出整个生产制造过程，是个以工艺活动为核心的生产系统工程。在这个过程中，为了有利于保证产品质量，所有涉及的人员、物品及环境等都必须要遵循一定的工作秩序及控制标准，也就是要有一个全面的基础制约力，即工艺纪律。

一、生产现场工艺纪律的主要内容

　　工艺纪律范畴比较广，生产现场的工艺纪律主要围绕生产过程中的"4M1E"，即人（Man）、机（Machine）、料（Material）、法（Method）、环（Environment）5大要素进行系统地控制。其主要有以下内容。

　　1. 严格"三定"（定人、定机、定工种）

　　生产者需经培训合格，达到相应专业、工种技术等级应知应会要求，具备相应的生产技能后才能顶岗作业，特殊过程、关键过程的操作工，如焊工、热处理工等必须经培训考试合格取得资格证后方可上岗操作。

2. 生产者必须严格执行"一按"生产

即按图纸、工艺文件、技术标准生产，并要保持这些技术文件完整、整洁、有效，不得损坏、丢失及擅自修改。其中工艺文件种类比较多，对直接指导操作的工艺文件，如工艺过程卡、工艺规程、工序标准、工艺守则、操作指导卡等要传递到位。操作者在生产前要熟悉相关技术文件，严格按工艺方法、工艺参数，工艺要求进行生产。

3. 材料管理

原材料的领用、代用严格按规定程序办理，未经检验或验证合格的原材料、辅料、外购外协件、毛坯及半成品等生产物资不得投入生产使用；焊接材料（如焊条、焊丝、焊剂等）的储存、烘干，发放、领用、回收要严格按规定执行。

4. 产品的储存与搬运管理

成品或半成品必须储存在工位器具上，不能直接接触地面存放；产品在转运过程中要按工艺要求应有关规定使用必要的起吊、转运器具，并做到轻吊、轻放，防止损坏；机加件的配合表面、密封面、螺纹等精度要求高的部位，在存放及转运时要采取措施予以保护，避免磕碰及锈蚀。

5. 装备管理

生产设备要做好日常的维护、保养，保证安全、可靠运行，其性能、参数、使用精度要满足工艺要求。现场使用的工装要注意保护，防止磕碰及锈蚀；工装要按规定进行周期检定或验证，未经检定、验证及不合格的不允许使用；工装不得擅自拆卸及改变原来结构和精度。量检具、仪器仪表等计量器具的配置及使用精度要满足工艺要求，并定期进行检验，不合格或超期的不得在生产中流通使用；计量器具不得擅自拆卸及改变原来的结构和精度。

6. 现场环境管理

生产现场应符合文明生产、定置管理要求。对过程作业环境有温度、湿度、清洁度、光照度等环境条件要求的，现场环境要符合规定要求。

二、工艺纪律的执行

严格工艺纪律是产品质量的根本保证。要做好工艺纪律管理，需要制定一套严密的法规。制定的法规涵盖内容包括系统控制内容、工作职责、责任、职权和考核方法等。

工艺工作是企业的一项重要的基础工作。工艺是实现产品设计、保证产品质量、节约能源、降低消耗的重要手段。加强工艺管理，不断提高工艺技术水平是企业实现上质量、上品种、上水平、提高经济效益和市场竞争能力的重要保证。先进的工艺技术只有依赖于有效的工艺管理和严格的工艺纪律才能得以保证和实现。

巡回检查制度是执行工艺纪律的重要手段和方法，每个岗位的操作工都必须以高度的责任感，认真进行巡回检查，按时按路线、站，按内容和要求进行检查，确保工艺条件的稳定，对特殊的点、站要多加注意，如对易超温、超压点，易着火点，易形成假液面的点，易泄漏的点，易堵塞的点等要特别注意，并及时与操作室内人员联系。一般每小时检查一次，巡回检查带3件宝（扳手、听针和抹布），执行5字操作法（听、摸、闻、看、查），随时消除设备的"松、脏、漏"问题。

4-2-1-3　认识定置管理

一、定置管理的基本概念

定置管理是企业在生产活动中研究人、物、场所三者关系的一门科学。在生产和工作现场中，人、物、场所三者结合的好坏，主要取决于人与物（包括设备、工具，辅具、毛坯、半成品等）的结合状态。

一般情况下，人与物之间的关系在现场中处于以下 3 种状态。

- A 状态：指人与物处于立即结合的状态，即直接影响产品质量和生产。
- B 状态：指人与物处于待用的状态，即随时转化为 A 类的物品。
- C 状态：指人与物失去联系的状态，即现场失去使用价值的一切遗弃物品。

定置管理的目的是要清除 C 状态，整理、改善 B 状态，使其达到 A 状态，并使 A 状态长期保持，以消除 A 的无效劳动和生产中的不安全因素，从而提高生产效率和产品质量。

通过对生产和工作环境的分析，最终把生产和工作需要的物品按照工艺的需要科学地确定位置，这就叫"定置"。而对生产与工作现场物品定量进行设计、组织、实施、控制，使现场管理达到科学化、规范化、经常化的全过程，就叫做"定置管理"。所以，在定置管理的研究中，工艺流程设计合理是前提，作业研究是核心，定量方法的规范化、标准化、科学化是基础。

二、定置管理的类型

定置管理的类型分为生产现场的定置管理和工作现场的定置管理。企业开展定量管理的重点应当是生产现场的定置管理。

1. 生产现场的定置管理

① 设备、工装的定置管理。

② 操作者定置管理。

③ 区域定置管理。

④ 质量检查现场的定置管理。

⑤ 质量控制点定置管理。

⑥ 工件的定置管理。

⑦ 工具箱及箱内物品的定置管理。

⑧ 运输工具、吊具的定置管理。

⑨ 安全设施的定置管理。

2. 工作现场的定置管理

① 仓库定置管理。

② 厂区和道路的区域定置管理。

③ 办公室定置管理。

④ 生活设施的定置管理。

3. 几种主要类型定置管理的内容

① 设备工装的定置管理：对设备划分类型（如精密、大型、稀有、关键、重点等）分

类管理；自制设备、专用工装经验证合格交设备部门管理；按照工艺流程，将设备合理定置；对设备附件、备件、易损件、工装合理定置，加强管理。

②　操作者定置管理：人员实行机台（工序）定位；因缺员调整操作者，保证生产不间断，培养多面手，搞一专多能。

③　区域定置管理：A 类区放置 A 类物品，如在用的工、卡、量、辅具，正在加工、交检的成品，正在装配的零部件。B 类区放置 B 类物品，如重复上场的工装、辅具、运输工具，计划内投料毛坯，待周转的半成品，待装配的外配套件及代保管工装，封存设备，车间待管入库件，临时停滞件等。C 类区放置 C 类物品，如废品、垃圾、料头、废料等。

④　质量检查现场的定置管理：检查现场一般划分为合格区、待检区、返修品区、废品区、待处理品区。区域分类可用字母、颜色或中文予以标记。

⑤　质量控制点定置管理：就是把影响工序质量的 4M1E 五要素有机地结合成一体，并落实到责。定置内容包括：操作人员定置（定岗），操作人员技术水平必须达到岗位技术素质的要求，操作人员会运用全面质量管理的方法，操作人员应做到文明生产。

⑥　仓库定置管理：各种账、物、卡定量要标准化；材料、零部件，容器摆放不得超高，应有标准；仓库计量器具应有固定位置；安全通道保证畅通；大量生产，又经常领用的物品，定置在发料口较近的位置；笨重物件定置在尽量低的地方；有储存期要求的物品，易燃、易爆品和消防器具实行特别定置。

4.　定置管理程序

①　定量管理的设计：一般经过诊断分析、制定分类标准、设计定置图三个阶段。

②　整理、整顿、清扫、清洁、定置。

③　建立责任制及标准。

④　建立定置管理信息系统。

⑤　按定置率进行考核。

$$定置率 = （已定置的物品数/应定置的物品数）×100\%$$

4-2-1-4　了解 6S 管理

6S，是指通过提高人员素养，对生产现场不断进行整理、整顿、清扫、清洁，从而保障安全的活动。6S 就是 Seiri（整理）、Seiton（整顿）、Seiso（清扫）、Seiketsu（清洁）、Shitsuke（修养）5 个项目，因日语的罗马拼音均以 S 开头，再加上安全（Safety）英文的开头也是 S，简称 6S。

1.　整理

整理就是将必需物品与非必需品区分开，必需品摆在指定位置挂牌明示，实行目标管理，不要的东西则坚决处理掉，在岗位上不要放置必需品以外的物品。这些被处理掉的东西可能包括原辅材料、半成品和成品、设备仪器、工模夹具、管理文件、表册单据等。其要点如下。

①　对每件物品都要看看是必要的吗？非这样放置不可吗？

②　要区分对待马上要用的、暂时不用的、长期不用的。

③　即便是必需品，也要适量；将必需品的数量要降低到最低程度。

④　在哪儿都可有可无的物品，不管是谁买的，有多昂贵，也应坚决处理掉，决不手软。

⑤ 非必需品是指在这个地方不需要的东西在别的地方或许有用，并不是"完全无用"的意思，应该找它合适的位置。

⑥ 当场地不够时，不要先考虑增加场所，要整理现有的场地，你会发现竟然还很宽绰。

2. 整顿

除必需物品放在能够立即取到的位置外，一切乱堆乱放、暂时不需放置而又无特别说明的东西，均应受到现场管理干部（小组长、车间主任等）的责任追究。这种整顿对每个部门都同样重要，它其实也是研究提高效率方面的科学，它研究怎样才可以立即取得物品，以及如何能立即放回原位。

① 将寻找的时间减少为零。

② 有异常（如丢失、损坏）能马上发现。

③ 其他人员也能明白要求和做法，即其他人员也能迅速找到物品并能放回原处。

④ 不同的人去做，结果是一样的（已经标准化）。

3. 清扫

就是将工作场所、环境、仪器设备、材料、工具等上的灰尘、污垢、碎屑、泥沙等脏东西清扫擦拭干净，创造一个一尘不染的环境，公司所有人员（含董事长）都应一起来执行这个工作。

① 最好能分配每个人应负责清洁的区域。分配区域时必须绝对清楚地划清界限，不能留下没有人负责的区域（即死角）。

② 对自己的责任区域都不肯去认真完成的员工，不要让他担当更重要的工作。

③ 到处都干净整洁，客户感动，员工心情舒畅。

④ 在整洁明亮的环境里，任何异常，包括一颗螺丝钉摔在地上都可马上发现。

⑤ 设备异常在保养中就能发现和得到解决，"不会在使用中罢工"。

4. 清洁

清洁就是在"整理"、"整顿"、"清扫"之后的日常维持活动，即形成制度和习惯。每位员工随时检讨和确认自己的工作区域内有无不良现象，如有，则立即改正。在每天下班前几分钟（视情况而定）实行全员参加的清洁作业，使整个环境随时都维持良好状态。实施了就不能半途而废，否则又回到原来的混乱状态。

① 领导的言传身教、制度监督非常重要。

② 一时养成的坏习惯，要花十倍的时间去改正。

5. 修养

修养就是培养全体员工良好的工作习惯、组织纪律和敬业精神。每一位员工都应该自觉养成遵守规章制度、工作纪律的习惯，努力创造一个具有良好氛围的工作场所。

① 学习、理解并努力遵守规章制度，使它成为每个人应具备的一种修养。

② 领导者的热情帮助与被领导者的努力自律是非常重要的。

③ 需要人们有更高的合作奉献精神和职业道德。

④ 互相信任，管理公开化、透明化。

⑤ 勇于自我检讨反省，为他人着想，为他人服务。

6. 安全

安全就是采取系统的措施保证人员、场地、物品等安全，系统地建立防伤病、防污、防火、防水、防盗、防损等保安措施。

"安全"这一要素，是对原有 5S 的一个补充。以"工作现场管理要点"这个主题去理解，增加"安全"这个要点是很可取的。安全不仅仅是意识，它需要当做一件大事独立、系统地进行，并不断维护。安全工作常常因为细小的疏忽而酿成大错，所以光强调意识是不够的。

企业在生产过程中实施 6S 是为了消除工厂中出现的各种不良现象，改善产品品质，提高生产力，降低成本，确保准时交货，确保安全生产及保持员工的高昂士气。一般来说，实施 6S 可以为企业产生如下的效能：提升企业形象、增加员工归属感和组织的活力、减少浪费、安全有保障、效率提升、品质有保障。

4-2-1-5 认知目视管理

目视管理是利用形象直观而又色彩适宜的各种视觉感知信息来组织现场生产活动，达到提高劳动生产率的一种管理手段，也是一种利用视觉来进行管理的科学方法。

目视管理的目的是以视觉信号为基本手段，以公开化为基本原则，尽可能地将管理者的要求和意图让大家都看得见，借以推动看得见的管理、自主管理、自我控制。

一、目视管理的特点

① 以视觉信号显示为基本手段，大家都能够看得见。

② 以公开化、透明化为基本原则，尽可能地将管理者的要求和意图让大家看得见，借以推动自主管理或叫自主控制。

③ 现场的作业人员可以通过目视的方式将自己的建议、成果、感想展示出来，与领导、同事及工友们进行相互交流。

所以说目视管理是一种以公开化和视觉显示为特征的管理方式，也可称为看得见的管理，或一目了然的管理。

二、目视管理三要点

① 无论是谁都能判明是好是坏（异常）。

② 能迅速判断，精度高。

③ 判断结果不会因人而异。

三、目视管理的类别

1. 红牌

红牌，适宜于 6S 中的整理，是改善的基础起点，用来区分日常生产活动中非必需品，挂红牌的活动又称为红牌作战。

2. 看板

用在 6S 的看板作战中，使用的物品放置场所等基本状况的表示板。它的具体位置在哪里？做什么，数量多少，谁负责，甚至说，谁来管理等等重要的项目，让人一看就明白。因为 6S 的推动，它强调的是透明化、公开化，目视管理有一个先决的条件，就是消除黑箱作业。

3. 信号灯或者异常信号灯

在生产现场，第一线的管理人员必须随时知道，作业员或机器是否在正常地开动，是否在正常作业，信号灯是工序内发生异常时，用于通知管理人员的工具。信号灯的种类有如下内容。

（1）发音信号灯

适用于物料请求通知，当工序内物料用完时，或者该供需的信号灯亮时，扩音器马上会通知搬送人员立刻及时地供应，几乎所有的工厂的主管都一定很了解，信号灯必须随时让它亮，信号灯也是在看板管理中的一个重要的项目。

（2）异常信号灯

用于产品质量不良及作业异常等异常发生场合，通常安装在大型工厂的较长的生产、装配流水线。

一般设置红或黄这样两种信号灯，由员工来控制，当发生零部件用完，出现不良产品及机器的故障等异常时，往往影响到生产指标的完成，这时由员工马上按下红灯的按钮，等红灯一亮，生产管理人员和厂长都要停下手中的工作，马上前往现场，予以调查处理，异常被排除以后，管理人员就可以把这个信号灯关掉，然后继续维持作业和生产。

（3）运转指示灯

检查显示设备状态的运转、机器开动、转换或停止的状况。停止时还显示它的停止原因。

（4）进度灯

它是比较常见的，安在组装生产线，在手动或半自动生产线，它的每一道工序间隔大概是 1～2 分钟，用于组装节拍的控制，以保证产量。

4. 操作流程图

操作流程图，它本身是描述工序重点和作业顺序的简明指示书，也称为步骤图，用于指导生产作业。在一般的车间内，特别是工序比较复杂的车间，在看板管理上一定要有个操作流程图。原材料进来后，第一个流程可能是签收，第二个工序可能是点料，第三个工序可能是转换，或者转制，这就叫操作流程图。

5. 反面教材

反面教材，就是让现场的作业人员明白，也知道他的不良的现象及后果。一般是放在人多的显著位置，让人一看就明白，这是不能够正常使用，或不能违规操作。

6. 提醒板

提醒板，用于防止遗漏。比如有的车间内的进出口处，有一块板子，今天有多少产品要在何时送到何处，或者什么产品一定要在何时生产完毕。或者有领导来视察，下午两点钟有一个什么检查，或是某某领导来视察。这些都统称为提醒板。一般来说，用纵轴表示时间，横轴表示日期，纵轴的时间间隔通常为一个小时，一天用 8 个小时来区分，每一小时，就是每一个时间段记录正常、不良或者是次品的情况，让作业者自己记录。提醒板一个月统计一次，在每个月的例会中总结，与上个月进行比较，看是否有进步，并确定下个月的目录，这是提醒板的另一个作用。

7. 区域线

区域线就是对半成品放置的场所或通道等区域，用线条把它画出，主要用于整理与整顿，异常原因，停线故障等，用于看板管理。

8. 警示线

警示线，就是在仓库或其他物品放置处用来表示最大或最小库存量的涂在地面上的彩色漆线，用于看板作战中。

9. 告示板

告示板，是一种及时管理的道具，也就是公告，或是一种让大家都知道，比方说今天下午两点钟开会，告示板就是书写这些内容。

10. 生产管理板

生产管理板，是揭示生产线的生产状况、进度的表示板，记入生产实绩、设备开动率、异常原因（停线、故障）等，用于看板管理。

四、目视管理的内容

1. 规章制度与工作标准的公开化

凡是与现场工人密切相关的规章制度、标准、定额等，都需要公布于众；与岗位工人直接有关的，应分别展示在岗位上，如岗位责任制、操作程序图、工艺卡片等，并要始终保持完整、正确和洁净。

2. 生产任务与完成情况的图表化

现场是协作劳动的场所，因此，凡是需要大家共同完成的任务都应公布于众。计划指标要定期层层分解，落实到车间、班组和个人，并列表张贴在墙上；实际完成情况也要相应地按期公布，并用作图法，使大家看出各项计划指标完成中出现的问题和发展的趋势，以促使集体和个人都能按质、按量、按期地完成各自的任务。

3. 与定置管理相结合，实现视觉显示资讯的标准化

在定置管理中，为了消除物品混放和误置，必须有完善而准确的资讯显示，包括标志线、标志牌和标志色。因此，目视管理在这便自然而然地与定置管理融为一体，按定置管理的要求，采用清晰的、标准化的资讯显示符号，将各种区域、通道，各种辅助工具（如料架、工具箱、工位器具、生活柜等）均应运用标准颜色，不得任意涂抹。

4. 生产作业控制手段的形象直观与使用方便化

例如，"广告牌"就是一种能起到这种作用的资讯传导手段。

各生产环节和工种之间的联络，也要设立方便实用的资讯传导信号，以尽量减少工时损失，提高生产的连续性。例如，在机器设备上安装红灯，在流水线上配置工位故障显示幕，一旦发生停机，即可发出信号，巡回检修工看到后就会及时前来修理。

5. 物品的码放和运送的数量标准化

物品码放和运送实行标准化，可以充分发挥目视管理的长处。例如，各种物品实行"五五码放"，各类工位器具，包括箱、盒、盘、小车等，均应按规定的标准数量盛装，这样，操作、搬运和检验人员点数时既方便又准确。

6. 现场人员着装的统一化与实行挂牌制度

现场人员的着装不仅起劳动保护的作用，在机器生产条件下，也是正规化、标准化的内容之一。它可以体现职工队伍的优良素养，显示企业内部不同单位、工种和职务之间的区别，因而还具有一定的心理作用，使人产生归属感、荣誉感、责任心等，对于组织指挥生产，也可创造一定的方便条件。

挂牌制度包括单位挂牌和个人佩戴标志。按照企业内部各种检查评比制度，将那些与实现企业战略任务和目标有重要关系的考评专案的结果，以形象、直观的方式给单位挂牌，能够激励先进单位更上一层楼，鞭策后进单位奋起直追。个人佩戴标志，如胸章、胸标、臂章等，其作用同着装类似。

7. 色彩的标准化管理

色彩是现场管理中常用的一种视觉信号，目视管理要求科学、合理、巧妙地运用色彩，并实现统一的标准化管理，不允许随意涂抹。

4-2-1-6　学习看板管理

看板管理，常作"Kanban 管理"（来自日语"看板"，カンバン，日语罗马拼写：Kanban，原名：传票卡），是生产模式中的重要概念，指为了达到准时生产方式（JIT）控制现场生产流程的工具。准时生产方式中的拉式（Pull）生产系统可以使信息的流程缩短，并配合定量、固定装货容器等方式，而使生产过程中的物料流动顺畅。

准时生产方式的看板旨在传达信息："何物，何时，生产多少数量，以何方式生产、搬运"。

看板的信息包括：零件号码、品名、制造编号、容器形式、容器容量、发出看板编号、移往地点、零件外观等。及时生产方式的看板在生产线上分为两类：领取看板和生产看板。

一、看板管理的五大原则

在采用看板作为管理工具时，应遵循以下五个原则。

① 后工序只有在必要的时候，才向前工序领取必要数量的零部件；需要彻底改变现有流程和方法。

② 前工序应该生产足够的数量，以补充被后工序领取的零件。在这两条原则下，生产系统自然结合为输送带式系统，生产时间达到平衡。

③ 不良品不送往后工序：后工序没有库存，后工序一旦发现次品必须停止生产，找到次品送回前工序。

④ 看板的使用数目应该尽量减少：看板的数量，代表零件的最大库存量。

⑤ 应该使用看板以适应小幅度需求变动：计划的变更经由市场的需求和生产的紧急状况，依照看板取下的数目自然产生。

二、看板操作的六个使用规则

看板是 JIT 生产方式中独具特色的管理工具，看板的操作必须严格符合规范，否则就会陷入形式主义的泥潭，起不到应有的效果。

概括地讲，看板操作过程中应该注意以下 6 个使用原则。

① 没有看板不能生产也不能搬运。

② 看板只能来自后工序。

③ 前工序只能生产取走的部分。

④ 前工序按收到看板的顺序进行生产。

⑤ 看板必须和实物一起。

⑥ 不把不良品交给后工序。

三、看板的种类

看板的本质是在需要的时间，按需要的量对所需零部件发出生产指令的一种信息媒介体，而实现这一功能的形式可以是多种多样的。

1. 工序内看板

工序内看板是指某工序进行加工时所用的看板。这种看板用于装配线及即使生产多种产品也不需要实质性的作业更换时间（作业更换时间接近于零）的工序，例如，机加工工序等。

2. 信号看板

信号看板是在不得不进行成批生产的工序之间所使用的看板。例如，树脂成形工序、模锻工序等。信号看板挂在成批制作出的产品上，当该批产品的数量减少到基准数时摘下看板，送回到生产工序，然后生产工序按该看板的指示开始生产。另外，从零部件出库到生产工序，也可利用信号看板来进行指示配送。

3. 工序间看板

工序间看板是指工厂内部后工序到前工序领取所需的零部件时所使用的看板。典型的工序间看板，前工序为部件 1#线，本工序总装 2#线所需要的是号码为 A232 - 60857 的零部件，根据看板就可到前一道工序领取。

4. 外协看板

外协看板是针对外部的协作厂家所使用的看板。对外订货看板上必须记载进货单位的名称和进货时间、每次进货的数量等信息。外协看板与工序间看板类似，只是"前工序"不是内部的工序而是供应商，通过外协看板的方式，从最后一道工序慢慢往前拉动，直至供应商。因此，有时候企业会要求供应商也推行 JIT 生产方式。

5. 临时看板

临时看板是在进行设备保全、设备修理、临时任务或需要加班生产的时候所使用的看板。与其他种类的看板不同的是，临时看板主要是为了完成非计划内的生产或设备维护等任务，因而灵活性比较大。

看板方式作为一种进行生产管理的方式，在生产管理史上是非常独特的，看板方式也可以说是 JIT 生产方式最显著的特点。但是，决不能将 JIT 生产方式与看板方式等同起来。

JIT 生产方式说到底是一种生产管理理念，而看板只不过是一种管理工具。看板只有在工序一体化、生产均衡化、生产同步化的前提下，才有可能发挥作用。

子任务 2　实践操作

到企业生产现场参观调研，对企业现场管理有一个感性认识，通过和企业相关人员交流，了解企业现场管理的方法，形成调研报告，教师和学生最终交流探讨。

任务 3　质量管理

子任务 1　学习 ISO 9000 质量管理体系

【要求】学习 ISO 9000 国际标准化组织的质量管理体系标准，了解质量管理所包含的内容。

➡ 知识油库

4-3-1-1 认识 ISO 9000

一、ISO 与 ISO 9000 含义

ISO 是一个组织的英语简称。其全称是 International Standards Organization，翻译成中文就是"国际标准化组织"。又称"经济联合国"（现有成员国 150 多个）。

ISO 为一非政府的国际科技组织，是世界上最大的、最具权威的国际标准制订、修订组织。它成立于 1947 年 2 月 23 日。ISO 的最高权力机构是每年一次的"全体大会"，其日常办事机构是中央秘书处，设在瑞士的日内瓦。

ISO 宣称它的宗旨是"发展国际标准，促进标准在全球的一致性，促进国际贸易与科学技术的合作。"

ISO 标准由技术委员会（Technical Committees，TC）制订。ISO 共有 200 多个技术委员会，2 200 多个分技术委员会（简称 SC）。

ISO 9000 是指质量管理体系标准，它不是指一个标准，而是一族标准的统称。ISO 9000 是由 TC 176（TC 176 指质量管理体系技术委员会）制定的所有国际标准。ISO 9000 是 ISO 发布之 12 000 多个标准中最畅销、最普遍的产品。

二、ISO 9001 咨询流程

ISO 9001 咨询流程如图 4-9 所示。

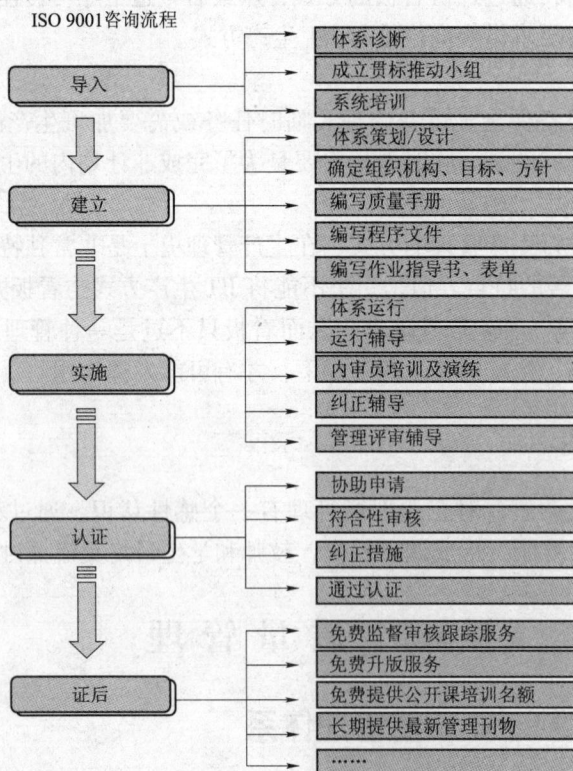

图 4-9　ISO 9001 咨询流程

4 – 3 – 1 – 2　学习 ISO 9000：2000 内容

一、ISO 9000：2000 八大质量管理原则

ISO 9000：2000 八项质量管理原则是 ISO/TC 176 在总结质量管理实践经验，并吸纳了国际上最受尊敬的一批质量管理专家的意见，用高度概括、易于理解的语言所表达的质量管理的最基本、最通用的一般性规律，成为质量管理的理论基础。它是组织的领导者有效的实施质量管理工作必须遵循的原则。

1. 以顾客为关注焦点

组织依赖于顾客，因此组织应该理解顾客当前的和未来的需求，从而满足顾客要求并超越其期望。"① 客户永远是对的；② 如果客户不对，则执行①"。

2. 领导作用

领导者将本组织的宗旨、方向和内部环境统一起来，并创造使员工能够充分参与实现组织目标的环境。80% 质量问题与管理有关，20% 与员工有关。

3. 全员参与

各级员工是组织的生存和发展之本，只有他们的充分参与，才能使其给组织带来最佳效益。岗位职责包括了全员（从总经理到基层员工）。

4. 过程方法

将相关的资源和活动作为过程进行管理，可以更高效地取得预期结果。

5. 管理的系统方法

针对设定的目标，识别、理解并管理一个由相互关联的过程所组成的体系，有助于提高组织的有效性和效率。

6. 持续改进

是组织的一个永恒发展的目标。

7. 基于事实的决策方法

针对数据和信息的逻辑分析或判断是有效决策的基础。

8. 互利的供方关系

通过互利的关系，增强组织及其供方创造价值的能力。

二、ISO 9001：2000 要求

0　引言

0.1　总则

采用质量管理体系应该是组织的一项战略性决策，组织的质量管理体系的设计和实施受各种需求、具体的目标、所提供的产品、所采用的过程及组织的规模和结构的影响。统一质量管理体系的结构或文件不是本标准的目的。

本标准所规定的质量管理体系要求是对产品要求的补充。"注"是理解和澄清有关要求的指南。

本标准能用于内部和外部（包括认证机构）评价组织满足顾客、法律法规和组织自身

要求的能力。

本标准的制定已经考虑了 GB/T 19000 和 GB/T 19004 中所阐明的质量管理原则。

0.2　过程方法

本标准鼓励在制定、实施质量管理体系及改进其有效性时采用过程方法,通过满足顾客要求,增进顾客满意。

为使组织有效运行,必须识别和管理众多相互关联的活动。通过利用资源和管理,将输入转化为输出的一项活动,可以视为一个过程。通常,一个过程的输出可直接形成下一过程的输入。

组织内诸过程系统的应用,连同这些过程的识别和相互作用及其管理,可称之为"过程方法"。

过程方法的优点是对诸过程的系统中单个过程之间的联系及过程的组合和相互作用进行连续的控制。

在质量管理体系中应用过程方法时强调以下几方面的重要性。

(a) 理解和满足要求。

(b) 需要从增值的角度考虑过程。

(c) 获得过程业绩和有效性的结果。

(d) 基于客观的测量,持续改进过程。

ISO 9001:2000 采用了 P(策划)—D(实施)—C(检查)—A(改进)的过程管理模式,提高了与环境管理体系等其他标准的兼容性,为建立其他管理体系提供了基础和条件。

图 4-10 所反映的以过程基础的质量管理体系的过程模式。这种展示反映了在规定输入要求时,顾客起着重要的作用。顾客满意的监视需评价顾客对组织是否满足其要求的感受的相关信息,该模式虽覆盖了本标准的所有要求,但却未详细地反映各过程。

注:此外,称之为"PDCA"的方法可适用于所有过程。PDCA 模式可简述如下。

P——策划:根据顾客的要求和组织的方针,为提供结果建立必要的目标和过程。

D——做:实施过程。

C——检查:根据方针、目标和产品要求,对过程和产品进行监视和测量,并报告结果。

A——处置:采取措施,以持续改进过程业绩。

0.3　与 GB/T 19004 的关系

GB/T 19001 和 GB/T 19004 已制定了一对协调一致的质量管理体系标准,这两项标准相互补充,但也可单独使用。虽然两项标准具有不同的适用范围,但具有相似的结构,以有助于他们作为协调一致的一对标准的应用。

GB/T 19001 规定了质量管理体系要求,可供组织内部使用,也可用于认证或合同目的。在满足顾客要求方面,GB/T 19001 所关注的是质量管理体系的有效性。

与 GB/T 19001 相比,GB/T 19004 对质量管理体系更宽范围的目标提供了指南。除了有效性,该标准还特别关注持续改进一个组织的总体业绩与效率。对于最高管理者希望通过追求业绩持续改进而超越 GB/T 19001 要求的那些组织,GB/T 19004 推荐了指南。然而,用于认证或合同不是 GB/T 19004 的目的。

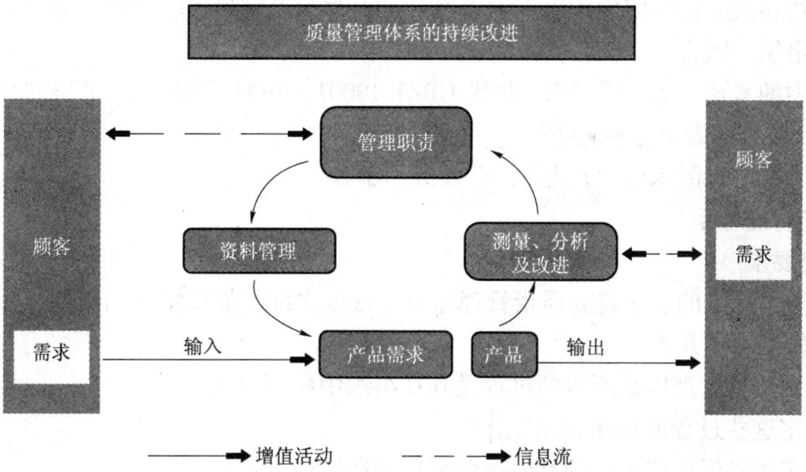

图 4-10　ISO 9001：2000 基于过程的质量管理体系模式

0.4　与其他管理体系的相容性

为了使用者的利益，本标准与 GB/T 24001—1996 相互趋近，以增强两类标准的相容性。

本标准不包括针对其他管理体系的特定要求，例如，环境管理、职业健康与安全管理、财务管理或风险有关的特定要求。然而本标准使组织能够将自身的质量管理体系与相关的管理体系要求结合或一体化。组织为了建立符合本标准要求的质量管理体系，可能会改变现行的管理体系。

1　范围

1.1　总则

本标准为有下列需求的组织规定了质量管理体系要求。

（a）需要证实其有能力稳定地提供满足顾客和适用的法律法规要求的产品。

（b）通过体系的有效应用，包括体系持续改进的过程及保证符合顾客与适用的法律法规要求，旨在增进顾客满意。

注：在本标准中，术语"产品"仅适用于预期提供给顾客或顾客所要求的产品。

1.2　应用

本标准规定的所有要求是通用的，旨在适用于各种类型、不同规模和提供不同产品的组织。

当本标准的任何要求由于组织及其产品的特点不适用时，可以考虑对其进行删减。

除非删减仅限于本标准第 7 章中那些不影响组织提供满足顾客和适用法律法规要求的产品的能力或责任的要求，否则不能声称符合本标准。

2　引用标准

下列标准所包含的条文通过在本标准中引用而构成本标准的条文。本标准出版时，新版本均为有效。所有标准都会被修订，使用本标准的各方探讨使用下列标准最新版本的可能性。

GB/T 19000—2000 质量管理体系——基础和术语（idtISO 9000：2000）

3　术语和定义

本标准采用 GB/T 19000 中的术语和定义。

本标准描述供应链所使用的以下术语经过了更改，以反映当前的使用情况。

供方—组织—顾客。

本标准中的术语"组织"用以取代 GB/T 19001—1994 所使用的术语"供方"，术语"供方"用以取代术语"分承包方"。

本标准中所出现的术语"产品"，也可指"服务"。

4　质量管理体系

4.1　总要求

组织应按本标准的要求建立质量管理体系，形成文件，加以实施和保持，并持续改进。

组织应做到以下几点。

（a）识别质量管理体系所需的过程及其在组织中应用（见1.2）。

（b）确定这些过程的顺序和相互作用。

（c）确定为确保这些过程的有效运营和控制所需的准则和方法。

（d）确保可以获得必要的资源和信息，以支持这些过程的运营和监视。

（e）监视、测量和分析这些过程。

（f）实施必要的措施，以实现对这些过程所策划的结果和对这些过程的持续改进。

组织应按本标准的要求管理这些过程，针对组织所选择的任何影响产品符合要求的外包过程，组织应确保对其实施控制，对此类外包过程的控制应在质量管理体系加以识别。

注：上述质量管理体系所需的过程应当包括与管理活动、资源提供、产品实现和测量有关的过程。

4.2　文件要求

4.2.1　总则

质量管理体系文件应包括以下内容。

（a）形成文件的质量方针和质量目标。

（b）质量手册。

（c）本标准所要求的形成文件的程序。

（d）组织为确保其过程有效策划、运营和控制所需的文件。

（e）本标准所要求的记录（见4.2.4）。

注：

● 本标准出现"形成文件的程序"之处，即要求建立该程序，形成文件，并加以实施和保持。

● 不同组织的质量管理体系文件的多少与详略程度取决于以下内容。

（a）组织的规模和活动的类型。

（b）过程及其相互作用的复杂程度。

（c）人员的能力。

● 文件可采用任何形式或类型的媒体。

4.2.2　质量手册

组织应编制和保持质量手册，质量手册包括以下内容。

（a）质量管理体系的范围，包括任何删减的细节与合理性（见1.2）。

（b）为质量管理体系编制的形成文件的程序或对其引用。

（c）质量管理体系过程之间的相互作用的表述。

4.2.3　文件控制

质量管理体系所要求的文件应予以控制。记录是一种特殊类型的文件，应依据4.2.4 的要求进行控制。

应编制形成文件的程序，以规定以下方面所需的控制。

（a）文件发布前得到批准，以确保文件是充分与适宜的。

（b）必要时对文件进行评审与更新，并再次批准。

（c）确保文件的更改和现行修订状态得到识别。

（d）确保在使用处可获得有关版本的适用文件。

（e）确保文件保持清晰、易于识别。

（f）确保外来文件得到识别，并控制其分发。

（g）防止作废文件的非预期使用，若因任何原因而保留作废文件时，对这些文件进行适当的标识。

4.2.4　记录的控制

应建立并保持记录，以提供符合要求和质量管理体系有效运行的证据。记录应保持清晰、易于识别和检索。应编制形成文件的程序，以规定记录的标识、贮存、保护、检索、保存期限和处置所需的控制。

5　管理职责

5.1　管理承诺

最高管理者应通过以下活动，对其建立、实施质量管理体系并持续改进其有效性的承诺提供证据。

（a）向组织传达满足顾客和法律法规要求的重要性。

（b）制定质量方针。

（c）确保质量目标的制定。

（d）进行管理评审。

（e）确保资源的获得。

5.2　以顾客为中心

最高管理者应以增进顾客满意为目的，确保顾客的要求得到确定并予以满足（见7.2.1 和8.2.1）。

5.3　质量方针

最高管理者应确保以下质量方针。

（a）与组织的宗旨相适应。

（b）包括对满足要求和持续改进质量管理体系有效性的承诺。

（c）提供制定和评审质量目标的框架。

（d）在组织内得到沟通和理解。

（e）在持续适宜性方面得到评审。

5.4　策划

5.4.1　质量目标

最高管理者应确保在组织的相关职能和层次上建立质量目标，质量目标包括满足产品要求所需的内容（见7.1a）。质量目标应是可测量的，并与质量方针保持一致。

5.4.2　质量管理体系策划

最高管理者应确保以下质量管理体系策划。

（a）对质量管理体系进行策划，以满足质量目标及4.1的要求。

（b）在对质量管理体系的变更进行策划和实施时，保持质量管理体系的完整性。

5.5　职责、权限和沟通

5.5.1　职责和权限

最高管理者方确保组织内的职责、权限得到规定和沟通。

5.5.2　管理者代表

最高管理者应指定一名管理者，无论该成员在其他方面的职责如何，应具有以下方面的职责和权限。

（a）确保质量管理体系所需的过程得到建立、实施和保持。

（b）向最高管理者报告质量管理体系的业绩和任何改进的需求。

（c）确保在整个组织内提高满足顾客要求的意识。

注：管理者代表的职责可包括与质量管理体系有关事宜的外部联络。

5.5.3　内部沟通

最高管理者应确保在组织内建立适当的沟通过程，并确保对质量管理体系的有效性进行沟通。

5.6　管理评审

5.6.1　总则

最高管理者应按策划的时间间隔评审质量管理体系，以确保其持续的适宜性、充分性和有效性。评审应包括评价质量管理体系改进的机会和变更的需要，包括质量方针和质量目标。

应保持管理评审的记录（见4.2.4）。

5.6.2　评审输入

管理评审的输入应包括以下方面的信息。

（a）审核结果。

（b）顾客反馈。

（c）过程的业绩和产品的符合性。

（d）预防和纠正措施的状况。

（e）以往管理评审的跟踪措施。

（f）可能影响质量管理体系的变更。

（g）改进的建议。

5.6.3　评审输出

管理评审的输出应包括以下方面有关的任何决定和措施。

（a）质量体系及其过程有效性的改进。

（b）与顾客要求有关的产品的改进。

（c）资源需求。

6　资源管理

6.1　资源的提供

组织应确定并提供以下方面所需的资源。

(a) 实施、保持质量管理体系并持续改进其有效性。

(b) 通过满足顾客要求，增进顾客满意。

6.2　人力资源

6.2.1　总则

基于适当的教育、培训、技能和经验，从事影响产品质量工作的人员应是能够胜任的。

6.2.2　能力、意识和培训

组织应做到以下几点。

(a) 确定从事影响产品质量工作的人员所必要的能力。

(b) 提供培训或采取其他措施以满足这些需求。

(c) 评价所采取措施的有效性。

(d) 确保员工认识到所从事活动的相关性和重要性，以及如何为实现质量目标作出贡献。

(e) 保持教育、培训、技能和经验的适当记录（见4.2.4）。

6.3　基础设施

组织应确定、提供并维护为达到产品符合要求所需的基础设施。适用时，基础设施包括以下几内容。

(a) 建筑物、工作场所和相关的设施。

(b) 过程设备，（硬件和软件）。

(c) 支持性服务，（运输或通讯）。

6.4　工作环境

组织应确定和管理为达到产品符合要求所需的工作环境。

7　产品实现

7.1　产品实现的策划

组织应策划和开发产品实现所需的过程。产品实现的策划应与质量管理体系其他过程的要求相一致（见4.1）。

在对产品实现进行策划时，组织应确定以下方面的适当内容。

(a) 产品的质量目标和要求。

(b) 针对产品确定过程、文件和资源的需求。

(c) 产品所要求的验证、确认、监视、检验和试验活动，以及产品接收准则。

(d) 为实现过程及其产品满足要求提供证据所需的记录。

策划的输出形式应适于组织的运营方式。

注：

• 对应用于特定产品、项目或合同的质量管理体系的过程（包括产品实现过程）和资源作出规定的文件可称之为质量计划。

• 组织也可将7.3的要求应用于产品实现过程的开发。

7.2　与顾客有关的过程

7.2.1　与产品有关的要求的确定

组织应确定如下要求。

（a）顾客规定的要求，包括对交付及交付后活动的要求。

（b）顾客虽然没有明示，但规定的用途或已知的预期用途所必需的要求。

（c）与产品有关的法律法规要求。

（d）组织确定的任何附加要求。

7.2.2　与产品有关的要求的评审

组织应评审与产品有关的要求。评审应在组织向顾客作出提供产品的承诺之前进行（如：提交标书、接受合同或订单及接收合同或订单的更改），并应确保以下内容。

（a）产品要求得到规定。

（b）与以前表述不一致的合同或订单的要求已予以解决。

（c）组织有能力满足规定的要求。

评审结果及评审所引起的措施的记录应予保持（见4.2.4）。

若顾客提供的要求没有形成文件，组织在接收顾客要求前应对顾客要求进行确认。

若产品要求发生变更，组织应确保相关文件得到修改，并确保相关人员知道已变更的要求。

注：在某些情况中，如网上销售，对每一个订单进行正式的评审可能是不实际的。而代之对有关的产品信息，如产品目录、产品广告内容等进行评审。

7.2.3　顾客沟通

组织应对以下有关方面确定并实施与顾客沟通的有效安排。

（a）产品信息。

（b）问询、合同或订单的处理，包括对其的修改。

（c）顾客反馈，包括顾客投诉。

7.3　设计和开发

7.3.1　设计和开发策划

组织应对产品的设计和开发进行策划和控制。

在进行设计和开发策划时，组织应确定以下内容。

（a）设计和开发阶段。

（b）适于每个设计和开发阶段的评审、验证和确认活动。

（c）设计和开发的职责和权限。

组织应对参与设计和开发的不同小组之间的接口实施管理，以确保有效的沟通，并明确职责分工。

随设计和开发的进展，在适当时，策划的输出予以更新。

7.3.2　设计和开发输入

应确定与产品要求有关的输入，并保持记录（见4.2.4）。这些输入应包括以下几个方面。

（a）功能和性能要求。

（b）适用的法律法规要求。

（c）适用时，以前类似设计提供的信息。

（d）设计和开发所必需的其他要求。

应对这些输入进行评审，以确保其充分性与适宜性，要求应完整、清楚，并且不能自相矛盾。

7.3.3　设计和开发输出

设计和开发的输出应以能够针对设计和开发的输入进行验证的方式提出，并应在放行前得到批准。

设计和开发输出应包括以下内容。

（a）满足设计和开发输入的要求。

（b）给出采购、生产和服务提供适当的信息。

（c）包含或引用产品接收准则。

（d）规定对产品的安全和正常使用所必需的产品特性。

7.3.4　设计和开发评审

在适宜的阶段，应对依据所策划的安排（见 7.3.1）设计和开发进行系统的评审。

（a）评价设计和开发的结果满足要求的能力。

（b）识别任何问题并提出必要的措施。

评审的参加者应包括与所评审的设计和开发阶段有关的职能的代表，评审结果及任何必要措施的记录应予保持（见 4.2.4）。

7.3.5　设计和开发验证

为确保设计和开发输出满足输入的要求，应对依据所策划的安排（见 7.3.1）设计和开发进行验证。验证结果及任何必要措施的记录应予保持（见 4.2.4）。

7.3.6　设计和开发确认

为确保产品能够满足规定的使用要求或已知预期用途的要求，应依据所策划的安排（见 7.3.1）对设计和开发进行确认。只要可行，确认应在产品交付或实施之前完成。确认结果及任何必要措施的记录应予保持（见 4.2.4）。

7.3.7　设计和开发更改的控制

应识别设计和开发的更改，并保持记录，在适当时，应对设计和开发的更改进行评审、验证和确认，并在实施前得到批准，设计和开发更改的评审应包括评价更改对产品组成部分和已交付产品的影响。

更改评审结果及任何必要措施的记录应予保持（见 4.2.4）。

7.4　采购

7.4.1　采购过程

组织应确保采购的产品符合规定的采购要求，对供方及采购的产品控制的类型和程度应取决于采购的产品对随后的产品实现或最终产品的影响。

组织应根据供方按组织的要求提供产品的能力评价和选择供方应制定选择、评价和重新评价的准则。评价结果及评价所引起的任何必要措施的记录应予保持（见 4.2.4）。

7.4.2　采购信息

采购信息应表述拟采购的产品，适当时包括以下内容。

（a）产品、程序、过程和设备批准的要求。

（b）人员资格的要求。

（c）质量管理体系的要求。

在与供方沟通前，组织应确保规定的采购要求是充分与适宜的。

7.4.3　采购产品的验证

组织应确定并实施检验或其他必要的活动，以确保采购的产品满足规定的采购要求。

当组织或其顾客拟在供方的现场实施验证时，组织应在采购信息中对拟验证的安排和产品放行的方法作出规定。

7.5　生产和服务提供

7.5.1　生产和服务提供的控制

组织应策划并在受控条件下进行生产和服务提供，适用时，受控条件应包括以下几个方面。

（a）获得表述产品特性的信息。

（b）获得作业指导书。

（c）使用适宜的设备。

（d）获得和使用监视和测量装置。

（e）实施监视和测量。

（f）放行、交付和交付后活动的实施。

7.5.2　生产和服务提供过程的确认

当生产和服务提供过程的输出不能由后续的监视或测量加以验证时，组织应对任何这样的过程实施确认。这包括仅在产品使用或服务已交付之后问题才显现的过程。

确认应证实这些过程实现所策划的结果的能力。

组织应规定确认这些过程的安排，适用时包括以下内容。

（a）为过程的评审和批准所规定的准则。

（b）设备的认可和人员资格的鉴定。

（c）使用特定的方法和程序。

（d）记录的要求（见4.2.4）。

（e）再确认。

7.5.3　标识和可追溯性

适当时，组织应在产品实现的全过程中使用适宜的方法识别产品。

组织应针对监视和测量要求识别产品的状态。

在有可追溯性要求的场合，组织应控制并记录产品的唯一性标识（见4.2.4）。

注：在某些行业，技术状态管理是保持标识和可追溯性的一种方法。

7.5.4　顾客财产

组织应爱护在组织控制下或组织使用的顾客财产。组织应识别、验证、保护和维护供其使用或构成产品一部分的顾客财产。若顾客财产发生丢失、损坏或发现不适用的情况时，应报告顾客，并保持记录（见4.2.4）。

注：顾客财产可包括知识产权。

7.5.5　产品防护

在内部处理和交付到预定的地点其间，组织应针对产品的符合性提供防护，这种防护应包括标识、搬运、包装、贮存和保护。防护也应适用于产品的组成部分。

7.6　监视和测量装置的控制

组织应确定需实施的监视和测量及所需的监视和测量装置，提供证据，为产品符合确定的要求（见 7.2.1）。

组织应建立过程，以确保监视和测量活动可行并以与监视和测量的要求相一致的方式实施。

当有必要确保结果有效的场合时，测量设备应具备以下功能。

（a）对照能溯源到国际或国家标准的测量标准，按照规定的时间间隔或在使用前进行校准或检定。当不存在上述标准时，应记录校准或检定的依据。

（b）必要时进行调整或再调整。

（c）得到识别，以确定其校准状态。

（d）防止可能使测量结果失效的调整。

（e）在搬运、维护和贮存期间防止损坏或失效。

此外，当发现设备不符合要求时，组织应对以往测量结果的有效性进行评价和记录。组织应对该设备和任何受影响的产品采取适当的措施。校准和验证结果的记录应予保持（见 4.2.4）。

当用于规定要求的监视和测量时，计算机软件满足预期用途的能力应予以确认，确认应在初次使用前进行，并在必要时予以重新确认。

注：作为指南，参见 GB/T 19022.1 和 GB/T 19022.2。

8 测量、分析和改进

8.1 总则

组织应策划并实施以下方面所需的监视、测量、分析和改进过程。

（a）证实产品的符合性。

（b）确保质量管理体系的符合性。

（c）持续改进质量管理体系的有效性。

这应包括对统计技术在内的适用方法及其应用程度的确定。

8.2 监视和测量

8.2.1 顾客满意

作为对质量管理体系业绩的一种测量，组织应监视顾客关于组织是否满足其要求的感受的相关信息，并确定获取和利用这种信息的方法。

8.2.2 内部审核

组织应按策划的时间间隔进行内部审核，以确定质量管理体系是否符合下列要求。

（a）符合策划的安排（见 7.1）、本标准的要求及组织所确定的质量管理体系的要求。

（b）得到有效实施与保持。

考虑拟审核的过程和区域的状况和重要性及以往审核的结果，组织应对审核方案进行策划。应规定审核的准则、范围、频次和方法。审核员的选择和审核的实施应确保审核过程的客观性和公正性。审核员不应审核自己的工作。

策划和实施审核及报告结果和保持记录（见 4.2.4）的职责和要求应在形成文件的程序中作出规定。

负责受审区域的管理者应确保及时采取措施，以消除发现的不合格及其原因。跟踪活动应包括对所采取措施的验证和验证结果的报告（见 8.5.2）。

注：作为指南，参见 GB/T 19021.1、GB/T 19021.2 及 GB/T 19021.3。

8.2.3　过程的监视和测量

组织应采用适宜的方法对质量管理体系过程进行监视，并在适用时进行测量。这些方法应证实过程实现所策划的结果的能力。当未能达到所策划的结果时，应采取适当的纠正和纠正措施，以确保产品的符合性。

8.2.4　产品的监视和测量

组织应对产品的特性进行监视和测量，以验证产品要求已得到满足。这种监视和测量应依据所策划的安排（见7.1），在产品实现过程的适当阶段进行。

应保持符合接收准则的证据。记录应指明有权放行产品的人员（见4.2.4）。

除非得到有关授权人员的批准，适用时得到顾客的批准，否则在策划的安排（见7.1）已圆满完成之前，不能放行产品和交付服务。

8.3　不合格品控制

组织应确保不符合产品要求的产品得到识别和控制，以防止其非预期的使用或交付。不合格品控制及不合格品处置的有关职责和权限应在形成文件的程序中作出规定。

组织应通过下列一种或几种途径，处置不合格品。

（a）采取措施，消除发现的不合格。

（b）经有关授权人员批准，适用时经顾客批准，让步使用、放行或接收不合格品。

（c）采取措施，防止其原预期的使用或应用。

应保持不合格的性质及随后所采取的任何措施的记录，包括所批准的让步的记录（见4.2.4）。

应对纠正后的产品再次进行验证，以证实符合要求。

当在交付或开始使用后发现产品不合格时，组织应采取与不合格的影响或潜在影响的程度相适应的措施。

8.4　数据分析

组织应确定、收集和分析适当的数据，以证实质量管理体系的适宜性和有效性，并评价在何处可以持续改进质量管理体系的有效性。这应包括来自监视和测量的结果及其他有关来源的数据。

数据分析应提供有关以下方面的信息。

（a）顾客满意（见8.2.1）。

（b）与产品要求的符合性（见7.2.1）。

（c）过程和产品的特性趋势，包括采取预防措施的机会。

（d）供方。

8.5　改进

8.5.1　持续改进

组织应利用质量方针、质量目标、审核结果、数据分析、纠正和预防措施及管理评审，持续改进质量管理体系的有效性。

8.5.2　纠正措施

组织应采取措施，以消除不合格的原因，防止不合格的再发生。纠正措施应与所遇到的不合格的影响程度相适应。

应编制形成文件的程序，以规定以下方面的要求。

（a）评审不合格（包括顾客投诉）。

（b）确定不合格的原因。

（c）评价确保不合格不再发生的措施的需求。

（d）确定和实施所需的措施。

（e）记录所采取措施的结果（见4.2.4）。

（f）评审所采取的纠正措施。

8.5.3　预防措施

组织应确定措施，以消除潜在不合格的原因，防止不合格的发生。预防措施应与潜在问题的影响程度相适应。

应编制形成文件的程序，以规定以下方面的要求。

（a）确定潜在不合格及其原因。

（b）评价防止不合格发生的措施的需求。

（c）确定并实施所需的措施。

（d）记录所采取措施的结果（见4.2.4）。

（e）评审所采取的预防措施。

子任务 2　全面质量管理应用

【要求】通过案例，分析全面质量管理在企业中的应用，了解全面质量管理的方法与内容及应用步骤。

案例 5

海尔全过程的质量控制

一切工作都是通过过程来完成的，高质量是通过过程来控制的。海尔在 OEC 和市场链管理平台的基础上，在质量控制中遵循螺旋上升的计划、实施、检查、处理的 PDCA 循环工作程序，灵活运用有效的质量管理技术和方法，认真评价和控制质量成本。在海尔每个车间都有《主要问题、原因、对策及效果总结》管理看板，对每个月的问题点、产生问题的原因、实施对策、责任人、到位时间、效果跟踪都有详细总结。发现问题立刻解决，不断改进提高。同时注重质量创新，在车间内设有《创新金点子公布》看板，提出质量攻关课题，指出现状、预期目标，由揭榜人揭榜后进行擂台攻关赛。并由具体实施人在取得成果后张榜公布该项目改进的必要性，阐述及评价改进后的效果。

【讨论】

（1）如何看待海尔全过程的质量控制？它运用了哪些质量管理理论？

（2）海尔全过程的质量控制对你有何启示？

案例6

海信质量管理创新的七条箴言

目前，我国家电业愈演愈烈的价格战导致企业的经营质量严重滑坡。作为上市公司中净资产回报率最高的企业之一，海信集团将其成功归结为技术与质量的回报。海信集团董事长周厚健在北京召开的质量管理箴言研讨会上透露，为成为中国一流的"制造专家"，海信质量管理控制推行了七条"戒规"。

① 质量不能使企业一荣俱荣，却可以让企业一损俱损。质量管理是"一把手工程"。

② 用户是质量的唯一裁判。用户标准、市场标准就是企业最高的质量标准。

③ 技术创新是产品质量的根本。采用新的技术手段不断提高产品的设计质量、制造质量是须臾不可淡忘的一项重要内容。

④ 供应商要提高自己的素质。企业要有专门的质量工程师帮助上游供应商进行培训、诊断、改进革新，供应商的进步有助于原材料品质的提高。在采购环节中，必须坚持"选题第一，价格第二"的原则。

⑤ 好的产品质量源自员工的质量。选择质量管理人员，要挑选那些富有责任心同时又有创新意识和灵活性的管理者；而选择质量检验人员，应当选择正直、严谨甚至是"苛刻"的员工，并且给他最高的待遇、最能发挥才能和作用的工作环境。

⑥ 创新是重要的，但绝对不能以创新为由改变质量标准和传统实用的方法。在企业内部，质量绝对不能屈从于销售。宁可丧失暂时的份额！也不允许破坏长远的市场。

⑦ 质量是财务指标的红绿灯。

【讨论】

（1）海信质量管理创新的七条箴言对质量管理理论有哪些创新？

（2）你认为应怎样实施这七条箴言？

▶ 知识油库

4-3-2-1 认识质量管理

质量管理（Quality Management）是指确定质量方针、目标和职责，并通过质量体系中的质量策划、质量控制、质量保证和质量改进来使其实现的所有管理职能的全部活动。

质量管理的发展大致经历了3个阶段。

1. 质量检验阶段

20世纪前，产品质量主要依靠操作者本人的技艺水平和经验来保证，属于"操作者的质量管理"。20世纪初，以F. W. 泰勒为代表的科学管理理论的产生，促使产品的质量检验从加工制造中分离出来，质量管理的职能由操作者转移给工长，是"工长的质量管理"。属于事后检验的质量管理方式。

2. 统计质量控制阶段

1924年，美国数理统计学家W. A. 休哈特提出控制和预防缺陷的概念。他运用数理统计的原理提出在生产过程中控制产品质量的"6σ"法，绘制出第一张控制图并建立了一套统计卡片。与此同时，美国贝尔研究所提出关于抽样检验的概念及其实施方案，成为运用数理统计理论解决质量问题的先驱，但当时并未被普遍接受。以数理统计理论为基础的统计质量控制的推广应用始自第二次世界大战。由于事后检验无法控制武器弹药的质量，美国国防部决定把数理统计法用于质量管理，并由标准协会制定有关数理统计方法应用于质量管理方面的规划，成立了专门委员会，并于 1941—1942 年先后公布一批美国战时的质量管理标准。

3. 全面质量管理阶段

20 世纪 50 年代以来，随着生产力的迅速发展和科学技术的日新月异，人们对产品的质量从注重产品的一般性能发展为注重产品的耐用性、可靠性、安全性、维修性和经济性等。在生产技术和企业管理中要求运用系统的观点来研究质量问题。在管理理论上也有新的发展，突出重视人的因素，强调依靠企业全体人员的努力来保证质量。此外，还有"保护消费者利益"运动的兴起，企业之间市场竞争越来越激烈。在这种情况下，美国 A. V. 费根鲍姆于 20 世纪 60 年代初提出全面质量管理的概念。他提出，全面质量管理是"为了能够在最经济的水平上、并考虑到充分满足顾客要求的条件下进行生产和提供服务，并把企业各部门在研制质量、维持质量和提高质量方面的活动构成为一体的一种有效体系"。中国自 1978 年开始推行全面质量管理，并取得了一定成效。

全面质量管理的演变过程如图 4 – 11 所示。

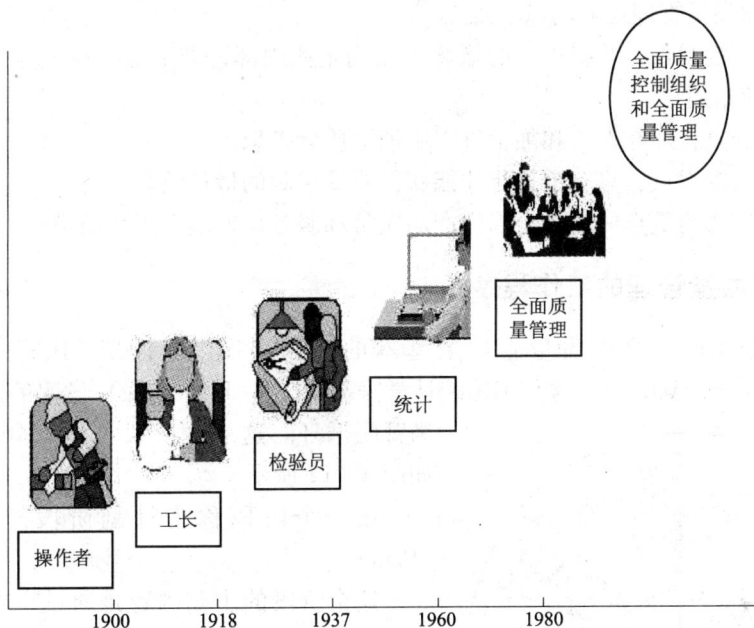

图 4 – 11 TQM 的演变过程

4 – 3 – 2 – 2 全面质量管理（Total Quality Management，TQM）应用

TQM 就是一个组织以质量为中心，以全员参与为基础，目的在于通过让顾客满意和本组织所有成员及社会受益而达到长期成功的管理途径。

一、全面质量管理特征

全面质量管理注重顾客需要，强调参与团队工作，并力争形成一种文化，以促进所有的员工设法、持续改进组织所提供产品/服务的质量、工作过程和顾客反应时间等，全面质量管理有三个核心的特征：即全员参加的质量管理、全过程的质量管理和全面的质量管理。

1. 全员参加的质量管理

即要求全部员工，无论高层管理者还是普通办公职员或一线工人，都要参与质量改进活动。参与"改进工作质量管理的核心机制"，是全面质量管理的主要原则之一。

2. 全过程的质量管理

必须在市场调研、产品的选型、研究试验、设计、原料采购、制造、检验、储运、销售、安装、使用和维修等各个环节中都把好质量关。其中，产品的设计过程是全面质量管理的起点，原料采购、生产、检验过程是实现产品质量的重要过程；而产品的质量最终是在市场销售、售后服务的过程中得到评判与认可的。

3. 全面的质量管理

是用全面的方法管理全面的质量。全面的方法包括科学的管理方法、数理统计的方法、现代电子技术、通信技术。全面的质量包括产品质量、工作质量、工程质量和服务质量。

另外，全面质量管理还强调以下观点。

① 用户第一的观点，并将用户的概念扩充到企业内部，即下道工序就是上道工序的用户，不将问题留给用户。

② 预防的观点，即在设计和加工过程中消除质量隐患。

③ 定量分析的观点，只有定量化才能获得质量控制的最佳效果。

④ 以工作质量为重点的观点，因为产品质量和服务均取决于工作质量。

二、全面质量管理的工作程序

PDCA 管理循环是全面质量管理最基本的工作程序，即计划—执行—检查—处理（Plan、Do、Check、Action）。这是美国统计学家戴明（W. E. Deming）发明的，因此也称之为戴明循环。这 4 个阶段大体可分为 8 个步骤，如图 4 - 12 所示。

第一个阶段称为计划阶段，又叫 P 阶段（Plan）。

这个阶段的主要内容是通过市场调查、用户访问、国家计划指示等，摸清用户对产品质量的要求，确定质量政策、质量目标和质量计划等。

第二个阶段为执行阶段，又称 D 阶段（Do）。

这个阶段是实施 P 阶段所规定的内容，如根据质量标准进行产品设计、试制、试验，其中包括计划执行前的人员培训。

第三个阶段为检查阶段，又称 C 阶段（Check）。这个阶段主要是在计划执行过程中或执行之

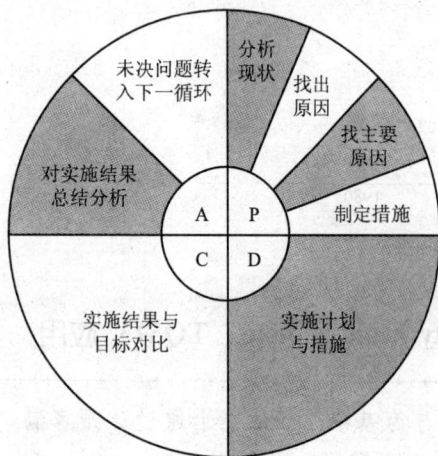

图 4 - 12　PDCA 循环

后，检查执行情况，是否符合计划的预期结果。

最后一个阶段为处理阶段，又称 A 阶段（Action）。

主要是根据检查结果，采取相应的措施。

在应用 PDCA 4 个循环阶段、8 个步骤来解决质量问题时，需要收集和整理大量的书籍资料，并用科学的方法进行系统的分析。最常用的 7 种统计方法，它们是排列图、因果图、直方图、分层法、相关图、控制图及统计分析表。这套方法是以数理统计为理论基础，不仅科学可靠，而且比较直观。

三、全面质量管理在实际中的应用

正如"产品质量不是检验出来的，而是生产出来的"所说，只有做好商品生产的各个环节的质量管理，才能保证产品质量的检验合格。因此对一个企业而言实施全面质量管理是十分必要的，但是怎样才能实现质量管理的全程化，并且为企业带来较好的效益呢？

1. 认真地贯彻 ISO 9000 系列标准

全面质量管理是指一个组织开展以质量为中心，以本组织全体成员参与为基础的一种管理方式。它的目标是通过顾客满意和该组织全体成员和社会受益，以达到长远成功。开展全面质量管理必须要建立一个质量体系。一般地说，一个组织能够为社会提供产品或者服务，该组织应具备一个质量体系，但这个质量体系通常都是不完善的，存在这样或那样的问题。要健全这个体系，可以充分的利用 ISO 9000 系列标准，从而为企业有效地进行全面质量管理提供保证。

ISO 9000 系列标准推动了全面质量管理在企业中的应用，为企业抢占市场打下了坚实的基础。企业只要以贯彻标准为基础，以实施全面质量管理为根本，坚持"始于教育，终于教育"的贯标思想，把贯标有效、合理的应用到全面质量管理中去，一定能够让企业实现高效益运作。

2. 建立有效的质量体系

质量体系是指为实施质量管理所需的组织结构程序、过程和资源。建立质量体系是全面质量管理的核心任务，离开质量体系，全面质量管理就成了一个空壳。由此看来，企业建立全面质量体系是必需的，是实现全面质量管理的根本保证。

质量管理的中心任务就是以质量为中心，以标准化建设为重点，建立和实施质量保证体系。在实践中质量体系的建立通常有以下几个步骤。

（1）分析质量环

质量环就是指在质量形成过程中影响产品质量的各个环节，它是质量体系建立的基础。在这一阶段中必须明确各环节的质量职能，为全面质量管理在实施过程中确立目标，实现产品质量的全程目标管理。

（2）研究具体组织结构

在第一步的基础上，企业结合自己的实际情况，进一步明确各环节的质量要求、采用的具体措施、设备的配备及人员的安置。这是质量体系建立过程中最为重要的一步，它关系到全面质量管理在企业中应用的程度和实施效果。

（3）形成文件

质量体系必须是一个文件体系，这样才能使质量管理达到全员参与的目的。

（4）全员培训

最高管理者有力而持久的领导和组织全体成员的教育及培训对于全面质量管理的成功是非常重要的，在质量体系的建立中这一步也是不容忽视的。

（5）质量体系审核

没有严格的审核，就没有质量体系的有效运作。监督审核是判断质量体系文件被贯彻执行好坏的有效途径，是质量体系建立过程中不可或缺的一步。

（6）质量体系复审

质量体系的建立和应用是一个不断完善的过程。因此，必须通过不断的复审、反馈信息，以达到质量体系的不断改进，更好的贯彻全面质量管理思想。

相信我们的企业通过认真地贯彻 ISO 9000 系列标准，建立符合本企业实际情况的质量体系模型，全面的实施全程质量管理方针，一定能够在市场竞争中脱颖而出，实现企业的高效益发展。

子任务3　实践操作

【要求】目前，我国有很多优秀的企业，如"海尔"、"美的"、"雅戈尔"等，它们凭借过硬的产品质量和优秀的售后服务赢得了消费者的信赖。教师把学生分成若干小组，每组找出一家产品质量优异的企业，探讨他们质量管理的方式方法，运用相关的质量管理理论进行分析与评价，并与其他小组分享成果，教师点评。

项目小结

生产运营管理是指对企业生产、服务活动进行计划、组织和控制的总称。它包括生产系统设计与运行管理。本项目主要介绍了生产组织过程，重点分析了生产现场管理的方法，并介绍了 ISO 9000 质量标准体系与全面质量管理。

课后讨论

1. 假设某一制造型企业，如何编制生产计划并开展生产运营活动？
2. 根据大家对当地企业的认识，讨论这些企业中现场管理方法的使用状况。

复习思考

1. 什么是生产运营管理？其目标是什么？
2. 生产计划的内容有哪些？
3. 在编制主生产计划时，应遵循哪些原则？
4. 什么是现场管理？什么是定置管理？
5. 6S 管理的意义有哪些？
6. 目视管理有什么特点？
7. 看板操作的使用规则有哪些？
8. ISO 9000：2000 的质量管理原则是什么？
9. 全面质量管理的工作程序如何？

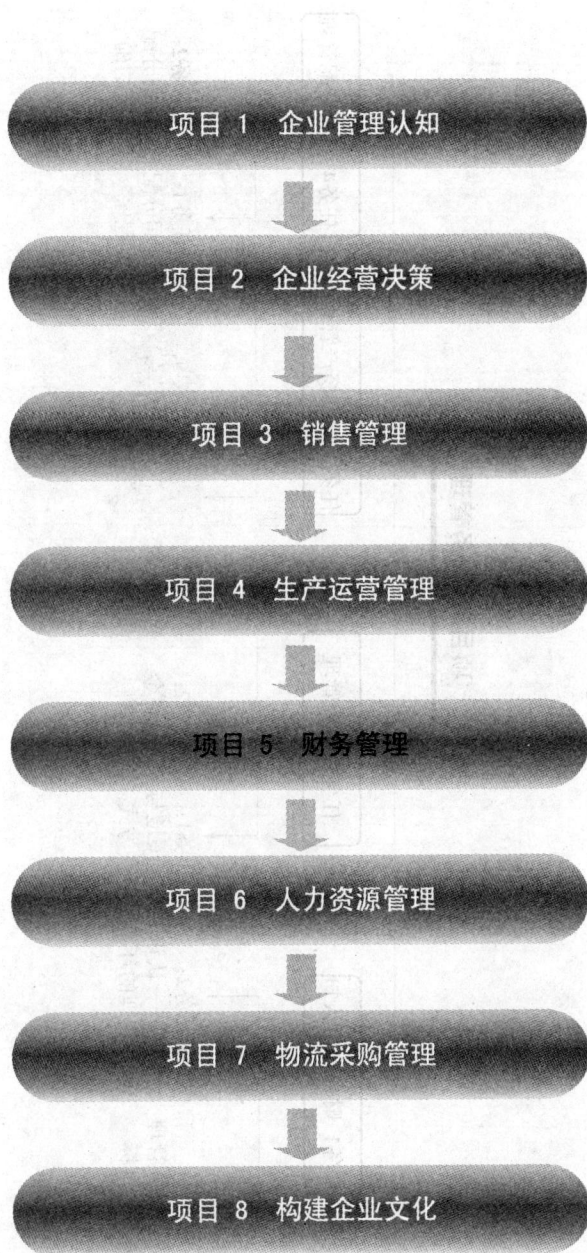

项目 1　企业管理认知

项目 2　企业经营决策

项目 3　销售管理

项目 4　生产运营管理

项目 5　财务管理

项目 6　人力资源管理

项目 7　物流采购管理

项目 8　构建企业文化

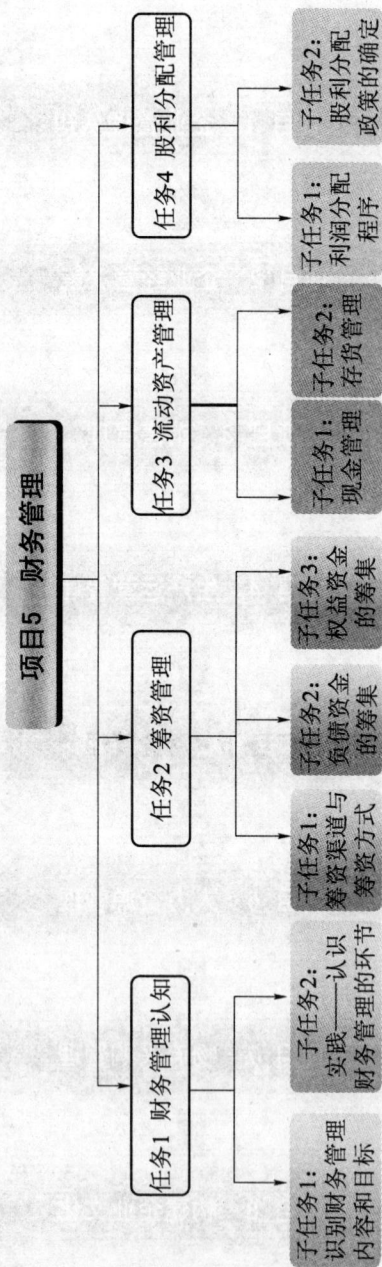

项目 **5**

财 务 管 理

　　财务管理是企业管理的核心部分之一，它是指对某一独立核算企业的财务活动进行有效的组织，并正确处理好内外部各项财务关系，运用有效的财务决策和控制的方法，提高企业整体财务和经营管理水平和整体价值的一项经济管理工作。财务管理都是围绕企业的资金运动展开的，从本质上来说，财务管理就是资金管理，它是关于资金的筹集、运用和分配等方面所有管理工作的总称。

　　本项目分为 4 个任务展开。

学习目标

1. 理解财务管理基本内容。
2. 理解并掌握资金的筹集、运用、分配管理。

任务 1　财务管理认知

子任务 1　识别财务管理内容和目标

　　【要求】通过案例分析，教师指导，使学生理解财务管理的基本内容和目标。

案例 1

梅凯公司的发展之路

　　梅凯公司成立于 1960 年，属国营单位，当初设矿时，企业的主要任务是完成国家下达的煤炭生产任务。由于梅凯公司年年超额完成国家生产任务，多次被评为红旗单位，矿长王宏志也多次成为地区劳动模范。

　　进入 20 世纪 80 年代，计划经济结束，商品经济时代开始。由于国家对企业拨款实行有偿制，流动资金实行贷款制，产品取消调配制，导致梅凯公司昼夜之间产生了危机感，好在王宏志矿长能够解放思想，大胆改革。人员管理方面打破大锅饭，引入竞争机制，工效挂钩；成本管理推行全员负责制；生产管理方面实行以销定产；销售管理方面实行优质优价，送货上门制度，等等。按王矿长的话讲：我们所做的一切管理工作都是为了实现自负盈亏，多创造利润，为国家多做贡献，为企业员工多发奖金，多搞福利。

进入20世纪90年代，随着市场经济的建立，梅凯公司不得已走上了股份制改造之路，1994年10月，国家将梅凯公司的净资产2 000万元转化为2 000万股，向社会发售，每股面值1元，售价2元。

梅凯股份公司成立之后，决策层开始考虑负债融资问题，目标资本结构：自有与借入之比为1:1；其次要考虑的是更新设备，引进先进生产线等重大投资问题。董事会决议：利用5年左右时间使企业的生产技术水平赶上一流，企业产品在本地区市场占有率达到20%，在全国市场占有率达到3%，资本报酬率达到26%。

请分析：

（1）梅凯公司财务管理目标的演进过程。

（2）应从哪些方面来管理财务，以实现财务目标？

▶ **知识油库**

5-1-1-1 财务管理的内容与目标

一、财务管理的内容

财务管理是基于企业再生产过程中客观存在的财务活动和财务关系而产生的，是组织企业各种财务活动、处理企业各方面财务关系的管理工作。财务管理的内容如表5-1所示。

表5-1 财务管理的内容

项　目	内　容
资金筹集管理	企业的资金包括权益资金和负债资金。企业要正常经营，就需按经济核算的原则筹集到足量的资金。这些资金不仅要满足生产经营的需要，满足特定投资的需要，满足还本付息、支付股利的要求，同时还要考虑降低资金成本，减少财务风险。资金筹集是企业财务管理中一项最基本的管理内容，筹资决策是筹资管理的核心，而筹资计划则是筹资决策的具体化。
投资管理	筹资的目的是投资，投资的任务是依据企业的具体经营目标和管理要求，合理配置各类资产并对有关投资事项作深入分析，提高企业的投资管理水平和盈利能力。投资决策时需考虑的问题，主要是投资的对象、投资的时期、投资的报酬和投资的风险，力求选择收益大、风险小的投资方案。
营运资金管理	营运资金是为了满足企业日常生产经营活动要求而垫支的流动资金。筹资的目的在于资金的使用，如何合理地使用资金，使其发挥出最大的经济效益，贯穿企业经济活动始终，涉及企业各个部门。
利润（或股利）分配管理	企业通过生产经营和投资活动后会取得利润，然后按照利润分配程序对其进行分配。企业应制定合理的分配政策，正确处理好各项财务关系，确保各方面利益的协调，定期考核企业及各部门的经营业绩，进行全面的财务分析工作。

二、财务管理的目标

财务管理的目标是企业在特定的内外部环境中，通过有效地组织各项财务活动，实施各项财务职能，正确地处理好各项财务关系所要达到的最终目标。

目前所普遍认可的企业财务目标是企业价值最大化，也就是股东财富最大化，它是指股份公司通过合理经营，采用最优的财务政策，在考虑货币时间价值和风险因素的情况下，不断增加股东财富，使股东财富达到最大。

子任务 2 实践——认识财务管理的环节

【要求】教师布置任务，让学生到企业或单位的财务部门调研，使学生认识财务管理的主要环节，并形成调研报告。

➡ 知识油库

5 – 1 – 2 – 1 财务管理环节

财务管理环节是指财务管理工作的步骤和程序。它是根据财务管理工作的程序及各部分间的内在关系划分的，包括财务预测、财务决策、财务计划、财务控制和财务分析等环节。这些环节相互配合、紧密联系、环环相扣，形成周而复始的财务管理工作循环过程，构成了完整的财务管理工作体系。

一、财务预测

财务预测是指根据企业财务活动的历史资料，结合企业的目前情况和发展要求，运用科学的方法，对企业未来的财务状况作出预计和测算。它是财务管理的基础，是财务决策的依据，是编制财务计划的前提，也是提高企业经济效益的手段。

二、财务决策

财务决策是指企业在财务管理目标的总体要求下，运用专门的方法从各种备选方案中选择最优方案的过程。财务管理的核心是财务决策，财务预测是为财务决策服务的，财务计划是财务决策的具体化，财务决策关系到企业的生存与发展。

三、财务计划

财务计划也可称为财务预算，是指在一定时期内以货币形式，运用科学的技术手段和数学方法，对企业财务目标进行综合平衡，制定和协调各项主要计划指标，来反映生产经营活动所需要的资金及其来源、财务收支和财务成果及其分配的计划。它是财务预测和财务决策所确定的经营目标的系统化、具体化，又是进行财务控制和财务分析的主要依据。

四、财务控制

财务控制是指在财务管理过程中利用有关信息和特定手段对企业的财务活动施加影响或调节，以便实现计划规定的财务目标。财务控制是落实计划任务、保证计划实现的有效措施。

财务控制是贯彻财务制度，实现财务预算的关键环节。

五、财务分析

财务分析是指以会计核算资料为主要依据，运用特定方法，对企业财务活动过程及其结果进行分析和评价的一项工作。通过财务分析可以掌握各项财务计划指标的完成情况，评价财务状况，研究和掌握企业财务活动的规律性，为以后进行财务预测和制定财务预算提供资料，以改进财务管理工作，提高财务管理水平。

任务 2 筹 资 管 理

子任务 1 筹资渠道与筹资方式

【要求】通过案例分析，教师指导，使学生掌握主要筹资渠道和筹资方式及其应用。

案例 2

中小企业如何筹资

为了防止经济过热和抑制通胀的加剧，央行已经决定今年将采取从紧的货币政策，这就意味着银行的信贷规模将有所压缩。在这种宏观背景下，相比较而言，中小规模的私有企业所受到的资金压力要比国有大中型企业要大。其实，除了向银行借贷之外，有好的发展前景但又一时缺少资金的中小企业，不妨打开思路，开辟多元化融资渠道。

证券市场是企业获得发展所需资金的最佳途径。然而，对于绝大多数的中小企业来说国内证券市场的融资门槛过高。相对于银行贷款等间接融资方式和上市等直接融资手段，业内人士分析认为私募股权融资更适合中小企业。资本投向正循着上市、并购、私募的轨迹发展，私募作为新的资本力量正在成为主流融资渠道之一。

思考：

（1）你认为中小企业融资难的主要原因是什么？

（2）中小企业可从哪些渠道融资？可采用哪些形式融资？

（3）企业应如何合理融资？

案例 3

唯凯公司应如何筹资

唯凯公司是一个中型企业，总资产 5 000 万元。由于其生产的产品质量好、功能强大，深受消费者欢迎，产品供不应求。为此该公司决定扩大生产能力，新购进一条生产线，经测算需筹资 1 500 万元。

思考：

（1）唯凯公司可从哪些地方筹到所需资金？

（2）唯凯公司应采取什么形式来筹资？

➡ **知识油库**

5-2-1-1 企 业 筹 资

每个企业要顺利开展生产经营活动，就必须拥有一定量的资金，这就需要通过不同的筹资渠道，采用不同的筹资方式，按照法定程序来筹集。筹资既是企业进行生产经营活动的前提，也是企业财务活动的起点。

一、企业筹资的要求

筹资是指企业根据其生产经营、对外投资及调整资本结构等需要，通过一定的渠道，采取适当的方式，获取所需资金的一种财务活动。筹资管理的财务目标是：以较小的筹资风险、较低的筹资成本、从质与量两个方面筹集企业所需要的资金。

企业筹集资金总的要求，是要分析评价影响筹资的各种因素，讲求筹资的综合效果。

① 合理确定资金的需要量，控制资金的投放时间。

② 认真选择资金来源，降低资金成本。

③ 资金的筹集要与投放相结合，提高资金使用效益。

④ 合理安排资金结构，适度运用负债经营。

⑤ 遵守国家有关法规，维护各方经济利益。

二、筹资渠道与方式

(一) 资金筹资渠道

筹资渠道，是指筹措资金来源的方向与通道，体现资金的来源与流量。目前我国企业筹资渠道主要有以下几个方面。

1. 银行信贷资金

银行信贷资金来源于居民储蓄存款、企业存款等，其财力雄厚。银行对企业的各种贷款，是我国目前各类企业最为重要的资金来源。

2. 其他企业资金

各类企业、单位在生产经营过程中，往往有部分暂时闲置的资金，甚至有较长时期的资金，供企业之间进行相互投资。另外，企业间购销业务产生商业信用，形成短期信用资金占用。

3. 居民个人资金

居民个人资金也可以为企业提供一定的资金来源，企业职工和居民个人的结余货币，企业可以吸收投资或借入为企业所用，形成民间资金来源渠道。

4. 国家资金

国家对企业的直接投资是国有企业特别是国有独资企业获得资金的主要渠道之一。国家财政资金有广泛的来源和稳固的基础，而国民经济命脉由国家掌握。在我国国有企业的资金来源中，其资本大多是由国家财政以直接拨款方式形成的。

5. 企业自留资金

企业自留资金，也称内部留存，是指企业内部形成的资金，是企业税后利润的积累。按照会计制度规定，企业缴纳所得税后的利润，要提取盈余公积，并且向投资者分配利润后还留有一部分归企业所有。其资金直接由企业内部自动生成或转移。

6. 外商资金

外商资金是指外国投资者及我国香港、澳门、台湾地区投资者的资金。利用外资不仅可以满足我国建设资金的需要，而且可通过引进、吸收世界新技术、新方法，进行技术更新、管理创新，加快现代化建设步伐。

（二）资金筹资方式

筹资方式，是指企业筹集资金所采用的具体形式。目前我国企业的筹资方式主要有以下几种。

1. 吸收直接投资

吸收直接投资，即企业按照"共同投资、共同经营、共担风险、共享利润"的原则直接吸收国家、法人、个人投入资金的一种权益性资本筹资方式。

2. 发行股票

发行股票，即股份公司通过发行股票筹措权益性资本的一种筹资方式。

3. 利用留存收益

留存收益，是指企业按规定从税后利润中提取的盈余公积和未分配利润。利用留存收益筹资是指企业将留存收益转化为投资的过程，形成自有资金来源，是企业筹资权益性资本的一种方式。

4. 向银行借款

向银行借款，即企业根据借款合同从有关银行等金融机构借入的需要还本付息的款项

5. 利用商业信用

商业信用，是指商品交易中的延期付款或延期交货所形成的借贷关系，主要表现形式是赊购商品等形成的应付账款、应付票据和预收货款，它是企业筹集短期资金的重要方式。

6. 发行公司债券

发行公司债券，即企业依照法定程度，通过发行债券筹措债务性资本的一种筹资方式。

（三）筹资渠道与筹资方式的对应关系

筹资渠道解决的是资金来源问题，筹资方式则解决通过何种方式取得资金的问题，它们之间存在一定的对应关系。同一渠道的资金往往可采用不同的方式取得，同一筹资方式又可适用于不同的筹资渠道。因此，企业在筹资时，应实现两者的合理配合。筹资渠道与筹资方式的对应关系如表 5 - 2 所示。

表 5 - 2　筹资渠道与筹资方式的对应关系

筹资方式 / 筹资渠道	吸收直接投资	发行股票	利用留存收益	向银行借款	利用商业信用	发行公司债券
银行信贷资金				√		
其他企业资金	√	√			√	√
居民个人资金	√	√				√
国家资金	√	√				
企业自留资金	√		√			
外商资金	√	√			√	√

子任务 2　负债资金的筹集

【要求】 通过案例分析，教师指导，使学生掌握负债资金筹集主要方式及其运用。

案例 4

默多克的债务危机

默多克出生于澳洲，他的企业遍布全球，在全世界有 100 多个新闻事业，包括闻名于世的英国《泰晤士报》。

默多克经营导报公司以后，筹划经营，多有建树，最终建成了一个每年营业收入达 60 亿美元的报业王国。它控制了澳大利亚 70% 的新闻业，45% 的英国报业，又把美国相当一部分电视网络置于他的王国统治之下。

1988 年，他施展铁腕，一举集资 20 多亿美元，把美国极有影响的一座电视网买到了手。默多克和他的家族对他们的报业王国有绝对控制权，掌握了全部股份的 45%。

西方的商界大亨无不举债立业，向资金市场融资。像滚雪球一样，债务越滚越大，事业也越滚越大。

默多克报业背了多少债呢？24 亿美元。他的债务遍于全世界，美国、英国、瑞士、荷兰，连印度和香港的钱他都借去花了。那些大大小小的银行也乐于给他贷款，他的报业王国的财务机构里共有 146 家债主。

正因为债务大，债主多，默多克对付起来也实在不容易，一发牵动全身，投资风险特高。若是碰到一个财务管理上的失误，或是一种始料未及的灾难，就可能像多米诺骨牌一样，把整个事业搞垮。但多年来默多克经营得法，一路顺风。

思考：

（1）为什么很多银行愿意贷款给他？

（2）请分析高负债经营的优缺点。

知识油库

5 – 2 – 2 – 1　负债资金的筹资

企业负债资金的筹资方式一般有银行借款、商业信用、发行债券等方式。

一、银行借款

银行借款是企业根据借款合同，从银行或非银行金融机构筹措取得负债资金的一种筹资方式。

（一）银行借款的种类

1. 按借款的期限划分，分为短期借款和长期借款

短期借款，是指企业向银行或其他非银行金融机构借入的期限在一年以内（含一年）的资金，主要用于流动资金的周转。长期借款是企业向银行或其他金融机构借入的期限在一年以

上的借款。一般用于固定资产的购建、改扩建工程、对外投资、科技开发等方面的需要。

2. 按借款是否需要担保，可分为信用借款、担保借款和票据贴现

信用借款是指以借款人的信誉为依据而获得的借款。担保借款是指以合法的财产做抵押或以一定的保证做担保为条件所取得的借款。票据贴现是指以未到期的商业票据向银行贴付一定的利息而取得的借款。

（二）银行借款筹资的优缺点

1. 银行借款筹资的优点

① 筹资速度快。

② 筹资成本低。利息税前列支；银行借款所支付的利息比发行债券所支付的利息一般要低。

③ 借款弹性大。企业可在需要资金时借入，在资金充裕时还款，便于企业灵活安排。

④ 易于企业保守商业秘密。

2. 借款筹资的缺点

① 财务风险大。与权益资金的筹集相比，企业举借长期借款，必须定期还本付息，在经营不利的情况下，就有可能出现无力按期偿付本金和利息，甚至导致破产。

② 使用限制较多。企业与银行签订的借款合同中，一般都有一些限制条款，这些条款可能会限制企业自主调配和运用资金的能力。

③ 筹资数额有限。银行一般不愿借出巨额的长期借款。

二、商业信用

商业信用是指商品交易中因延期付款或延期交货所形成的借贷关系，其典型形式是赊销。商业信用又称商业信用融资，是一种形式多样、适用范围很广、筹资额较多的短期资金筹措方式。

（一）商业信用筹资的形式

利用商业信用融资，主要有以下几种形式。

1. 应付账款

赊购商品形成应付账款，是企业购买货物暂未付款而欠对方的款项，是一种最典型、最常见的商业信用形式。在这种情况下，买卖双方发生商品交易，买方收到商品后不立即支付现金，可延期到一定时间以后再付款。

2. 预收货款

在这种形式下，卖方要先向买方收取货款，但要延期到一定时间以后交货，这等于卖方向买方先借一笔资金，是另外一种典型的商业信用形式。

3. 商业汇票

商业汇票是指单位之间根据购销合同进行延期付款的商品交易时，开出的反映债权、债务关系的票据。商业汇票是一种期票，是反映应付账款和应收账款的书面证明。对于买方来说，它是一种短期融资方式。

（二）商业信用筹资的优缺点

1. 商业信用筹资的优点

① 筹资便利。

② 筹资成本低。大多数商业信用是免费的；筹资费用没有或很少；如果没有现金折扣或企业不放弃现金折扣，那么利用商业信用筹资就没有实际成本。

③ 限制条件少。

2. 商业信用融资的缺点

① 期限短。

② 商业信用筹资如果放弃现金折扣，则一般资金成本较高。

③ 商业信用的规模受到企业资金量的限制。

三、发行债券

债券，是债务人依照法定程序发行，承诺按约定的利率和日期支付利息，并在特定日期偿还本金的有价证券。

（一）债券的种类

1. 债券是否记名，可将债券分为记名债券和无记名债券

记名债券，是指在债券上记载持券人的姓名或名称，需在发行公司的债权人名册上登记的债券。

无记名债券，是指在债券票面上未注明债权人姓名或名称，也不用在债权人名册上登记债权人姓名或名称的债券。

2. 按有无特定的财产担保，可将债券分为信用债券和抵押债券

信用债券，是指仅凭债券发行者的信用发行的，没有抵押品作抵押或担保人作担保的债券，信誉良好的公司可以发行此债券。

抵押债券，是指以一定抵押品作抵押而发行的债券。抵押债券按抵押物品的不同，可分为不动产抵押债券、设备抵押债券和证券信托债券。

3. 按照偿还方式，分为到期一次债券和分期债券

到期一次债券，是指债券于到期日一次集中清偿本息。

分期债券，是指分期、分批偿还的债券。

（二）债券筹资的优缺点

1. 债券筹资的优点

① 资金成本较低。这主要是因为等量的筹资一般支付给债权人的利息较支付给股东的股利低，且债券利息在税前支付。

② 保证控制权。

③ 发挥财务杠杆作用。债券持有人只收取固定的利息，更多的收益可用于分配给股东，增加其财富。

2. 债券筹资的缺点

① 筹资风险高。企业发行债券筹资，债券有固定的到期日，并定期支付利息。

② 限制条件多。企业发行债券的契约中通常有较多的限制条款，制约企业资金的使用。

③ 筹资额有限。利用债券筹资是有限的，当公司的负债比例超过一定限度后，债券筹资的资金成本会迅速上升，甚至可能发行不出去。

子任务 3　权益资金的筹集

【要求】通过案例分析，教师指导，使学生掌握权益资金的筹资方式。

案例 5

股票上市的影响

有人说，股票上市有许多好处，包括：有助于改善财务状况；利用股票收购其他公司；利用股票市场客观评价企业利用股票可激励职员；提高公司知名度，吸引更多顾客。

有人说，股票上市有不少弊端，包括：使公司失去隐私权；限制经理人员操作的自由度；公开上市需要很高的费用。

请分析：

（1）什么是股票？它所筹集的资金有何特点？

（2）与股票筹资相类似的筹资方式还有哪些？

知识油库

5-2-3-1　权益资金的筹集

权益性资金称为自有资金。企业权益资金的筹集方式一般有吸收直接投资、发行股票和留存收益等。

一、吸收直接投资

吸收直接投资是指企业按"共同投资、共同经营、共担风险、共享利润"的原则直接吸收国家、法人、个人投入资金的一种筹资方式。

（一）吸收直接投资的种类

吸收直接投资按投资主体不同分为以下几种。

1. 吸收国家投资

吸收国家投资是指企业吸收有权代表国家的政府部门或机构投入企业的国有资金。这种情况下形成的资本叫国有资本。

2. 吸收法人投资

吸收法人投资是指企业从法人单位（其他企业、公司）吸收其依法可以支配的资产。吸收法人投资一般以参与企业利润分配为目的，具有出资方式灵活多样的特点。

3. 吸收个人投资

吸收个人投资是指企业吸收社会个人或本企业内部职工投入的其个人合法财产。吸收个人投资一般以参与企业利润分配为目的，具有参加投资的人员较多、每人投资的数额相对较少的特点。

（二）吸收直接投资的优缺点

1. 吸收直接投资的优点

① 有利于增强企业信誉。

② 有利于尽快形成生产能力。

③ 有利于降低财务风险。

2. 吸收直接投资的缺点

① 资金成本较高。企业经营状况较好和盈利较多时，支付的报酬就多，所以资金成本较高。

② 容易分散企业控制权。

二、发行股票

发行股票是股份有限公司筹集权益资金的基本方式。股票是股份有限公司为筹集自有资金而发行的有价证券，是投资人（股东）获取公司所有权及分取股利的凭证。

（一）股票的分类

1. 按股东权利和义务的不同，股票分为普通股票和优先股票

普通股票简称普通股，是股份公司依法发行的具有平等的权利、义务、股利不固定的股票。普通股具备股票的最一般特征，是股份公司资本的最基本部分。

优先股票简称优先股，是股份公司发行的、相对于普通股具有一定优先权的股票。这种优先权主要体现在股利分配和剩余财产分配权利上。

2. 按股票票面是否记名，可将股票分为记名股票和无记名股票

记名股票，是指在股票上载有股东姓名或名称并将其记入公司股东名册的股票。记名股票的转让、继承要办理过户手续。

无记名股票，是指在股票上不记载股东姓名或名称，也不将股票姓名或名称记入公司股东名册的股票。无记名股票的转让、继承无须办理过户手续。

（二）普通股筹资的优缺点

1. 普通股筹资的优点

① 没有固定利息负担。公司盈余较少，或虽有盈余但资金短缺或有更有利的投资机会时，就可少支付或不支付股利。

② 没有固定到期日，不用偿还。

③ 筹资风险小。由于普通股没有固定到期日，不用支付固定的股利，因此风险最小。

④ 能增加公司的信誉。普通股本与留存收益构成公司偿还债务的基本保障。

2. 普通股筹资的缺点

① 资金成本较高。因为股利要从净利润中支付，而债务资金的利息可在税前扣除。另外，普通股的发行费用也比较高。

② 容易分散控制权。

任务 3　流动资产管理

子任务 1　现金管理

【要求】通过案例分析，使学生理解和掌握现金管理的主要内容和基本方法及其应用。

案例6

公司最佳现金流管理的典范

"我们已削减了成本，增加了损失储备金，改善了现金流状况，并强化了管理流程……资金分配的优先重点是确保安全，为此，我们将继续按照'AAA'要求运营公司，包括采用充足的资金、低杠杆比率、稳定的收入和保守性融资等。"在2009年给投资者的信中，GE公司董事长兼首席执行官伊梅尔特这样说道。

经济衰退时期的现金流管理，最简单的原则就是开源节流，比如减少应收、存货，增加应付，缩减费用，以及由此衍生的各式各样的技巧。重要的是审慎的周期判断、果断的战略调整，持续的管理改进，才是安全过冬的根本。

思考：

（1）现金流管理在企业的财务管理中处于何种地位？

（2）为什么说做好现金管理关乎企业生死存亡？

知识油库

5-3-1-1　现金管理

现金是企业所拥有的在生产经营过程中暂时处于货币形态的资金，是流动资产的重要组成部分。这里的现金是广义的概念，不仅指库存现金，还包括各种银行存款和其他货币资金。在企业的所有资产中，现金的流动性最强，最有活力。因此，对现金的有效管理是流动资产管理的首要内容。

一、持有现金的动机

（一）交易动机

交易动机是指企业为了应付日常经营中的交易需要而应该保持一定量的现金。这些现金是用来满足日常业务的支付需要的，譬如，购买原材料、支付工资、缴纳税款、支付利息、归还贷款和派发现金股利等。交易动机是企业持有现金的主要动机。

（二）预防性需要

预防动机是指企业为了预防意外支付而需要保持一定数量的现金。由于市场行情瞬息万变，企业很难对未来现金流入与流出量作出准确的预期。因此，为保证正常经营的继续进行，必须持有一定的现金，并保留适当的余额。

（三）投机性需要

投机动机是指企业置存现金用于不寻常的购买机会。有足额的现金，企业可以得到廉价优质原材料的临时性采购机会，可以适时购买超跌证券，从而获得高额收益。

企业持有现金的三种动机所需保持的现金并不一定完全是货币形态，它们可以是能够随时变现的有价证券和其他形态。

二、现金管理的内容

现金管理的主要内容有国家对现金管理的有关规定、现金收支预算管理、最佳现金持有量的确认和现金的日常管理等。

（一）现金持有成本

企业持有现金，通常会发生以下 4 种成本，如表 5 - 3 所示。

表 5 - 3　现金持有成本

项　目	内　容
持有成本	是指企业因保留一定数量现金而丧失的投资收益，即持有现金的机会成本。持有现金时间越长，金额越大，现金的机会成本就越大。
管理成本	企业持有现金，会发生管理费用，即是现金的管理成本。例如，管理人员的工资、安全防范措施费用、保管费用等。它是一种固定成本。
转换成本	是指企业把现金转换为有价证券及有价证券转换为现金时付出的交易费用，譬如委托买卖佣金、委托手续费、证券过户费、实物交割手续费等。
短缺成本	是指由于缺乏必要的现金，不能只为业务开支所需，而使企业蒙受损失或为此付出的代价。

（二）现金的日常管理

现金日常管理的目的是在维护现金安全的前提下尽量提高现金使用效率。

1. 力争货币资金流量同步

企业尽量使它的货币资金流入与流出发生的时间趋于一致，这样就可以使所持有的交易性现金余额降到最低水平，这就是现金流量同步。

2. 合理使用货币资金浮游量

货币资金浮游量指从企业开出支票，收款人收到支票并存入银行，至银行将款项划出企业账户的这段时间内，企业可占用的现金数。这段时间内，尽管企业已开出了支票，但仍可动用在活期存款账户上的这笔资金。

3. 加速收款

加速收款主要指企业采取各种措施，缩短应收账款的收回时间，以尽早收回货币资金。加速收款方法可以根据企业的具体情况而定，一方面尽可能缩短信用期；一方面使用现金折扣，或其他有效的收款政策，促使客户及早付款。

4. 推迟应付账款的支付

推迟应付账款的支付是指企业在不影响自己信誉的条件下，尽可能地推迟应付账款的支付期，充分运用供货方所提供的信用优惠。

子任务 2　存货管理

【要求】通过案例分析，教师指导，使学生掌握存货管理的基本内容及方法。

案例 7

家乐福的存货管理

在库存商品的管理模式上，家乐福实行品类管理（Category Management），优化商品结构。一个商品进入之后，会有 POS 机实时收集库存、销售等数据进行统一的汇总和分析，根据汇总分析的结果对库存的商品进行分类。然后，根据不同的商品分类拟订相应适合的库存计划模式，对于各类型的不同商品，根据分类制定不同的订货公式的参数。根据安全库存量的方法，当可得到的仓库存储水平下降到确定的安全库存量或以下的时候，该系统就会启动自动订货程序。

家乐福根据品类管理制订不同的库存计划模式。大致而言，存货的管理模式有 7 种模式：A/R 法（订单直接展开法）、复仓法、安全存量法、定时定购法、定量定购法、MRP 法（用料需求规划法）及准时制（Just-In-Time）。在同一个企业中，同时可以存在两种甚至以上的库存计划模式，这取决于物料的类型和企业的管理制度。

思考：

（1）企业为什么要加强存货管理？

（2）存货包括哪些内容？应如何管理存货？

⇨ 知识油库

5 – 3 – 2 – 1 存货管理

存货是指企业在生产经营过程中为销售或者耗用而储备的物资，包括原材料、燃料、包装物、低值易耗品、修理用备件、在产品、半产品、产成品、外购商品等。在流动资产中存货所占的比重是最大的，因此，存货管理水平高低直接影响到企业的收益，存货管理在整个流动资产管理中具有重要地位。

一、存货的成本

存货的成本主要有以下几项。

1. 取得成本

取得成本是指为取得某种存货而支出的费用。包括为取得订单而发生的办公费、差旅费、电报电话费成本及存货本身的价值。

2. 储存成本

储存成本指企业为持有存货而发生的成本费用支出，主要包括存货占用资金所应计的利息、仓库费用、存货破损变质损失、存货的保险费用等。

3. 缺货成本

缺货成本指因存货不足而给企业造成的损失，主要包括材料供应中断造成的停工损失，产成品库存缺货造成的拖欠损失和丧失销售机会的损失，还应包括商誉损失。

企业保持一定规模的存货资产，不仅有利于生产经营过程的顺利进行，节约采购费用，而且能够迅速满足客户各种订货的需要，为企业的生产和销售提供较大的机动性，避免因存货不足所造成的损失。但存货水平过高，资金占用就较多，存货成本也会增高。所以存货管理的目标就是要在存货的成本与收益之间进行利弊权衡，实现两者的最佳组合。既要维持公司高效和持续经营的需要，又要以最低的存货总成本获得最高的收益。

二、存货的日常管理

企业存货品种繁多，但不同的存货对企业财务目标的实现具有不同的作用。有的存货品种数量很少，但金额巨大，管理不善将可能给企业造成极大的损失。相反，有的存货虽然品种数量繁多，但金额小，即便管理当中出现一些问题，也不至于对企业产生较大的影响。因此，企业应分清主次、突出重点、兼顾一般、提高存货资金管理的整体效果。

任务4　股利分配管理

子任务1　利润分配程序

【要求】通过案例分析，教师指导，使学生理解和掌握利润分配程序的基本方法。

案例8

嘉华股份有限公司的股利分配

嘉华股份有限公司属于募集设立的股份有限公司，注册资本为人民币5 000万元，在设立过程中，经有关部门批准，以超过股票票面金额1.2倍的发行价格发行，实际所得人民币6 000万元。溢价款1 000万元当年被股东作为股利分配。两年后，由于市场行情变化，该公司开始亏损，连续亏损两年，共计亏损人民币1 200万元。股东大会罢免了原董事长，重新选举新的董事长。经过一年的改革，公司盈利人民币600万元，公司考虑到各股东多年来经济利益一直受损，故决定将该利润分配给股东。自此以后，公司业务蒸蒸日上，不仅弥补了公司多年的亏损，而且发展越来越快。2008年，公司财务状况良好，法定公积金占公司注册资本55%，法定公益金占公司注册资本的45%，公司决定，鉴于公司良好的财务状况，法定公积金可以不再提取了，法定公益金也无需再提取。为了增大企业规模，公司股东大会决定把全部法定公积金转为公司资本。

请思考：

（1）该公司将股票溢价发行款作为股利分配是否可行？

（2）公司决定不再提取法定公积金与法定公益金的理由充分不充分？

（3）公司股东会能否决定将公司的法定公积金全部转为公司资本？

案例9

卫司公司利润如何分配

卫司公司是由三个投资者投资设立的有限责任公司，在大家的努力经营下，该公司2009年税前利润总额为1 000万元。年终，董事会在探讨如何进行利润分配。

甲股东："我们按投资比例把1 000万元利润全部分掉"。

乙股东："按法律规定，利润应先交所得税，剩下的税后利润我们才能分"。

丙股东："利润都分掉，那我们去年有400万元的亏损怎么办？"

请思考：

（1）你认为各位股东的看法对吗？

（2）你能为他们说明该如何分配利润？

➡ **知识油库**

5 – 4 – 1 – 1　利润分配程序

利润分配是财务管理的重要内容。一个企业的利润分配不仅会影响企业的筹资和投资决策，而且还涉及国家、企业、投资者、职工等多方面的利益关系，涉及企业长远利益与近期利益、整体利益与局部利益等关系的协调与处理。所以，企业的利润分配政策无论对公司的管理者还是企业的股东，都是非常重要的。

利润分配除国家另有规定者外，按照下列顺序分配。

一、用于抵补被没收的财物损失，支付各项税收的滞纳金和罚款

企业因违反法规而被没收的财务损失，因违反税法而被税务部门处以的滞纳金和罚款，只能从税后利润中列支，而不能在税前列支。

二、弥补企业以前年度亏损

按照有关规定，企业年度亏损可以由下一年度的税前利润弥补，下一年度的税前利润不足以弥补的，可以由以后年度的税前利润继续弥补，但税前补亏的期限不得超过 5 年。对于超过 5 年未弥补的亏损，只能由企业的税后利润弥补。

三、提取法定盈余公积金

盈余公积金是企业在税后利润中计提的，用于增强企业物质储备，防备不测事件的资金。盈余公积金分为法定盈余公积金和任意盈余公积金。公司分配当年税后利润时，应当按照 10% 的比例提取法定盈余公积金。任意盈余公积金的提取由股东大会根据需要决定。

四、提取公益金

公益金按照提取法定盈余公积金相同的基数的 5% ～ 10% 的比例提取。公益金主要用于企业的职工集体福利设施支出，不得与企业福利费支出混同使用或用于其他消费性支出。

五、向投资者分配利润或股利

企业在提取盈余公积金、公益金之后，可向股东（投资者）支付股利（分配利润）。股利（利润）的分配应以各股东（投资者）持有股份（投资额）的数额为依据，每一股东取得的股利与其持有的股份数成正比。

利润经过上述分配后为未分配利润，未分配利润可留待以后年度进行分配。

子任务 2　股利分配政策的确定

【要求】通过案例分析，教师指导，使学生掌握如何确定股利分配政策及其应用。

案例 10

南方公司该如何确定股利政策

南方公司是一家大型钢铁公司，公司业绩一直很稳定，其盈余的长期成长率为 12%。2008 年公司税后盈利为 1 000 万元，当年发放股利共 250 万元。2009 年，因公司面临一投资机会，预计其盈利可达到 1 400 万元，而该公司投资总额为 900 万元，预计 2010 年以后仍会恢复 12% 的增长率。公司目标资本结构负债/权益为 4∶5。现在公司面临股利分配政策的选择，可供选择的股利分配政策有固定股利支付率政策、剩余股利政策及固定或稳定增长的股利政策。

如果你是该公司的财务分析人员，请：

（1）计算 2009 年公司实行不同股利政策时的股利水平；

（2）比较不同的股利政策，作出你认为正确的选择。

知识油库

5 - 4 - 2 - 1 股 利 政 策

股利政策是指公司管理当局对股利分配有关事项所作出的方针策略。股利政策主要包括股利支付程序各日期的确定、股利支付比率的确定、股利支付形式的确定、支付现金的筹资方式等，其核心是确定股利支付比率。

一、影响股利政策的因素

公司在制定股利政策时，会受到多种因素的影响，这些因素既有法律的、社会的，又有股东的，还有企业自身的。所以，企业在制定股利政策时，应当考虑到以下因素的影响，如表 5 -4 所示。

表 5 -4　影响股利政策的因素

影响因素	内　　容
法律因素	是指有关法律法规对股利分配的限制。为了保护投资者的利益，我国法律如《公司法》、《证券法》等都对公司的股利分配进行了一定的限制。只有在不违反法律的前提下，公司才能自主确定股利分配政策。
公司因素	是指股份公司内部的各种因素及其面临的环境、机会而对股利政策的影响。主要包括现金流量、筹资能力、投资机会、资金成本、盈余稳定状况等。
股东因素	股东出于承担的税负、拥有的投资机会及股权稀释、风险等方面的偏好，也会对公司的股利政策产生举足轻重的影响。

二、股利政策的类型

股利政策受以上多种因素的影响，并且不同的股利政策也会对公司的股票价格产生不同的影响。常用的股利政策主要有以下 4 种。

（一）剩余股利政策

所谓剩余股利政策，是指在企业确定的最佳资本结构下，税后利润首先满足投资的要求，若有剩余才用于发放股利。在最佳的资本结构下，企业的资金成本最低，企业的价值最大。

剩余股利政策的优点：有利于优化资本结构，使综合资本成本最低，实现企业长期发展和股东价值的最大化。

剩余股利政策的缺点：企业的股利发放额每年随投资机会和盈利水平的波动而波动，也不利于公司树立良好的形象。

（二）固定股利政策

固定股利政策是指企业在较长时期内支付固定的股利额，不因盈利多少而变化。只有当企业对未来利润增长确有把握，并且这种增长被认为是不会发生逆转时，才增加每股股利额。

采用这种股利政策的优点：说明该公司的经营业绩比较稳定，经营风险较小，传递给投资者该公司经营业绩稳定增长的信息，有利于股票价格上升。

采用这种股利政策的缺点：使公司股利支付与公司盈利相脱离。

（三）固定股利支付率政策

固定股利支付率政策是指企业确定一个股利支付率，每年都按固定的股利支付率发放股利。股利支付率越高，支付的股利越多，留存的盈余越少。

采用这一股利政策的优点：使企业的股利支付与企业的盈利状况密切相关，体现多盈多分、少盈少分、不盈不分的原则。

采用这一股利政策的缺点：企业的股利可能变动较大，传递给投资者经营不稳定的信息，容易使股票价格产生较大波动，从而影响投资者对企业的信心。

（四）低正常股利加额外股利政策

低正常股利加额外股利政策是一种折中的股利政策。这种股利政策每期都支付稳定的较低的正常股利额，当企业盈利较多时，再根据实际情况发放额外股利，但额外股利并不固定。

采用低正常股利加额外股利政策的优点是，使灵活性与一定的稳定性较好地结合，缺点是，股利派发仍然缺乏稳定性。

公司股利分配政策的选择如表5-5所示。

表5-5　公司股利分配政策的选择

公司发展阶段	特　点	适应的股利政策
公司初创阶段	公司经营风险高，融资能力差	剩余股利政策
公司高速发展阶段	产品销量急剧上升，需要进行大规模的投资	低正常股利加额外股利的股利政策
公司稳定增长阶段	销售收入稳定增长，市场竞争力增强，行业地位已经巩固，公司扩张的投资需求减少，广告开支比例下降，净现金流入量稳步增长，每股净利润呈上升态势	稳定增长型股利政策
公司成熟阶段	产品市场趋于饱和，销售收入难以增长，但盈利水平稳定，公司通常已积累了相当的盈余和资金	固定股利政策
公司衰退阶段	产品销售收锐减，利润严重下降，股利支付能力日趋下降	剩余股利政策

三、股利支付形式

股份公司分派股利的形式一般有现金股利、股票股利、财产股利和负债股利等，具体内容如表 5-6 所示。我国法律规定股份公司只能采用现金股利和股票股利两种形式。

表 5-6 股利支付形式

支付形式	内 容
现金股利	是指股份公司以现金的形式发放给股东的股利。发放现金股利的多少主要取决于公司的股利政策和经营业绩。公司采用现金股利形式时，必须要有足够的未指明用途的留存收益（未分配利润）和足够的现金。
股票股利	是指企业以股票形式发放的股利。可以用于发放股票股利的，除了当年的可供分配的利润外，还有公司的盈余公积金和资本公积金。
财产股利	是指企业以现金以外的财产支付股利，主要是以公司所拥有的其他企业的有价证券，如债券、股票等，作为股利支付给股东。
负债股利	是指公司以负债支付的股利。通常以公司的应付票据支付给股东，也有发行公司债券抵付股利的。这种支付方式也只是公司的一种权宜之计，大多数的股东不欢迎这种股利支付方式。

四、确定股利发放日期

股份公司从宣告股利分配方案到向股东支付股利，其过程主要经历股利宣告日、股权登记日、除权（或除息）日和股利支付日等，制定股利政策时必须确定这些日期。

1. 股利宣告日

股利宣告日就是公司董事会将股利支付情况予以公告的日期。我国股份公司一般是一年发放一次或两次股利，即在年末和年中分配。

2. 股权登记日

股权登记日是有权领取本期股利的股东资格登记截止日期。企业规定股权登记日是为了确定股东能否领取股利的日期界限。凡是在股权登记日这一天登记在册的股东才有资格领取本期股利，而在这一天之后登记在册的股东，即使是在股利发放日之前买到的股票，也无权领取本次分配的股利。

3. 除权日

除权日是指除去股利的日期，即领取股利的权利与股票分开的日期。在除权日前，股利权从属于股票，持有股票者即享有领取股利的权利；从除权日开始，股利权与股票相分离，新购入股票的人不能分享股利。当今我国股权登记日的下一个工作日为除权日。

4. 股利发放日

股利发放日是将股利发放给股东的日期。在这一天，企业应将股利打入股东资金账户。

例如，天地公司于 2008 年 7 月 6 日发布公告："本公司董事会在 2008 年 7 月 6 日的会议上决定 2008 年上半年每股分派现金股利 1.50 元；本公司将于 2008 年 8 月 20 日将上述股利支付给已在 2008 年 7 月 31 日登记为本公司股东的人士。"

上例中，2008 年 7 月 6 日为天地公司的股利宣告日；2008 年 7 月 31 日为股权登记日；

2008 年 8 月 20 日为股利发放日。

项目小结 »

　　财务管理是在一定的整体目标下，关于资产的购置（投资），资本的融通（筹资）和经营中现金流量（营运资金），以及利润分配的管理。财务管理是企业管理的一个重要组成部分，它是根据财经法规制度，按照财务管理的原则，组织企业财务活动，处理财务关系的一项经济管理工作。简单地说，财务管理是组织企业财务活动，处理财务关系的一项经济管理工作。

　　本项目主要内容

　　1. 财务管理基本内容及目标。

　　2. 资金的筹集渠道及方式、负债资金的筹集、权益资金的筹集等。

　　3. 现金管理、存货管理等。

　　4. 利润分配、股利分配等。

课后讨论 »

　　1. 你是如何认识财务管理在企业管理中的地位和作用？

　　2. 如果毕业后打算从事财务管理工作，你认为应具备哪些财务管理知识和相关的知识，你觉得自己准备好了吗？

复习思考 »

　　1. 什么是财务管理？它的内容有哪些？

　　2. 筹资渠道与筹资方式有哪些？

　　3. 银行借款筹资的优缺点有哪些？

　　4. 吸收直接投资的优缺点。

　　5. 持有现金的成本有哪些？

　　6. 影响股利分配政策的因素有哪些？

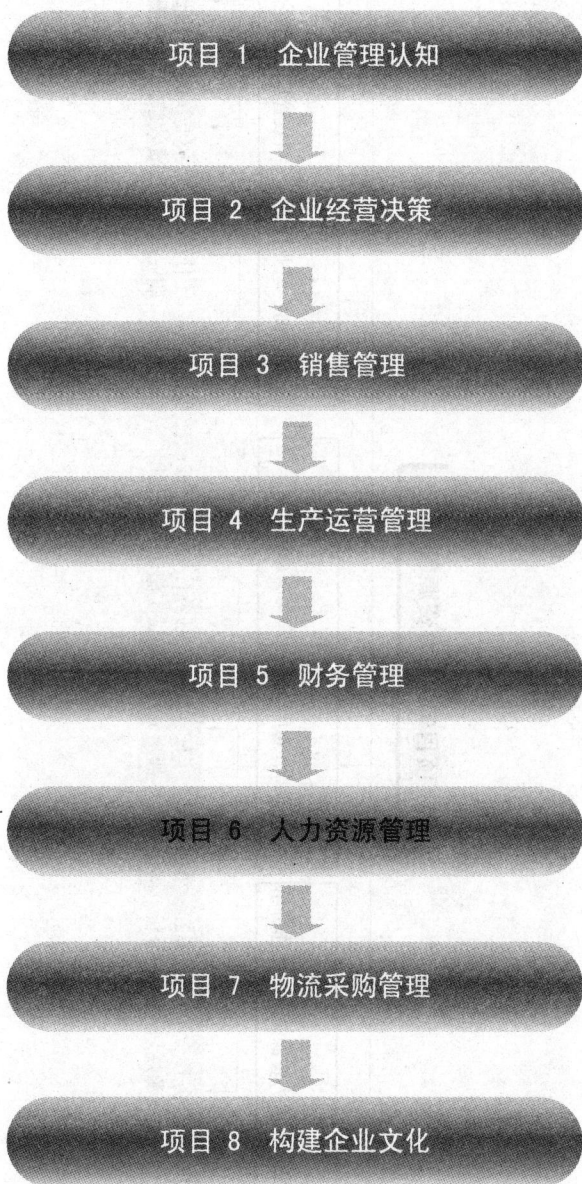

项目 1 企业管理认知

项目 2 企业经营决策

项目 3 销售管理

项目 4 生产运营管理

项目 5 财务管理

项目 6 人力资源管理

项目 7 物流采购管理

项目 8 构建企业文化

项目 6　人力资源管理

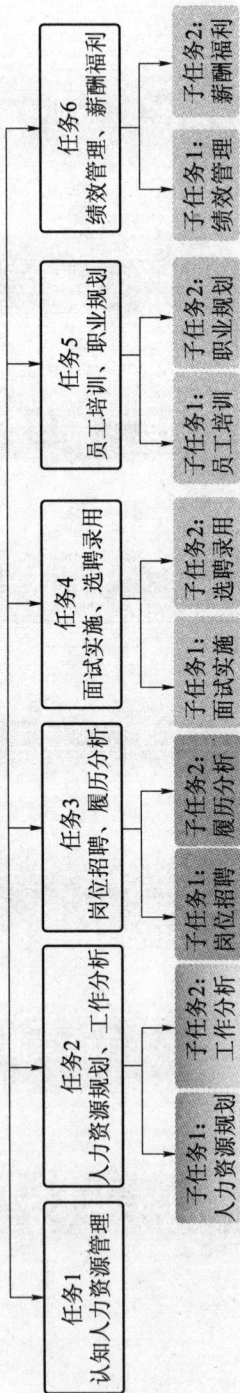

```
项目6 人力资源管理
├─ 任务1              认知人力资源管理
├─ 任务2              人力资源规划、工作分析
│       ├─ 子任务1： 人力资源规划
│       └─ 子任务2： 工作分析
├─ 任务3              岗位招聘、履历分析
│       ├─ 子任务1： 岗位招聘
│       └─ 子任务2： 履历分析
├─ 任务4              面试实施、选聘录用
│       ├─ 子任务1： 面试实施
│       └─ 子任务2： 选聘录用
├─ 任务5              员工培训、职业规划
│       ├─ 子任务1： 员工培训
│       └─ 子任务2： 职业规划
└─ 任务6              绩效管理、薪酬福利
        ├─ 子任务1： 绩效管理
        └─ 子任务2： 薪酬福利
```

项目 **6**

人力资源管理

跨入 21 世纪，人类社会进入了知识经济时代。在这一个新的时代，我国的企业和所有的企业家、管理者及员工正经历着前所未有的经济全球化的挑战。根据从事跨国管理研究的国际学者的最新发现，我国企业与发达国家在企业管理上的差距，最主要表现在战略思维和业务创新的薄弱，以及团队管理的缺乏方面。这种情形也深刻地反映在人力资源管理领域。本情境力图贯彻人力资源管理的战略性、全员性与创新性，引导学生学习人力资源管理的相关知识。

本项目分 6 个任务完成。

学习目标

1. 了解人力资源管理的内涵、定义、功能。
2. 熟悉人力资源管理的流程。
3. 掌握人力资源管理实务的知识油库。

任务1 认知人力资源管理

【要求】通过案例分析，引导学生认识人力资源管理的内涵、定义及任务与功能。

案例1

贝塔斯曼 HR 管理的秘密

一、给员工充分的自由

莱因哈德·默恩职业生涯的序幕和贝塔斯曼出版社的崛起是从第二次世界大战后的废墟里开始的。那时默恩作为在非洲参战的空军中尉，刚刚从美国的战俘监狱回到德国，遵从父亲的意愿，1947 年，他 26 岁接手贝塔斯曼。此后，默恩用了 40 多年时间，将这个中型的印刷和出版企业扩张成世界顶尖的传媒企业。在他的领导下，这个 1835 年成立的以出版宗教诗歌集和教育书籍的家族企业，变成了在 56 个国家和地区总共拥有 8.2 万名员工，年销售额达到 200 亿美元的跨国多媒体集团。

他将这些成功归结为简单的 HR 管理公式："不独断专行，任何事情都要经过询问和检验后作决定"，"盈利、利润及销售额尽管重要，但并不是企业行为的目标，对公共利益的贡献才是企业的使命"。

在实施这些 HR 管理原则的时候,他一直坚持使用自己的"秘方":激励员工,让他们在自己的岗位上能够在给定的权限范围内自由发挥,这会使员工感到满意。实际上,这是一个老调重弹的问题:如何让人们全心全意为企业工作。默恩的答案也很简单:为员工制定明确的目标,除此之外,他们是完全自由的。这样,实际上是每个人都在为自己工作。

在对管理人员的选择上,默恩没有把学历或其他此类标准作为依据,他坦率地承认他也没有读过大学。但是要在企业中去经历,并且能够对重大的事情作出负责任的决定,是默恩所知道的最好的教育。越是对管理中的上层位置的人选,越是没有公认的一定之规可以去衡量。

二、金钱不是目标

在老板和员工的关系上,默恩很早就与社会传统站到了对立面,同样,他也反对家长式的管理风格。如果说自律严谨来自他的家庭和出身,那民主意识则是受益于美国的监狱生活,在那里,他学习了民主政治和现代化的管理知识。他甚至在动摇资本主义企业的支柱——对物质利益最大化的追求:他遵循的准则的核心是企业不仅仅是为资本回报率操心,更多应该为公共福利有所贡献。金钱不是最终的目的,伦理和道德的标准是在经济目标之上的,这是默恩的信念。因此,他没有把贝塔斯曼带到证券交易市场,因为证券投资人对于资本主义的理解显然与他不同,当尊重投资人的利益的时候,势必会影响贝塔斯曼延续自己的企业文化。因为这些,使默恩在德国企业家中赢得了"红色资本家"的称号。

三、"领导意味着服务"

默恩的周围不允许漫不经心的感觉和气氛出现。尽管默恩没有把他那类似禁欲主义者的作风导入管理,但他希望他的作风能成为管理人员的榜样。他一再强调,如果谁在工作中一定要摆出上级领导者的派头来,那他就不能为一个企业忘我地工作。

自我意识和自尊自信是每个成功的管理者和领导者必不可缺的素质,但爱好虚荣却会使他们的思路和行动方向发生偏差。如果热衷于表现自己,迫不及待地告诉人们缺了他是不行的,只能将他的性格弱点暴露无遗。默恩明白虚荣是人的本性,但是贝塔斯曼不接受这个特性。一个管理者或领导者树立权威只有通过他的专业能力和值得信赖的个人品质:"领导意味着服务",默恩一直强调着并且亲历亲行。

正是如此,默恩在 1977 年创建了贝塔斯曼基金会。贝塔斯曼有限公司的家族成员也由此逐步变为这个基金会的大股东,也就是说这个世界精英级传媒公司,真正如同它的名称"贝塔斯曼股份有限公司",成为一个现代化的股份公司,而不再是一个传统的家族企业。

通过这项措施,将贝塔斯曼的资本和管理权分开了:贝塔斯曼股份有限公司的盈利将按照投资人的意愿,主要用于改善职工待遇和贡献于社会福利。1993 年默恩将他在贝塔斯曼有限公司的股份的 68.8% 转移到贝塔斯曼基金会:基金会的利润将继续用于基金会未来的工作。但资本的转移并不意味着表决权的转移,默恩将表决权交给了贝塔斯曼管理协会,这个协会的使命是保持并且发展贝塔斯曼的企业文化。今天的默恩仍然一如既往地遵循早年定下的原则:"规模大小对我来说不是目标,金钱多少对我来说没有太多的含义。贝塔斯曼应该有最好的管理技术和吸引最好的员工,这之后才会有正确恰当的成果"。

知识油库

6 – 1 – 1 – 1　认知人力资源

人力资源（Human Resource）有三个层次的含义。

一是指一个国家或地区内，具有劳动能力人口的总和，如图 6 – 1 所示。

二是指在一个组织中发挥生产力作用的全体人员。

三是指一个人具有的劳动能力，这是国内学者比较普遍接受的人力资源定义。

管理学是发展中的学科。管理学科的概念，与经济学等比较成熟的学科的概念相比，概念的内涵和外延，往往不是那么确定，一般没有清楚的、统一的内容和边界。尽管各路专家、学者达成"共识"的趋势不断加强，"共同语言"的日益增多，但是"持不同政见者"仍然大有人在。

管理学大师彼得·德鲁克（Peter Drucker），在 1954 年出版的《管理的实践》（The Practice of Management）这部经典著作中，首次在管理学领域阐释了人力资源概念的含义，奠定了人力资源管理学理论的基础。

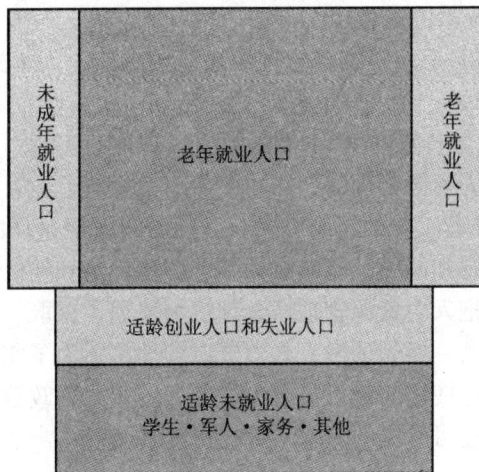

图 6 – 1　一个国家或地区内人力资源构成

德鲁克教授指出，"人力资源——完整的人——是所有可用资源中最有生产力、最有用处、最为多产的资源。""人力资源具有一种其他资源所没有的特性：具有协调、整合、判断和想象的能力"人力资源还有与其他任何资源都不同的一点，对于自己要不要工作，拥有绝对的自主权。因此，德鲁克教授认为，企业在雇用员工时，要雇用整个人，不能只是雇用"人手"，必须连双手的主人一起雇用。

6 – 1 – 1 – 2　认知人力资源管理

一、常见的人力资源管理定义

① 加里·德斯勒（Gary Dessler）认为，"人力资源管理是指履行管理工作中有关人或

人事方面职能所需要掌握的政策规定和实务技术"。包括以下 10 个方面。

- 工作分析（确定每一位员工的岗位职责）。
- 劳动力需求规划与员工招募。
- 员工选拔。
- 新员工岗前培训。
- 薪酬管理（决定如何给员工发放报酬）。
- 激励与员工福利。
- 绩效评价。
- 沟通（面谈、咨询与纪律）。
- 培训与开发。
- 培养员工责任感。

② 美国人力资源管理专家雷蒙德·A·诺伊（Raymond A. Noe）等人认为，人力资源管理是指影响雇员的行为、态度及绩效的各种政策、管理实践和制度。

③ 中国台湾的人力资源管理专家黄英忠提出：人力资源管理是将组织所有人力资源做最适当的确保（Acquisition）、开发（Development）、维持（Maintenance）和使用（Utilization），以及为此所规划、执行和统治的过程。

④ 中国大陆学者赵曙明把人力资源管理概念界定为：对人力这一特殊的资源进行有效开发、合理利用与科学管理。

⑤ 管理学大师彼得·德鲁克在 1954 年出版的《管理的实践》著作中，首次提出了人力资源概念，阐述了企业人力资源管理的"人本主义"新思想。

德鲁克指出："这意味着工作的组织方式，必须始终按照这样的方式设计，即让个体所有的长处、进取心、责任感和能力，能够成为整个群体优势和绩效的来源"。

综合上述观点，可以把人力资源管理概念理解为规划、获取、配置、使用和建设组织中员工生产能力的一系列活动。换句话说，人力资源管理是指为了实现组织存在与发展目标而采取的规划、获取、配置、使用与建设员工生产能力的一系列政策措施和实践活动。

人力资源管理的含义还可参见图 6-2 来作进一步的理解。

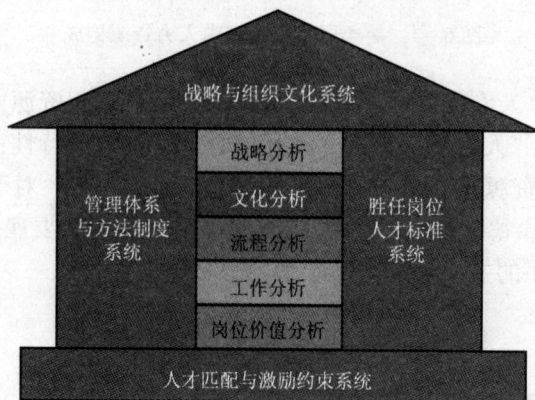

图 6-2　人力资源管理含义解析

二、人力资源管理的任务与功能

1. 人力资源管理的任务

人力资源管理是组织的基本管理职能之一，其基本任务就是：吸引、保留、激励与开发组织所需的人力资源，促成组织目标的实现。从而使组织在市场竞争中得以生存和发展。具体说来就是，把组织所需的人力资源吸引到组织中来，将他们保留在组织之内，调动他们的工作积极性，并开发他们的潜能，从而获得人力资源的高效率的利用。除了上述的基本任务以外，人力资源管理还有以下一些重要的任务。

① 促使员工将组织的成功当做自己的义务，进而提高员工个人和组织整体的业绩。

② 确保各种人事政策和制度与组织绩效间的密切联系，维护人事政策和制度的适当的连贯性。

③ 确保各种人事政策与组织经营目标的统一。

④ 支持合理的组织文化，改善组织文化中不合理的地方。

⑤ 创造理想的组织氛围，鼓励创造性，培养员工积极向上的作风，并为合作、创新和全面质量管理的完善提供支持。

⑥ 创造灵活的组织体系，确保组织反应的灵敏性和强有力的适应性，从而协助组织实现竞争环境下的具体目标。

⑦ 确保并提高组织结构、工作分工的合理性和灵活性。

⑧ 为员工充分发挥潜力提供所得的支持。

⑨ 维持并改进员工队伍的素质，维护并完善组织的产品和服务。

2. 人力资源管理的功能

人力资源管理的5项基本功能包括以下几个方面。

① 获取：包括招聘、考试、选拔与委派。

② 整合：这是指使被招收的员工了解组织的宗旨与价值观，接受和遵从其指导，使之内化为他们自己的价值观，从而建立和加强他们对组织的认同与责任感。

③ 保持和激励：向员工提供奖酬，增加其满意感，使其安心和积极工作。

④ 控制与调整：评估他们的素质，考核其绩效，作出相应的奖惩、升迁、辞退、解聘等决策。

⑤ 开发：对员工实施培训，并提供发展机会。指导他们明确自己的长、短处与今后的发展方向和道路。

上述人力资源管理的5项功能不是孤立无关的，而是密切联系、相辅相成、彼此配合的。组织在某一方面的决策常常会影响到其他方面。但这5项基本功能都是以职务分析为核心的。职务分析能确定本企业每一岗位应有的权责和资格要求，从而为人力资源的获取提出了明确的要求，为激励规定了目标，给考绩提供了标准，为培训与开发提供了依据，如图6-3所示。

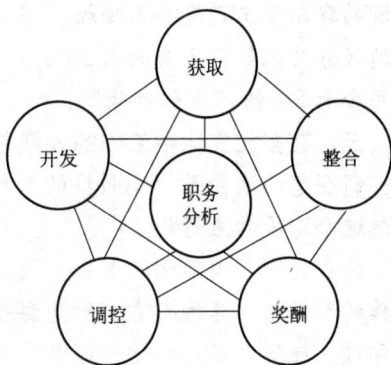

图6-3　人力资源管理基本功能

任务 2　人力资源规划、工作分析

子任务 1　人力资源规划

【要求】通过案例分析，引导学生理解人力资源规划包含的内容，了解人力资源规划的流程及企业人力资源规划的重要性。

案例 2

新联想的人才新战略

2003 年 4 月 28 日，联想集团启用 "lenovo" 新标志，为联想产品进入海外市场扫除障碍。

2004 年 3 月 26 日，联想成为国际奥委会全球合作伙伴的首家中国企业。

2004 年 12 月 8 日，联想集团以 12.5 亿美元收购 IBM 全球 PC 业务。

这三大举措，标志着联想已经从一个中国知名企业，向国际化企业转型，开始步入国际化时代。随着业务定位的国际化，联想对人才也明确提出了国际化的战略要求。

一、研发和销售人员需求增大

联想已经从大量招聘人才的快速发展阶段进入到平稳阶段。因此，在今后几年，联想的招聘量都不可能有大幅度的增长，只能是基本持平，略有增幅。目前，新联想最缺的是研发人员和销售人员，比如无线关联应用方面的研发人员，有经验的直销人员等。

二、薪资福利逐步和 IBM – PCD 接轨

联想并购后的员工薪资，逐步和 IBM 接轨，但需要有一个过程。

联想职能部门员工的基薪高，奖金少；销售人员的基薪相对低些，奖金和业绩挂钩；研发人员的基薪高些，奖金更多地和员工的发明专利、完成项目的情况挂钩。

联想集团华东区域总部人力行政总监曹金昌认为，联想每年都会参加专业咨询公司进行的薪资水平调查，根据市场水平调整薪资水平。联想还会给达到一定级别的员工期权，大约 80% 的联想员工拥有公司期权。据了解，联想对员工的考核主要分部门和个人两个层面。考核绩效分为三等：优秀的占 20%，中段占 70%，末端的占 10%。比较 "残酷" 的是，联想每年会有 5% 的 "末位淘汰"。

三、在多元文化中工作的人是首选

新联想的远景是 "高科技的联想，服务的联想，国际化的联想"，国际化，已成为了新联想这个阶段的主题词。

要成为一个国际化的企业，就必须要有国际型人才。因此，国际型人才成为新联想招聘工作的新指向。具体而言，就是要求求职者有海外学习、工作的背景，或者在国内跨国公司工作过，经历过多元文化的环境。

此外，新联想招聘与以往的不同之处还体现在：对工作经验的要求更高了，以前可能有个一年半载的工作经历就可能被录用，而现在通常要求工作经历在两三年以上；更加看重英语水平，因为随着企业整合的加速，英语将成为新联想的官方语言。这两者都属于入门级的要求。

思考：

（1）如果你是联想 CEO，你会采取什么样的人力资源战略？

（2）组织在制定新的发展战略过程中，应该如何规划人力资源？

➡ 知识油库

6 – 2 – 1 – 1　认识人力资源规划

广义的人力资源规划就是对人力资源管理工作进行筹划和安排，它是企业根据外部环境和内部条件而统筹安排各项人力资源管理活动的过程。狭义的人力资源规划则是指企业科学地预测、分析自己在变化的环境中的人力资源供给和需求状况，制定必要的政策和措施以确保自身在需要的时候和需要的岗位上获得各种需要的人才（包括数量和质量两个方面），并使组织和个体得到长期的利益。

广义的人力资源规划还包含总体规划、培训开发、绩效与薪酬福利计划、劳动关系计划及人力资源预算等。狭义的人力资源规划仅包括与人员关系有关的内容，如配备计划、退休解聘计划、补充计划、使用计划、职业计划等。

1. 总体规划

即根据企业战略确定的人力资源管理的总体目标和配套政策。

2. 配备计划

表示组织中、长期内处于不同职务、部门或工作类型的人员的分布状况。组织中各个部门、职位所需要的人员都有一个合适的规模，这个规模是随着组织内外部环境和条件的变化而变化的。配备计划就是要确定这个合适的规模及与之对应的人员结构是怎样的，这是确定组织人员需求的重要依据。

3. 退休解聘计划

企业每年都会有一些人达到退休年龄或合同期满，企业不再续聘等原因而离开企业。在经济不景气、人员过剩时，有的企业还常常采取提前退休、买断工龄甚至解聘等特殊手段裁减冗员。在这些方面，企业都应根据人员状况提前做好计划。

4. 补充计划

因为种种原因，例如，组织规模的扩大，原有人员的退休、离职等，组织中经常会出现新的或空缺的职位，这就需要组织制定必要的政策和措施，以保证在出现职位空缺时能及时地获得所需数量和质量的人员，这就是人员补充计划。

5. 使用计划

使用计划的主要内容是晋升与轮换。晋升计划就是根据企业的人员分布状况和层级结构，拟定人员的提升政策。轮换计划即是为实现工作内容的丰富化、保持和提高员工的创新热情和能力、培养员工多方面的素质，而拟定的大范围对员工的工作岗位进行定期变换的计划。晋升表现为员工岗位的垂直上升，轮换则主要表现为员工岗位的水平变动。

6. 培训开发计划

组织通过培训开发，一方面可以使组织成员更好地适应正从事的工作，另一方面也为组织未来发展所需要的一些职位准备了后备人才。

7. 职业计划

企业为了不断的增强其成员的满意感并使其能与组织的发展与需要统一起来，制定有关员工个人成长、发展与企业的需求、发展相结合的计划。其主要内容是对员工个人在使用、培养等方面的特殊安排。一般情况下，企业不可能也不必要为所有员工都制订职业计划，职业计划的主要对象是企业的骨干。

8. 绩效与薪酬福利计划

这项计划的内容包括绩效标准及其衡量方法。薪酬结构、工资总额、工资关系、福利项目及绩效与薪酬的对应关系等。

9. 劳动关系计划

关于如何减少和预防劳动争议，改进劳动关系的计划。

10. 人力资源预算

以上各方面都或多或少地涉及费用问题，要在制定各项分预算的基础上，制定出人力资源的总预算。

上述 10 个方面是相互关联的，例如，配存计划、使用计划都可能带来空缺岗位，因而需要补充人员；补充计划要以配备计划为前提；补充计划的有效执行需要有培训计划、薪酬福利计划、劳动关系计划来保证；职业计划与使用计划相辅相成，等等。

6-2-1-2　人力资源规划流程

人力资源规划的流程由 5 个阶段构成，即确定人力资源规划的目标、信息收集与处理阶段、总体规划分析阶段和制定实施计划阶段、对人力资源规划的审核与评估。

1. 确定人力资源规划的目标

人力资源规划的目标是随组织所处的环境、企业战略与战术计划、组织目前工作结构与员工工作行为的变化而不断改变的。当组织的战略计划、年度计划已经确定，组织目前的人力资源需求与供给情况已经摸清，就可以据此制定组织的人力资源目标了。

2. 准备有关信息资料

信息资料是制定人力资源规划的依据。信息资料的质量如何，对人力资源规划工作的质量影响很大。跟人力资源规划有关的信息资料主要有：企业的经营战略和目标；职务说明；企业现有人员情况；员工的培训、教育情况等。

3. 总体规划分析阶段

（1）人力资源需求预测

人力资源需求预测的主要任务是分析企业需要什么样的人及需要多少人。为此，分析人员首先要了解哪些因素可能影响到企业的人力资源需求，这些因素包括企业技术、设备条件的变化、企业规模的变化、企业经营方向的调整、人员的流动及外部因素对企业的影响等。

影响企业人力资源需求预测的主要因素有：业务发展规划、组织规模结构及地域分布、劳动生产率水平、技术改造与革新计划等。

（2）人力资源供给预测

供给预测包括两个方面：一方面是内部人员拥有量预测，即根据现有人力资源及其未来变动情况，预测出计划期内各时间点上的人员拥有量；另一方面是外部供给量预测，即确定在计划期内各时间点上可以从企业外部获得的各类人员的数量。无论需求预测还是供给预测，对做预测的人的选择都十分关键，因为预测的准确性与预测者个人关系很大。应该选择那些有经验、判断力较强的人来进行预测。

（3）确定人员净需求，实现人力资源供需的平衡

人员需求和供给预测完成后，就可以将本企业人力资源需求的预测情况与在同期内企业本身可供给的人力资源情况进行对比分析。从比较分析中可测算出各类人员的净需求情况。

如果净需求是正的，则表明企业需要招聘新的员工或对现有的员工进行有针对性的培训；如果净需求是负的，则表明企业这方面的人员是过剩的，应该精简或对员工进行调配。

4. 制定规划阶段

包括制订补充计划、使用计划、培训开发计划等。规划中既要有指导性、原则性的政策，又要有可操作的具体措施，供求预测的不同结果，决定了应采取的政策和措施也不同。

5. 对人力资源规划的审核与评估

对一个组织人力资源规划的审核与评估是对该组织人力资源规划所涉及的各个方面其所带来的效益进行综合的审查与评价，也是对人力资源规划所涉及的有关政策、措施及招聘、培训发展和报酬福利等方面进行审核与控制。

子任务2　工作分析

【要求】通过案例分析，引导学生了解工作分析的过程，掌握工作分析的内容和方法。

案例3

工作分析能否这样做

××宽带数字技术有限公司（以下简称公司）成立于1993年，是行内稍有名气的一家从事机顶盒研究开发的高新企业。今年为了迎接更好的机遇更大的挑战，以管理顾问为首的公司领导班子决定进行深度改革，首先从组织架构着手，把市场部提到了新的高度，重整了原来的系统软件部、应用软件部、硬件部等，同时也引进了一批更专业的人才（小西就是基于此引进的），用总经理的话说：专业的人才，做专业的事。但是，由于组织架构的变动，有些岗位名称变了，有些部门名称变了，也有一些员工的部门隶属关系变了，部门主要职能变了。因此有些员工开始迷茫：我现在该做什么呀，什么叫做"项目管理总经理"呀……缘此，我们的管理顾问就提出让小西做系统的工作分析，明确每个岗位的职责。

公司原有工作分析介绍如下。

翻开公司的ISO体系文件，在《管理责任程序》后的附件二《部门职责说明》之后就是小西最想参考的《工作说明书》了，可是当她细看之后，发现这和现在公司的岗位安排有较大的距离，而且，这里的《工作说明书》好像并不规范，没有遵循所谓的工作分析要包括"5W1H"（who、whom、what、when、where、how）的说法，还有岗位定编定员等。现从中选一例供大家讨论。

人力资源部工作说明书

人力资源部经理：

① 负责公司的劳资管理，并按绩效考评情况实施奖罚；

② 负责统计、评估公司人力资源需求情况，制定人员招聘计划并按计划招聘公司员工；

③ 按实际情况完善公司《员工工作绩效考核制度》；

④ 负责向总经理提交人员鉴定、评价的结果；

⑤ 负责管理人事档案；

⑥ 负责本部门员工工作绩效考核；

⑦ 负责完成总经理交代的其他任务。

培训考核岗位：

① 负责按月收集各部门绩效考核表，并按公司《员工工作绩效考核制度》进行人员绩效考核，按时上报人力资源部经理；

② 负责收集各部门的培训需求，制订培训计划；

③ 负责执行经审批的培训计划，并进行培训考核，撰写培训总结；

④ 完成人力资源部经理交代的其他工作。

小西看完后仔细思考了一下，虽然不知道这份工作分析是怎么做出来的（据说这是经过深思熟虑，反复推敲后成文的），但是她觉得这里面至少存在这样几个问题。

1. 格式过于简单

虽然工作说明书可以纯粹用文字的形式来表达，但大标题、小标题还是需要明确的。上面引用的工作说明书，格式过于简单，造成视觉上的不良感觉。

2. 内容不完整

虽然未必把前面所提的"5W1H"面面俱到，但是作为工作说明书，至少要在"基本资料"一栏中写清楚：岗位名称、直接上级、所属部门。"工作描述"一栏中写清"工作概要"、逐项列出"岗位职责"。"职位关系"一栏中写明受谁监督、监督谁；可晋升、转换和晋升至此的职位；工作中可能与哪些职位发生关系。"任职资格"一栏中分别列出就职该岗位所需的学历要求、工作经验要求、能力要求，还可加上性别、年龄、体能要求等。工作说明书还可以包含"工作环境"的说明：工作场所、环境的危险性、工作时间特征、均衡性、舒适性等。

上面的工作说明书，只是简单列了几条该岗位的平时可能发生的工作内容，都属于"岗位职责"的内容。虽然"岗位职责"是工作说明书中的重要内容，但并不是唯一内容。

3. 内容描述不准确

对于"人力资源部经理"来说，我觉得他的工作起码应涉及人力资源管理的几个重要部分：人力资源规划、员工招聘、培训发展、绩效考核、薪资福利，虽然每个方面都可以安排专员负责。但是，现在公司的情况是：在小西没来之前，人力资源部就只有经理一人（以前有过一个助理，已离职），所以她的工作说明书就应该更详细一点，因为实际工作就是这样。对于"负责管理人事档案"这一条，小西有点疑虑：公司是民营企业，没有档案管理权，根本就不存在"管理人事档案"这一说。事实上，公司员工的档案都是挂靠在南方人才市场的，委托南方人才市场来管理。这样说来，这一条是不是错了呢？

至于"培训考核岗位"，小西也弄不太清，我们的培训考核流程具体是怎样的呢？小西暂时找不到答案。

为了完成来公司的第一项工作任务，小西不再依赖原有文件，她开始竭尽所能地收集资料。首先弄清楚新的组织架构图中出现的每一个名词的含义，搞清楚公司的人员安排，即所谓的定岗定编。然后利用因特网，查询与每个职位有关的信息，对照自己公司的情况进行取舍。当然"工作说明书"被无数次的搜索过。为此，购书中心留下了她的脚印，The Dictionary of Occupational Titles（美国《职衔大辞典》）也第一次走进了小西的脑海。虽然大学期间，《工作分析》被列入重点专业课之一，用了一个学期来学，可是当初好像根本就没学到什么，现在能记起来的更是寥寥无几，况且理论与实践的差距太大了。

经过各种途径的资料搜集，当然也多次向HRD经理和管理顾问请教，小西的工作说明书有了雏形，现把其中"人力资源部经理"的工作说明书列出来，供大家讨论。

人力资源部经理职务说明书

岗位名称：人力资源部经理

所属部门：人力资源部

直接上级：总经理

岗位设置目的：建立健全人力资源管理系统，制定人力资源发展战略和相关制度。

岗位要求：清楚用人政策、办事途径；工作认真严谨，善于用人、管人；自身人格魅力强。

工作责任：

① 根据公司发展目标及内外部需求，建立人力资源发展规划。

② 建立，并根据内外形势不断修改人力资源管理系统。

③ 根据市场的发展，定期评估企业架构、部门职能和工作流程。

④ 根据公司短期和长期发展需求，及时进行人员招聘和人才储备。

⑤ 负责公司劳资管理，并按绩效考核情况实施奖罚。

⑥ 拟定并定期修改工作分析、绩效考评系统、福利制度、员工升迁规定等。

⑦ 负责员工档案的挂靠管理，处理员工劳动关系。

⑧ 完成公司交付的其他任务。

绩效考核标准：

① 公司人力资本有效运用情况。

② 人力资源部经理自身能力、素质。

工作难点：如何招聘好的员工，充分发挥员工能力，真正做到人岗匹配。

工作禁忌：自身素质欠佳，不能选拔、管理员工。

职业发展道路：人力资源总监。

任职资格：

① 学历、工作经验要求：本科毕业5年以上，研究生（以上）毕业3年以上，大型企业人力资源管理工作经验。

② 工作业绩：系统的做过工作分析、绩效考核、酬薪设计等。

③ 职业培训：组织行为学、劳动安全与卫生、劳动法、薪酬管理、工作分析、人力资源开发与管理、社会保障学。

④ 年龄要求：28岁以上。

⑤ 个人素质：沟通协调能力、组织管理能力、业务指导能力、分析判断能力、实务操作能力、个人亲和力。

问题：

（1）企业在什么情况下要进行系统的工作分析，明确岗位职责？工作分析对于企业的人力资源管理来说有什么具体的作用呢？怎样利用工作分析来提高企业整个人力资源管理？

（2）工作分析究竟该怎样进行，岗位调查问卷是必经途径吗？能否在不经过调查的情况下进行？

（3）工作分析到底由谁来做，是人力资源部一手操办的吗？

（4）在工作分析进行、执行的过程中，组织管理者充当什么样的角色？难道仅仅是任务的布置者？或者是旁观者？

（5）在工作分析过程中，部门经理、岗位任职者该做些什么，还是什么都不做，等着工作说明书来规范自己？

（6）工作说明书做好后，该怎样推广执行呢？仅仅靠人力资源部来发布通知，告诉员工按照工作说明书的内容工作吗？

（7）在工作说明书执行的过程中，如果员工有异议，或者说根本就不同意你对他所在岗位做的规定，那么人力资源部该怎么做？

（8）工作说明书执行后，是否需要更新维护还是就这样不再变动？如果需要更新维护的话，依靠什么、由谁来做呢？是人力资源部吗？

➡ **知识油库**

"凡事预则立，不预则废。"（《礼记·中庸》）

招聘活动正式开始之前需要做好多方面的准备。基础的和必要的准备，是分析工作的性质、内容、数量和责任，确定完成工作任务对知识和技能的要求。

6－2－2－1　工作分析与评价的内涵

工作分析是组织获得关于一项工作全部信息的过程，是组织通过观察和研究，对特定的工作职务做出明确的规定，并规定担任这一职务的人员应具备什么素质的过程。在进行工作分析的过程中涉及工作分析的概念、内容及相关的工作术语等。

工作分析作为一种活动过程，其主体是工作分析者，客体是工作岗位，对象是岗位中的工作内容、工作责任、工作技能、工作强度、工作环境、工作心理、岗位与岗位的关系及岗位在组织运行过程中的地位等。工作分析的结果通常是制作一份工作说明书。

工作分析是组织人力资源规划及其他一切人力资源管理活动的基础，在履行其他人力资源管理职责之前，必须进行工作分析。一般情况下，当组织出现以下三种情况时，就需要进行工作分析：一是建立新组织时，工作分析首次被正式引进；二是当组织结构调整，出现新工作时，就需要进行工作分析，确定工作职责，安排岗位人员；三是由于新技术、新方法、新工艺的产生，必须通过工作分析重新划分工作职责，安排相关人员。

在组织的运行过程中，许多需要进行工作分析的事情发生后，就要及时的进行工作分析。如当组织结构调整后，一部分员工的工作岗位发生了变化，就要及时进行工作分析，否则相关的一部分员工会觉得自己的工作任务不明确，管理者也会觉得一部分任务不好落实，这时及时进行工作分析，可以帮助组织分析适应变化的情况，尽早走上正轨。许多发展良好的组织都定期进行工作分析，以适应组织的动态发展，尤其是一些高科技公司，如联想集团，每三个月就要进行一次工作分析。工作分析使得员工知道组织对自己的期待是什么，管理层知道下属需要做什么，有关工作职责和绩效考核标准的误解就会减少。此外，工作分析结果还能促使管理层在招聘和解雇员工时，是依据工作的职责和要求，而不是空口无凭地对待员工，因此可以消除由此引起的不公平用人的现象，也可以帮助管理层避免因此带来的劳动关系纠纷，减少诉讼麻烦。

6-2-2-2 工作分析的实施阶段

一、工作分析的前期准备

工作分析是一项技术性很强的工作，需要做周密的准备。这一阶段的具体任务是：了解情况，建立联系，设计调查方案，规定调查的范围、对象和方法。

1. 明确职务分析的目标、任务

根据总目的、总任务对企业现状进行初步了解，掌握各种数据和资料。

2. 设计调查方案

明确调查目的、规定调查的对象和单位、确定调查项目。

3. 组织学习

组织有关人员，学习掌握工作调查的内容，熟悉具体的实施步骤和方法。

二、工作分析的内容

工作分析的内容取决于工作分析的目的和用途。不同的企业和组织都有各自的特点和急需解决的问题。有的是为了制定切合实际的奖励制度，调动员工的积极性；还有的是为了根据工作要求改善工作环境，提高安全性。因此，这些企业和组织所要进行的工作分析的侧重点就不一样。一般来说，工作分析主要包括两个方面的内容：一是工作描述；二是工作要求。

1. 工作描述

工作描述就是确定工作的具体特征。它包括以下几个方面的内容。

① 工作名称。在进行工作描述时应有其特定的名称，便于记载活动及收集资料。

② 工作活动和程序。包括所要完成的工作任务、工作职责、完成工作所需要的资料、机器设备与材料、工作流程、工作中与其他工作人员的正式联系及上下联系。

③ 工作条件和物理环境。包括正常的温度、适当的光照度、通风设备、安全措施、建筑条件，甚至工作的地理位置。

④ 社会环境。包括工作团体的情况、社会心理气氛、同事的特征及相互关系、各部门之间的关系等。此外，应该说明企业组织内及附近的文化和生活设施。

⑤ 职业条件。由于人们常常根据职业条件来判断和解释职务描述中的其他内容，因而这部分内容特别重要。职业条件说明了工作的各方面特点：工资报酬、奖金制度、工作时间、工作季节性、晋级机会、进修和提高的机会、该工作在本组织的地位及与其他工作的关系，等等。

2. 工作要求

工作要求的主要内容包括：有关的工作程序和技术的要求、工作技能、独立判断与思考能力、记忆力、注意力、知觉能力、警觉性、操作能力（速度、难确性和协调等）、工作态度和各种特殊能力要求。职务要求还包括文化程度、工作经验、生活经历和健康状况等。

三、工作分析的程序

工作分析是一个细致而全面的评价过程，它包括一系列的活动。主要分成 4 个阶段：准备阶段、调查阶段、分析阶段和总结完成阶段。

1. 准备阶段

① 确定工作分析的目的和用途。也就是说，要明确分析资料到底是要用来干什么的，是要解决什么问题的。工作分析的目的不同，所要收集的信息和要使用的方法也会不同。

② 成立工作分析小组。小组的成员一般由以下三类人员组成：一是企业的高层领导；二是工作分析人员，主要由人力资源管理专业人员和熟悉本部门情况的人员组成；三是外部的专家和顾问。

③ 对工作分析人员进行培训。为了保证工作分析的效果，还要由外部的专家和顾问对本企业参加工作分析小组的人员进行业务上的培训。

④ 做好其他必要的准备。由各部门抽调参加工作分析小组的人员，部门经理应对其工作进行适当的调整，以保证他们有充足的时间进行这项工作；在企业内部对这项工作进行宣传，消除员工不必要的误解和紧张。

2. 调查阶段

① 制定工作分析的时间计划进度表，以保证这项工作能够按部就班地进行。

② 根据工作分析的目的，选择搜集工作内容及相关信息的方法。

③ 搜集工作的背景资料，这些资料包括公司的组织结构图、工作流程图及国家的职位分类标准。

④ 搜集职位的相关信息。

3. 分析阶段

① 整理资料。

② 审查资料。

③ 分析资料。在分析的过程中，一般要遵循以下几项基本原则：对工作活动是分析而不是罗列；针对的是职位而不是人；分析要以当前的工作为依据。

4. 总结完成阶段

① 编写工作说明书。

② 对整个工作分析过程进行总结，找出其中的成功经验和问题。

③ 将工作分析的结果运用于人力资源管理及企业管理的相关方面，真正发挥工作分析的作用。需要强调的是，作为人力资源管理的一项活动，工作分析是一个连续不断的动态过程，企业决不能有一劳永逸的思想，不能认为做过一次工作分析以后就可以不用再做了，而应当根据企业的发展变化随时进行这项工作，要使工作说明书能及时地反映职位的变化情况。

6－2－2－3　工作分析的方法

在工作分析中，主要的和重要的工作是收集信息。因此一般所说的工作分析方法，基本上就是指信息收集方法。常用的方法有以下几种，如图 6－4 所示。

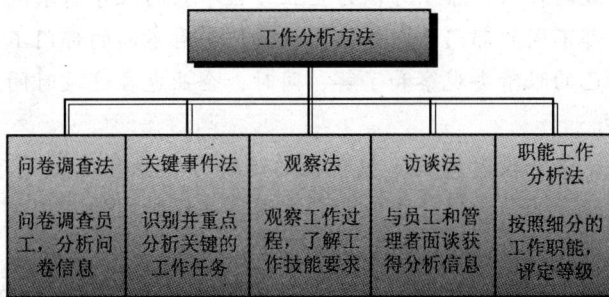

图6-4 工作分析过程

① 问卷调查法（Questionnaire Method）——请员工填写调查问卷，然后分析问卷信息。

② 关键事件法（Critical Incident Method）——识别并重点分析关键的工作事件（行为）。

③ 观察法（Observation Method）——观察工作过程，了解工作技能要求。观察执行任务时的一个工作样本即可。观察法主要用于分析通过一系列身体运动来完成任务的工作。

④ 访谈法（Interview Method）——采访熟悉所分析工作情况的员工或管理者，在交谈中获得关键信息。通常可以采用结构性的表格记录信息。

⑤ 职能工作分析法（Functional Job Analysis）——考察工作的各项职能与信息、人员和事务三方面关系的方法。

任务3 岗位招聘、履历分析

【要求】理解招聘的内涵；了解招聘的程序与计划；掌握招聘的方法；了解履历收集与整理；理解履历的刷选。

子任务1 岗位招聘

案例4

飞利浦的聘人之道

为了降低人才投资和招聘风险，飞利浦公司将采取一些新的措施，从而降低每年招聘毕业生时因为信息不对称而带来的用人风险。

一、人招进来先看不用

已经招聘进企业的毕业生，没有任何工作经验，应该让他们做什么工作才能够最大限度地发挥他们的价值？这个问题不仅困扰毕业生自己，也困扰企业。

飞利浦中国区副总裁徐承楷告诉《财经时报》，没有工作经验的大学毕业生，在选择工作岗位的时候往往也比较盲目和短视，所以企业按照职位空缺招聘的大学生，往往并不能最好地发挥他们的特长，而让职位与人才相匹配，对企业和毕业生来说才是最完美的结合。

为了提高人才的使用价值，飞利浦每年招聘大学生时，都会按照实际用人需求多录用大约 1/3 的名额，这样做的目的，除了可以为企业日益增长的人才需求做储备，更重要的是可以让一些人在企业内部不同的部门之间转换，让他们去看不同的部门不同的职位上的员工如何工作，让他们用自己的眼睛去观察和了解，同时，企业也在这段时间充分观察和挖掘这些毕业生的特长和兴趣。

用徐承楷的话说，这一段时间内，被转换的这部分学生基本上是不做什么实质性工作的，这样做的目的，就是为了能够让企业和学生通过一段时间的互相观察后，寻找到最匹配的结合点，从而最大限度地发挥这些毕业生的价值。

不过，这种"只看不用"的方式还是需要大气魄和大手笔的投入的，因为这些毕业生在观察期内薪水还是要支付的，对企业来说毕竟是一笔不小的投资，对毕业生来说则是难得的"福利"。

二、不再直接聘用大学生

徐承楷坦承，在招聘大学生时也常会看走眼，在实际工作中发现与当初招聘和面试时的预期相差甚远，而"请神容易送神难"，对于新招聘来的大学生，如果公司很快与他们解除合约，无论是对公司还是对刚参加工作的学生而言，都会带来损失和伤害。

为了降低这种用人方面带来的损失，飞利浦打算以后在聘用毕业生时先与一家人才招聘公司签约，由他们按照飞利浦的要求选拔一些人，飞利浦将不直接与被选用的大学生签约，而是与人才招聘公司签约，被录用的学生与飞利浦之间就不存在直接的聘用关系，而是直接从招聘公司领取薪酬。

6 个月之后，飞利浦将根据他们在工作中的表现来决定与哪些人签约，这样就可以比较有效地降低这种招聘风险。

不过，飞利浦的这种做法对就业压力越来越大的毕业生来说，也是一种更大的挑战，因为这对他们来说意味着成绩、面试技巧都不能保证可以得到一份好工作，只有靠真本事。

思考：

（1）你对飞利浦公司"人招进来先看不用"的做法有何评价？

（2）飞利浦公司打算"不再直接聘用大学生"，而是先和中介公司签约代理招聘，经试用后再从中选择合适人员正式聘用。简要分析这种做法的利与弊。

▶ **知识油库**

6-3-1-1 招聘的内涵

什么是招聘（recruitment）？乔治·伯兰德（George Bohlander）和斯科特·斯内尔（Scott Snell）定义为：招聘是定位并鼓励潜在应聘者申请现有或预期空缺工作岗位的过程。

招聘的定义有多个版本，但核心意义大体一致。

你的公司里有工作需要人做。需要什么样的人？在哪里可以找到这些人？事先要心中有数，即要定位。然后就采取鼓励措施，把能干的、合用的人"忽悠"起来，跑来报名，参加竞聘。到此为止的活动，称为"招聘"。再往下，就是开始"选拔"了。

几个基本概念如下所示。

① 工作（Job）——一组相关的活动和职责。

② 岗位（Position）——由一名员工履行的职责和承担的责任。

③ 职责（Duty）——一名员工为了完成其负责的工作而要执行的若干项不同任务。

所谓工作分析，专家认为就是"收集工作岗位信息，确定工作责任、任务或者活动的过程。"实际中，工作分析的具体步骤有以下几个方面，也可参见图6-5所示。

① 了解战略任务，明确分析目的。

② 选择工作分析对象。

③ 沟通员工，获得支持。

④ 确定有效方法，收集工作分析信息。

⑤ 处理工作信息。

⑥ 撰写工作分析报告。最主要的报告有两份，一份是工作说明书（Job Description），另一份是工作规范表（Job Specification）。

⑦ 评估工作分析的工作绩效，关注工作分析的新需求。

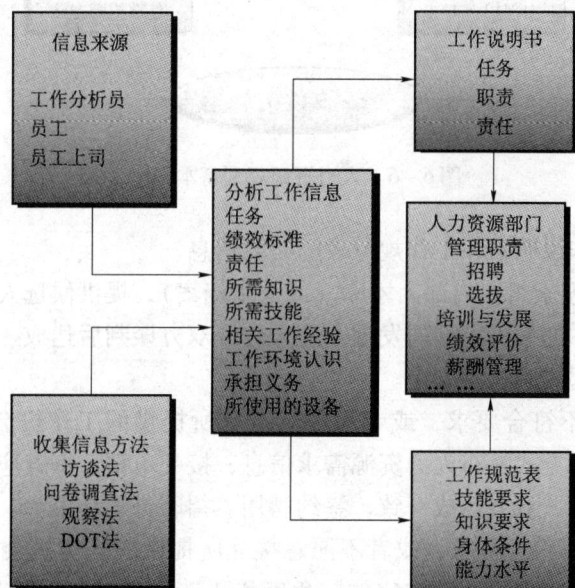

图6-5 工作分析的过程

6-3-1-2 招聘的程序与计划

招聘的过程既简单又复杂。之所以简单，主要在于程序或步骤较少。一般情况是首先审查人力资源战略规划，接着，必要时做工作分析，然后制订招聘计划与具体实施方案开始招聘活动。为填补职位空缺招聘人力资源，主要有两条渠道：一条是从内部其他部门招聘；另一条是从外部人力资源市场招聘。具体的人力资源规划基本程序如图6-6所示。

招聘是一种经济性活动，有成本、讲收益，还有时效性。招聘中，需要讲究方法和技术。应聘也有成本，既有直接成本，又有间接成本，还有机会成本。

组织内的一个部门出现岗位空缺，急需补充人员。一般的工作计划或思路包括以下几个方面。

① 向组织内部（比如总公司）人力资源部门提出招聘需求信号，提供工作说明书和工

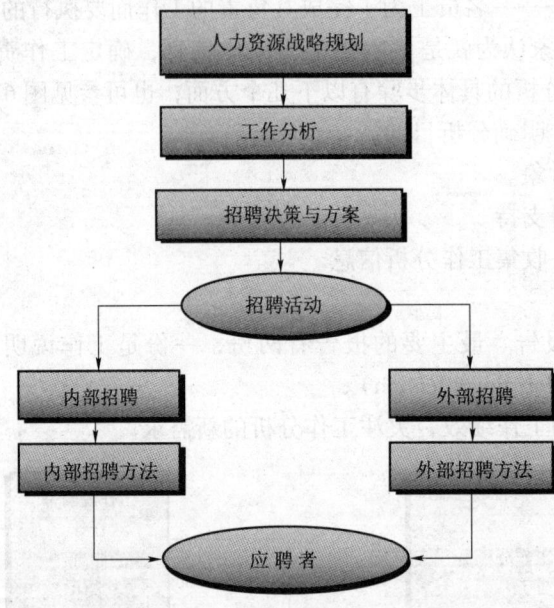

图6-6 人力资源规划基本程序

作规范表，或编写工作说明书和工作规范表的必要信息。

　　② 人力资源部门搜索组织内部人才库（或人事档案），提供候选人名单，或者发布内部招聘信息吸引应聘者。如果需求部门发现合适人选，双方谈判后达成一致，作出给予和接受工作机会决定，则内部招聘过程结束。

　　③ 如果申请者都不符合要求，或者不愿意接受所提供的工作机会，则需要外部招聘。选择适当媒体、以适当方式发布人力资源需求信息，接受申请，审查应聘者知识、技能和态度。如果发现合适人选，双方达成一致，签约聘用。招聘过程结束。

　　④ 如果申请者都不符合要求，或者不愿意接受所提供的工作机会，则开始新一轮的外部招聘活动。此时，可能需要调整"定位"角度和"鼓励"措施，以期尽快找到合适人选。

　　人力资源专家对录用率问题有不同看法。有专家提出所谓"招聘筛选金字塔"，录用和求职的理想比例是1:24。图6-7所示"招聘筛选金字塔"仅供参考。

图6-7 招聘筛选金字塔

6-3-1-3 招聘的方法

一、内部招聘

如果不是新创建的组织，大多数职位空缺一般是通过内部招聘填补。

对于生产组织或经济组织而言，熟练的作业技能、丰富的工作经验和对组织文化的了解与认同十分重要。因此，内部提拔或招聘，有利于节约招聘成本，提高招聘效率。此外，内部提拔对在岗人员还有激励作用，使他们看到晋升希望，对自己在组织内职业生涯的发展充满希望。内部提拔，特别是按照公开程序逐级提拔，还有利于使被提拔者为下属和同事所接受，便于迅速进入工作状态。

内部招聘的主要来源包括提拔本部门员工、接受组织内其他部门员工申请、重新雇佣过去的员工等。内部招聘的常用方式有招聘广告、基层部门推荐、个人自荐、查阅档案、指定候选人、直接任命等。

内部招聘的来源与方式如图6-8所示。

如果内部人力资源不能满足战略需求，则只能通过外部招聘解决。内部提拔之后出现的短缺应该从外部招聘。企业的研发（R&D）中心，专业的学术机构、科研单位或高等学校等组织，强调知识创新和技术创造，要求新观点、新思想的传授。尽管这些组织的内部提拔仍然十分重要，但外部招聘却不可忽视。

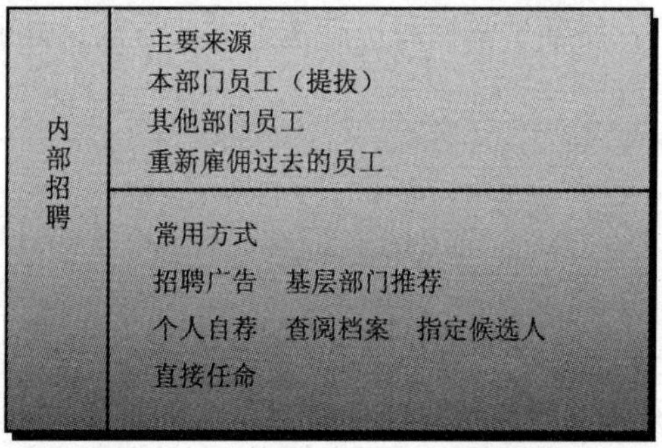

图6-8 内部招聘的来源与方式

二、外部招聘

外部招聘具有必要性和重要价值。常见的外部招聘来源有人力资源市场、应届毕业的学生、其他组织的人力资源等。

正在完善中的人力资源公共服务体系，为中国营利和非营利组织满足人力资源需求带来极大的便利。由中央和各级地方政府主办或指导下的人才市场，以及全国性或地域性大型人才招聘会，成为各类组织外部招聘人力资源的主要渠道。

外部招聘常用的方式有招聘广告、校园招聘、员工推荐、猎头公司、私立就业服务机构、公立就业服务机构、政府机构、工会组织、个人申请等。

三、内部招聘与外部招聘的比较

内部招聘好，还是外部招聘好？各有千秋，不可一概而论，如图6-9所示为内部招聘与外部招聘的比较。

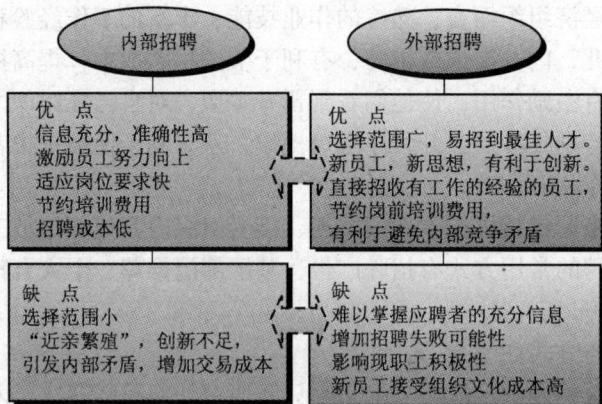

图6-9　内部招聘与外部招聘比较

子任务2　履历分析

【要求】通过案例分析，使学生掌握履历筛选的方式方法，并通过网络搜集某一岗位的应聘资料，进行实践。

案例5

招聘中特殊状况处理

在前期的招聘过程中发生了一件这样的事情，一名应聘者利用伪造的虚假简历和虚假的工作经验通过了公司的笔试，部门经理的初试及人力资源部的复试，成功的拿到了公司的Offer，随后由于人力资源部留意到此人简历与去年来公司面试的一名应聘者的姓名和简历中提供的个人信息是一样的，其工作经验是完全不一样的，经过背景调查的查证，证实两份简历属于同一个人，并且简历中所描述的工作经验存在着极大的虚假成分，最后经过人力资源部和部门经理的商议认为此人的诚信存在严重的问题，取消了录用此人的决定。

从这个案例中我们可以看出，我们在招聘流程上还是存在很多的漏洞。

① 核对简历不够仔细，没有将前后两份简历的关键的个人信息进行核对。由于在核对简历时太关注于工作经验和项目经验，而忽视更关键的个人信息的核对，在此案例中能最终发现两份简历是属于同一个人，也是因为留意到两份简历中的生日，毕业的学校和专业，毕业的年限，个人邮箱是一样的。

② 部门没能即时反馈技术面试的情况给人力资源部。在发现此人工作经验存在问题的时候，人力资源部及时的与用人部门沟通，在沟通过程中，部门反映此应聘者的笔试答得不

错，面试的时候对技术方面问题的回答有些闪烁，这也反映出部门在面试的时候存在的晕轮效应，由于笔试完成的太好以至于在面试的过程中忽视了其他的重要问题。

③ 表 6 - 1 是用人部门和人力资源的面试评语，可见用人部门与人力资源部的面试均存在一定的漏洞，没能及时发现候选人工作经验的不真实。

表 6 - 1　用人部门与人力资源部门的面试评语

部门评语	性格外向，比较健谈，外语水平一般，思路清晰，表达条理，java 基础一般，算法及逻辑推理能力一般，有一定 web 开发经验，对简单的 sql 语法熟悉，无设计经验及能力，积极主动，但不太容易接受别人的意见，后面希望多与用户接触，售前方向，发展潜力好，符合要求。
人力资源评语	综合评定良好。着装干净，较休闲，不够职业化，气质一般；性格较外向，较单纯，态度较诚恳，比较好强，性格直率，但有点固执，不太容易接受别人的看法，容易钻牛角尖，看问题不够全面；理解能力良好，条理性有待加强，沟通过程中有时会跑题，亲和力不强，不太适合与客户有直接的接触；有 2 年的工作经验，以往的项目为电信项目，规模比较大，管理也比较规范，应聘者都是负责比较基层的编码工作，其他工作涉及的比较少；对技术工作有一定的兴趣，个人希望在技术上有所发展，有做售前或其他客户接触类工作的意向；主动性良好，不算很机灵，有一定的学习能力。 1. 应聘者个人虽然想向客户接触类工作发展，但就其个人性格特点和沟通能力而言，至少目前不适合这个方向。 2. 应聘者对项目的认识都比较基础，看问题不够全面，这方面有待提高。 3. 团队管理时加以指引，应聘者在技术方面提高的空间会更大一些。 4. 由于至少应聘者目前只计划在广州发展 4～5 年，因此不适合进行长期培养。

④ 根据部门经理反映此人的笔试题答得不错，查看 KM 系统地记录此人去年年底曾经来过公司，但是没有最后的面试记录和纸质的面试记录和试题，所以怀疑此人很有可能此人在去年带走公司的面试考题，所以此次可以顺利通过笔试。

▶ 知识油库

6 - 3 - 2 - 1　履历收集整理

1. 简历编码
例：

简历编号	姓名	性别	出生日期	政治面貌	学历	民族
N0813W13	崔艳平	女	1984 - 12 - 3	党员	本科	汉族
N0813W14	胡君卿	女	1982 - 12 - 31	党员	本科	汉族
N0813W15	方红林	男	1985 - 1 - 1	党员	本科	汉族
N0813W16	袁文娟	女	1985 - 8 - 26	党员	本科	佤族

备注：　　　N　　　　0813　　　　W　　　　13
简历收集地点 + 简历收集时间 + 简历收集人 + 编号

2. 工作申请表的设计

工作申请表

Application for Employment

如果可以，请以英文填写以下资料

Name 姓　名	Chinese 中　文		Height 身高	cm 公分	2 吋 相　片
	English 英　文		Weight 体重	kg 公斤	
Birth Date 出生日期		Native Province and City 籍贯	Gender 性　别		
Birth Place 出生地点		ID NO.身份证字号	Male 男 □　Female 女 □		
TEL 电话		是否是学生身份：否 是：请提供在校学生证明	E-Mail address 电子邮件信箱		
户口地址：					

6-3-2-2　履历筛选

1. 统计学中的加权公式运用
2. EXCEL 电子文档中的公式使用、数据筛选
3. 工作说明书中的能力确定

例如：

性别	女	女	女	男	男
出生年月	1985.02	1985.01	1984.12	1987.01	1982.04
年龄	23	23	24	21	26
户口所在地	北京	江苏南京	山东潍坊	江苏泰州	山东济南
政治面貌	团员	团员	团员	团员	群众
毕业院校	中国人民解放军装备指挥技术学院	南京中医药大学	山东农业大学	无锡科技职业技术学院	Ritsumeikan Asia Pacific University
专业	计算机科学与技术电子信息科学类（电子/计算机/软件/网络/通信）	国际经济与贸易经济学类（经济学/财政金融/会计）	工商管理工商管理类（营销/国际贸易/旅游/物流）	经济管理工商管理类（营销/国际贸易/旅游/物流）	经营管理　工商管理类（营销/国际贸易/旅游/物流）
语言能力	英语/一般为通过CET	英语/CET_4	英语/一般为通过CET	英语/CET-4	日语/英语/熟练

计算机能力	优秀	熟练	熟练	熟练	熟练
其他特长	有良好的语言表达能力，沟通能力，文字书写能力				驾驶执照 C1

① 运用经验法筛选求职者信息。

② 运用简单计分法给每位求职者求职竞争力评分。

求职者	权重	A	B	C	D	E
工作经验	5	0	1	1	1	1
语言沟通/团队合作	4	1	1	1	1	1
压力承受	3	1	1	1	1	1
专业对口	2	0	1	1	1	0
优先条件是否具备	1	0	1	0	1	1
综合评分		7	15	14	15	13
处理结果		筛除	进入面试	进入面试	进入面试	筛除

③ 运用加权计分发给每位求职者求职竞争力评分。

求职者	A	B	C	D	E
工作经验	0	1	1	1	1
语言沟通/团队合作	1	1	1	1	1
压力承受	1	1	1	1	1
专业对口	0	1	1	1	0
优先条件是否具备	0	1	0	1	1
综合评分	2	5	4	5	4
处理结果	筛除	进入面试	?	进入面试	?

求职者	A	B	C	D	E
工作经验	0	1	1	1	1
语言沟通/团队合作	1	1	1	1	1
压力承受	1	1	1	1	1
专业对口	0	1	1	1	0
优先条件是否具备	0	1	0	1	1
综合评分	2	5	4	5	4
处理结果	筛除	进入面试	筛除	进入面试	筛除

④ 根据各种方法评分结果确定合面试后备人选。

项目完成标志：每位求职者的初步评定分数、面试后备人员名单。

任务4　面试实施、选聘录用

子任务1　面试实施

【要求】通过案例分析，讨论面试的主要内容与步骤；掌握面试的类型与方法；理解面试常见的错误。

案例6

面试指标："容貌、体型和身高"

研究分析师克里斯蒂·恩格曼和经济学家迈克尔·奥扬根据他们多项研究或调查报告：高大、苗条、美貌者的收入较长相一般的人高。

指标：容貌、体型和身高

根据恩格曼和奥扬的分析报告，容貌、体型和身高是影响人们收入的三项重要指标。

分析报告引用的一份研究显示，如果以普通长相者的收入作为基准，那么长相不及普通长相的人收入要比基准数低9%；相反，容貌较好的人收入要比基准数高出5%。另一份关于体重与收入关系的研究显示，体型肥胖与体型标准的女性在收入方面差距较大，后者比前者高出17%。同样的，个头高低也影响到收入多少。身高每高出2.5厘米，其收入平均增加2.6%。

误区：可能导致偏重外表

来自佛罗里达州的吉恩·西赖特对恩格曼和奥扬的分析报告表示认同。她说，这些结果与她在工作场合所见到的现象是一致的。但是作为一名人力资源顾问，她也对这样的现象表示担忧。

"从某种意义上说，出现这样的现象是因为他们（雇主）的偏好，他们可能更注重这方面（员工的外表），"西赖特说，"他们忽略了与对工作至关重要的特征。"

"从长远角度来看，不利于人才的引进。有的人才华横溢，但他们并不高、不苗条、不漂亮，"西赖特警示。

知识油库

6-4-1-1　面试内容与步骤

国外专家这样定义选拔面试（Interview）。

一场由一人或多人发起的对话，以便收集信息，评价求职者任职资格。

选拔面试就是为了直接获得来自应聘者的信息而进行的面对面交流活动。评价申请表，阅读求职信，调查工作和学习背景，是以间接方式了解、查证应聘者信息。

针对应聘者的知识、技能和能力进行的测试，是从一个知识点、一项技能、一个角度、一个侧面考察应聘者，获取的主要是个人书面陈述的或他人用尺度衡量的信息。在面试中，可以通过观察应聘者、听取口头陈述、激发现场反应，获得直观的"现场"信息。许多重要的、有价值的面试信息，无法通过笔试或其他形式的测试获得。

在面试中指望获得的信息，一般有以下5个方面，如图6-10所示。

① 外在特征。

② 内在素质。

③ 工作能力。

④ 职业规划。

⑤ 发展动力。

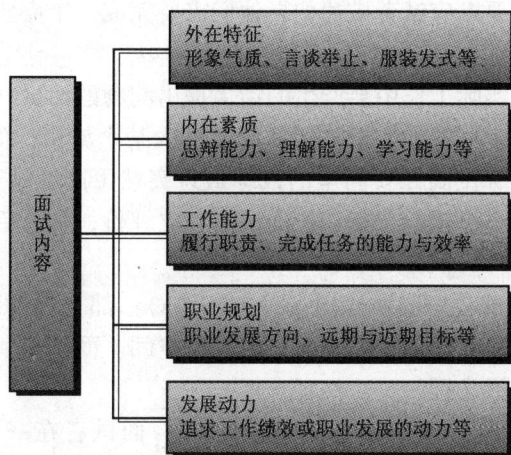

图6-10 面试的内容

面试是最常用的选拔方法。面试的直观、现场与互动，可以提供大量有价值的信息。许多企业的"老总"，在雇员招聘的最后关口，往往会亲自出马，一锤定音。

面试是很有价值的选拔工具。但面试工具的价值，主要由面试者来体现，如图6-11所示。

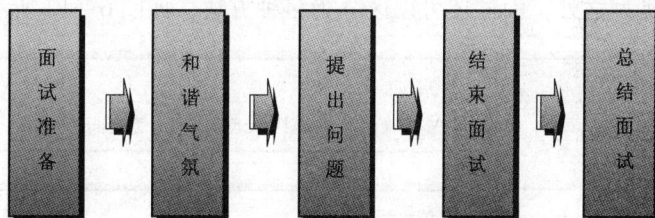

图6-11 选拔面试步骤

面试者的经验，对面试成功与否，具有决定作用。

6-4-1-2 面试类型与方法

面试有多种类型和方法。常见的类型有三种。

第一种，结构化面试（Structured Interviews）：面试者按照预先确定的一份问题清单发问，对应试者的回答进行统一标准的评价。

结构化面试在不同评估者之间有较高的信度（多位评估者的评价结果易于达成一致），便于统一获取所有应聘者的必要信息。但是，结构化面试的限制因素较多，不利于获取结构化问题表格之外的相关重要信息。

两种常用的结构化面试是行为描述面试（Behavioral Description Interviews）和情境面试（Situational Interviews）。行为描述面试依据的理念是"对未来绩效的最好预测因子是过去绩效。"关键问题是设计出一套"行为描述面试题"。如何设计？首先要针对设计面试的工作进行彻底的工作分析，一定要揭示出这项工作所要求的具体知识、技能和能力是什么，以及"在职者履行工作职责需要做出的恰当而重要的行为是什么"。接下来要设计用于面试的问题，这些问题应该可以引导应试者做出令人满意的行为。比如，如果这项工作要求密切的团队合作，面试的问题可以要求应试者描述如果他们需要完成一个需要多种技能和能力的大型复杂项目，他们会怎么做。

情境面试，是指按照实际工作中会产生的情境提出问题的面试。假如面试的工作岗位是销售经理，可能要求应试者回答如何把某项新产品打入某个城市；面试的岗位是中学教师，可能要求应试者描述如果一位高二女同学的成绩最近突然下降，她（他）应该采取什么措施。情境面试一般由面试小组执行，每一位面试官独立评价，加总后取平均值即为应试者的总体评价结果。

第二种，半结构化面试（Semi-structured Interviews）：部分问题结构化的面试，即主要问题按照统一标准设计，次要问题有一定的自由发挥空间。面试前一般要制订计划，但在提问内容和方式上，可以灵活掌握。

第三种，非结构化面试（Unstructured Interviews）：面试者在一定的规范指导下，自选话题，随机提问，互动交流，从自由谈话中对应试者的特征与素质作出判断。专家们对非结构化面试褒贬不一。赞成者认为，以相对自由的方式，有利于应试者充分展示自己的内涵，便于判断应试者是否具有灵活性、创造性等特点。反对者认为，非结构化面试的结果，在应试者和面试者之间，往往有很大的差异。面试者之间的信度偏低（数位面试者对同一位应试者的评价结果，难以或无法取得一致意见或相近的评价结果），几乎不能获取有效或有价值的信息。为此，建议不要使用非结构化面试这一甄选工具。

除了上述三种类型之外，面试还可以区分为多种方法，如图6-12所示。

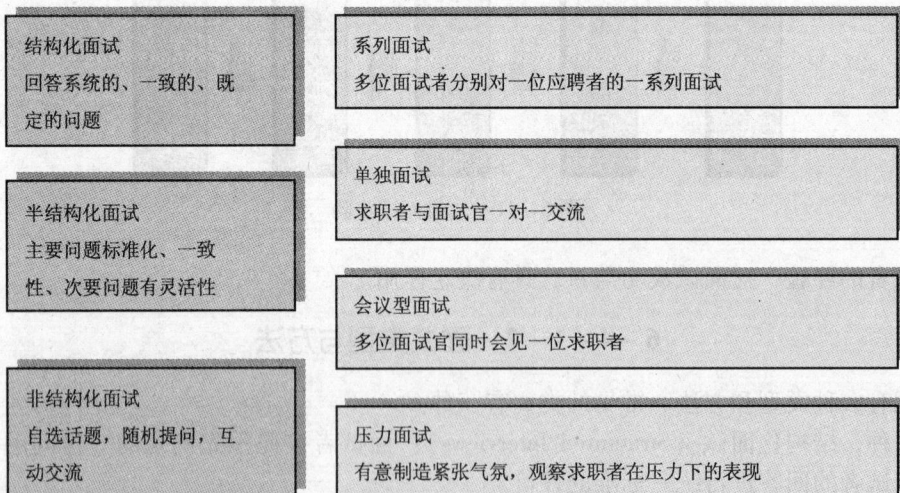

结构化面试	系列面试
回答系统的、一致的、既定的问题	多位面试者分别对一位应聘者的一系列面试
半结构化面试	单独面试
主要问题标准化、一致性、次要问题有灵活性	求职者与面试官一对一交流
	会议型面试
	多位面试官同时会见一位求职者
非结构化面试	压力面试
自选话题，随机提问，互动交流	有意制造紧张气氛，观察求职者在压力下的表现

图6-12　常用面试类型与方法

6-4-1-3　面试常见的错误

在面试中，常见错误有以下几个方面。

1. "晕轮效应"（Hallo Effect）

指面试者把对应聘者某一特征或行为（无论正面还是负面）的评价，推论到其他多方面或所有方面的一种不良现象。这是一种"爱屋及乌"、"株连九族"或"一人得道，鸡犬升天"式的评价行为。

2. "对比效应"（Contrast Effect）

当面试者将应试者与前面几个应试者的表现相比较时就会发生。

3. 前后不一致

有时先松后紧，有时先紧后松。面试刚开始时，面试官精力充沛，思想集中，提问仔细，对应聘者的评价比较客观、准确。工作到后期，面试官很可能会筋疲力尽、思维混乱，只得快马加鞭、草草了事。观察发现，有不少机构的选拔面试要进行一整天，上午的评价显然要比下午的评价认真、准确和有效率。

4. 漫不经心

有些面试者有时会对应聘者表现出漫不经心的态度，使应聘者感觉到自己被冷落，结果对回答问题变得很消极。

5. 忽视非语言行为

应聘者上阵之前一般都有精心准备，面试时往往会表现得思维敏捷、对答如流，但其中不免有一些"表演"的成分。非语言的面部表情、肢体动作等特征，很可能承载着有价值的信息。"只记录语言内容、不收集非语言信息"的现象，在人力资源选拔面试中比较普遍地存在着，值得引起重视，注意纠正。

揭示面试中容易发生的错误，旨在吸取经验教训，进一步做好面试工作。

子任务2　选聘录用

【要求】根据案例，讨论企业在选聘录用人员时考虑的主要因素。

案例7

谁当经理更合适

某电子电器工业公司是一个由十几家小厂组成的专业公司。公司行政领导班子由一正三副四个成员组成。总经理由于年事已高即将退休，需要物色一个合适的新总经理。该公司的上级主管部门经过一段时间的研究考察，认为新的总经理需从下面挑选。各方面的意见最后集中到李厂长和王厂长两个中选一个。下面是有关两人的资料。

李厂长，男，39岁，文化程度大学本科，中共党员，高级知识分子家庭出身。"文革"中父母受到严重迫害，他也受到影响。三中全会以后，他一反过去的消沉，工作十分积极努力，为本厂的产品开发、产品的升级换代、提高质量、建立科学的检测手段等都做出了重要贡献。他从技术科长提升为厂长后，对厂里进行了一系列的改革，加强了科学管理，使工厂的面貌大为改观，大大提高了经济效益，年创利和人均创利都在本系统的首位，职工收入也大幅度增加。

李厂长性格开朗，精力充沛。善言谈，好交际，活动能力很强，积极开展横向联系，在全国10多个省市开设了200多个经销点，30多个加工企业，效益都很显著。他认为，要发展就要靠技术，不惜重金引进人才，至今该厂已有10多位外来的高级工程师和工程师。他还很重视产品的广告，每年要花几十万广告费。他担任了市企业管理协会的理事，在协会中活动频繁，在各方面关系融洽，对厂里工作也有促进。

李厂长事业心强，一心扑在工作上，早出晚归，不辞辛苦。该厂曾被评为市企业管理先进单位，李厂长获市优秀厂长称号，该厂的产品也被评为市优质产品。但李厂长也有一个明显的缺点，这就是骄傲自满，常常盛气凌人，有时性情急躁，弄不好还会暴跳如雷，不把大公司的领导放在眼里，公司的"指令"常常被他顶回去，因此公司领导对他这一点颇为不满。各科室也不大愿意和他打交道，他同公司下属的其他几个兄弟厂关系也不融洽。他也不善于做思想工作，认为这是党支部的事。所以平时遇到思想问题，他都是作为"信息"告诉书记，要支部去做工作。他和几个副厂长关系处理的也不太好，领导上几次协调也无济于事。

王厂长，男，37岁，文化程度大专，中共党员，有技术员职称，家庭出身小业主。在"文革"期间，他不参与任何派性活动，而是偷偷学文化、钻业务，组建该厂时就担任了厂长，至今已近10年。他经历了该厂由弱到强，几起几落的整个过程。对电子行业的特点非常熟悉，自己又有动手设计的能力。他最大的特点是精于企业管理，在学校学了计算机原理后，他率先把计算机运用到企业管理中去。他对整个厂的机构设置、行政人员的配备、岗位责任，以及各副厂长、科长、车间主任和各级管理人员的职责都有明确的规定，每年考核两次，奖惩分明。因此，平时大家各司其职，他却显得很悠闲自在，常常上这个科室转转，到那个车间看看，以便了解情况，发现问题。公司及有关部门召开的会议，他从来不缺席，而有的厂长常常忙得脱不开身。

王厂长性格内向，沉稳，不喜欢大大咧咧地发议论，对什么事情总要深思熟虑，三思而后行，人们说他"内秀"。他对自己厂今后五年的发展，有一个远景规划，听起来切实可行，也颇鼓舞人心。对一些出风头的社会活动，他不太喜欢参加，但对各种开阔思路的业务技术讲座却很感兴趣。他很善于做职工的思想工作，他认为企业职工的思想问题都是在生产过程中产生的，都和生产有关。一厂之长，要抓好生产怎么能不做思想工作呢？因此，对一些老大难问题，他从不推诿，都是亲自处理。他还要求各级行政干部做人的思想工作，并把它作为考核的内容。他和党支部、工会的关系都很好，积极支持他们的工作。他待人谦和、彬彬有礼，和本公司上下左右关系都不错，公司有什么事，只要打一声招呼，他就帮助解决了。因此，他的人缘挺好，厂里进行民意测验，几乎异口同声称赞他。

和李厂长不同，他不喜欢花高价引进工程技术人员，他认为这些人中不乏见利忘义之徒，只能同甘，不能共苦。关键时刻还是要靠自己，宁愿多花些钱来培养自己厂里的技术人员，这几年来，厂里也确实培养了一批技术骨干，有些人还很优秀。他也不喜欢高价做广告。他说我们的产品质量自己有数。他把做广告的钱用来购买先进的技术设备，为提高质量服务。他说等质量到经得起"吹"的时候再做广告。但实际上他们厂的产品质量还是不错的。开箱抽查，合格率达98%。

该厂是市企业管理先进单位，区文明单位。工会是区"先进职工之家"，团支部是区"先进团支部"，他本人则荣获市优秀厂长和局优秀党员称号。但也有不少人认为，王厂长缺乏开拓精神，求稳怕变，按部就班，工作没有多大起色。按照厂里的基础和实力，应该发展得更快些。可他们的效益都比不上李厂长他们厂。和李厂长比，他就显得保守、过于谨慎、处事比较圆通、怕得罪人。王厂长听了这些议论，不以为然，依旧我行我素。

李厂长和王厂长谁当总经理更合适，上级领导部门至今议而未定。

思考：

（1）依据有关个性理论，对两位厂长的能力、气质、性格进行分析、比较。

（2）通过对他们个性的分析比较，你认为谁当总经理更为合适，怎样才能做到"扬长避短"、"人尽其才"？

➡️ **知识油库**

6-4-2-1 汇总应聘者信息

申请表、推荐信等文字材料，关于真实性的背景调查，知识、技能和能力的各项测试，单独或小组面试，压力面试等，通过这一系列活动，可以获得关于应聘者比较充分的信息。如果还有疑问，可以继续考察。不过，要考虑招聘的成本和效率，更需要考虑战略任务的紧迫性。

在不同的经济、社会制度环境和人力资源市场条件下，不同组织在招聘中所运用的获取信息的手段有所不同。

录用决策之前，要汇总应聘者信息。汇总时，应该注意区分类型。一类是"能力"信息；另一类是"动力"信息。

"能力"信息包括知识、技能和能力，是关于应聘者获得了什么和有可能做什么的信息；而"动力"信息，包括动机、兴趣、个性等，是关于应聘者是否愿意和主动把工作做好的信息。

有"动力"没"能力"，只可能落得好高骛远、纸上谈兵、空头支票的评价，结果很可能是碌碌无为；有"能力"没"动力"，只会是目标混乱、精神疲惫、人心涣散，结果只能是无所作为。"能力"与"动力"，一个都不能少！

选拔方法与使用频率如表6-2所示。

表6-2 选拔方法与使用频率

方　法	被公司采用的百分比/%
介绍信核查	96
面试	94
申请表	87
能力测试	78
身体检查	50
心理能力测试	31
药物测试	26
人格测试	17
加权求职表	11
诚实性测试	7
测谎仪测试	5

6-4-2-2 作出聘用决策

人力资源招聘，从组织战略目标实现的需求开始，也要以组织战略任务的有效完成结束。在作出录用决策时，首先要考虑的因素是应聘者成为组织正式成员之后，对落实组织战略目标、完成组织战略任务的贡献有多大。虽然出于储备人才的目的，可能会录用贡献小、潜力大的员工，但在战略竞争的压力下，引进为战略所用的人才是当务之急。

实施不同战略或发展到不同阶段的组织，在作出录用决策时，一般会有不同的考虑。采取收缩战略的组织，重点在提高运营效率，很少会大规模变动技术、结构或工艺，人力资源管理的重点，在于更好地利用现有员工的价值，而不是引进更高层次的人才。

重要的工作是培训现有员工，不断提高绩效水平。

任务 5　员工培训、职业规划

【要求】理解培训的目标与作用；掌握培训的角色与职能；掌握培训的原则与方法；理解培训工作的流程；了解影响职业规划的因素；掌握职业生涯规划。

子任务 1　员工培训

案例 8

别具一格的杜邦培训

作为化工界老大的杜邦公司在很多方面都独具特色。其中，公司为每一位员工提供独特的培训尤为突出。因而杜邦的"人员流动率"一直保持在很低的水平，在杜邦总部连续工作 30 年以上的员工随处可见，这在"人才流动成灾"的美国是十分难得的。

杜邦公司拥有一套系统的培训体系。虽然公司的培训协调员只有几个人，但他们却把培训工作开展得有声有色。每年，他们会根据杜邦公司员工的素质、各部门的业务发展需求等拟出一份培训大纲。上面清楚地列出该年度培训课程的题目、培训内容、培训教员、授课时间及地点等。并在年底前将大纲分发给杜邦各业务主管。根据员工的工作范围，结合员工的需求，参照培训大纲为每位员工制订一份培训计划，员工会按此计划参加培训。

杜邦公司还给员工提供平等的、多元化的培训机会。每位员工都有机会接受像公司概况、商务英语写作、有效的办公室工作等内容的基本培训。公司还一直很重视对员工的潜能开发，会根据员工不同的教育背景、工作经验、职位需求提供不同的培训。培训范围从前台接待员的"电话英语"到高级管理人员的"危机处理"。此外，如果员工认为社会上的某些课程会对自己的工作有所帮助，就可以向主管提出，公司就会合理地安排人员进行培训。

为了保证员工的整体素质，提高员工参加培训的积极性，杜邦公司实行了特殊教员制。公司的培训教员一部分是公司从社会上聘请的专业培训公司的教师或大学的教授、技术专家等，而更多的则是杜邦公司内部的资深员工。在杜邦公司，任何一位有业务或技术专长的员工，小到普通职员，大到资深经理都可作为知识教师给员工们讲授相关的业务和知识。

思考：

（1）杜邦公司的培训体系有什么特点？哪些值得我国企业借鉴？

（2）简述完善的培训体系给公司和员工带来的影响。

➡ **知识油库**

6-5-1-1 培训的目标、作用

1. 培训的目标
① 从根本目的来说，培训是满足企业长远的战略发展需求。
② 从职位要求来说，培训是满足职位要求，改进现有职位的业绩。
③ 从员工角度来说，培训是满足员工职业生涯发展的需要。
④ 从管理变革来说，培训是改变员工对工作与组织态度的重要方式。
⑤ 从响应环境来说，培训有利于员工更新知识，适应新技术、新工艺的要求。

2. 培训的作用
① 培训是调整人与事之间的矛盾，实现人事和谐的重要手段。
② 培训是快出人才、多出人才、出好人才的重要途径。
③ 培训是调动员工积极性的有效方法。
④ 培训是建立优秀组织文化的有力杠杆。
⑤ 培训是企业竞争优势的重要来源。

6-5-1-2 培训角色与职能

1. 人员配置与培训
人员的配置与培训如图6-13所示。

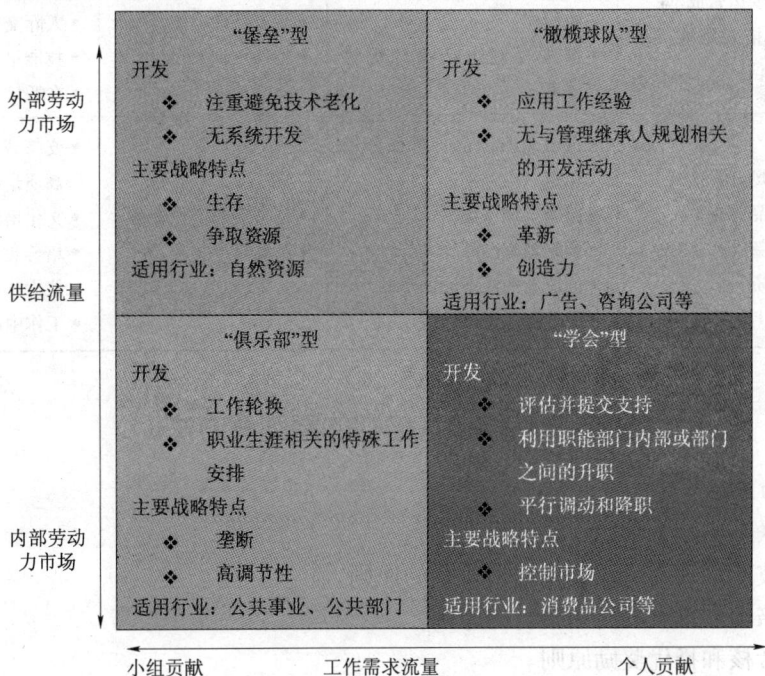

图6-13 人员的配置与培训

2. 培训角色的变化

培训角色的变化如表6-3所示。

表6-3 培训角色的变化

培训活动	最高管理层	业务部门	人力资源部	员　工
确定培训需要和目的	部分参与	负责	参与	参与
决定培训标准	—	参与	负责	—
选择培训师	—	参与	负责	—
确定培训教材	—	参与	负责	—
计划培训项目	部分参与	参与	负责	—
实施培训项目	—	偶尔负责	主要负责	参与
评价培训项目	部分参与	参与	负责	参与
确定培训预算	负责	参与	参与	—
培训反馈与应用	参与	负责	参与	参与

3. 经营战略与培训要求

经营战略与培训要求如表6-4所示。

表6-4 经营战略与培训要求

	重点	如何实现	关键事项	培训重点
集中战略	●提高市场份额 ●减少运营成本 ●开拓并维持市场定位	●提高产品质量 ●提高生产效率或革新技术流程 ●按需要制造产品或提供服务	●技术交流 ●现有劳动力的开发 ●特殊培训项目	●团队建设 ●交叉培训 ●人际交往 ●技能培训 ●在职培训
内部成长战略	●市场开发 ●产品开发 ●革新 ●合资	●销售现有产品，增加分销渠道 ●拓展全球市场 ●调整现有产品 ●创造新的或不同的产品 ●通过合伙发展壮大	●创造新的工作任务 ●革新	●支持或促进产品价值的高质量的沟通 ●文化培训 ●培养创造性思维和分析能力 ●工作中的技术能力

6-5-1-3　培训的原则与方法

1. 培训的原则

① 理论联系实际，学用一致的原则。

② 知识技能培训与组织文化培训兼顾的原则。

③ 全员培训和重点提高相结合的原则。

④ 严格考核和择优奖励原则。

2. 培训的方法和种类

（1）培训的方法

- 授课。
- 学徒制。
- 讨论会。
- 工作轮换。
- 录像。
- 模拟（角色扮演、案例、决策竞赛、拓展训练等）。
- 内部网。
- 远程教育。
- 自学。

（2）培训的种类

培训的种类如图 6-14 所示。

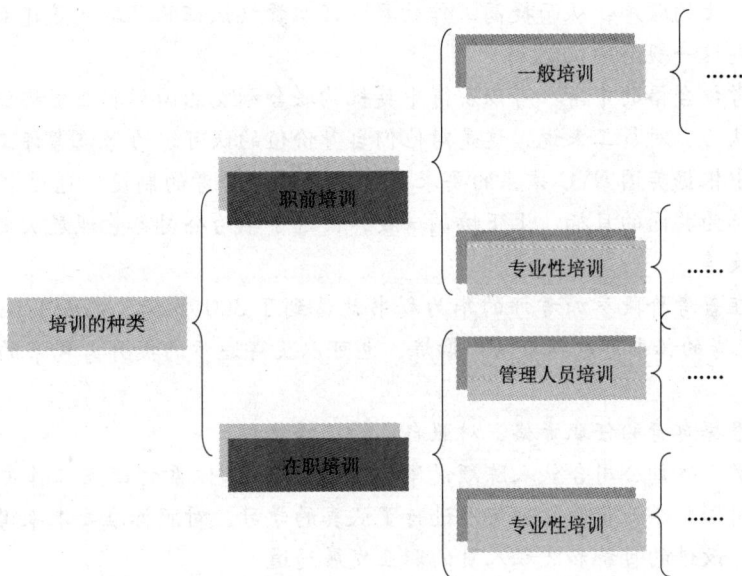

图 6-14　培训的种类

子任务 2　职业规划

案例 8

打开华为的升职通道

1996 年左右，随着自主开发的 C&C08 交换机市场地位的提升，华为的年度销售达到了 15 亿元，标志着华为结束了以代理销售为主要赢利模式的创业期，进入了高速发展阶段。但随着生产规模和员工队伍的迅速膨胀，华为的管理层次不断增加，其中仅秘书就有 500 名，这些秘书在公司各级管理层面和交叉点上工作，为推动公司的管理和发展发挥着重要作用。

稍微了解华为的人都知道，华为的秘书学历普遍较高，基本是大学本科毕业，一开始进华为大都看重高工资，说自己什么都能做，便做了秘书。但几个月后发现自己主要是做一些文件收发、资料录入、会议召集等工作，时间一长，觉得秘书好像就是打杂，便不想做了。

1998 年，华为派出当时的副总裁张建国到欧洲考察，看一下其他企业以往走过的路。张建国在考察中发现久负盛名的英国 NVQ 企业行政管理资格认证并非徒有虚名，不但在很大程度上解决了秘书的职业发展通道问题，而且能极大地促进秘书的积极性。

刚开始，文秘人员对实行的英国 NVQ 企业行政管理资格认证并不适应。

李元也觉得非常简单，不知考核的目的何在。"就一些平常的工作指标，觉得对工作没有什么提高作用。"

随着学习的深入，李元和其他秘书们才逐步认识到：工作效率的提高是建立在有序的工作之上的，任职资格认证帮助建立工作秩序，从而提高了工作效率；要处理好例行公事之外的工作，需要有思路，资格认证正是提供一个思路、一个想法，帮你找处理问题的共性，建立一种逻辑思维上的顺序，从而提高工作效率。任职资格认证的思路就是建立一个文秘行为规范，以及达到这一规范的机制。

华为承诺考评合格的申请人可以获得中英机构联合颁发的国际职业资格证书，该证书可以得到社会的认可，对员工来说，这是对他们自身价值的认可。为保证考评工作的质量，华为在试点工作中根据英国 NVQ 体系的要求实行了内外部督考的制度。通过督考工作，公司以推动员工达标为共同的目标，上下协调一致，促进了华为公司各管理层次之间，以及上下级之间关系的改善。

一年后，在普考阶段参加考评的华为秘书就达到了 300 多人，完成 1 级考评的人数达 180 人，考评优秀的秘书可以到市场部锻炼，也可以获得逐步的提升，秘书的职业发展通道被打开了。

员工可以根据自身的任职资格，对照自己的工作流程。

北大纵横管理咨询公司合伙人陈颖说华为在引进 NVQ 体系的试点工作中，组织文秘和有关管理人员对国际企业行政管理标准进行了认真的学习，对照标准要求来考核工作，使员工们明确了工作改进的目标和文秘人员的职业发展通道。

资格体系做好后，秘书们终于明白了自己发展的方向。华为秘书的职业能力迅速提高，像电脑管理、文档管理、电话处理，别的单位得招三个人来做，在华为一人足矣。省下了工资、管理费用、办公空间，效率还更高。

华为还建立了资格认证部，组织培训了专门人员负责文秘人员的考评工作，同时还带动了公司员工的培训工作。

秘书问题解决后，人力资源部成立了两个任职资格研究小组，每组三人，开始制订其他人员的任职资格体系。紧接着华为正式成立了任职资格管理部，对各个岗位设立相应的任职资格标准。为了使员工不断提高自身工作能力和价值，有一个更大更广的发展空间，任职资格管理部设计了管理与专业技术双重职业发展通道。员工可以根据自身特点，结合业务发展，为自己设计切实可行的职业发展通道。以李元为例，他当时可以有两个选择：一是走管理岗位通道，进入人力资源系统，以人力资源经理为职业目标；二是走技术岗位通道，坚持做人力资源技术性工作，成为内部的人力资源技术专家。

华为在实践过程中推进过程三位一体化。

到 1999 年，华为的人力资源管理架构基本成形，包括绩效管理体系、薪酬分配体系和任职资格评价体系。

在华为，6个培训中心统统归属于任职资格管理部之下，乍看不可思议，其实顺理成章。许多企业都为之头痛的培训无效问题，往往是由于缺少任职资格体系，无法得知"现有"和"应有"的差距。而在华为，有了任职资格体系，从某一级升到上一级，需要提高的能力一目了然，培训便具有针对性。任职资格标准牵引推动，培训体系支持配合，强调开发功能，真正解决员工职业发展问题。

原则上，华为每隔两年进行一次职位资格认证，公司根据认证结果，决定员工是继续留任、晋升，还是降级使用。

陈颖认为：华为资格认证的过程，充分体现了与客观标准比较的相对公正性；任职资格制度的实施，使"华为"对干部的选拔，转变到组织考核、职业化遴选等更加科学、合理的机制上来；为员工的培养、培训工作明确了方向和具体课题；同时，打开了员工的晋升通道，也是华为实现制度化新老接替所必须经过的一个过程。

➡️ **知识油库**

6-5-2-1 理论简介

1. 施恩的人生周期分析理论

一个人在一生中要不断面临各种各样的困境和问题，归纳起来有三个主要方面：一是学习、成长中遇到的问题和麻烦；二是婚姻家庭中的矛盾和难题；三是社会职业工作过程中的苦恼和困难。因此，美国职业管理研究专家施恩教授认为，一个人的人生发展周期是生物——社会生命周期、婚姻——家庭生活周期、工作——职业生涯周期三种周期交互作用的结果，每个周期都存在可能一致协同也可能重叠或矛盾冲突的选择点、里程碑、阶段性目标及终点。

2. 施恩的职业锚理论

所谓"职业锚"即职业生涯主线或主导价值取向，也就是当一个人不得不作出选择的时候无论如何都不会放弃的原则性东西，是人们职业选择和发展所围绕的中心。职业锚实质上是根据一个人所有职业方向、工作经历、兴趣爱好等信息汇集合成的一种带有规律性的职业生涯模式，以此告诉人们哪些是其职业生涯中最重要的东西，以作为今后职业发展的参照。

3. 麦柯比的职业风格特征理论

美国心理学家麦柯比在对数百位北美高科技大公司高、中及基层管理人员进行为期6年的深入调查后，认为在组织中按职业风格的不同，管理人员可分为4种典型的类型。

① 工匠型。

② 斗士型。

③ "企业人"型。

④ 赛手型。

6-5-2-2 影响职业规划的因素

1. 个人特点

个性又称人格，原意是指戏剧演员在舞台上扮演角色所戴的面具，它代表剧中人物的某种典型心理，类似于京剧中的脸谱。传统心理学沿用这个含义，把一个人在舞台上扮演的种种角色的心理活动都看做个性的表现。所以，心理学中个性是指一个人种种行为的心理活动的总和。

美国的职业指导专家霍兰德基于自己对职业类型测试的研究，共发现 6 种基本的人格类型。

现实型（R）、研究型（I）、艺术型（A）、社会型（S）、企业型（E）、传统型（C）。

2. 气质类型

气质，从心理学上说，即人们进行心理活动或在行为方式上表现出来的强度、速度、稳定性和灵活性等动态的心理特征。它既表现在行为情绪上的快慢、情绪体验的强弱、情绪状态的稳定性及气质变化的幅度上，也表现在行为动作和语言的速度和灵活性上。与个性不同，气质与生俱来，每个人都有其固定的、与众不同的气质。苏联的生理学家巴甫洛夫把人的气质分为 4 种：多血质（活泼型）、胆汁质（兴奋型）、黏液质（安静型）、抑郁质（抑制型）。

3. 性格特征

性格是指在成长的过程中，受所处环境中的各种事物的影响，后天培养成的心理特征中的理性部分（性质），或者说性格是人对现实的态度和行为中比较稳定的、独特的心理特征总和。性格作为个性的一个方面，具有社会制约性，现实生活中的每个人都会感受到外界社会施加给他的影响，并对这种影响产生特定反应，从而形成自己的性格特征。

瑞士心理学家、精神病专家，曾担任过巴塞罗大学教授的古斯诺·荣格把性格分为两个极端典型的类型：① 内倾（内向）性；② 外倾（外向）性。

在内倾性和外倾性基础上，荣格把人的性格按精神机能加以分类。所谓精神机能就是"在种种不同条件下，原则上不变的精神的活动形式"。4 种精神机能是：思考机能、感情机能、感觉机能、直观机能。

4. 个人能力

（1）一般能力与职业选择

一般能力是指在不同种类的活动中表现出来的共同能力。包括观察能力（对实物券面和细致的分析能力）、思维能力（对事物的分析、综合、抽象和概括能力）、想象能力（包括在选想象和创造想象，它对人成功地进行一般活动是必需的）、记忆能力（指记忆的速度、准确性、巩固性和准备性等对人类知识的积累能力）等。一般能力可以通过智商（IQ）和情商（EQ）两个纬度去衡量。情商主要包括：认识自己的情绪的能力、妥善管理自己的情绪的能力、认知他人的情绪的能力、自我激励的能力、人际关系协调的能力。

（2）特殊能力与职业选择

特殊能力是指从事某项专业活动的能力，也可称为一个人的特长。如语言表达能力、算术能力、空间判断能力、形态知觉能力、事物能力、动作协调能力、手指灵活度、手指灵巧度等。

6-5-2-3 职业生涯规划

1. 职业生涯规划

（1）职业生涯规划的含义和作用

职业生涯规划，是在个人发展与组织发展相结合的基础上，将员工职业生涯的主客观因素进行分析、总结和测定，确定其事业奋斗目标，并选择实现这一事业目标的职业，编制相应的工作、教育和培训等行动计划，对每一步骤的时间、顺序和方向进行合理安排，以期实现职业目标。

职业生涯在公司、企业、机关的成长、运转、发展过程中都发挥了举足轻重的作用。

① 职业生涯规划是个人成才的有效方法。

② 职业生涯规划是组织开发人才的有效手段。

③ 职业生涯规划是组织留住人才的最佳措施。

（2）职业生涯规划要素和步骤

$$职业生涯 = 知己 + 知彼 + 决策$$

职业生涯规划的要素和步骤如图 6 - 15 所示。

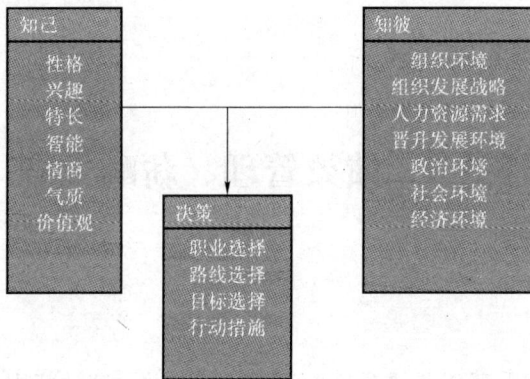

图 6 - 15　职业生涯规划的要素和步骤

职业生涯规划是一个周而复始的连续过程，包括 8 个步骤：确定志向，自我评估，外环境分析，职业选择，职业生涯路线选择，职业生涯目标确定、执行、评估与回馈。

2. 职业生涯发展

1）职业生涯危机与对策

（1）职业生涯失败的主要原因与对策

在职业发展过程中，失败往往是自己造成的，使自己的事业受阻，其原因大致包括：自信心不足、无正确目标、选错职业、骄傲自满，故步自封、行动不够、不会沟通、能随机应变、目中无人，不善合作、不能正确对待他人的评价、人际关系不佳、心胸狭窄，强求公平、身体不佳等。

（2）自我避免失败的应有对策

● 树立信心，坚定目标。

● 调整心态，开发潜能。

● 调节情绪，开发情商。

● 科学策划，讲求方法。

● 积极行动，迂回前进。

- 抓住机遇，锲而不舍。

2）组织环境的危机与对策

组织环境内的几项主要危机。

- 组织风气不正。
- 组织结构不合理。
- 升迁渠道受阻。

产生这种危机的原因大致有三种说法。

第一，与组织发展态势有关。

第二，与员工结构互补有关。

第三，与组织升迁政策有关。

这就需要针对不同情况，作出应对策略。

第一，创造机会。

第二，改变升迁路线。

第三，调整工作单位。

任务6　绩效管理、薪酬福利

学习目标

理解绩效、绩效管理、薪酬与福利的内涵；了解绩效管理的模型；掌握绩效信息管理的获取与沟通；掌握绩效管理的方法；理解薪酬的决策与构成；了解福利的形式与作用；掌握薪酬与福利的设计。

子任务1　绩效管理

案例9

可口可乐子公司的绩效管理

欧洲的一家可口可乐饮料公司，采纳了罗伯特·卡普兰和大卫·诺顿（Robert Kaplan and David Norton）的建议，从财务、客户和消费者、内部经营流程及组织学习与成长4个方面，评估公司的战略实施情况。

为了推广平衡计分卡（The Balanced Scorecard）理念，公司高层管理人员开了3天会议，以公司的综合业务计划为讨论的基础。讨论期间，要求每一位管理人员就下面项目发表观点。

① 定义远景。

② 设定长期目标（以3年为期）。

③ 描述当前的形势。

④ 描述将要采取的战略计划。

⑤ 为不同的体系和评估程序定义参数。

由于这家可口可乐子公司刚刚成立，讨论的结果是需要采取大量的措施。考虑到公司处于发展初期，管理层决定建立一种文化和一种连续的体系，在此范围内所有主要的参数都要进行测评。测评的焦点，在于与战略行动有关的关键指标。

在构建公司的平衡记分卡时，高层管理人员强调了保持各方面平衡的重要性。为了达到这一目的，这家可口可乐子公司采用了循序渐进过程。

首先，阐明与战略计划相关的财务措施。然后，以这些措施为基础，设定财务目标，并确定为实现这些目标而应当采取的适当行动。

其次，在客户和消费者方面重复这一过程。在此阶段，初步的问题是"如果我们打算完成我们的财务目标，我们的客户会如何看待我们？"

第三，明确向客户和消费者转移价值所必需的内部过程。管理层问自己的问题是：我们是否具备足够的创新精神、是否愿意为了让公司以一种合适的方式发展而实施变革？经过这些过程，这家子公司能够确保各个方面达到了平衡，并且所有的参数和行动，都会导致向同一个方向的变化。但是，公司高层认为，在各个方面达到完全平衡之前，有必要把不同的步骤再重复几次。

这家可口可乐子公司，已经把平衡计分卡的理念，应用到个人层面上了。在公司里，很重要的一点是，只利用那些个人能够影响到的计量因素来评估个人业绩。这样做的目的，在于通过测量与个人的具体职责相关联的一系列确定的目标，来考察个人的业绩。根据员工在几个指标上的得分建立奖金制度，能够促使公司行动聚焦于各种战略计划上。

在这家子公司，强调的既不是商业计划，也不是预算安排，而且也不把平衡记分卡看成是一成不变的；相反，对所有问题的考虑都是动态的，并且每年都要不断地进行检查和修正。按照这家公司的说法，在推广平衡记分卡理念的过程中，最大的挑战是既要寻找各方面的不同测量方法之间的适当平衡，又要确保能够获得所有将该理念推广下去所需要的信息系统。此外，要获得成功，重要的一点是每个人都要确保及时提交所有的信息。信息的提交也要考虑在绩效考评之中。

思考：

（1）罗伯特·卡普兰和大卫·诺顿是谁？什么是"平衡计分卡"？

（2）绩效评价和"平衡计分卡"有什么联系？

（3）战略管理与绩效管理有何联系与区别？

➡ **知识油库**

6-6-1-1　绩效与绩效管理

中文"绩效"是新词，源于英文 performance，是 perform（to take action in accordance with the requirements of 根据要求采取行动）之后的结果，"所完成的事；成就"（something performed；an accomplishment）的意思。

在管理学领域的理论和实践中，"绩效"基本含义是"成绩和效果"，可以定义为"个人、团队或组织从事一种活动所获取的成绩和效果"。

实际上，绩效就是结果，就是收获，就是进展情况，是投入了要素之后的产出，付出了成本之后的收益。凡是有活动，就会有结果，即绩效。绩效有大有小，有好有坏。

按照活动参与主体是个人、团队还是组织，可以分为个人绩效、团队绩效和组织绩效，三种绩效可以毫不关联的形式独立存在。对于一个组织内的关联活动而言，个人绩效、团队绩效和组织绩效既有区别又有联系。一方面，三种绩效的层次不同、大小有别；另一方面，三者又联系密切，团队绩效取决于个人绩效，组织绩效决定于团队绩效。

需要注意的是，团队绩效虽然取决于个人绩效，但并不是团队中个人绩效的简单加合；团队绩效，有可能大于团队中个人绩效之和（合作，高绩效团队），也有可能小于个人绩效之和（不合作，发生内耗）。同理，组织绩效，有可能大于或小于组织中所有团队绩效之和。一般而言，团队和组织绩效，要大于其组成部分绩效之和。

绩效管理，就是在事关绩效事宜方面，开展 4 个环节的系列活动：计划——识别绩效、选择内容、确定标准、制订考评方案；组织——优化资源配置、有效落实考评方案；领导——做好指挥、协调工作；控制——监督实施过程，及时反馈信息，必要时作出调整。绩效管理活动由 4 部分组成：绩效计划、绩效考评、绩效反馈和绩效改进。联系到对绩效的界定，绩效管理概念可以定义为"对个人、团队或组织在从事一种活动中所获取的成绩和效果，进行系统性计划、考评、反馈和改进的过程"。

6 – 6 – 1 – 2　绩效管理信息的获取

在许多企业，员工所完成的工作容易量化，业绩一般都有记录，考评绩效需要什么信息，一查便知。当然，也有许多时候，员工的业绩很难用数字去衡量，这给绩效考评信息的获取带来一定难度。比如服务部门、科研机构、政府机关的工作，就不易用定时（期）、定量的办法进行衡量。

绩效考评最重要的是获取信息或"数据"（Data）。有专家认为，"数据"指的是"历史的或通过计算、实验取得的事实或者统计数字。"数据有定量和定性两类，前者为"硬数据"，后者为"软数据"。优质数据具备 3 个特征（即"3R"）。

一是可靠性（Reliable）。

二是相关性（Relevant）。

三是典型性（Representative）。

在收集数据或考评绩效过程中，应该注意坚持"SMART 原则"：战略性（Strategic）、可测度（Measurable）、精确性（Accurate）、可靠性（Reliable）和时效性（Time – Based）。

绩效考评的数据主要有 6 个来源。

① 本机构记录。

② 外机构记录。

③ 个人。

④ 一般公众。

⑤ 训练有素的观察者。

⑥ 机械测量。

"3R 原则"和"SMART 原则"具有重要的借鉴意义和利用价值。

6－6－1－3 绩效管理信息的沟通

有一则现代寓言:一把坚固的大铁锁挂在铁门上,粗壮有力的铁杆费了九牛二虎之力,就是无法把他撬开。这时,纤细柔弱的钥匙来到铁锁旁,钻进锁孔轻轻一个转身,只听得"啪"一声脆响,铁锁打开了!铁杆很是郁闷:"我这么强壮,费了那么大力气都打不开,你那么文弱,轻而易举就把他打开了,为什么会这样呢?"钥匙轻声细语,一语道破"天机":"因为我最了解他的心。"

"了解他的心"真是太重要了!

当事人或利益相关者之间信息的交流和信任的建立,对于私务、家务、商务、政务和国务,都具有重要意义和价值。基本上可以这样认为,即误解的存在、矛盾的出现和冲突的发生,就是沟通不畅导致信息失衡、信任丧失的结果。

在绩效管理中,情况也是如此。绩效考评的过程和结果,往往会涉及绝大多数员工的切身利益。如果管理者和员工之间,没有就绩效管理的目的、计划、措施和结果进行充分交流,员工对于绩效管理活动给自己的利益带来的影响,就很难形成清楚的和积极的预期,组织决策者和管理者所期望的绩效管理能够带来的收益,一定会大打折扣。

一位美国专家认为,绩效管理是一个持续的交流过程。这一过程应该按照员工和其直接主管之间达成的协议来保证完成。在协议中,对未来工作的目标要有明确的理解和认识,并将可能受益的组织、经理及员工都纳入到绩效管理系统中来。

根据沃森·怀亚特(Wastson Wyatt)2006 年对美国和加拿大职员的研究结果表明,有效的员工沟通,对于获得更高的财务绩效有作用。研究发现,具有最有效沟通机制的公司,在 2000 到 2004 年期间,获得了 91% 的投资回报。美国普林斯顿大学的专家,通过对一万余份相对比较成功人士档案的分析发现,智慧、专业技术和经验只占成功因素的 25%,而75% 的贡献来自于良好的人际沟通。

有效的绩效管理沟通,不应该限于绩效考评信息反馈的单一环节,而是要贯彻在整个管理过程之中。实施中,要就绩效目标的设定反复征求利益相关员工的意见和建议,最好能够征得 2/3 以上员工的同意。绩效管理的实施方式和具体程序,也应该及时告知相关员工,尽可能得到员工的理解与配合。最后获得的绩效考评结果,应该以公开通报或个别传达等方式,及时通报当事的员工、团队、部门或全体员工。必要时,与绩效相关者一起分析评价结果,制定并监督整改方案的执行与落实。

子任务 2 薪酬福利

案例 10

宝洁:"在家上班"的新福利

2007 年 9 月,宝洁中国推出了一项新规定:员工在每周 5 个工作日中可任选一天在家上班。"尊重休息权"成为宝洁中国管理上的新政策。

2007 年 3 月,宝洁中国的 75 名雇员加入了一项特殊的"试验工程"。他们在每周 5 个工作日中可任选一天在家上班。5 个月后,"在家上班"成为宝洁中国的一项正式福利制度。

宝洁财务部的安妮·彭（Annie Peng）高兴地说："在家办公的那一天，我可以远离上班路上的堵车，不用在太阳底下疾走，不用穿职业装，心里真的很轻松！"一度流行的SOHO族的生活一下子向宝洁中国的员工近了一大步。不过，外界的质疑也随之而来，首当其冲的便是员工的自觉性和工作效率问题。宝洁大中华区人力资源部总经理会田秀和指出："一开始有人担心这会变成变相的休假，我想可能会有极少数的员工会犯这样的错误。但我们不会为少数人而放弃对大多数人有意义的事情。宝洁的员工大多有繁重的工作，我相信他们不会把个人利益凌驾于公司利益之上。如果出现不好的情况，那对不起只能让他接受公司的严格处分。目前看来，还没有人违规，生产力也没有因此而下降。"

宝洁公司对外事务部新闻媒介关系高级经理吴海蔓透露，"在家工作"新政策其实只是宝洁促使员工"生活与工作"平衡系统中的一部分而已。宝洁有一套系统的弹性工作模型，结合员工的个人选择、个人能力、个人精力管理与雇主的要求，来帮助员工合理机动地安排工作。比如在宝洁只要保证早上10点和下午4点之间的核心工作时间，其他时间员工可以弹性安排。"个人离开"假期也是宝洁的一大福利。凡在公司工作超过一年以上的职员，可以因个人的任何理由，每3年要求1个月，或者每7年要求3个月"个人离开"。

尊重休息权，不仅仅是一个管理技术的操作，更是一个管理者的心态问题。"我们公司的基本价值之一就是信任。"宝洁中国人力资源部副总监翟玉燕说："我们不鼓励工作狂，但如果那是员工个人的选择，我们也不会干涉。这个'在家上班'计划只是为员工提供多一个选择。有选择是更重要的事情。"

思考：

（1）你对宝洁中国公司"在家上班"的新福利政策有何评价？

（2）杰克·韦尔奇说："即使是最宽宏大量的老板也会认为，工作和生活的平衡是需要员工自己去解决的问题。"宝洁中国公司主动帮助员工解决"生活与工作"平衡问题，这样做的根本目的是什么？

（3）假定成本相近，"增加工资"与"提供福利"，哪一种方式对员工的激励效果更好？为什么？请举例说明。

➡ **知识油库**

6-6-2-1　薪酬与福利的定义

关于"薪酬"，有各种说法，比如薪金、薪水、薪资、报酬、工资等。说法多的原因之一是对英文词 Compensation 的译法不统一所致。我们熟悉的说法是"工资"一词，"福利"，英文是 Benefits，说法比较统一。

结合多数专家的用法，采用"薪酬"与"福利"来描述被雇用者从雇用者那里所获得的全部收益的总和——称为"报酬"。其中，"薪酬"界定为主要以货币形式表现的具有直接性、确定性和及时性的报酬；"福利"界定为以货币或非货币形式表现的具有间接性、未来性和灵活性的报酬。

6-6-2-2　薪酬的决定与构成

1. 决定薪酬的因素

薪酬由多种因素决定。组织的类型或性质不同，组织的内部条件和外部环境不同，薪酬的决定因素就有差异。

不仅如此，专家学者的认识能力和价值观念不同，对薪酬决定因素的判断与分析也会有所侧重或差异。

薪酬由内部因素和外部因素两类因素决定。

内部因素主要包括以下几个方面的内容。

① 组织薪酬政策——作为市场微观主体的工商企业组织，通常会根据多方面因素制定薪酬政策。

② 组织支付能力——"水涨船高"。一般而言，在成熟的市场经济中，组织的实力越强，员工的薪酬和福利水平也越高。有一些企业可能出于"合理避税"考虑，会采取其他可以计入经营成本的方式向员工"转移支付"部分收益。

③ 工作的价值——员工所承担工作任务的相对价值。比如高层、中层和低层管理者，工作价值依次下降，给付的薪酬也相应降低。

④ 员工的利润贡献率——员工对于组织利润的贡献率。贡献越大，薪酬越高。比如高绩效的市场营销人员的收入，可能远高于高级管理人员或研发人员。

外部因素主要包括以下几个方面的内容。

① 人力资源市场信息——薪酬水平由市场人力资源的供给与需求状况决定。如果职业市场上有数以百万计的大学生、研究生人力资源闲置，那么他们受雇后的薪酬达到的水平就不可能有高度。中国人力资源市场上高级技工严重短缺，在一些地方，技工的工资高于大学生，甚至研究生。

② 地区薪酬水平——一个地区的平均薪酬水平是决定薪酬的重要参考依据。低于这一水平，人力资源的保持、使用和激励等方面就会出现问题。

③ 当地生活费用——当地普通居民的生活费用，是决定组织员工基本薪酬的基础和根据。

④ 法律规定——法律对雇员最低薪酬标准、福利构成（如带薪休假、保险）等的通常有明文规定。雇主不得违反。

⑤ 集体谈判能力——工会组织的作用。在比较成熟的市场经济中，各类雇员自发建立或自愿参加工会组织，以便提升个人的谈判能力。健全的、有效发挥作用的工会组织系统，是市场经济发展的必然产物。工会组织越健全，集体谈判能力越强大，对雇员个人利益的维护和组织经营活动的规制越有利。

2. 薪酬的一般结构

薪酬结构如何，并没有一致的认识。由于薪酬与福利两者之间很难有清晰的界限，这里的"薪酬"中，实际上包含了若干可称之为"福利"的项目。

薪酬的一般结构如图 6 - 16 所示。

组织中给予雇员的总体薪酬（Total Compensation），可以分为货币和非货币两类。货币薪酬又可以分为直接薪酬和间接薪酬两类。

直接薪酬包括：基本工资、绩效奖金、利润分享、股票期权、假日工资和加班补贴等项目。

间接薪酬包括：失业保险、养老保险、医疗保险、意外保险、教育补贴、伤病补助、通讯补贴和交通补助等内容。

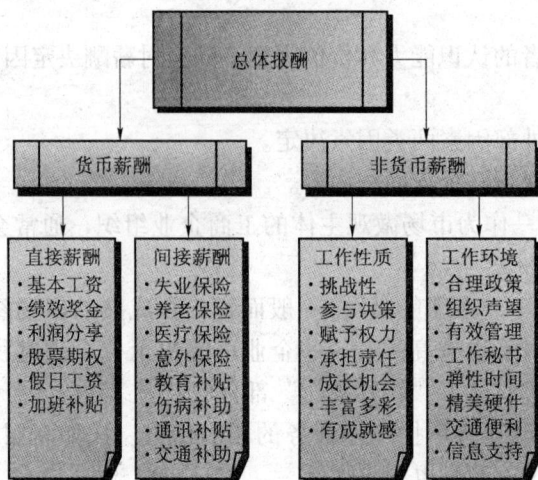

图 6-16　薪酬的一般结构

非货币薪酬可以划分为工作性质和工作环境两个方面。

工作性质包括：挑战性、参与决策、赋予权力、承担责任、成长机会、丰富多彩、有成就感等。

工作环境包括：合理政策、组织声望、有效管理、工作秘书、弹性时间、精美硬件、交通便利和信息支持。

对所有雇员而言，货币薪酬都是最重要和最主要的收益。

其中，直接薪酬又是最大的组成部分。直接薪酬主要是现期的和部分远期的直接发放给雇员的收益。间接薪酬是远期的或意外性的辅助性收益。市场经济越成熟，产业竞争越激烈，组织管理水平越高，经营绩效越好，间接薪酬的比例越高。

非货币薪酬越来越受到雇主的重视和雇员的欢迎。在雇员总体薪酬中，非货币薪酬比例的增加，往往意味着收益水平的提高、业务规模的扩大和管理水平的提升。就像一个经济体中第三产业比例的增加，意味着经济社会发展的先进性在增强一样，一个组织给予雇员的非货币薪酬比例的上升，也意味着这个组织的成长和市场地位的领先。换句话说，非货币薪酬的支付，是组织成熟和实力的体现。

这里需要注意，薪酬结构的变动，有其内在的动力和规律。

6-6-2-3　福利的形式与作用

1. 福利的主要形式

一是补充性报酬福利（Supplement Pay Benefits）。这是指带薪不工作时间福利（Benefits For Time Not Worked）。

二是保险福利（Insurance Benefits）。保险福利有法定和雇主自愿提供两种情况。

三是退休福利（Retirement Benefits）。

四是雇员服务福利（Employee Services Benefits）。不少雇主还提供为雇员个人提供服务（如咨询服务）、"利家"服务（如托儿、老人看护等）、教育补助、管理者津贴（如为高层管理人员提供汽车、飞机交通补贴）等福利计划。

不同的经济，对福利有不同的规定、要求或传统。不同形式的福利适应不同的经济和组织。

"较低的直接货币薪酬+较高的非货币福利"，是符合中国经济和社会现实要求的中国国有企业经营者的薪酬结构。

这些国有企业经营者的福利主要包括：① 政治地位，许多大中型企业的负责人，一般都能够获得担任全国或地方各级人大代表、政协委员的机会；② 廉价住房，不同级别的企业经营者，能够享受到国家有关部门安排的或廉价出售的住房；③ 免费交通，专用高级轿车、专职司机的情况很普遍；④ 公费医疗保险；⑤ 公费餐饮；⑥ 公款通讯费；⑦ 出国"考察"。

2. 福利的作用

有研究者认为，"深得人心的福利，比高薪更能有效地激励员工。高薪只是短期内人力资源市场供求关系的体现，而福利则反映了企业对员工的长期承诺。"

薪酬水平随着市场的变化而发生波动，是市场供需双方博弈的均衡解。福利则有所不同。福利受人力资源市场供需变化的影响较小。福利的提供，有法律对雇主强制要求的原因，但在很大的程度上，是雇主自愿的行动，能够体现出雇主对雇员价值的评价、需要的满足和情感的付出。

丰富的、精心设计的福利，能够让雇员感受到安全、保障、重视、温暖和快乐，能够让雇员对未来的生活充满希望。感到快乐和有希望的员工，是忠诚于组织的员工，是高效率的员工，是组织获得高水平绩效和实现战略目标的基础和保证。

向雇员提供丰富多彩福利的组织，是有智慧的、负责任的和可持续发展的组织。福利激发动力，福利创造绩效，福利成就战略。

项目小结 >>

人力资源管理是指为了实现组织存在与发展目标而采取的规划、获取、配置、使用与建设员工生产能力的一系列政策措施和实践活动。本项目主要介绍了人力资源管理的任务与功能、人力资源规划、工作分析、岗位招聘、履历分析、面试实施、选聘录用、员工培训、职业规划、绩效管理、薪酬福利等各个阶段应注意的事项及相关知识。

课后讨论 >>

1. 公司人力资源管理与整体发展战略有何联系？
2. 公司如何制订人力资源规划？
3. 公司如何进行有效的人才招聘？
4. 人力资源管理中，如何有效地进行绩效管理的沟通？

复习思考 >>

1. 人力资源的含义。
2. 人力资源管理的任务。
3. 人力资源管理的功能。
4. 工作分析的方法有哪些？

5. 面试类型与方法有哪些？
6. 在面试中常见的错误有哪几个方面？
7. 培训的目标与作用。
8. 影响职业规划的因素。
9. 绩效与绩效管理的内涵。
10. 决定薪酬的因素。

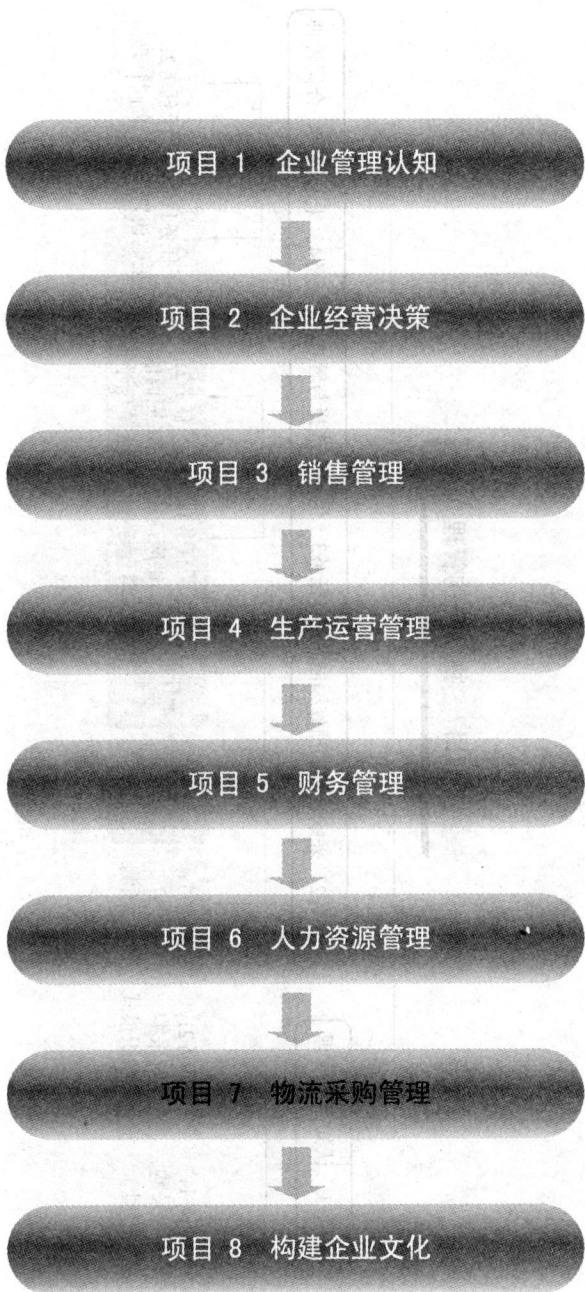

项目 1 企业管理认知

项目 2 企业经营决策

项目 3 销售管理

项目 4 生产运营管理

项目 5 财务管理

项目 6 人力资源管理

项目 7 物流采购管理

项目 8 构建企业文化

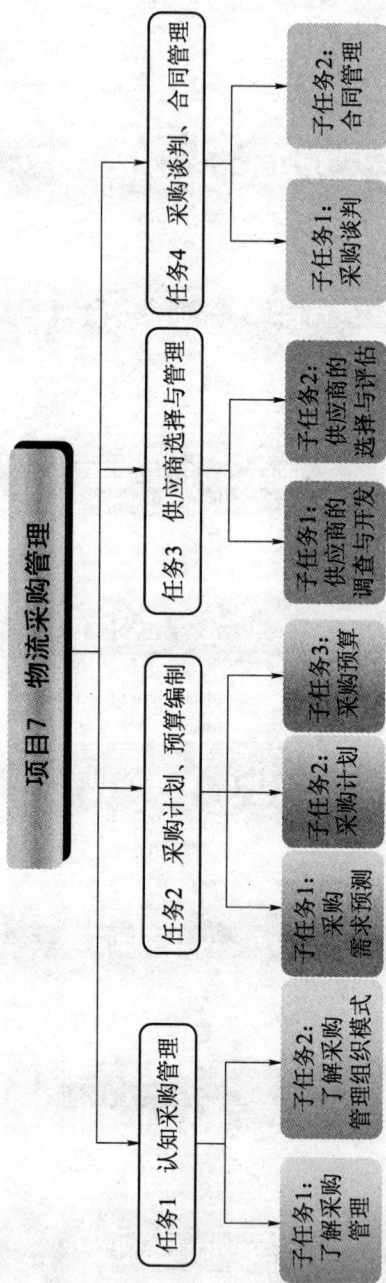

项目7　物流采购管理

任务1　认知采购管理
子任务1：了解采购管理
子任务2：了解采购管理组织模式

任务2　采购计划、预算编制
子任务1：采购需求预测
子任务2：采购计划
子任务3：采购预算

任务3　供应商选择与管理
子任务1：供应商的调查与开发
子任务2：供应商的选择与评估

任务4　采购谈判、合同管理
子任务1：采购谈判
子任务2：合同管理

项目 **7**

物流采购管理

采购管理（Procurement Management）是计划下达、采购单生成、采购单执行、到货接收、检验入库、采购发票地收集到采购结算的采购活动的全过程，对采购过程中物流运动的各个环节状态进行严密的跟踪、监督，实现对企业采购活动执行过程的科学管理。采购管理包括采购计划、订单管理及发票校验 3 个组件。采购是物流的基础环节，在物流经济活动运营中发挥着重要的作用。

本项目共 4 个任务。

学习目标

1. 了解采购的内涵与流程。
2. 掌握采购部门设置的方法。
3. 掌握采购计划、预算编制方法。
4. 掌握供应商的选择与管理。
5. 掌握采购谈判方法。
6. 学习合同管理方式。

任务1 认知采购管理

【要求】理解采购的内涵与一般流程；掌握采购部门设置的原则与影响因素；重点掌握采购部门的组织模式与岗位责任设置。

子任务1 了解采购管理

案例1

长城计算机公司的采购实践

电子制造业供应链的主要成本是产品的直接材料，影响成本的因素有两个：采购价格和采购量。采购管理是否成功，一方面取决于采购方的战略和措施，另一方面在很大程度上还取决于采购团队与供应商的沟通与信任。真正使采购管理者普遍大伤脑筋的问题其实在于：如何"以人为本"去管理采购人员，激励他们自觉主动地去搞好与供应商的关系，始终把降低成本放在第一位。长城计算机公司对采购队伍的管理，是根据历史经验和同业竞争的趋势，给采购部门下达降幅指标。完成了任务则奖励，激发采购队伍的热情，完不成则要实事求是地帮其分析。实行制度化管理虽然分工多、手续复杂，表面看似降低了效率，但是这也避免了个人擅断行为的出现，采购员不用去琢磨采用一些冒险和短期的行为，真正做到"热爱岗位，尽其职，忠其事，图其久"。Daston Electronic 公司的采购经理 Philip Wang 认为，让采购人员感受到工作带给他们的成就感，同时通过物质上的奖励激发工作热情是激励采购队伍的两个重要方面。

激励是管理的支持，有效激励的前提是明确的标杆和目标。建立监控体系和激励机制使采购团队在面对大量现金流和物流的环境中摆正了自己与公司的关系，有效的管理方法能提高工作效率。然而，如何将管理制度与管理方法有机结合，在提高效率的同时，使采购员能一切从公司利益出发仍是一个有待继续探索的问题。

从下面的例子中可以看出长城计算机公司采购绩效管理的有效性。采购人员经常会遇到一个棘手的问题：目前采购 A 公司的产品，过段时间 B 公司的产品质量超过了 A 公司，且价格更低，该怎么办？选 A 还是选 B？如果选 B，那和 A 的关系也就完了。到以后如果又有 C 超过 B，还要不要建立新的关系？针对这样的问题，长城计算机公司的办法是实行 A、B 双轨制，供应由 A、B 两家供应商来完成。B 的产品质量好、价格低，多买一些，A 的产品少买一些，但要让 A 体会到选择的标准。在交货期满足的情况下，订货量应满足下列公式：

$$订货量 = (质量/价格) \times 关系$$

即采购量与供应产品质量成正比，与产品价格成反比，将关系要素通常都视为 1（不合格供应商视为 0）。这样，只要采购方做到公开、公平、公正，就会使 A 供应商心服口服，从而更注重提升品质，改善管理，努力在竞争中做得更好。实践证明，这样做不仅交货无风险，而且长期关系更稳定。

知识油库

7-1-1-1 采购的内涵

一、采购的内涵

采购是一项具体的业务活动，一般由采购员承担具体的采购任务。采购管理是企业管理系统的一个重要子系统，是指保障企业物资供应而对企业的整个采购活动进行的计划、组织、指挥、协调和控制活动，是企业战略管理的重要组成部分，一般由企业的中高层管理人员承担。

二、采购的重要性

- 满足制造产品的需求。
- 采购是控制成本的主要手段之一。
- 做好采购管理，可以帮助企业洞察市场的变化趋势。

7-1-1-2 采购的一般流程

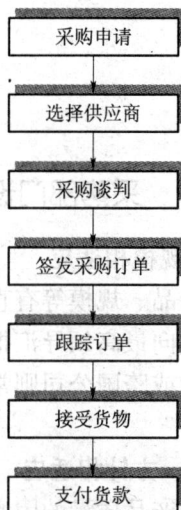

```
采购申请
   ↓
选择供应商
   ↓
采购谈判
   ↓
签发采购订单
   ↓
跟踪订单
   ↓
接受货物
   ↓
支付货款
```

子任务2 了解采购管理组织模式

📖 案例2

宜家通过低价采购取得竞争优势

除中国大陆宜家的价格表现略为偏高外，在全球其他市场，宜家一直以优质低价的形象出现，这得益于宜家经济的采购策略。

一、以规模采购获得低成本

宜家在为产品选择供应商时，从整体上考虑总体成本最低。即计算产品运抵各中央仓库的成本作为基准，再根据每个销售区域的潜在销售量来选择供货商，同时参考质量、生产能力等其他因素。宜家在全球拥有近2 000家供应商（其中包括宜家自有的工厂），供应商将各种材料由世界各地运抵宜家全球的中央仓库，然后从中央仓库运往各个商场进行销售。这种全球大批量集体采购方式可以取得较低的价格，挤压竞争者的生存空间。

二、因地制宜改变采购通路保持竞争优势

宜家的亚太地区的中央仓库设在马来西亚，所有前往中国商场的产品必须先运往马来西亚。这种采购方式使宜家总体的成本降低。但是对于中国来说，成本较高。特别是对于家具这类体积较大的商品来说，运费在整个成本中会达到30%，直接影响到最终的定价。随着亚洲市场特别是中国市场所占的比重不断扩大，宜家正在把越来越多的产品或者是产品的部分量放在亚洲地区生产，这将大大降低运费对成本的影响。目前，宜家正在实施零售选择计划，即由中国商场选择几个品种，然后由中国的供货商进行生产，然后直接运往商店的计划。降低采购成本后，宜家显然正在针对目标消费群体，加大本土采购力度，继续降低成本价格，把宜家在全球的降价优势发挥出来，再加上其特有的体验营销、服务营销等多种营销

手法的综合运用，有助其与众多竞争对手区别开来，从而取得竞争优势。

问题：

（1）总结宜家的采购策略。

（2）对中国企业的启示。

▶ **知识油库**

7－1－2－1　采购部门设置的原则

（一）部门设置应同企业的性质和规模相适应

采购机构的设置同企业的性质、产品、规模等有直接的关系。比如石油企业的原材料一般需要一些专业人员采购，并往往直接向最高领导汇报；小公司可能仅仅设置一个简单的供应部门负责原材料的采购，而大型企业或跨国公司则常设有集团采购部或中央采购中心负责采购。

（二）部门设置应同企业采购目标、方针相适应

比如说企业产品质量不好，而影响产品质量的因素主要是原材料，则改进供应商原材料质量的责任主要在采购部门，那么采购部门就应该配备相应的品质工程师，或者赋予采购部门以相应的职责以使其指挥相关部门的人员参与原材料质量的改进。

（三）部门设置应同企业的管理水平相适应

如果企业导入了 MRP 或 JIT 系统，那么采购的需求计划、订单开立、收货跟单均可通过计算机按 MRP 或 JIT 系统操作控制，其采购机构的设置有别于手工作坊式的企业。

7－1－2－2　影响采购部门设置的因素

影响采购部门设置的最主要的因素是管理层对采购工作的重视程度。管理层对采购的认识又受以下因素的影响。

- 管理层自身的知识及认识水平。
- 企业产品成本中原材料所占的比重。
- 公司的财务状况及采购对公司的贡献。
- 公司对原材料供应市场的依赖程度，通常供应市场越集中越容易引起管理层注意。

7－1－2－3　采购部门的组织模式

虽然集中企业采购权于一个部门是采购管理发展的趋势，但要根据企业的具体情况来决定采购部门的设置，主要是企业的规模和产品的多少。

如果企业规模较小，产品结构较单一（典型的例子就是单一的工厂或企业），设置单一的采购部门并直接向总经理汇报工作较好，如图 7－1 所示。

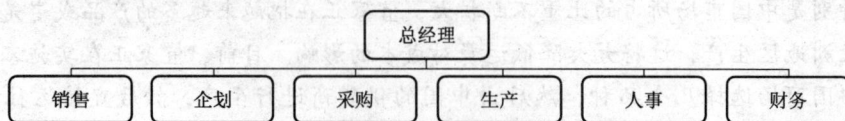

图 7－1　企业采购部门设置形式之一

一些企业的规模较大，如大型的跨国公司或国内的大型国有企业，企业业务较多、管理繁杂。这样的企业可以设置独立的采购部门体系，并向分管采购的副总经理汇报工作。这样不仅满足了采购集中化的要求，也方便了公司的管理，如图7-2所示。

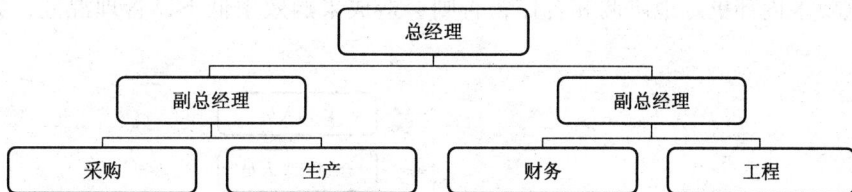

图7-2 企业采购部门设置形式之二

对于一些规模大、产品种类多、原材料需求差异性大、各子公司的地理位置距离远的企业，可采用集中分散的采购设置模式，如图7-3所示。

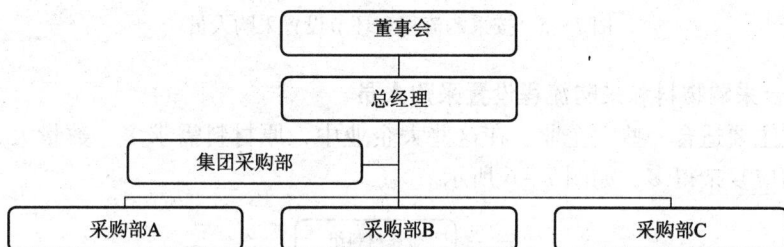

图7-3 企业采购部门设置形式之三

在公司总部设采购部，负责总公司采购战略和计划的制订，协调各子公司之间的采购行动，避免恶意竞争，集中采购总公司共性化的产品和服务，实现采购总成本最低。同时，在各子公司或某一地理区域分设采购部，这样便于各子公司满足个性化的需求，保持同供应商之间的密切联系，以此促进公司的发展。

7-1-2-4 采购部门的岗位责任设置

当明确了采购部在公司中的设置后，下面就要考虑采购部内部人员的设置。其设置一般有3种方式。

（一）根据采购物料设置，不同的采购物料配备不同的采购人员

此类设置适合原材料需求种类多、专业性强的企业，如大型的汽车厂、石化厂。在这些企业中，几乎每一种原材料都有自己物理或化学方面的要求，如果没有专业的知识和技能，不可能完成采购任务，因此不同的原材料采购需要配备不同的采购人员，如图7-4所示。

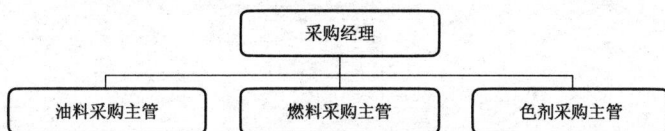

图7-4 某石化厂的采购部门设置

（二）根据采购流程设置，采购的不同环节设置不同的采购人员

此类设置便于采购人员更好地熟悉业务，精通例如招标、谈判等技能，同时，有利于各个环节之间相互监督，避免浪费和腐败现象，减少内部审计成本，还有利于培养大家的团队合作精神。但这要求内部更好地协调和合作，否则会造成采购效率低下，管理混乱，如图7－5所示。

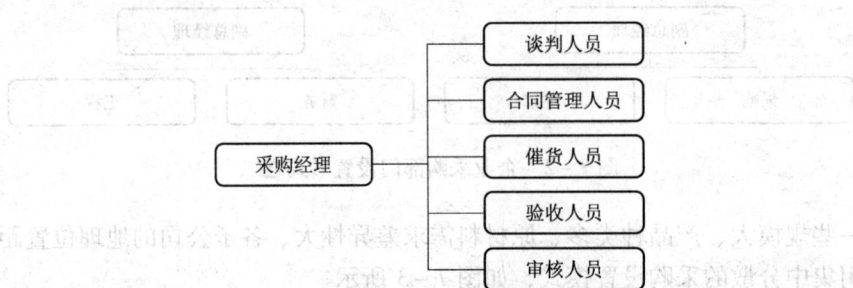

图7－5　按采购流程和环节设置采购人员

（三）综合采购物料和采购流程设置采购人员

这种方式主要适合一些大企业。在这些大企业中，原材料需求多、数量大、专业性强，采购组织也相应复杂得多，如图7－6所示。

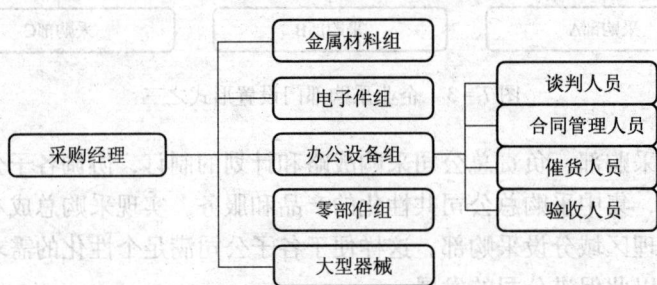

图7－6　综合采购物料和采购流程设置采购人员

任务2　采购计划、预算编制

【要求】了解采购需求预测的重要性及过程；理解编制采购计划的目的；了解采购认证计划的环节；理解采购预算的含义；掌握采购预算编制原则、流程与方法。

子任务1　采购需求预测

案例3

万客隆的采购

有一种叫做 AB 健腹板的商品，是用来做腹部健美的。一家供货商与广州正大万客隆谈，每一个供货价是 222 元。万客隆的采购员就问该供货商从厂家拿货的成本是多少？运输成本、保险成本各是多少？从而计算出总成本是多少。三问两问，问出真正的生产厂商不是该代理商而是在苏州的一家工厂。该采购员于是直接跟苏州厂家谈，结果是以 66 元的单价做了堆头促销，最多一天售出 3 500 个健腹板。这个案例说明了采购需求预测分析存在的必要性。

➡ 知识油库

7-2-1-1 采购需求预测的重要性及过程

一、采购需求预测的重要性

采购需求的目的就是弄清楚需要采购什么、采购多少的问题。采购管理人员应当分析需求变化规律，根据需求变化规律，主动的满足用户需要。即不需用户自己申报，采购管理部门就能知道，用户什么时候需要什么品种、需要多少，因而可以主动的制订采购计划。

作为采购计划第一步的需求预测分析是制订订货计划的基础和前提，只要企业知道需要的物资数量，就可能适时适量的进行物资供应。

① 预测是物流管理的重要环节。

② 准确的预测可以提高客户满意度，提高企业竞争力。

③ 准确的预测可以减少企业的库存。

- 任何一个企业的流动资金都是有限的。
- 预测准确，可以降低对安全库存的要求。
- 可以减少因库存时间长而产生的产品过时、过期而带来的损失。

④ 准确的预测可以有效地安排生产。

⑤ 准确的预测可以改善运输管理。

⑥ 准确的预测可以作出信息含量更高的定价，促销对策。

二、采购需求预测的过程

① 收集分析数据资料。

② 选择预测方法，建立预测模式。

选择预测的方法时注意下列各点。

- 广泛性。
- 准确性。
- 时效性。
- 经济性。
- 未来数字的预测。
- 可能事态假设的检定——即众多方面事实与统计方法假设检定，以及检定预测结果是否正确。

③ 估计预测误差。

④ 提出预测报告和策略性建议，追踪检查预测结果。

子任务2 采购计划

案例4

某机械公司采购计划作业程序

① 营业部于每年度开始时，提供给主管单位有关各种机型的每季、每月的销售预测。销售预测经过会议通过，并配合实际库存量、生产需求量、市场状况，由主管单位编制每月的采购计划。

② 主管单位编制的副本送至采购中心，据以编制采购预算，经会议审核通过，将副本送交管理部财务单位编制每月底资金预算。

③ 营业部门变更销售计划或有临时销售决策（例如紧急订单）时，应与生产单位和采购中心协商，以安排生产日程，并进行适度调整采购计划和采购预算。

企业一般都需要制订采购计划。

知识油库

采购作业的第一步是制订采购计划。采购计划的目的是为了维持正常的产销活动，在某一特定时间内，确定在何时购入何种物料的估计作业。在企业的产销活动具有十分重要的作用。

7-2-2-1 编制采购计划的目的

采购计划是指企业管理人员在了解市场供求的情况下，认识企业生产经营活动过程和掌握物料消耗规律的基础上对计划期内物料采购活动所作的预见性的安排和部署。它主要包括两部分内容：一是采购计划的制订；二是采购订单的制定。

一、编制采购计划的目的

① 预计物料需用的时间和数量，防止供应中断，影响产销活动。
② 避免物料储存过多，积压资金，占有库存空间。
③ 配合企业生产计划和资金调度。
④ 使采购部门事先准备，选择有利时机购入材料。
⑤ 确定物料的耗用标准，以便于管理物料的采购数量和成本。

二、制订采购计划的依据

① 年度销售计划和生产计划。

生产计划是确定企业在计划期内（年度）生产品的实际数量及其具体分布情况。公式为

$$预计生产量 = 预计销售量 + 预计期末存货量 - 预计期初存货量$$

② 用料清单。

③ 存量管制卡。

④ 物料标准（成本）的设定。

⑤ 劳动生产率。

⑥ 价格预期。

7-2-2-2 采购认证计划的环节

采购认证计划的主要环节有4个方面：准备认证计划、评估认证需求、计算认证容量、制订认证计划。

一、准备认证计划

① 熟悉认证的物资项目。

② 熟悉开发批量需求。

③ 掌握余量需求。

④ 准备认证环境资料。

⑤ 制定认证计划说明书。

二、评估认证需求

① 分析开发批量需求。

② 分析余量需求。

③ 确定认证需求。

三、计算认证容量

① 分析项目认证资料。

② 计算总体认证容量。

③ 计算承接认证容量。

④ 确定剩余认证容量。

某一物料所有供应商群体的剩余认证容量的总和，称为该物料的"认证容量"。

$$物料认证容量 = 物料供应商群体认证容量 - 承接认证容量$$

四、制订认证计划

① 对比需求与容量。

② 综合平衡，调节余缺。

③ 确定余量认证计划。

④ 制订认证计划。

认证物料数量及开始认证时间的确定方法：

$$认证物料数量 = 开发样件需求数量 + 检验测试需求数量 + 样品数量 + 机动数量$$

$$开始认证时间 = 要求认证结束时间 - 认证周期 - 缓冲时间$$

子任务3　采购预算

案例5

某公司采购预算编订办法

① 编制材料预算除按照本公司预算制度外，还应该依照规则的规定。

② 材料预算分为用料预算和采购预算。用料预算按用途再分为营业支出预算和资本支出用料预算。

③ 材料预算按编制期间分为年度预算和分期预算。

④ 年度用料预算编制程序如下。

● 用料部门根据营业预算及生产计划编制"年度用料预算表"（特殊用料应预估材料价格），经主管科长核定后，送企划科汇编"年度用料中预算表"转工厂会计部。

● 凡属委托保全修缮的工作，全部由保全部按用料部门计划代为编列预算，并通知用料部门。

● 材料预算经最后审定后，由总务科仓运部严格执行，如需核减，应由一级主管召集科长、组长、领班研究分配后核定，由企划科通知各用料部门重新编列预算，其属于自行修配委托的，按本条第二款的规定办理。

● 用料部门用料超出核算时，由企划科通知总务科仓运部。用料部门超出数在10%以上时，应由用料部门提出书面报告转一级主管核定后处理。

● 用料预算超出10%时，由企划科通知仓运部说明超出原因呈请核示，并办理追加手续。

⑤ 分期用料预算由用料部门编制，凡属委托修缮的工作，全部按用料部门计划分别代为"用料预算表"经一级主管核定后送企划科转送仓运部。

⑥ 资本支出用料预算，由一级主管根据工程计划，通知企划科按前条规定办理。

⑦ 购料预算的编制程序如下。

● 年度购料预算由企划科汇编并呈审核。

● 分期购料预算由仓运部视库存量，已购未到数量及财务状况编制"购料预算表"，会同企划科送呈审核转公司财务会议审议。

⑧ 经核定的分期购料预算，当期未动者，不得保留。其确有需用者应于下期补例。

⑨ 资本支出预算，年度有一部分未动用或全部未动用者，未动用部分不得保留，视情况应在次年补例。

⑩ 未列预算的紧急用料，由用料部门领用料后，补办追加预算。

⑪ 用料预算除由用料部门严格执行外，还应由仓运部及企划科加以配合控制。

由此案例可以看到采购预算的方法和编制程序，本节围绕采购预算的含义、编制程序和方法来阐述。

➡️ **知识油库**

7-2-3-1 采购预算的含义

企业受到客观条件的限制和制约，所能获得的可分配的资源和资金，在一定程度上是有限的。作为企业的管理者必须通过有效的分配有限的资源来提高销售率，以获得最大的利益。一个良好的企业不仅要赚取合理的利润，还要保证有良好的充分的资金流。因此，良好的预算既要注重实际，又要强调财务业绩。

预算就是一种用数量来表示的计划，是将企业未来一定时期内经营决策的目标通过有关数据系统地反映出来，是经营决策具体化、数量化的表现。

传统采购预算的编制是将本期应购数量（订购数量）乘以各项物料的购入单价，或者按照物料需求计划（MRP）的请购数量乘以标准成本，即可获得采购金额（预算）。为了使预算对实际的资金调度具有意义，采购预算应以现金基础编制，换句话说，采购预算应以付款的金额来编制，而不以采购的金额来编制。

企业在预算过程中应当尽量做到：

① 采取合理的预算形式；
② 建立趋势模型；
③ 用滚动预算的方法，以减少预算的实物及由此带来的损失。

7-2-3-2 采购预算的编制原则与编制流程

1. 采购预算的编制原则
- 实事求是编制采购预算。
- 积极稳妥、留有余地的编制采购预算。
- 比质比价编制采购预算。

2. 采购预算的编制流程
- 第一步，审查企业及部门的目标。
- 第二步，制订明确的工作计划。
- 第三步，确定所需的资源。
- 第四步，提出准确的预算数字。
- 第五步，汇总。
- 第六步，提交预算。

7-2-3-3 编制预算的方法

采购预算编制的方法很多，经过长期实践应用，以下几种方法比较常用。

1. 概率预算

概率预算必须根据不同的情况来编制，大体上可分为以下两种情况。

销售量的变动与成本的变动没有直接联系，这时，只要利用各自的概率分别计算出销售收入、变动成本、固定成本的期望值，然后直接计算利润的期望值。

销售量的变动与成本的变动有直接联系，这时，用计算联合的方法来计算利润的期望值。

2. 零基预算

第一步：拟定预算目标，各相关部门根据企业的目标和本部门的具体任务，对可能发生的费用项目逐一考证其支出的必要性和需要额，对各项费用的项目编写出方案来。

第二步：进行成本——效益分析，由企业的主要负责人、总会计师等人员参加的预算委员会，负责对各部门提出的费用项目进行成本——效益分析。

第三步：按照上一步所确定的结果，结合计划期内可动用的资金来源，分配资金，落实预算。

3. 弹性预算

弹性预算又称变动预算，它是在编制预算时，考虑到计划期间的各种可能变动因素的影响编制出一套适应多种业务量的预算。由于这种预算随着业务的变化而作出相应的调整，具有伸缩性，因此称做弹性预算。

4. 滚动预算

滚动预算的理论根据是：企业的生产经营活动是延续不断的，因此，预算也应该全面地反映这一延续不断的过程。另外，现代企业的生产经营活动是复杂的，随着时间的推移，它将产生难以预料的结果。滚动预算在执行过程中可以结合新的信息，对其不断进行调整与修订，使预算与实际情况能更好地相适应，有利于充分发挥指导和控制作用。

5. 编制采购预算应注意的问题

- 信息收集要全面。
- 选择方法要合理。
- 假设条件要恰当。
- 预算结果要量化。
- 参与主体应广泛。

任务 3　供应商选择与管理

【要求】理解供应商调查的内容；掌握深入供应商调查与开发的内涵；掌握供应商的筛选、审核与评估；掌握供应商的选择。

子任务 1　供应商的调查与开发

案例 6

麦当劳与物流供货商阿尔法

麦当劳集团能雄踞欧洲市场三十多年，背后做支持的物流服务供货商实在功不可没。欧洲三十一国共三千九百间麦当劳餐厅所有货品及服务，便是由德国阿尔法集团旗下的 WLS GmbH 公司中二十三个配送中心，超过二千六百名员工所提供，负责管理麦当劳集团欧洲市场整个物流配送系统，并发展全球网络。究竟阿尔法集团有什么秘诀，让集团及麦当劳同时在物流服务及饮食市场上稳占领导地位。

1. 顾客永远是第一

阿尔法集团所提供的服务，客户范围牵涉广泛，并非单单是物流。集团旗下的信息科技公司包括阿尔法软件公司及 MDIS，便为集团及麦当劳集团处理复杂的信息科技项目。另外，S.T.I. 货代公司则负责组织欧洲地区的卡车运输，为麦当劳于欧洲的连锁餐厅提供每月三千五百车次的配送和货运服务。而国际推广物流 GmbH 公司主要为麦当劳发放相关的广告及推广物料，并与 S.T.I. 货代公司紧密合作，组织海陆两路的货运服务。阿尔法集团就是依靠能提供不同种类的服务范围，加上与客户间彼此建立信任、携手合作的优势，让客户及集团同时在市场中屹立不倒。

2. 提供高水平服务

麦当劳餐厅需要混合冷冻、冷藏及恒温的货品，因此在阿尔法集团配送中心内的仓库亦因应不同货品而划分为三大区域：冷冻储存（摄氏零下二十三度至零下二十度）；冷藏储存（摄氏一度至零下三度）；干货储存（摄氏五度至二十五度）。集团以客户可负担的价钱，为不同的货品特别修改卡车设计，在整个运输过程中可调节及控制温度，令货品在付运途中仍能保持其原来品质。

3. 不断创新，客户受惠

自 2002 年 4 月起，WLS GmbH 公司已采用双层挂接拖车负责运载货品。虽然这些新式货车并非首次应用于物流服务，但这种货车与传统挂接车辆不同之处，是其车轮不是焊接在主车轴上，而是每个车轮独立装置在货车底盘，因此在每个车轮间有更多额外储存空间，运载更多货物。阿尔法集团创新之处还表现在货车上层内置冷冻库，使货车在上层运载冷冻货物的同时，下层仍可运载干货。另外，利用遥控机械货车，以加快及简化货车下层的装卸作业，提高货运效率。

现时阿尔法集团不同部门积极发展新方向，保证让麦当劳集团及其他客户均可享受更多新物流服务及高价值高质量的配送系统。

➡ 知识油库

7-3-1-1 供应商调查

供应商是指可以为企业生产提供原材料、设备、工具及其他资源的企业，可以是生产企业也可以是流通企业。供应商管理，就是对供应商的选择、开发、使用和控制等综合性的管理工作的总和，是采购管理中最关键的工作之一。

一、初步供应商调查

所谓初步供应商调查，是对供应商的基本情况的调查。主要是了解供应商的名称、地址、生产能量、能提供什么产品，能提供多少、价格如何，质量如何，市场份额有多大、运输进货条件如何。

通过初步供应商调查，可以达到：一为选择最佳供应商做准备；二为了解掌握整个资源市场的情况。

1. 初步供应商调查的特点

一是调查内容浅，只要了解一些简单的、最基本的情况。

二是调查面广，最好能够对资源市场中所有各个供应商都有所调查、有所了解，从而能够掌握资源市场的基本状况。

2. 初步供应商调查的方法（表7-1）

表7-1　供应商卡片

公司基本情况	名称					
	地址					
	营业执照号			注册资本		
	联系人			部门、职务		
	电话			传真		
	E-mail			信用度		
产品情况	产品名称	规格	价格	质量	可供应量	市场份额
运输方式		运输时间			运输费用	
备注						

二、资源市场调查

1. 资源市场调查的内容

① 资源市场的规模、容量、性质。例如，资源市场究竟有多大范围？有多少资源量？多少需求量？是卖方市场还是买方市场？是完全竞争市场还是垄断市场？是一个新兴的成长的市场还是一个陈旧的没落的市场？

② 资源市场的环境。

③ 资源市场中各个供应商的情况。

2. 资源市场分析的内容

① 要确定资源市场是紧急型的市场还是富余型市场？是垄断性市场还是竞争性市场？

② 要确定资源市场是成长型的市场还是没落型的市场？

③ 要确定资源市场总的水平，并根据整个市场水平来选择合适的供应商。

7-3-1-2　深入供应商调查与开发

- 准备发展紧密关系的供应商。
- 寻找关键零部件产品的供应商。
- 供应商深入调查的分阶段工作。

对初步调查分析合格，被选定为备选供应商的1～3家供应商，要采取深入调查。深入调查分为三个阶段。

第一阶段，送样检查。

第二阶段，考察生产工艺、质量保障体系和管理体系等生产是否合格。

第三阶段，生产条件改进考察。愿意改进并限期达到了改进效果者中选，不愿意改进或愿意改进但在限期内没有达到改进效果者落选。深入调查阶段结束。

- 供应商的开发。

所谓的供应商开发即指在对供应商深入调查的基础上，进行价格谈判并逐步建立起适合于企业需要的供应商队伍。

子任务 2 供应商的选择与评估

案例 7

波导手机供应商的选择

波导股份有限公司公关部应伟东介绍，波导一直致力于选择最好的供应商。比如某供应商是给 MOTO、诺基亚长期供货的，波导尽量与它接触，使其能够为波导供货。但要选择一家完全符合波导心意的供应商，其过程也是艰辛的。

"我们一直在寻找行业里面前三名的供应商来供货，这是波导的一个硬性指标。"有了硬性指标，才有产品质量。选好一家供应商后，波导并不马上与其签订协议，而是要了解该供应商以往与别的手机厂家合作时的商业信誉，以及其自身的资质，这里面包括了质量体系、供货能力等方面的因素，然后才进行评估考核。

在初步符合了波导的要求后，供应商会给波导递交样本，进入到小规模试用期，合格以后再进入批量试用期。在完全符合这些环节之后，双方才会确立长期的合作项目。

"我们在选择供应商、给他们提要求的同时，反过来也给他们一定的承诺。""如果双方合作得好，就会形成长期的战略合作关系。特别是一些主要的供应商，波导会把很大的采购业务交给他们。这样就避免了竞争对手要采购同样的产品时供应商优先满足他们，从而给波导造成损失。"

一般情况下，波导会把采购总量的 60%～70% 交给主要的长期供货商。"当然，这么大的一个比例，我们并不是交给一家供货商，而是两到三家主力供应商。"

一般情况下，波导会把所有符合其标准的元器件供应商集中到一起进行选择，选择标准包括了：手机功能、产品的质量保证体系、系统稳定、供货能力等方面。

思考：

（1）企业如何确定所需供应商的范围？

（2）你认为寻找供应商的办法有哪些？

（3）波导手机供应商的选择给你什么样的启示？并请评价其供应商选择的利弊之处。

知识油库

7-3-2-1 供应商的筛选

供应商的整个选择与管理工作将是非常复杂和费时的，尤其是对供应商风险和费用支出都很高的关键型采购项进行的评估。很明显，公司不可能对大量的供应商都进行这样的评估。因此，在着手进行更全面分析之前，公司应尽量将所有不可能满足公司采购需要的供应商剔除。

7-3-2-2 供应商的审核与评估

一、审核分类

对于供应商管理过程来说，供应商审核既可以局限在产品层次、工艺过程层次，也可以深入到质量保证体系层次甚至供应商的改善整体经营管理体系层次。

1. 产品层次

这一层次的审核主要是确认供应商的产品质量，必要时还可以要求供应商改进产品质量以符合企业的要求

2. 工艺过程层次

一般说来，这一层次的审核主要针对那些质量水平对生产工艺有很强依赖性的产品。

3. 质量保证体系层次

质量保证体系层次审核是针对供应商整个质量体系和过程而进行的。我们通常会选择ISO 9000 标准或者其他更适合企业自身体系标准作为参考标准。

4. 公司层次

公司层次审核是对供应商进行审核的最高层次，它不仅要审核库存供应商的质量体系，还要审核供应商经营管理水平、财务与成本控制、计划制造系统、信息系统和设计工程能力等企业各主要管理过程。

二、审核方法

1. 调查表法

所谓调查表法就是将事先准备好的标准格式的调查问卷发给不同的供应商填写。而后收回进行比较的方法，常用于招标、询价及需对供应商情况的初步了解等情况。

2. 现场打分评比法

现场打分评比法是指预先准备好一些问题并格式化，而后组织有关人员在现场进行核查、确认。通过调查问卷相比，这种方法获得的信息更加真实有效。

3. 供应商绩效考评法

供应商绩效考评法是指对已经供货的现有供应商的供货及时性、质量、价格等进行跟踪、考核和评比。

4. 供应商综合审核

供应商综合审核是针对供应商公司层次而组织的包括质量、过程、企划、采购等专业人员的全面审核，它通常需要将问卷调查与现场打分结合起来进行。

5. 总体成本法

总体成本法是一种耗资巨大但却十分有效的方法。该方法的着眼点是降低供应商的总体成本，从而达到降低采购价格的目的。它需要供应商的通力合作，由采购商组织强有力的综合专家团队对供应商的财务及成本进行全面细致的分析，找出可以降低采购成本的方法并要求供应商付诸实施与改进，改进后的受益则由双方共享。少数跨国公司曾使用总体成本法来降低成本并借此提升供应商的综合管理水平。

三、供应商考评范围

供应商考评时对现有供应商的日常表现进行定期监控和考核。

1. 考评对象

只需选择企业认为对其产品质量有重要影响的供应商，如伙伴型供应商、有限型供应商等。

2. 考评准则

① 设定考评准则，考评准则应体现跨功能原则。

② 设定考评指标，考评指标要明确、合理，与公司的大目标保持一致。

③ 确定考评的具体步骤并文件化。

④ 选择要进行考评的供应商，将考评做法、标准及要求同相应的供应商进行充分的沟通。

⑤ 成立考评小组，小组成员要包括采购员、品质员、企划员、仓管员等。

3. 考评范围

不同的企业生产范围不同，供应商的商品也就不同。确定供应商考评范围；制定考评文件，文件内容应包括考评什么、何时考评、怎样考评、由谁考评等；根据事先确定的考评指标和收集的数据通过信息系统自动计算考评结果；组织供应商会议跟进相应的改善行动；设定明确的改进目标。

7 – 3 – 2 – 3　供应商的选择

一、选择供应商应考虑的因素

1. 技术水平

技术水平是指供应商提供商品的技术参数是否能达到要求。

2. 产品质量

供应商的产品必须能够持续稳定达到产品说明书的要求，供应商必须有一个良好的质量控制体系。对供应商提供的产品除了在工厂内做质量检验以外，还要考察实际使用效果，即检查在实际环境中使用的质量情况。

3. 供应能力

供应能力即供应商的生产能力，企业需要确定供应商是否具备相当的生产规模与发展潜力，这意味着供应商的制造设备必须数量上达到一定规模，能够保证供应所需产品的数量。

4. 价格

供应商应该能够提供有竞争力的价格，这并不意味着必须是最低的价格。

5. 地理位置

供应商的地理位置对库存量有相当大的影响，如果物品单价较高，需求量又大，距离近的供应商有利于管理，供应商总是期望供应商多并且离自己近一些，或至少要求供应商在当地建立库存。地理位置近，送货时间就短，意味着紧急缺货时，可以快速送到。

6. 可靠性

可靠性是指供应商的信誉。在选择供应商时，应该选择一家有较高声誉、经营稳定，以及财务状况良好的供应商。同时双方应该互相信任，讲究信誉，并能把这种关系保持下去。

7. 售后服务

供应商必须具有优良的售后服务，如果需要提供可替代元器件，或者需要能够提供某些技术支持，好的供应商应该能够提供这些服务。

二、供应商选择的一般步骤

① 成立供应商评选小组。

② 决定全部的供应商名单。

③ 决定评审的项目。

• 一般经营状况：公司成立的历史；负责人的资历；注册资本额；员工人数；完工记录及实绩；主要客户；财务状况。

• 制造能力：生产设备是否新颖；生产能量是否已充分利用；厂房空间是否足够；厂房距离的远近；作业员的人力是否充足。

• 技术能力：技术是自行开发还是信赖外界；有无国际知名机构技术合作；现有产品或试制样品之技术评估；技术人员人数及受教育程度。

• 管理制度的绩效：生产管制流程是否顺畅合理，产出效率如何；物料管理流程是否电脑化，生产计划是否经常改变；采购作业流程是否能确实掌握材料来源及进度；会计制度是否对成本计算提供良好的基础。

• 品质能力：品质管理制度的推行是否落实，是否可靠；有无品质管理手册；是否定有品质保证的作业方案；有无政府机构的评鉴等级。

④ 确定评审项目的权重。确定代表供应商服务水平的有关因素，据此提出评估指标。评估指标和权重对于不同行业和产品的供应商是不尽相同的。

⑤ 逐个评估每个供应商的履行能力。

⑥ 综合评分并确定供应商。在综合考虑多方面重要因素之后，就可以给每个供应商打出综合分，选择出合格的供应商，如表7－2所示。

表7－2　供应商评分表

序号	指标	极差	差	较好	良好	优秀
		0	1	2	3	4
1	产品质量					
2	技术服务能力					
3	交货速度					
4	能否对用户的需求作出快速反应					
5	供应商的信誉					
6	产品价格					
7	延期付款期限					
8	销售人员的才能和品德					
9	人际关系					
10	产品说明书及用户手册的优劣					

当供应商选定之后应当终止试运作期，签订正式的供应商关系合同，进入正式运作期后，开始比较稳定正常的物资供需关系运作。

任务4 采购谈判、合同管理

【要求】理解采购谈判的原则、内容与程序；理解采购合同的组成；掌握合同管理。

子任务1 采购谈判

案例8

沃尔玛的采购业务洽谈

在沃尔玛的采购业务洽谈过程中，采取规范化、标准化的谈判业务程序。

1. 谈判地点统一化

与供应商谈判地点一律选择沃尔玛公司洽谈室，一方面作为谈判主战场，对公司谈判有利；另一方面使谈判透明度高，规避商务谈判风险，防止业务员的投机主义行为。

2. 谈判内容标准化

按公司规定的《产品采购谈判格式》要求进行谈判。譬如，商品属性、产品质量、包装要求、采购数量、批次、交货时间和地点、价格折扣、付款要求、退货方式、退货数量、退货费用分摊、产品促销配合、促销费用分摊等相关内容。

知识油库

7-4-1-1 采购谈判的原则

采购谈判并不是一件轻松的工作，如果按照一定的原则，可能会有更好的结果。谈判包含两个主要内涵：一方面要用智慧、策略去赢得对方更好的条件；另一方面，在谈判过程中不可能仅有获得而没有付出，要掌握"给与取的艺术"，明确如何以小换大、什么时候给予、给予多少、怎么给予，对这些问题的娴熟处理会将谈判带入一个艺术层次。

- 合作原则。
- 礼貌原则（得体、慷慨、赞誉、谦逊、一致、同情）。
- 信息原则。

永远不要嫌了解对手太多，对对方了解越多，你在谈判中会处于有利的地位。

① 搜集信息。

② 注重身体语言信息。从解读身体语言得来的信息，往往比话语还多。这些无声的线索包括表情、眼神、姿态、手势、声音，等等。

相关链接

相关链接如表7-3所示。

表 7 - 3　身体语言

身体语言	可能的含义
当说明一个问题时向前倾斜	感兴趣；想强调某一点
避免目光接触	可能感到尴尬，不讲实话
身体前倾靠近你	感兴趣；对你的意见表示关心
手撑着头，背靠着椅子	自信

7 - 4 - 1 - 2　采购谈判的内容

- 产品条件谈判。
- 价格条件谈判。
- 其他条件谈判。

如交货时间、商品检验和索赔、付款方式、违约责任、货物保险和仲裁等其他条件的谈判。

采购谈判的程序如图 7 - 7 所示。

7 - 4 - 1 - 3　采购谈判的程序

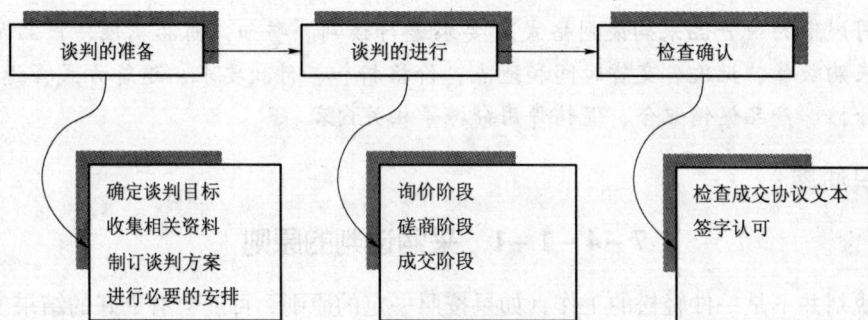

图 7 - 7　采购谈判的程序

子任务 2　合同管理

案例 9

百货公司与服装厂的买卖合同

乙市百货公司 4 月 25 日发函给甲市服装厂，希望购买 2 500 套儿童夏装，并附有型号、质量、价格，要求在 5 月 25 日前一次交货。甲市服装厂 4 月 30 日回电同意。百货公司即派出采购员持委托书和已盖章的合同书前去甲市服装厂签订合同，双方按电函协商的内容签订合同，5 月 1 日服装厂在合同文书上加盖公章。5 月 30 日服装厂仍未能交货，百货公司即电告对方，因对方逾期使该批服装赶不上六一儿童节，影响销路，要求将 2 500 套改为 1 000

套。服装厂认为百货公司无权单方变更合同，未予理睬，并与 6 月 18 日将 2 500 套夏装如数发出。百货公司拒收 1 500 套并拒付该部分货款。

问题：百货公司与服装厂的买卖合同是否成立？何时成立？

案例分析：

百货公司与服装厂买卖夏装的合同已经有效成立。因为百货公司发出的信函具有要约的条件，为有效要约，服装厂回电同意，即承诺，至此双方意思表示取得一致。而且双方依照《合同法》第 10 条的规定，签订了书面合同，并加盖双方单位公章，形式符合法律要求，手续完备；合同内容合法；当事人具备主体资格。因此该合同有效成立，其成立时间为双方完成盖章手续之日即 5 月 1 日。

知识油库

7-4-2-1 采购合同组成

合同、合约、协议等作为正式契约，必须条款具体、内容详细完整。一份买卖合同主要由首部、正文与尾部 3 部分组成。

1. 首部

合同的首部主要包括以下内容。

① 名称。如生产用原材料采购合同、品质协议书、设备采购合同、知识产权协议、加工合同。

② 编号。如 2000 年第 1 号。

③ 签订日期。

④ 签订地点。

⑤ 买卖双方的名称。

⑥ 合同序言。如胜利石油管理局海洋开发企业 4 000 马力燃气透平发电机大修项目合同。

2. 正文

合同的正文主要包括以下内容。

（1）商品名称

商品名称是指所要采购物品的名称。

（2）品质规格

品质是指商品所具有的内在质量与外观形态的结合，包括各种性能指标和外观造型。该条款的主要内容有以下几个方面。

- 技术规范。
- 质量标准。
- 规格。
- 品牌。

品质控制的方法有两种：使用实物或样品，使用设计图纸或说明书。在使用实物或样品确定品质时，供应商提供的物品品质要同样品的品质完全一致。使用设计图纸或说明书来确定商品品质时，供应商提供的物品品质要符合设计图纸或说明书的要求。

（3）数量

是指用一定的度量制度来确定买卖商品的重量、个数、长度、面积、容积等。该条款的主要内容有交货数量、单位、计量方式等。必要时还应该清楚地说明误差范围及交付数量超出或不足等。

（4）单价与总价

价格是指交易物品每一计量单位的货币数值。如：一台计算机 9 000 元。该条款的主要内容包括以下几个方面。

- 计量单位的价格金额。
- 货币类型。
- 国际贸易术语（例如：FOB、CIF、CPT 等）。
- 物品的定价方式（固定价格、滑动价格、后定价格）。

（5）包装

包装是为了有效地保护商品在运输存放过程中的质量和数量，并有利于分拣和环保而把货物装进适当容器的操作。该条款的主要内容有：包装标识，包装方法，包装材料要求，包装容量、质量要求，环保要求，规格，成本，分拣运输成本等。

（6）装运

装运是把货物装上运输工具并运送到交货地点。该条款的主要内容包含有：运输方式、装运时间、装运地与目的地、装运方式（分批、转运）和装运通知等。在 FOB、CIF 和 CPT 合同中，卖方只要按合同规定把货物装上船或者是其他运输工具，并取得提单，就算履行了合同中的交货义务。提单签发的时间和地点即为交货时间和地点。

（7）到货期限

到货期限是指约定的到货最晚时间。到货期限要以不延误企业生产为标准。

（8）到货地点

到货地点是货物到达的目的地。到货地点的确定并不一定总是以企业的生产所在地为标准。有时为了节约运输费用，在不影响企业生产的前提下，也可以选择交通便利的港口等。

（9）付款方式

国际贸易中的支付是指采用一定的手段，在指定的时间、地点，使用确定的方式方法支付货款。付款条款的主要内容有以下几个方面。

- 支付手段：货币或股票，一般是汇票。
- 付款方式：银行提供信用方式（如信用证）、银行不提供信用但可作为代理方式（如直接付款和托收）。
- 支付时间：预付款、即期付款、延期付款。
- 支付地点：付款人或指定银行所在地。

（10）保险

保险是企业向保险公司投保，并交纳保险费；货物在运输过程受到损失时，保险公司向企业提供经济上的补偿。该条款的主要内容包括：确定保险类别及其保险金额，指明投保人并支付保险费。根据国际惯例，凡是按照 CIF 和 CIP 条件成交的出口物资，一般由供应商投保；按照 FOB、CFR 和 CPT 条件成交的进口物资由采购方办理保险。

（11）商品检验

商品检验是指商品到达后按照事先约定的质量条款进行检验。对于不符合要求的产品要及时处理。

（12）纷争与仲裁

仲裁条款是以仲裁协议为具体体现，是指买卖双方自愿将其争议事项提交第三方进行裁决，仲裁协议的主要内容有以下几个方面。

- 仲裁机构。
- 适用的仲裁程序。
- 仲裁地点。
- 裁决效力。

（13）不可抗力

不可抗力是指在合同执行过程中发生的、不能预见的、人力难以控制的意外事故，如战争、洪水、台风、地震等，致使合同执行被迫中断。遭遇不可抗力的一方可因此免除合同责任。

7-4-2-2　合同管理

合同管理由采购管理专职人员操作，主要有以下几个方面的内容。

1. 计划审查

审查采购计划是否在规定的时间内转化成订单合同。

2. 合同审批

审查合同号、数量、单位、单价、币种、发运的目的地、供应商、到货日期等。

3. 合同跟踪

检查采购合同的执行情况，对未按期到货的合同研究对策，加强监督。

4. 缺料预测

与计划人员一起操作，根据生产需求情况，推测可能产生缺料的供应合同，研究对策并实施。根据实际采购情况，妥善处理合同的变更、合同提前终止、合同纠纷等。合同纠纷的解决办法有以下几方面内容。

- 买卖双方协商解决。
- 第三方调解解决。
- 仲裁机构仲裁解决。
- 司法机关组织的诉讼解决。

案例 10

采 购 合 同

2009 年初，某工贸公司（甲方）与济南某物资公司（乙方）签下钢材订购合同。按照合同规定，甲方从乙方处购钢材 58 吨，用以加工轮辐，但甲方在购得钢材并加工过程中发现，轮辐产品及半成品都出现不同程度的裂纹。因此，甲方认为乙方违背合同承诺，要求将所购钢材全部退回并赔偿损失，乙方却以种种理由推诿扯皮，合同纠纷由此产生，且长达半年未能解决。

问题：在该采购合同中，乙方在履行合同义务时存在什么问题？双方应如何解决此问题？

案例分析：在履行合同义务的过程中，乙方违背了采购合同履行规则中的履行标的规则。采购合同中要求履行的标的应符合采购双方当事人约定或法律规定的规格、型号、数量、质量。在此案例中，乙方提供的钢材不符合甲方用以加工轮辐的要求，属于没有实际履行自己的义务。解决此问题的最佳方式是双方当事人协商调解，双方当事人可以到当地的质量监管部门申请调解。调解部门应依据合同法的有关规定，及时对双方争议进行调查，证实存在的问题真实可信。

项目小结

采购是物流的基础环节，在物流经济活动运营中发挥着重要的作用。本项目依据物流采购的操作流程与业务环节，主要介绍了物流采购的基本知识，采购组织机构与管理制度，采购计划与预算编制，供应商选择与管理、采购的方法及采购谈判与采购合同。

课后讨论

1. 采购部门设置的因素及各组织模式的对比分析。
2. 市场需求预测的主要方法和适用范围。
3. 如何选择供应商？
4. 采购谈判的技巧及采购合同签订应注意哪些方面？

复习思考

1. 采购的内涵。
2. 采购的一般流程。
3. 编制采购计划的目的。
4. 采购预算的含义。
5. 编制预算的方法。
6. 采购合同主要包括哪些内容？
7. 合同管理主要包括哪几方面的内容？

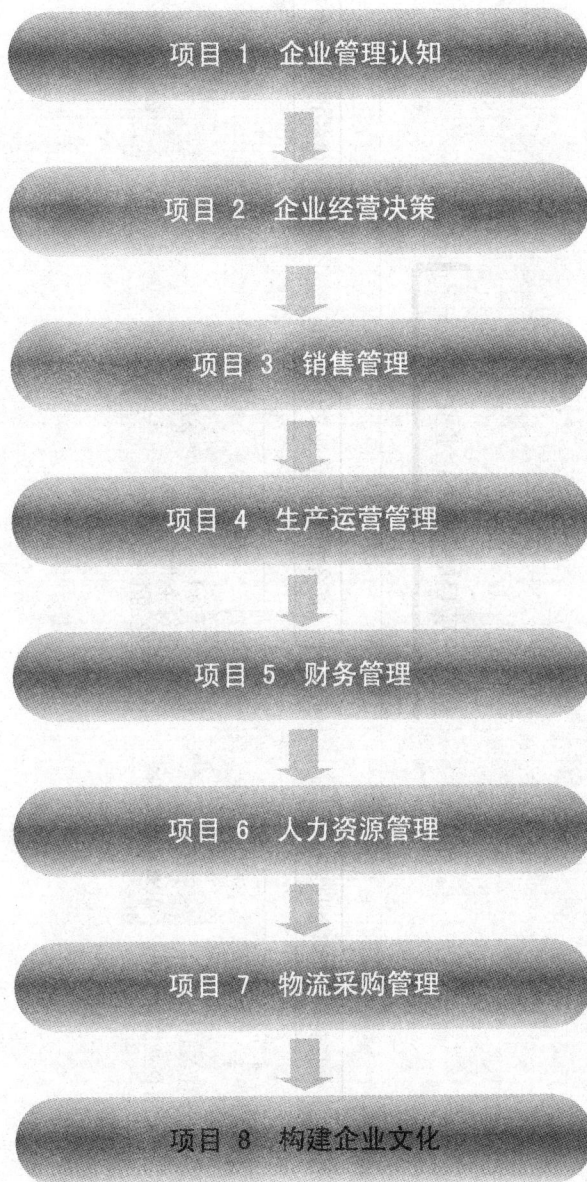

项目 1 企业管理认知

项目 2 企业经营决策

项目 3 销售管理

项目 4 生产运营管理

项目 5 财务管理

项目 6 人力资源管理

项目 7 物流采购管理

项目 8 构建企业文化

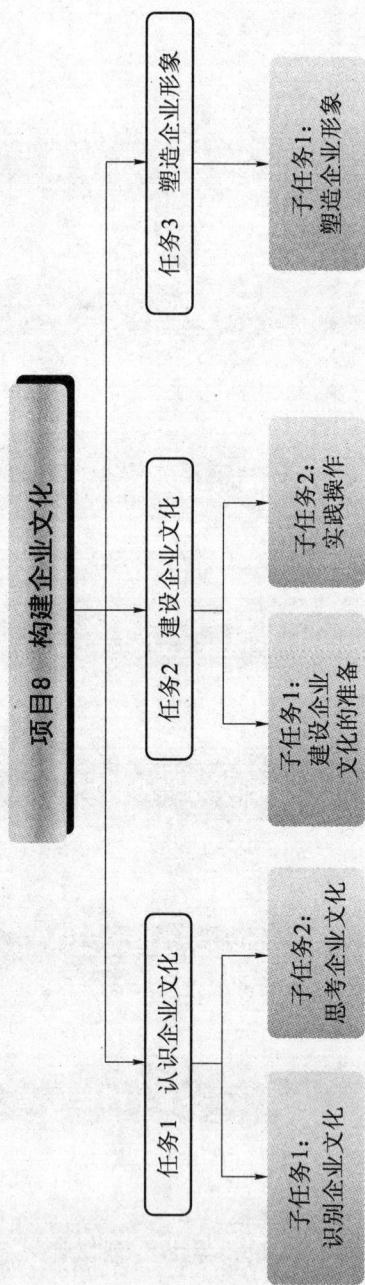

项目 8

构建企业文化

随着经济全球化和科学技术的迅猛发展，尤其是我国加入世贸组织以后，企业面临着激烈的国内外市场竞争，如何不断提升企业的核心竞争力，在竞争中立于不败之地，是每个企业必须面临的问题。而现代企业的竞争，不仅是经济的竞争，更是人的素质的竞争、企业文化的竞争。企业文化对企业的兴衰起着越来越重要的作用，甚至是关键性的作用。本项目分 3 个任务完成。

学习目标

1. 了解企业文化的概念、特征、功能。
2. 掌握企业文化建设的原则、途径。
3. 掌握企业形象塑造的方法。

任务 1　认识企业文化

子任务 1　识别企业文化

【要求】通过案例，分析讨论，教师引导，识别与明确企业文化的概念与作用。

案例 1

IBM 的蓝色企业文化

"使得 IBM 这位巨人的庞大躯体运转如意，举重若轻的'神经网络'是它的蓝色企业文化。IBM 无法保证自己的十全十美，但却能保证自己的犯错最少。"因为"十全十美的企业是没有的"。IBM 公司是一个追求伟大与卓越的公司。虽然不是十全十美，但是整体而言，由于其深厚的企业文化传承，使在 IBM 公司的人都有一种涌自深处的荣誉感。这个荣誉感也是推动 IBM 这列高速火车朝向企业目标前进的动力。

IBM 的文化植根于 IBM 的经营理念，IBM 公司的价值观曾经具体化为三原则，即"为职工利益，为顾客利益，为股东利益"。后又发展成为三信条，即"尊重个人，竭诚服务，一流主义"，其公司的企业文化主要包括以下几个方面。

1. 尊重个人（Respect for the individual）

IBM 公司经营的宗旨是尊重人、信任人，为用户提供最优服务及追求卓越的工作。这一经营宗旨就是 IBM 的价值观，它指导 IBM 公司的所有经营活动。尊重人是尊重职工和顾客的权利和尊严，并帮助他们自我尊重；信任是信任职工的自觉性和创造力。其主要精神在于根据员工的性格、能力，安排员工接受工作上所需的各种训练，以在其职位与责任上发挥所长。以绩优制度（Merit System）激励员工在工作上的表现，并维持上下阶层的双向沟通。

2. 最佳的顾客服务（Service to the customers）

公司鼓励在公司能力所及的情形下，员工竭尽所能提供给顾客最佳的服务，IBM 深知顾客才是 IBM 的衣食父母，只有顾客持续满意于 IBM 的产品与服务才会忠诚。因此，IBM 不断教育员工必须知道谁是你的顾客，你在公司内部又是谁的顾客，并且必须了解顾客现在与将来都需要什么，并竭力提供维护服务，教导顾客使用本公司产品与服务，并要善待顾客。

3. 追求卓越（Excellence must be a way of life）

追求卓越就是尽力以最优的方式达成目标，但并不是要求完美无缺。卓越不仅指突出的工作成就，而且最大限度地培养追求杰出工作的理想和信念，激发出为企业尽忠竭力的巨大热忱。

整个公司团队和个人都在许可能力下被要求追求更佳的绩效。在 IBM 明知你在努力的情形下，可能做到 100 万元的生意，但在订业绩目标时，往往自我挑战的是 120 万元，这是希望激发出你的潜力好更有成就。公司鼓励员工自订绩效目标，但在整体追求卓越文化的带动之下，无不奋力而为。此外在产品发展上，注重品质与领先。

4. 经理人必须有效地领导（Managers must lead effectively）

经理人是公司的骨干，必须以身作则，领导团队成员，心胸宽大，发挥热诚，常与同仁相聚，了解员工情形，竭力达到绩效，了解上下左右前后与整体需求，并问对的问题。总之，在管人（People Management）与管事（Business Management）上都要展现领导力并追求卓越。

IBM 公司能顺应时代的发展，不失时机地改变经营战略和不断地改变组织机构。IBM 拥有一批乐观、正直、开明，具备了进取精神、实干能力和必胜信念的管理者。他们能跟人交流、沟通，能尊重人、理解人，能使员工发挥想象力与创造力，制造出亲密、友善、互助、信任的组织气氛。

5. 竭力贡献股东（Obligations to the stockholders）

股东是资金的来源，员工应清楚对股东的责任，必须在善用资金资产上，增加股东回收，使股东长期获益，力行知恩图报。

6. 公平对待供货商（Fair deal for the supplier）

即根据品质与价格选择供货商，以善意实现合约条款与承诺，以与供货商建立公平与双赢关系，达到长期有利双方。

7. 作一个优良的公司法人（IBM should be a goodcorporate citizen）

即 IBM 是立身于社会与全球环境之中的，理应对身处之环境有所回馈与贡献，例如对公益事业的捐助。这一切是植根于 IBM 对外深信公众需求与本公司利益必须一致，在法律下 IBM 努力且公平的与对手竞争，竭力创造一个健康的生活与工作环境。对内则对员工提供公平机会，不因种族、肤色、宗教、国籍、年龄、性别而歧视员工。

思考:

(1) 什么是企业文化? 什么是 IBM 公司的蓝色企业文化?

(2) IBM 公司的蓝色企业文化对公司管理起到什么作用?

案例 2

企业文化也是生产力

1991 年 5 月, 在滔滔黄浦江畔, 中国太平洋保险扬帆起航, 成为国内第一家全国性股份制商业保险公司。20 年来, 太平洋保险励精图治, 奋发图强, 在中国保险业蓬勃发展的浪潮里搏击腾挪, 各个业务领域均取得了领先的市场份额, 占据举足轻重的市场地位。公司在大力发展保险主业、不断加强基础性专业领域建设的同时, 致力于建设先进企业文化, 并将其转化为企业核心竞争力, 在国内保险市场逐渐树立起了信誉卓著、品牌杰出、财务稳健、效益优良的骄人品牌形象, 赢得了股东、客户乃至全社会的广泛认可。

历史演进:积极打造与时俱进、具有公司特色的企业文化

太平洋保险成立之初, 作为交通银行全资控股的保险公司, 沿袭了交行"一流的服务质量、一流的工作效率、一流的公司信誉"的公司宗旨。1997 年, 经公司董事会讨论通过, 确立了"诚信、创新、敬业、奋进"的企业精神, 并将"诚信"列为企业精神之首。2003 年, 公司将"诚信天下, 稳健一生"定为企业核心价值观。

2007 年年初, 为适应公司改革发展的新要求, 公司对企业文化进行了新的总结、提炼和升华, 在继承原有企业核心价值观的基础上, 又增加了"追求卓越"4 个字, 在 2007 年工作会议上正式提出。"诚信天下, 稳健一生, 追求卓越"这 3 句话 12 个字, 构成了一个完整的思想体系。其中, 诚信天下, 是公司竞争取胜的坚实基础; 稳健一生, 是公司健康发展的可靠保障; 追求卓越, 是公司持之以恒的长期目标——企业核心价值观的提炼与完善, 充分体现了公司领导层的战略眼光, 也是公司企业文化发展史上具有里程碑意义的华彩篇章。

太平洋保险站在新起点, 实现新跨越, 发展步伐不断加速, 改革亮点频频闪现——不仅成功登录 A 股市场, 而且在公司治理、经营管理、业务发展等各领域均呈现出强劲的发展活力。

发展升华:以全新尝试推进企业文化建设的纵深发展

太平洋保险企业文化核心要素系统是公司企业文化的精髓和企业文化建设的基本纲领, 并将决定公司企业文化的基本格局和发展方向。核心要素系统的框架形成之后, 以审慎开放的态度展开了一场全系统的"头脑风暴"——2009 年 8 月, 子公司及各分支机构从实际出发, 在整体构成、要素提炼、具体措辞等方面对核心要素系统提出了富有建设性的意见和建议; 9 月, 集团党委会经过讨论, 对系统作出进一步修改, 并对各要素的内涵作出了较为详尽的阐述; 11 月, 召开核心要素系统专题研讨会, 最终确定了各要素组成部分, 由此可见, 太平洋保险企业文化核心要素系统的形成, 非一人之力, 也非一日之功, 她融汇了公司企业文化建设的演进历史, 集合了全系统的智慧与经验, 并将始终贯穿于公司改革发展的昨天、今天和明天。

太平洋保险企业文化核心要素系统由愿景、使命、经营理念、核心价值观、诚信文化、创新文化、绩效文化、和谐文化8项要素构成。各要素互为作用，互为影响，构成一个有机整体：她要求全体太保人肩负神圣使命，以核心价值观为基础，以经营理念为指引，以构建诚信文化、创新文化、绩效文化、和谐文化为抓手，共同实现公司发展和个人提升的美好愿景。

宣导传播：强化"软实力"，共创新未来

企业文化是企业在激烈的市场竞争中取胜的"软实力"，它对内具有强大的凝聚力，对外具有强大的竞争力。建立与时俱进、具有鲜明时代特征和个性特征的先进企业文化，推动和实现太平洋保险价值的可持续增长，把公司打造成基业长青、事业长存的"百年老店"，这是全体太保人的共同责任。

核心要素系统的大规模传播宣导，对进一步推进公司企业文化建设、营造良好的企业氛围起到了积极作用，也使得各核心要素牢牢扎根于每位员工的心中，形成全面共识，变成共同信仰，产生强烈的使命感、责任感，从而自觉地把自身利益与公司利益捆绑在一起，为公司发展尽心尽责，做出应有的贡献。

面向未来，太平洋保险将秉承"专注保险主业，价值持续增长，具有国际竞争力的一流保险金融服务集团"的战略目标，紧紧抓住上海国际金融中心和航运中心建设的历史机遇，深入推进企业文化建设，致力开拓，锐意进取，与客户、股东和员工一起，共创太平洋保险辉煌灿烂的明天。

思考：

（1）企业文化有何功能？

（2）为什么说企业文化也是生产力？

知识油库

8-1-1-1　认识企业文化

七大流行的企业文化如表8-1所示。

表8-1　七大流行的企业文化

民生文化	民生公司发展之所以如此迅速，和创始人卢作孚的经营成功有着极大关系。在卢作孚的长期经营实践中，一个突出的特点便是十分注重文化意识在经营管理中的作用。例如，他极为注意强化企业对职工的凝聚力，鼓励企业和职工的双向参与。他曾提出一个著名的口号：公司问题，职工来解决；职工问题，公司来解决。他把这一口号印在轮船的床单和茶杯上，逐步培养职工树立一种和公司同生存共荣辱的集体意识，在企业发展中起到良好的作用
松下文化	松下公司在几十年的经营生涯中形成了独特的企业文化，制定了七大精神："产业报国、光明正大、和亲一致、奋斗向上、礼节谦虚、顺应同比、感谢报恩"，充分表现了松下那种谦和、执著、一以贯之的朴实风格
大庆文化	以"铁人"王进喜为代表的大庆油田工人，把"艰苦创业"作为座右铭，坚持"有条件上，没有条件创造条件也要上"的创业精神。大庆人艰苦创业、三老四严的精神，化作了中国工人阶级自力更生、艰苦创业的强大力量
执著文化	执著文化是鹰腾咨询的企业文化，以执著闻名。"因为执著，所以专业。"是其真实写照，在任何场所任何时间，Yintl（鹰腾国际）上下无不体现出执著文化

续表

索尼文化	索尼的企业哲学其中突出的一点就是十分重视人的因素和民主作风，特别看重中层管理人员的作用，并设法淡化等级观念。该公司领导努力将工厂的车间搞得比工人的家庭更舒服，而把管理人员的办公室尽量布置得朴素些。另外，索尼人始终不满足现状，时时有"饥饿感"、"紧迫感"伴随，这可谓索尼文化的另一特色。正因如此他们能不断学习世界上比自己先进的东西，经过消化，创造出别人没有的东西，适应了市场，赢得了声誉
IBM文化	IBM公司即美国国际商用机器公司，该公司的信条就是"IBM就意味着最佳服务"。因为他们懂得，优质服务是顾客最需要的。这不能不说是IBM公司多年来一直取得成功的一个奥秘
爱心文化	PROD普诺德公司秉承："爱心、正直、创造、奉献"的企业文化，形成了以"爱"为核心的爱心文化

一、企业文化的概念

休·戴维森（Hugh Davidson，德国）教授通过对包括宝洁、强生、杜邦等125个组织的领导者进行访谈，发现每个组织的领导者对三个问题有着广泛的认同，它们也是人生的基本问题：我们在此是为了什么（使命）？我们将走向哪里（愿景）？指引我们行动的信念是什么（价值观）？这也就是企业文化的核心内容。

企业文化，或称组织文化（Corporate Culture 或 Organizational Culture），是一个组织由其价值观、信念、仪式、符号、处事方式等组成的其特有的文化形象。

小词典

广义上说，文化是人类社会历史实践过程中所创造的物质财富与精神财富的总和；狭义上说，文化是社会的意识形态及与之相适应的组织机构与制度。而企业文化则是企业在生产经营实践中逐步形成的，为全体员工所认同并遵守的、带有本组织特点的使命、愿景、宗旨、精神、价值观和经营理念，以及这些理念在生产经营实践、管理制度、员工行为方式与企业对外形象的体现的总和。它与文教、科研、军事等组织的文化性质是不同的。

企业文化是企业的灵魂，是推动企业发展的不竭动力。它包含着非常丰富的内容，其核心是企业的精神和价值观。这里的价值观不是泛指企业管理中的各种文化现象，而是企业或企业中的员工在从事商品生产与经营中所持有的价值观念。

二、企业文化结构

从上述定义可以看出，企业文化是在一定的社会历史条件下，在企业生产经营和管理活动中所形成的，不同的企业、不同的背景其文化表现形式各有不同。不过，无论是哪一种企业，无论是怎样的企业文化，都必须具备三个层次：以物质产品载体为形式来表现企业的经营理念、企业的科技含量的物质文化；以企业员工共同的企业追求为目标，企业管理作风、管理观念、管理制度和管理程序等为内容的制度文化；以企业基本价值标准、行为准则、思维方式、人际关系、道德规范和员工责任感、荣誉感等为组成部分的企业精神文化。

1. 物质文化

企业物质文化是由企业员工创造的产品和各种设施等构成的一种以物质为形态的表层企业文化，是企业行为文化和企业精神文化的显现和外化结晶，是文化的物质躯壳或物质载体，也称"硬文化"。物质文化居于表层，以实物形态显露于外，既看得见，又摸得着，既能够满足员工不断变化的需要，又能直接地反映经济社会的发展状况和人类文明进步的程度，因此也就成为评价社会的客观价值尺度。这些有形的物质本身就是文化的象征。

物质文化的范围非常广泛，主要有两个方面：一是企业产品和生产经营企业产品的物质条件，如产品的设计、生产、包装、销售、售后服务，以及厂房、机器设备、生产作业线等；二是员工生活的物质文化设施和娱乐场所，如图书馆、博物馆、俱乐部、影剧院、运动场等。物质文化包容了企业一切有形的物态存在。

物质文化是企业文化构成中的基础，是任何一种特有文化中最重要的组成部分。这是因为只有具备物质文化，企业获得生存发展的必需空间，才能进一步开展工作。

2. 精神文化

企业的精神文化是用以指导企业开展生产经营活动的各种行为规范、群体意识和价值观念，是以企业精神为核心的价值体系。其内容包括理想信念、价值观念、行为取向、哲学信仰、法律意识、道德规范、审美情趣、心理习惯等方面的观念形态。精神文化相对于物质文化来说，看不见、摸不着，却无时无刻不通过物质形态表现出来，因此也称为"软文化"。精神文化是社会文化的核心。因为直接掌握精神并受其支配的是人，所以人所生产创造的各种物质产品背后都隐含着人的精神境界。人的精神是国之根、民之本、企业之魂。民族精神、价值观念、伦理道德等文化的力量，是民族的脊梁和灵魂，也是企业活力的源泉。

精神文化是人类生存发展过程中不断解决人与自然、人与社会、人与人之间的矛盾所积累的经验的凝结和升华。精神文化一旦形成，反过来又对社会和人的行为产生重要影响。社会、组织和每一个人都需要精神，都需要精神支柱，人们离不开精神文化就像离不开阳光和空气一样。企业精神文化，是企业在生产经营中形成的一种企业意识和文化观念，它是一种以意识形态表现的深层企业文化。我们可以从三个方面来理解：① 由企业的精神力量形成的一种文化优势；② 由企业的文化心理积淀的一种群体意识；③ 企业文化中的核心文化。

3. 制度文化

制度是一种行为规范，它是任何一个社会及组织团体正常运转所必不可少的因素之一。它是为了达到某种目的，维护某种秩序而人为制定的程序化、标准化的行为模式和运行方式。就国家来讲，为使社会有秩序、高效率运转而建立的政治、经济、文化管理体制；为规范人们的行为而制定的各种法律、法规、纪律；为规范工作程序和提高工作效率而制定的各种章程、条例、规定、办法等。相应的，企业制度文化就是指协调社会各方面关系、规范人们的各种法律和制度，把企业所倡导的价值观转化为具有操作性管理制度的过程，它具有共性和强有力的行为规范的要求，能使企业在复杂多变、竞争激烈的经济环境中处于良好的状态，从而保证企业目标的实现。

企业的制度文化是由企业的法律形态、组织形态和管理形态构成的外显文化，它是企业文化的中坚和桥梁，处于核心层和表层之间，它的重要作用在于把精神文化恰当地转化为物质文化。具体地说，就是把属于观念形态的精神转化为人们的行为，再通过人们的行为创造出物质形态的产品。通过保障社会正常运转、企业正常经营，协调各方面关系，保证团结协作，调动各方面积极性和创造性，制约各种消极因素，把企业文化中的物质文化和精神文化有机地结合成一个整体。一般包括企业法规、企业的经营制度和企业的管理制度，为明确奋斗目标和确定工作方向而制定的路线、方针、政策等，都属于制度文化的范畴。衡量制度文化品位高低的重要标志是各种体制、法规、制度、政策的科学性，管理的有效性、企业的秩序和活力，以及员工精神风貌的状况。

俗话说"没有规矩不成方圆"，企业的制度与企业的经营观念有着相互影响、相互促进的作用。合理的制度必然会促进正确的企业经营观念和员工价值观念的形成；而正确的经营观念和价值观念又会促进制度的正确贯彻，使职工形成良好的行为习惯。

三、企业文化的特征

企业文化作为文化与企业经营相结合的一种表现形式，使得它在具有一般文化共性的同时，又具有企业本身的一些独特个性。

1. 历史性

历史性是一切社会事物的最基本属性之一。经济基础决定上层建筑，企业的经营与政治活动、文化现象的联系千丝万缕，挥之不去。可以说，企业文化是历史的产物，必定带有历史的烙印，折射出大到一个时代，一个国家的一定时期，或者一个民族、一个地域，小到一个地方区域的经济与文化特征。反过来，企业文化一旦形成，也在改造着企业所处的环境，因为企业毕竟是走在时代前列的社会生活中最活跃的社会组织，信息交融与思想变革首先从企业发生。

2. 企业的"人化"

企业文化就是企业人化，企业是人的集合体。企业创立的基础在于人，存在的关键在于人，发展的根本也在于人。做企业、做文化，最终就是做人。首先，企业文化的形成离不开企业家，它与企业家的素养和人格直接相关，从一定意义上说，企业文化是企业家的人格化，是企业家对社会的一种理解反映。其次，企业文化是群体文化，是员工素质和精神风貌的直接反映，企业文化的强弱优劣最终要由员工素质的高低来体现。员工自身的价值得到拓展，企业价值也就会得到提升，企业文化才能提升档次。

从企业如何去满足顾客的需求的角度，也不难看出，企业文化也是"人化"。企业的经营宗旨，是以顾客的需求为中心，以顾客为上帝。而不论是产品的送交，还是相应的服务，都是通过员工努力来实现对顾客的承诺，顾客从企业员工的行为言语表现中体现到企业的文化素质和文化内涵，在脑海中印下企业的形象，推而广之，通过企业全体员工用自己的优秀行为让社会公众感受到本企业的优秀文化。

只有当企业与员工凝成利益共同体时，上上下下才会齐心协力最大限度地去满足顾客需求，并进而求得企业自身的持续发展。因此，从这个意义上说，企业文化就是企业的人化。

3. 具有明显的个性

企业文化是在企业的发展经营中逐步形成的，一般在具有共性的同时，一个好的企业文化都具有自身的一些个性，这些个性是其在不断追求价值和效益的过程中，逐步形成的一种独特的精神和风格的具体反映，并以其区别于其他企业，形成自己的文化，贯彻于企业的各个领域，成为企业的无形资产。

　　文化是无形的，但是在企业里却要通过有形的仪式和活动把它体现出来。例如，有的企业每天早上要开晨会；有的企业每天上班开始时会有一位员工站在自己部门所有其他员工的面前来进行宣讲；有的企业定期举行升旗、唱企曲仪式，等等。

　　组织特点的差异是形成个性化企业文化的第二个原因，每个组织在规模大小、技术优劣、历史长短、声誉好坏、效益高低上差别很大，因此在生产经营活动中所遇到的问题和困难也各不相同。企业文化作为组织全体员工共同信奉的价值观，不应面面俱到，而应抓住本组织的主要矛盾，具有鲜明的针对性。或者针对本组织的特殊困难，或者针对本组织全体员工的共同弱点，以图收到"牵牛鼻子"的效果。以云南玉溪卷烟厂为例，妨碍该厂进一步发展的障碍，主要是骄傲自满的心态。"骄兵必败"，针对这一潜在危险，该厂概括出这样的企业精神——"天下有云烟，天外还有天"，鼓励玉溪干部职工永无止境，不断创新。

　　企业性质的不同所决定的差异。我们通常可以按企业的所有制性质，把企业分成国有企业、集体企业、民营（私营）企业、三资企业、混合所有制企业等。不同所有制的企业，在自己的经营行为、管理方式和员工心态等各方面都会表现出很大的差异性，这就使企业文化会呈现出不同的类型。

　　此外，由于行业性质的不同，企业文化也随之呈现出不同的特征。比如，中国石油天然气总公司管道局，5万多人的庞大职工队伍，常年在野外作业，生活十分艰苦，于是树立正确的苦乐观，成为企业文化建设的主旋律。他们确立的企业精神——"管道为业，四海为家，野战为乐，艰苦为本"，既体现了行业特色，又为有着勤劳创业、艰苦奋斗优良传统的中国人欣然接受。

　　而随着企业的发展，在不同阶段，企业的管理手段和经营思想也不可能是统一的模式，道德价值观的水准和程度也不尽相同，员工素质也有高有低，每个阶段的经营目标也不一样，这些都是企业自身客观存在的差异。这些差异，也会形成企业文化的个性特征。

　　4. 动态性

　　一个企业的企业文化一旦形成，就具有在一定时期之内的相对稳定性。随着企业的发展及企业生存环境的变化，企业文化也随之发生改变。有一种说法叫做"呈螺旋式上升状"，这其实是一种理想状态下优秀的企业文化的发展态势。僵化的、落后的企业文化也在运动，只是在企业内部没有经过合理的梳理、整合与提炼的文化因素没有形成良性体系，各种文化因素的冲突正在进行量变的积累。一个优秀的企业文化体系建成之后，就会显示其对外部因素及新生文化因子强大的吸收力、包容力与消化力，形成动态开放的系统。

　　企业文化具有一种强大的力量。有些物质资源也许会枯竭，唯有文化生生不息。企业文化是一种无形的生产力，一种潜在的生产力，是无形的资产和财富。企业文化会极大地促进企业的发展，所以只要做到企业和企业文化的互相协调、互相补充、互相促进，使两者同步运行，建设出一套优秀的企业文化来，一定会对企业的长远发展起到积极的、不可估量的作用。换句话说，优秀的企业文化有助于向企业社会大众展示自己成功的管理风格、良好的经营状况和高尚的精神风貌，从而为企业塑造良好的整体形象，树立信誉，扩大影响，是企业巨大的无形资产，对于企业的可持续发展将产生深远影响。

子任务2 思考企业文化

【要求】进一步解析案例，引导学生思索企业文化对企业的意义，企业如何构建合适的企业文化？

案例3

万科的企业文化精髓分析

万科创始人和掌门人王石名言："人才是一条理性的河流，哪里有低谷就流向哪里。"

万科企业股份有限公司成立于1984年5月，是目前中国最大的专业住宅开发企业。1988年万科进入住宅行业，1993年将大众住宅开发确定为公司核心业务，2006年业务覆盖到以珠三角、长三角、环渤海三大城市经济圈为重点的20多个城市。经过多年努力，万科逐渐确立了在住宅行业的竞争优势："万科"成为行业第一个全国驰名商标。

以理念奠基、视道德伦理重于商业利益，是万科的最大特色。万科认为，坚守价值底线、拒绝利益诱惑，坚持以专业能力从市场获取公平回报，致力于规范、透明的企业文化建设和稳健、专注的发展模式是万科获得成功的基石。凭借公司治理和道德准则上的表现，万科载誉不断。

1. 优秀的企业文化

万科公司给自己的定位是：做中国地产行业的领跑者。万科对内平等，对外开放，致力于建设"阳光照亮的体制"，万科把人才视为资本，倡导"健康丰盛的人生"，万科企业文化案例为业界所推崇。

2. 企业愿景

万科的企业愿景是成为中国房地产行业持续的领跑者。为了早日达到该愿景，万科要求自己要从以下几个方面努力。

① 不断钻研专业技术，提高国人的居住水平。

② 永远向客户提供满足其需要的住宅产品和良好的售后服务。

③ 展现"追求完美"之人文精神，成为实现理想生活的代表。

④ 快速稳健发展公司的业务，实现规模效应。

⑤ 提高效率，实现业内一流的盈利水准。

⑥ 树立品牌，成为房地产行业最知名和最受信赖的企业。

⑦ 拥有业内最出色的专业和管理人员，并为其提供最好的发展空间和最富竞争力的薪酬待遇。

⑧ 以诚信理性的经营行为树立优秀新兴企业的形象。

⑨ 为投资者提供理想的回报。

3. 企业宗旨

万科的企业宗旨是建筑无限生活。宗旨有几方面的含义。

① 对客户，意味着了解你的生活，创造一个展现自我的理想空间。

② 对投资者，意味着了解你的期望，回报一份令人满意的理想收益。

③ 对员工，意味着了解你的追求，提供一个成就自我的理想平台。

④ 对社会，意味着了解时代需要，树立一个现代企业的理想形象。

4. 核心价值观

万科的核心价值观是创造健康丰盛的人生。核心价值观包括几个方面的内容。

(1) 客户是万科永远的伙伴

◎ 客户是最稀缺的资源，是万科存在的全部理由。

◎ 尊重客户，理解客户，持续提供超越客户期望的产品和服务，引导积极、健康的现代生活方式。这是万科一直坚持和倡导的理念。

◎ 在客户眼中，公司的每一位员工都代表万科。

◎ 员工1%的失误，对于客户而言，就是100%的损失。

◎ 衡量员工成功与否的最重要的标准是让客户满意的程度。

◎ 与客户一起成长，让万科在投诉中完美。

(2) 人才是万科的资本

◎ 热忱投入，出色完成本职工作的人是公司最宝贵的资源。

◎ 尊重人，为优秀的人才创造一个和谐、富有激情的环境，是万科成功的首要因素。

◎ 万科尊重每一位员工的个性，尊重员工的个人意愿，尊重员工的选择权利；所有的员工在人格上人人平等，在发展机会面前人人平等；万科提供良好的劳动环境，营造和谐的工作氛围，倡导简单而真诚的人际关系。

◎ 职业经理团队是万科人才理念的具体体现。持续培养专业化、富有激情和创造性的职业经理队伍，是万科创立和发展的一项重要使命。

◎ 万科倡导"健康丰盛的人生"。工作不仅仅是谋生的手段，工作本身应该能够给我们带来快乐和成就感。在工作之外，我们鼓励所有的员工追求身心的健康，追求家庭的和睦，追求个人生活内容的极大丰富。

◎ 学习是一种生活方式。

(3) "阳光照亮的体制"

◎ 万科对内平等，对外开放，致力于建设"阳光照亮的体制"。

◎ 专业化＋规范化＋透明度＝万科化。

◎ 规范、诚信、进取是万科的经营之道。

◎ 万科鼓励各种形式的沟通，提倡信息共享，反对暗箱操作。

◎ 万科反对任何形式的官僚主义。

(4) 持续的增长和领跑

◎ 万科给自己的定位是做中国房地产行业的领跑者。

◎ 通过市场创新、产品创新、服务创新和制度创新，追求有质量、有效率的持续增长，是万科实现行业领跑、创造丰盛人生的唯一途径。

◎ 在新经济时代，万科要以大为小、灵活应变、锐意进取，永怀理想与激情，持续超越自己的成绩，持续超越客户的期望。

致力于建设"阳光照亮的体制"，坚持规范、诚信、进取的经营之道，是万科基本的价值理念。当别的开发商提出少于40%的利润不做时，万科却明确提出高于25%的利润不赚。万科不以盈利为唯一目标，不是单纯为客户提供住所，而是参与城市生长和城市文化建设的进程，坚持对城市负责、对后代负责的使命和理想。

万科的文化一直坚持简单、规范、透明。万科绝不会要求员工在公司内外采用不同的价值标准和行为准则。万科秉承"人才是万科的资本"的用人理念，使员工和公司、客户、合作伙伴之间一直保持平等、双赢的关系。20 多年来，万科一直保持行业领跑者的地位，实现了企业的稳定发展。

思考：

（1）万科的企业文化精髓是什么？

（2）它对万科起到了什么样的作用？

（3）如何建设自己的企业文化？

案例 4

联想：文化迷航知返

2009 年 5 月 21 日，联想集团发布年报：在截至 2009 年 3 月 31 日的 2008—2009 财年，联想集团实现营业收入 149 亿美元，比上个财年下滑了 9%；当年亏损 2.26 亿美元，这也是联想集团历史上最大的一次亏损。自 2004 年 12 月联想集团收购规模远大于自己的 IBM PC 之后，经过 4 年多的时间，联想集团仍然陷于苦战之中，其在全球 PC 行业的市场份额从收购之初的第三名下降到了第四名，而且与前三名的差距在继续拉大。

单纯从业务的角度来看，联想在短短的几年时间里已经成功地完成了对 IBM PC 的销售、渠道、品牌、研发和供应链的整合，自身也从一家只在中国运营、营收 40 亿美元的本土公司蜕变成了 3/4 的收入在海外、营收 149 亿美元的跨国公司。

但是，目前我们还很难说这是一次成功的收购。究其原因，就在于并购后的联想一度丢失了过去赖以成功的核心价值观和企业文化，从而在与 IBM、戴尔等强势企业文化的融合中丧失了自我。

1. 成功的混血文化

在收购 IBM PC 之前，联想一直保持着一种独特但非常有战斗力的企业文化，这种企业文化的原动力来自联想创始人柳传志给联想制定的宏大愿景：联想要成为一家真正的世界级企业，成为一家伟大的企业。这个愿景一直激励着联想的中国员工们努力工作。

在 20 多年的企业发展过程中，联想逐渐形成了自己独特的企业文化，它本身其实也是一种典型的"混血文化"，它将西方的制度文化与东方的家长文化完美地结合在一起。例如，联想最初的渠道管理和品牌管理很大程度上都是在学习惠普的成熟经验基础上演化而来，联想的信息化系统也是全盘照搬了 SAP 在海外的成熟经验。

这些西方管理体系中的文化强调制度和过程的控制。联想非常重视内部制度的建设，而且对所有员工一视同仁，一旦违反了"天条"，就必须承担相应的责任。在联想创业初期，就曾经定下了开会迟到要当众罚站一分钟的制度。当柳传志过去的领导开会迟到时，他仍然毫不犹豫地选择了执行制度。这种来自西方的制度文化使联想的团队作战能力非常强，被称做"斯巴达克斯方阵"。反观联想当年众多的国内竞争对手们，由于疏于制度建设而被联想击败。

　　然而，当时的联想，骨子里渗透的仍然是一种东方式的家庭文化。联想将自己的经销商称为"大联想体系"，把经销商当做内部人来管理；非常注重对"德"的培养，强调"事为先，人为重"；并购前，所有的新入职员工都要接受"入模子"教育，几乎所有的联想高层均通过内部晋升产生。以柳传志为首的联想高层非常注重与基层员工的交流，努力营造一种家的感觉，让员工以对待家而不是一种普通职业的热情来对待工作。

　　原联想集团人力资源战略规划高级经理李国刚认为，联想的企业文化可以归纳为：既讲人情又讲体系，强调速度、执行和管理。这种独具特色的企业文化与联想的"贸工技"战略及低成本高效率的竞争策略高度匹配。从1996年开始，联想率先在中国市场推出万元以下的装配英特尔奔腾处理器的电脑，依靠强大的品牌拉动能力和供应链管理能力，成为中国乃至亚太地区PC市场的第一品牌。

2. 文化和战略适配性的挑战

　　联想企业文化与战略方向的高度适配，在2000年遇到了挑战。2001年，联想被分拆成从事品牌运作的联想集团和从事代理分销业务的神州数码，提出了野心勃勃的发展计划，要成为"国际化的联想、服务的联想、高科技的联想"，开始大规模地进军手持设备、IT服务、互联网运营等多个领域。但是，联想集团的企业文化仍然是强调纪律、速度和效率的制造业文化，用做PC的思路去运作互联网和IT服务业务，结果遭受了惨重的失败。

　　2004年，大规模收缩战线的联想集团做了一次战略性的大裁员，这又让过去温情脉脉的家庭式文化发生了根本动摇。当时，联想在并未与员工进行充分沟通的情况下实行强制裁员，手段过于生硬，让员工失去了家的感觉，发出了"联想不是我的家"的感慨。

　　正在联想需要重新梳理企业文化、重构企业价值观的关键时刻，却又面临收购IBM PC的巨大挑战。除了在业务方面的挑战之外，企业文化融合的挑战更加艰巨。

　　这是一次东方弱势文化对西方强势文化的整合。随着PC行业快速走向横向整合和模块化，行业竞争能力也转向了成本和效率的竞争，IBM原来的企业文化根本无法适应PC行业"高效率低毛利"的运营模式，以至于被柳传志称为"穿着西装炸油条"。在2004年IBM将PC业务转手给联想之时，其PC业务即便按照24%的毛利率运营仍然难以盈利，而联想只要有15%的毛利率就能有不错的利润。

　　可见，当企业文化与战略、运营模式出现严重不匹配的时候，企业必须作出改变。

3. 被外部文化俘获

　　以一般的收购而言，收购方会以自己的企业文化为主，向被收购方灌输自己的企业文化，但联想却很难具备这样的条件。首先，联想收购了一家规模远大于自己的跨国企业；其次，这家企业有着非常悠久的历史和非常强势的企业文化；最后，联想的中国员工中，缺乏能够在全球推广联想企业文化的人才。

　　从收购IBM PC的那一天起，联想原有的企业文化就和IBM那种非常包容、强调沟通的企业文化格格不入，它们就像是来自不同星球。据说，在得知即将被联想收购之后，原IBM PC大中华区总裁洪月霞曾经大哭了一场，此前向洪月霞直接汇报的分管销售、市场、财务的三位总监全部离职。洪月霞到了联想之后也不再分管具体业务，后来又回到了IBM担任高管。

　　一位已经离开联想的IBM PC老员工刚到联想总部上班的时候，就对联想严格的上班打卡制度非常不理解，而老联想员工则看不惯IBM员工的贵族做派。在中国市场上，相对强势的老联想文化很快占据了上风，一些在 IBM 工作多年的老员工因为适应不了新的环境和企业文化而选择离开，留下的都是能被强势的联想文化所同化的员工。

但是，在鞭长莫及的海外市场，联想只能更多地保留原来 IBM 的企业文化。这种既不适应 PC 行业发展趋势，又不匹配联想发展战略的企业文化给联想带来了很大的困扰。在并购后的第一年时间里，联想只能保持联想中国和联想国际（原 IBM PC）两家公司各自独立经营，无法形成合力。

经过了一年过渡期之后的 2005 年 12 月，联想果断换掉来自 IBM 的 CEO 沃德，引进原戴尔亚太区总裁阿梅里奥及大批来自戴尔的高管。相对于 IBM 来说，戴尔那种高效、直接、讲求绩效、快速和执行的问题更能适应 PC 行业，也与联想原有的企业文化有着更高的匹配度。李国刚认为，如果能够将老联想和戴尔两种文化完美地结合起来，将是最为适合 PC 的企业文化。

然而，文化的融合不是简单的相加，还要解决以哪种文化为主体的问题。遗憾的是，由于自身能力的局限，联想过早放弃了已经形成了多年的老联想文化，被外来文化所俘获。戴尔文化中过于强调短期绩效的缺点充分暴露出来。

文化上的"排异性"严重影响了联想的人力资源储备。在全球层面的高管中，老联想人逐渐被边缘化：收购 IBM PC 之初，老联想人在 19 人的高管团队中占据 9 席；而到 2008 年 3 月，他们只能在 23 人中占据 6 人。出于对前途的绝望，一些刚刚培养出来的中层国际化人才也纷纷离开——北京奥运会之后，包括营销总监谢龙在内的联想奥运营销团队多名成员离开，曾经参与了德国消费业务试点的原联想中国商用台式机总经理刘旦另谋高就，这反过来使得中方员工更难以进入联想全球的高管团队。

一直在老联想、IBM 和戴尔三种企业文化中苦苦挣扎的联想，直到 2006 年才提出了全新的企业文化和价值观，但连中层员工这个层面都没有能够灌输下去。不少联想中国的中层反映，他们根本不知道新的联想文化到底意味着什么。最终，文化上处于迷航状态的联想集团收获了巨额亏损的苦果。

4. 反思联想文化迷航

反思近年来中国企业的多次收购，无论是联想对 IBM PC 业务的收购，还是 TCL 对汤姆逊彩电和阿尔卡特手机业务的收购，抑或是明基对西门子手机业务的收购，目前都很难谈得上成功。

从企业文化的角度看，这些收购都是一种"低成本、高效率"模式对"高成本、高利润、低效率"模式的整合，也是一种"草根"的本土企业文化对"贵族"的国际企业文化的整合。对于正在国际化的中国企业来说，如何才能更好地完成企业文化层面上的整合？中国企业可以从以下几个方面做好准备。

第一，慎言大规模并购。无论是国外还是国内发生的收购，能够取得成功的多半是规模不对等的并购。也只有不对等的收购，规模较大的收购方才得以从容地将自己的企业文化灌输到被收购企业之中。网络巨头思科每年都会做非常多的收购，但从来都是选择一些规模较小的技术类企业作为并购对象。

第二，保持企业文化和战略的高度匹配。无论是进行收购还是自主发展，如果企业文化和战略发生冲突，这就好像是人的左脑和右脑发生冲突，必然会造成混乱。完成收购法律程序的同时，企业就必须确定未来的企业文化，看其与企业的战略是否匹配。如果不能够匹配，企业必须改变其中的一个方面。例如，在低成本高效率的"新经销模式"在意大利取得成功之后，宏立刻将其复制成全球的发展战略，并在 2002 年 6 月将企业的核心价值观修订为更加匹配宏未来发展战略的"获利、服务、专业、效率、活力"。

第三，必须重视人力资源在企业文化中的重要作用。随着时间的推移，联想显然意识到倚重空降的外援不可能解决企业文化的问题。国际化取得成功的亚洲企业，无论是索尼、三星还是宏，都有一大批经过国际化考验的本土中高层管理人才，正是依靠他们，这些企业才能够在全球任何地方都保持着同样的文化和运营模式。对于中国企业来说，必须尽快培养出一批既有国际化视野，同时又深入了解企业文化和价值观的中高层管理人才，将他们像种子一样撒向全球各地。

思考：

（1）影响企业文化建设的要素有哪些？

（2）联想集团的企业文化建设经历了怎样的过程？给我们什么警醒？

任务 2　建设企业文化

子任务 1　建设企业文化的准备

【要求】分析案例，寻找建设企业文化的途径与影响企业文化建设的影响因素，思考在企业文化建设中应该遵循的原则。

案例 5

不同的企业文化成就不同企业前程

在其创办初期，苹果电脑公司曾在楼顶悬挂海盗旗，向世人宣称"我就是与众不同"，然而正是这种价值观造就了苹果的成功，也预埋了它今日的失败。

惠普的创建人比尔·休利特说："惠普的这些政策和措施都是来自于一种信念，就是相信惠普员工想把工作干好，有所创造。只要给他们提供适当的环境，他们就能做得更好"。

案例一：苹果（APPLE）电脑之失利

一、"苹果"就是"海盗"

20 世纪 80 年代曾领导过电脑工业新潮流的苹果电脑现已处于崩溃的边缘。1996 年 10 月到 1997 年 3 月，它共亏损 12 400 万美元。1997 年初，苹果宣布将裁减 1 300 名员工。1 月下旬传出苹果在寻找买主。由于买方出价太低，谈判破裂。苹果公司于 2 月份召开紧急会议，对领导层进行了改组，力求渡过难关，继续生存。苹果电脑为何失利，引起人们的强烈兴趣。有人说是由于苹果公司的销售策略不对，也有人说是苹果电脑太过于精致化未能注意服务质量。而我们认为：苹果失利，源在文化失调。

苹果公司原有文化的核心是一种鼓励创新、勇于冒险的价值观。自白手起家，小小的苹果电脑便在技术领域内引发两次变革，迫使包括 IBM 和微软在内的每一家电脑公司都加入它开启的新潮流。不仅是勇于创新，事实上，公司一直是我行我素，冒高风险，甚至反主潮流。公司的信条是进行自己的发明创造，不要在乎别人怎么说，一个人可以改变世界。正是这种大无畏精神使公司能够推出令广大用户喜爱的 Macintosh 电脑，开鼠标定位器和图像表示法的风气之先。公司也一直以这种独创精神为傲。

二、分析与启示

1. 企业经营指导思想的不适应性导致战略错误

我行我素的文化必然导致公司的经营指导思想是一种"产品导向"或称"技术导向"，使公司方向与市场需求难以协调。苹果机性能优越，使用方便，是世界上最易联网的个人计算机，在技术上可谓无可挑剔；而它却是世界上唯一不与 IBM - PC 兼容的机型。计算机业发展的大势所趋使计算机联网要求与微机兼容。而 IBM 在计算机市场上占有最大的份额，因此苹果机独树一帜的不兼容实际上限制了市场对它的需求，推走了许多潜在顾客。苹果拒绝授权其他电脑生产商生产深受欢迎的 Macintosh 软件，从而失去了一个拓展市场的绝好机会。与此相反，IBM 却公开了 PC 机全部设计细节，鼓励软件人员为它编写程序，鼓励其他厂家生产兼容产品，从而大大刺激了对 IBM 产品的需求。

2. 经营战术不适应需求和竞争

产品导向和傲慢使苹果公司看不到环境改变，低估竞争对手的实力，经营战术不适应竞争。

3. 组织内部的不协调、不一致

公司人员崇尚一种个人英雄主义，桀骜不驯，难以控制，技术人员与管理人员之间冲突频频。独创精神未成为技术发展的动力，反而加大了合作难度。公司对事物的看法总是不能取得一致，无法作出决定，坐失了许多良机。

4. 员工士气不振，人员流动率大大增加

许多极有才华的人，如销售业务主管、财务主管、苹果电脑日本市场经理，都因与总部意见不合而离职。这种人员流动频繁现象是文化不适的一个明显信号。

从苹果公司的失利中我们能得到些什么启示呢？首先，强烈而和谐的企业文化对企业的生存发展具有至关重要的作用，即企业应有鲜明价值观，有明确的指导方针，有强烈的经营信念。和谐：一指达到内部的和谐；二指与外部环境的协调。其次，成功的公司也注重激励员工，将人视为最宝贵的资源，力图将人才资源的潜力最大限度地激发出来。经营在于人，还要求发挥团队合作精神，上下一心，团结一致。第三，企业文化应随着环境变化而相应作出调整。企业领导人应树立权变的观点，密切注视环境的变化，预见性地推进文化演变。

案例二：惠普（HEWLETT PACKARD）之道

一、惠普之道由来

美国惠普公司创建于1939年，1997年销售额为429亿美元，利润额为31亿美元，雇员近12万人，在全球500家最大的工业公司中排名第47位。惠普公司不但以其卓越的业绩跨入全球百家大公司行列，更以其对人的重视、尊重与信任的企业精神闻名于世。

作为大公司，惠普对员工有着极强的凝聚力。到惠普的任何机构，你都能感觉到惠普人对他们的工作是如何满足。这是一种友善、随和而很少压力的气氛。在挤满各阶层员工的自助餐厅中，用不了 3 美元，你就可以享受丰盛的午餐，笑声洋溢仿佛置身在大学校园的餐厅中。惠普公司的成功，靠的正是"重视人"的宗旨，惠普重视人的宗旨源远流长，目前还在不断自我更新。公司的目标总是一再重新修订，又重新印发给每位职工。每次都重申公司的宗旨："组织之成就乃系每位同仁共同努力之结果。"然后，就要强调惠普对有创新精神的人所承担的责任，这一直是驱使公司获得成功的动力。正如公司目标的引言部分说："惠普不应采用严密之军事组织方式，而应赋以全体员工以充分的自由，使每个人按其本人认为最有利于完成本职工作的方式，使之为公司的目标做出各自的贡献。"

因此，惠普的创建人比尔·休利特说："惠普的这些政策和措施都是来自于一种信念，就是相信惠普员工想把工作干好，有所创造。只要给他们提供适当的环境，他们就能做得更好"，这就是惠普之道。惠普之道就是尊重每个人和承认他们每个人的成就，个人的尊严和价值是惠普之道的一个重要因素。

二、分析与启示

惠普的成功相当程度上得益于它恒久的企业精神。

1. 对职工信任

惠普公司对职工的信任表现得最为清楚，实验室备品库就是存放电器和机械零件的地方。开放政策就是说工程师们不但在工作中可以随意取用，而且实际上还鼓励他们拿回自己家里去供个人使用！这是因为惠普公司认为，不管工程师用这些设备所做的事是不是跟他们手头从事的工作项目有关，反正他们无论是在工作岗位上还是在家摆弄这些玩意儿都能学到一些东西。它是一种精神，一种理念，员工感到自己是整个集体中的一部分，而这个集体就是惠普。

2. 采用雇用制

公司采用的雇用制是日本大企业的典型做法，在欧美企业中形成鲜明的对照：重视个人，关心职工利益，与员工们同甘共苦。

3. 用人政策

惠普公司的用人政策是：给你提供永久的工作，只要员工表现良好，公司就永远雇用你。早在 20 世纪 40 年代，公司的总裁就决定，该公司不能办成"要用人时就雇，不用时就辞"的企业。在那个时候，这可是一项要颇具胆识的决策，因为当时电子业几乎是全靠政府订货的。后来，惠普集团的勇气又在 1970 年的经济衰退中经受到了一次严峻考验。他们一个人没裁，而是全体人员，包括公司领导在内，一律都减薪 20%，每人的工作时数也减少了 20%，结果，惠普保持了全员就业，顺利地熬过了衰退期。

➡ **知识油库**

8-2-1-1 构建企业文化

一、构建企业文化原则

1. 指导性原则

马克思主义认为："人们自己创造自己的历史，但他们并不是随心所欲地创造，而是在直接碰到的从过去继承下来的条件下创造。"（《马克思恩格斯选集》第 1 卷，第 603 页）作为社会主义国家的企业，文化建设必须以马克思主义为指导，始终坚持四项基本原则，科学地处理好企业文化建设与政治思想工作的关系，正确地把握住企业文化建设的发展方向，只有这样才能顺应时代潮流，得到公众的认可，树立企业在公众中的良好形象，有利于企业的发展。

2. 主体性原则

企业文化是一种团体文化，是一种群体意识，因此在建设企业文化时，必须树立群众观点，坚持"从群众中来，到群众中去"，使企业文化建立在深厚的群众基础上。由于企业的主体只能是职工群众，因此企业文化建设必须坚持依靠广大职工群众，维护职工的主人翁地位，培育职工的主人翁意识，发扬职工的主人翁精神，提高广大职工对企业文化的认识，把尊重人、关心人、理解人、爱护人作为企业文化建设的重要内容。

3. 整体化原则

以生产经营为中心，把企业文化作为一个有机整体来建设，对企业文化建设要进行通盘考虑，要有总体规划，必须全面发展，不能强调一点而忽略其余，防止企业文化畸形发展。这是企业文化能否顺利、全面发展的一个比较关键的问题，也是引导企业健康、有序发展的一个重要原则。

4. 求实性原则

建设企业文化必须从本企业实际出发，结合本企业的经营管理特点，循序渐进，稳步发展，不照搬照抄别的企业文化，不搞形式主义，遵循实事求是的原则，不要过于庸俗，又不要高不可攀，建设既符合企业实际情况，又符合职工口味，且能发挥激励和导向作用的企业文化。

5. 注重个异性

个异性是企业文化的一个重要特征。文化本来就是在本身组织发展的历史过程中形成的。每个企业都有自己的历史传统和经营特点，企业文化建设要充分利用这一点，建设具有自己特色的文化。企业有了自己的特色，而且被顾客所公认，才能在企业之林中独树一帜，才有竞争的优势。

6. 不能忽视经济性

企业是一个经济组织，企业文化是一个微观经济组织文化，应具有经济性。所谓经济性，是指企业文化必须为企业的经济活动服务，要有利于提高企业生产力和经济效益，有利于企业的生存和发展。前面讨论的关于企业文化的各项内容中，虽然并不涉及"经济"二字，但建设和实施这些内容，最终目的都不会离开企业经济目标的实现和谋求企业的生存和发展。所以，企业文化建设实际是一个企业战略问题，称文化战略。

二、企业文化建设方法途径

1. 坚持以人为本，调动员工积极性

员工的行为最终决定了企业的形象和企业的业绩。企业的社会形象主要取决于企业员工的行为，同时企业员工的行为对企业中每一项工作的成效都有影响，因而影响到企业的效率和效益，最终也会影响到企业的业绩。由此可见，员工的行为还可以通过影响企业的形象而间接地影响企业的业绩。

为此，在企业文化建设中，应突出尊重人才和重视员工的情感管理。首先，在管理中贯穿"人的价值高于一切"的文化理念，尊重知识、尊重人才，注重员工情感和人际关系的需求，创造良好的工作环境，使他们能够发挥自己的聪明才智。其次，尊重人才的参与意识和归属欲望。情感管理是文化管理的主要内容，是一项重要的亲和工程。情感管理是注重员

工的内心世界，其核心是激发员工的正向感情，消除员工的消极情绪，通过情感的双向交流和沟通来实现有效的管理，激发每位员工的内在潜力、主动性和创造精神，使他们真正能做到心情舒畅、不遗余力地为企业开拓新的优良业绩。企业文化若是接纳了员工的精神需要，从满足人的需要、人的本质出发，在企业中形成人人受重视、受尊重的文化氛围，使员工获得极大的心理精神满足，并进而把个人的思想感情和命运与企业的兴衰紧密联系起来，产生归属感和成就感，就会产生一种情绪高昂、奋发进取的驱动力。有了这种责任感和驱动力，员工就能迸发出无穷的创造力，为企业发展献计献策，不断创新。因此，优秀的企业文化的建设应该树立科学发展观，以人为本，这是新时代发展的必然要求，也是在现代市场经济和经济全球化条件下，中国企业要想跻身于国际市场发展的必然趋势。

2. 结合实际，开拓创新，突出个性

企业文化是一个企业的灵魂，是企业活力的内在源泉。从一些几十年持续发展、经久不衰的企业来看，优秀的企业都具有自身特色的企业文化，没有自己独特的企业文化，企业是不可能长久的。因此，企业要从自身实际出发，创建有个性的文化。这里有两层内涵：其一，企业必须结合自己的实际情况，量体裁衣，譬如不同的行业、不同的规模企业所应考虑的企业文化模式应有所差异，这也是共性的一面；另一方面，在共性的基础上，作为企业自身的文化更需体现其自身独有的特点，营造与众不同的个性，这样才能发挥出文化独有的魅力，同时也应根据企业不同的发展阶段、时代的发展而有所创新，提高企业竞争力。为此，这就要求企业在文化建设中：一是要致力于建立适应自身特点的文化体系，根据员工所能接受的方式，整合出自己的文化内涵；二是协调各方面力量，按照"以我为主，博采众长，融合提炼，自成一家"的方针，建立规范性的企业文化，使员工既有价值观导向，又有制度化规范；三是培养发挥每位职工聪明才智的创新文化，用企业文化和思想政治工作、精神文明建设的合力推动企业的改革发展。

3. 培育优良的企业价值观

企业文化的培育在很大程度上取决于企业的价值观。企业所崇尚的价值观念，是一个企业建设优秀文化的核心，即是一个企业在自己的经营管理中，首先要明确提倡什么、反对什么，哪一种行为是我们企业所崇尚的，鼓励员工去做的，哪一种行为是企业反对的，员工不应该去做的。企业的核心价值观首先影响了企业的制度和企业员工的行为习惯。因此，选择正确优秀的价值观是塑造企业文化的首要战略问题。这就需要企业立足于自身的具体特点，根据目的、环境、习惯和组成方式选择适合自身发展的价值观，同时处理好价值体系与其他文化要素之间的协调性。具体来说，共有的价值观的提炼要从三个层面来考虑：一是关于产品与物的价值观，如"精益求精"、"技术第一"、"追求创新"等均属于此列；二是关于人员的价值观，包括员工的价值观与关于客户的价值观；三是关于社会的价值观，它更多体现企业的责任、社会义务等，如"诚实守信"、"产业报国"精神等。

此外，企业的价值观在动态中也应体现静态。这就是说尽管企业的经营战略总是不断地适应着外部环境的变化而不断作出调整，但核心价值观和基本目标应在一定时期保持相对不变，以利于企业的稳定持续发展。

4. 完善制度，实现文化创新

企业文化是软硬结合的管理技巧。在建设企业文化时应"软硬"兼施，相辅相成。在培育企业职工整体价值观的同时，必须建立、健全、完善必要的规章制度，使员工既有价值观的导向，又有制度化的规范。通过制度化的规范来保证企业文化建设的顺利进行，保证企业员工的行为符合企业的共同价值观，形成"软硬"结合的建设模式。同时，在企业文化建设中也应认识到时代在发展，企业的生命力在于创新，企业的产品、市场、制度、管理都需要创新，而所有这些创新，都是企业文化的重要内容。也就是说企业文化需要伴随企业的发展和市场的变化不断地发展创新。张瑞敏对海尔文化的表述就是这样。而为了配合、适应这种创新，企业必须改变其组织结构，塑造学习型组织，这是企业文化得以顺利创新的关键，是企业文化的创新能顺应知识经济时代潮流的关键。

5. 加强文化灌输，促进企业文化的习俗化

企业文化建设是企业的长期行为，靠短期突击不能奏效，而且是有害的。由组织的少数人创造、倡导的某种文化，传播到组织的每个团体，再由一个个团体传播给每一个人，使之在企业的每个角落里生根、开花、结果，这是一个长期的过程。因此，进行企业文化建设必须长期努力，持之以恒。在这种情况下，为了建设优秀的企业文化，就必须加强企业的文化灌输，要靠舆论导向、要靠氛围去带动，以达到良好的结果。首先，从领导者角度来讲，领导者要注重对企业文化的总结塑造、宣传倡导，要表率示范，在每一项具体工作中都体现企业的价值观。通过日常生产经营中的身体力行，在员工心中，形成震撼效应，这样会事半功倍，有助于员工有意识的、自觉的受企业价值观引导，接受企业的文化，有利于优秀企业文化氛围的形成。其次要强化员工的认同。企业核心价值观和文化模式一旦确立，就应把基本认可的方案通过一定的强化灌输方式使其深入人心。比如充分利用宣传手段，营造文化环境；制定相关规定，规范他们的行为；更直接有效的是组织员工进行培训，通过培训强化企业精神和企业文化的价值准则。

总之，企业文化建设是一个复杂、长期的工作，企业只有坚持科学的发展观，坚持以人为本，调动广大员工的积极性，实现融洽、协调，才能有所作为，才能真正发挥文化的作用，在激烈的竞争中立于不败之地。

子任务2　实践操作

【要求】根据自身爱好与兴趣，假设成立一家企业，试想如何构建本企业的企业文化，并分析理由。

任务3　塑造企业形象

子任务1　塑造企业形象

【要求】案例分析，讨论如何塑造良好企业形象，教师总结塑造与改善企业形象的途径。

案例6

真正成为"蓝色巨人"的秘密——IBM就是服务

"你的技术比IBM先进，你的价格比IBM便宜，但是我要IBM，因为IBM服务比你周

到。"在世界各地，到处有这种来自消费者的声音。

IBM公司是美国最早导入CIS战略的企业之一。当时任IBM公司总裁的小托马斯·沃森认为，为了使公司成为享誉世界的大企业，就非常有必要在电子计算机行业中树立一个响当当的形象。而这个形象不仅能体现出企业的理念，而且还要有利于市场竞争，特别是能有意识地在消费者心目中留下一个具有视觉冲击的形象标记。于是，他们把公司名称的三个英文字头浓缩成"IBM"三个字，并制造出富有美感的造型，并选用蓝色作为公司的标准色。就这样，IBM公司通过CIS战略的导入塑造了企业形象，使之成为美国公众心目中信任的"蓝色巨人"。

然而，使IBM公司成为世界计算机行业中首屈一指的霸主，不仅仅是因为有了一个良好的视觉形象，而且由于IBM公司树立了以"IBM就是服务"为宗旨的理念，并自始至终为之奋斗不息。应该说，这才是IBM公司能够真正成为"蓝色巨人"的秘密所在。

"IBM就是服务"，这是IBM公司的一句广告语。它虽然十分简单，但是却清楚而又准确地阐明了企业的指导思想。也就是说，IBM公司就是要在为用户提供最佳服务方面独步全球。所以从这个意义上讲IBM公司提供的不仅是产品机器，而且是服务——即设备本身及企业员工的建议和咨询；同样IBM公司训练的不仅是产品的推销员，而是培养出用户困难的解决者。因为IBM公司用这样的理念作为指导，所以使得公司在服务方面的工作可以说几乎达到无懈可击的地步，令人叹为观止。正因为IBM公司能为顾客提供如此周到的服务，使人们确信公司切实在关心每一个用户，所以才能在广大顾客心目中留下如此美好的形象，才能使它在强手如林的计算机市场中"称王称霸"。

为什么提供周到的服务能有如此巨大的"魔力"呢？其实道理十分简单。因为每个顾客对企业印象的认识，最主要的渠道就是自己的亲身感受。这种感受要比任何广告的宣传力量都要大得多。特别是在当前，许多产品的技术力量相差无几的情况下，企业能否提供周到、热情、主动的服务，就成为能否赢得顾客的决定性因素之一。而要达到这一目的是与企业树立正确的理念分不开的。

➡ 知识油库

8-3-1-1　塑造企业形象

┌───┐
企业形象（Corporate Image）——是企业文化建设的核心
└───┘

一、企业形象概念

企业形象是指人们通过企业的各种标志（如产品特点、行销策略、人员风格等）而建立起来的对企业的总体印象。企业形象是企业精神文化的一种外在表现形式，它是社会公众与企业接触交往过程中所感受到的总体印象。这种印象是通过人体的感官传递获得的。企业形象能否真实反映企业的精神文化，以及能否被社会各界和公众舆论所理解和接受，在很大程度上决定于企业自身的主观努力。

二、企业形象的分类

企业形象的分类方法很多，根据不同的分类标准，企业形象可以划分为以下几类，如表8-2所示。

表 8-2 企业形象分类表

以企业的内外在表现划分	内在形象	指企业目标、企业哲学、企业精神、企业风气等看不见、摸不着的部分，是企业形象的核心部分
	外在形象	指企业的名称、商标、广告、厂房、厂歌、产品的外观和包装、典礼仪式、公开活动等看得见、听得到的部分，是内在形象的外在表现
按照主客观属性划分	实态形象	又叫客观形象，指企业实际的观念、行为和物质形态，它是不以人的意志为转移的客观存在。如企业生产经营规模、产品和服务质量等
	虚态形象	是用户、供应商、合作伙伴、内部员工等企业关系者对企业整体的主观印象，是实态形象通过传播媒体等渠道产生的印象
根据接受者的范围划分	内部形象	指该企业的全体员工对企业的整体感觉和认识
	外部形象	是员工以外的社会公众形成的对企业的认知，我们一般所说的企业形象主要就是指这种外部形象
按公众评价态度划分	正面形象	社会公众对企业形象的认同或肯定的部分就是正面形象
	负面形象	抵触或否定的部分就是负面形象
依公众获取企业信息媒介渠道来划分	直接形象	公众通过直接接触某企业的产品和服务、由亲身体验形成的企业形象
	间接形象	通过大众传播媒介或借助他人的亲身体验得到的企业形象是间接形象
依公众对企业形象因素关注度划分	主导形象	公众最关注的企业形象因素构成主导形象
	辅助形象	而其他一般因素构成辅助形象

三、企业形象表达的手段

企业形象表达的手段主要包括以下几个方面。

① 物质形象：这是指反映企业精神文化的物化形态，而不是指物质本身。比如企业的店徽、店旗、商标和特定的店面装饰、布置等可以反映企业个性和精神面貌的直观形象。

② 人品形象：不是指人的先天条件，而是指企业人员从后天学习的待人接物和工作上的行为态度等方面的表现。

③ 管理形象：是指管理行为的表现形式。如组织形态、工作程序、交接班制度、奖惩方式、领导指挥方式，等等。

④ 礼仪礼节：是指企业中人际关系的礼貌格式和庆典集会上的礼节规范。

⑤ 社会公益形象：是社会服务和赞助公益事业，包括支持关心文教、科研、慈善、卫生等事业的具体表现。

四、塑造良好的企业形象

企业要在社会公众中树立良好的形象，首先要靠自己的内功——为社会提供优良的产品和服务；其次，还要靠企业的真实传播——通过各种宣传手段向公众介绍、宣传自己，让公众了解熟知、加深印象。公共关系树立企业形象的任务，主要体现在企业的内在精神和外观形象这两个方面。

1. 内在精神

内在精神指的是企业的精神风貌、气质，是企业文化的一种综合表现，它是构成企业形象的脊柱和骨架。它由以下三方面构成。

（1）开拓创新精神

这是每个企业都应具备的，而且是非常重要的。也就是说每个企业都应适应市场经济的需要，勇于探索、勇于创新，即要随着社会的发展、环境的变化、活动的需要和不同的公众对象，不断地对公共关系活动的内容和形式进行补充、完善和创新，使之更为丰富，更具特色，更有吸引力。这就要求公共关系人员（尤其是高层负责人）具有敏锐的洞察力，积极的求异思维，丰富的想象力和良好的知识结构，以及良好的心理素质，无畏的探索精神和活跃的灵感，等等。

（2）积极的社会观和价值观

企业应具有自己的社会哲学观，不仅要在营销活动中树立一个良好的公民形象，同时还要关心社会问题，关心社会的公益事业，使企业在自身发展的同时也造福于民众和社会。现代企业不但要从事生产经营活动，获取盈利，还需要承担一定的社会责任和社会义务，以表明企业是社会大家庭的一员，要为社会的发展贡献自己的一份力量。这样做，不但有利于社会的进步与繁荣，还能为企业赢得社会公众的普遍好感。因此，企业在开展外部公共关系工作时，应当把搞好社会公益活动，为社会提供更多服务作为重要内容。

（3）诚实、公正的态度

企业应遵纪守法、买卖公平，服务周到。这种诚实的、正派的竞争态度和经营作风是企业形象的根基所在。

2. 外观形象

企业形象的树立主要是靠其内在精神素质的显现，同时也得力于公共关系的精心设计。这就要求公关人员善于运用一些便于传播、便于记忆的象征性标记，使人们容易在众多的事物中辨认，以此来加深外部公众对企业的印象。

（1）企业名称

有人认为这是树立企业形象的第一步。在商业中有这么一句老话叫"卖招牌"，因为招牌的好坏对于消费者的心理有一定的影响，它甚至会影响企业的经营效果。在新中国成立前，旧中国的一些企业对此是非常讲究的，它是集缄、鉴、训、应右铭于一体的一个缩小的广告。所以企业的名称应像给人取名那样有番讲究，而且易懂好记、清新醒目、寓意深刻；避免那种空洞、乏味、概念化而无特色的名称。一些拥有名牌产品的企业有意识将产品牌号与企业名称统一起来，也能收到相得益彰的效果。如美国可口可乐公司和它的可口可乐饮料；北京服装三厂生产长城牌风雨衣创出牌子后，就改名为长城风雨衣厂，这样，宣传长城牌风雨衣，既提高了产品的信誉，同时也相应地加深了人们对该企业的印象。

（2）企业广告

这是一种诉求手段，一切应以加深公众印象为主，它要调动一切因素来影响公众对企业所发出信息的主观选择意向。这种宣传企业自身的公共关系广告，要比产品广告更难取得成功。它要求广告的特色与企业的特色和形象相映协调，而且要适当在某个基调上加以重复，并不断变化内容与形式，以求信息的新鲜感，但同时又不离开一个固定的主题。总之，它要达到这样一种效果，即令人感觉似曾相识，同时又不得不刮目相看。

（3）企业的标志

它是现代设计的一部分，它包括商标和组织的徽标。由于它具有容易识别、记忆、欣赏和制作的特点，因而在保证信誉，树立形象，加强交流方面起着举足轻重的作用。它是企业良好形象的一部分，是企业无形的财产，其价值是可估算的。因而企业可以设计各具特色的标志作为自己的象征，用独到的艺术构思给人留下美好的印象，以达到加深公众感知的目的。

（4）代表色

心理学中曾指出，在感知上，颜色起着重要作用。一个企业可以选择某种固定色调，用于企业与外界交流的各个方面，如办公室、店铺、包装系统、广告、工作服装，等等，形成本企业特有的一种风格，从而在心理上加深公众的感知印象。

（5）环境设施

这点在商业企业显得尤为重要。商业企业舒适优美的环境布置、先进的营业设施能在生理上和心理上影响顾客和员工本身，进而直接影响到营业效果。

总之，企业形象的内容是全面的，它不仅仅是企业产品的形象，而且是企业总体文化的表现，涉及的因素比较多。因而作为形象设计的公共关系部门，应充分考虑企业自身的特点，以及公众的心理需求、兴趣和习惯，进行科学的规划和设计，以确保企业形象既完美，同时又与众不同，独具一格。

项目小结

企业文化是企业的灵魂，是推动企业发展的不竭动力。它包含着非常丰富的内容，其核心是企业的精神和价值观。企业文化是在一定的社会历史条件下，在企业生产经营和管理活动中所形成的，不同的企业、不同的背景其文化表现形式各有不同。本项目主要介绍了企业文化的内涵、功能，分析了构建企业文化的途径，最后阐述了在企业塑造企业形象中企业文化的重要意义。

课后讨论

1. 不同的企业文化将会对企业产生什么样的影响？
2. 某同学毕业后打算自己创业，建立自己的企业，那么试分析如何规划构建企业文化？

复习思考

1. 什么是企业文化？它有哪些特征？
2. 构建企业文化应遵循哪些原则？
3. 企业文化建设途径有哪些？
4. 企业形象表达的手段有哪些？

课后练习及答案

项目1　企业管理认知课后练习及答案

1. 如果你想开一个有限责任公司，该如何设立？
2. 如何理解管理的二重性？

1. 申请设立有限责任公司应向公司登记机关提交哪些文件？

答：（1）公司法定代表人签署的设立登记申请书；（2）全体股东指定代表或者共同委托代理人的证明；（3）公司章程；（4）依法设立的验资机构出具的验资证明，法律、行政法规另有规定的除外；（5）股东首次出资是非货币财产的，应当在公司设立登记时提交已办理其财产权转移手续的证明文件；（6）股东的主体资格证明或者自然人身份证明；（7）载明公司董事、监事、经理的姓名、住所的文件及有关委派、选举或者聘用的证明；（8）公司法定代表人任职文件和身份证明；（9）企业名称预先核准通知书；（10）公司住所证明；（11）国家工商行政管理总局规定要求提交的其他文件。

2. 公司章程的基本特征。

答：（1）法定性；（2）真实性；（3）自治性；（4）公开性。

3. 管理的具体职能有哪些？

答：（1）计划职能。

（2）组织职能。

（3）指挥职能。

（4）协调职能。

（5）控制职能。

（6）创新职能。

4. 科学管理理论的认识。

答：科学管理理论是泰勒和他的同事及其追随者对过去的管理思想进行全面系统地整理、总结而形成的一种管理理论。它有3个基本出发点。

（1）管理的根本目的——提高工作效率

科学管理的根本目的是谋求最高的工作效率，即提高劳动生产率，这是科学管理理论的基本出发点，是泰勒确定科学管理的原理、方法的基础。

（2）提高效率的手段——运用科学方法

用科学管理的方法来代替传统的经验管理，这是提高工作效率的重要手段。

（3）科学管理的实质是实现劳资双方的一次思想革命

科学管理的核心是要求管理人员和工人双方都实行重要的精神变革——心理革命。进行观念上的转变，双方将注意力从盈余的分配转向增加盈余的数量，双方友好合作、互相帮助，使盈余迅猛增加到没有必要为盈余的分配进行争吵的程度，从而达到科学管理的根本目的。

5.《第五项修炼——学习型组织的艺术和实务》中提及的组织学习需要的五项修炼是什么？

答：（1）自我超越；（2）改善心智模式；（3）建立共同愿景；（4）团队学习；（5）系统思考。

项目2 企业经营决策课后练习及答案

课后讨论 »

1. 讨论目标设定与决策的关系。

2. 各种决策方法的运用。

3. 根据学习本章内容，给自己的人生做一个规划。

课后练习 »

1. 企业管理决策的过程。

答：

前提：在影响工作业绩和效率的每一个领域建立目标 → 发现和分析问题：是否存在问题，什么原因造成的 → 确定决策指标，给指标分配权重 → 形成备选方案 → 评价和选择备选方案 → 实施方案 → 评估决策结果

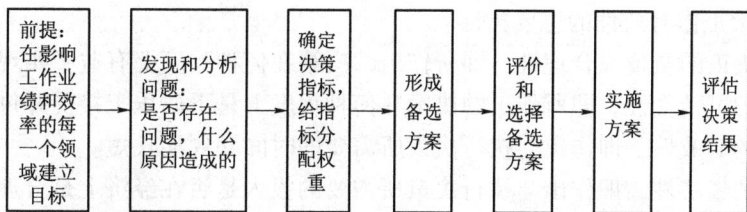

2. 目标设立的步骤。

答：（1）审视组织的使命，也就是组织的目的。

（2）评估可获得的资源。

（3）在制定目标时同时考虑相关的因素。

（4）写出目标。

（5）评估结果以判断目标是否达到。

3. 什么是目标的 SMART 原则？

答：（1）明确的（Specific）。

（2）可衡量的（Measurable）。

（3）可达成的（Achievable）。

（4）相适的（Relevance）。

（5）时间性（Time1iness）。

4. 平衡计分卡的基本思想。

答：企业必须通过创新与学习，持续改善内部运作过程，获得最大化的客户满意度，才能够获得良好的财务收益。这财务、客户市场、内部管理、学习与成长4个方面必须取得平衡，其本质是平衡企业的长期利益和短期利益。

5. 系统图的画法。

答：系统图的画法具体如下。

（1）写下一个大目标。

（2）写出实现该目标所有的必要条件及充分条件，作为小目标，即第一层树权。

（3）写出实现每个小目标所需的必要条件及充分条件，变成第二层树权。

（4）依此类推，直到画出所有的树叶——即时目标为止，才算完成该目标的分解。

（5）检查分解是否充分，即反之从叶子到树枝再到树干，不断检查。如果小目标均达成，大目标是否一定会达成，若是则表示分解已完成；若不是则表明所列的条件还不够充分，继续补充被忽略的树枝。

6. 关联图绘制方法和步骤。

答：关联图的绘制方法和步骤具体如下。

（1）提出认为与问题有关的所有因素。

（2）用灵活的语言简明概要地表达。

（3）把因素之间的因果关系用箭头符号作出逻辑上的连接。

（4）抓住全貌，检查有无不够确切或遗漏之处，复核和认可上述各种因素之间的逻辑关系。

（5）找出重点，确定从何处入手来解决问题。

7. 评价决策工作有效性的主要指标。

答：（1）决策的质量或合理性，即所作出的决策在何种程度上有益于实现组织的目标。

（2）决策的可接受性，即所作出的决策在何种程度上是下属乐于接受并付诸实施的。

（3）决策的时效性，即作出与执行决策所需要的时间和周期长短。

（4）决策的经济性，即作出与执行决策所需要的投入是否在经济上是合理的。

8. 运用概率进行决策的两种方法及具体操作。

答：收益矩阵法是先分别设定各个方案在不同自然状态下的收益，然后按客观概率的大小，加权平均计算出各方案的期望收益值，通过比较，从中选择一个最佳方案。决策树方法是以期望收益计算为依据，进行优选决策。所不同的是，决策树是一种图解方式，更适于分析复杂问题。首先，绘制树形图，然后，计算期望值，最后比较方案的期望值进行方案的取舍，最终决定最佳方案。

项目3　销售管理课后练习及答案

课后讨论

1. 如何有效调动销售队伍的积极性与团队合作意识？

2. 如何加强销售绩效管理?

课后练习

1. 销售团队规模设计方法主要有哪些?

答:销售团队规模设计方法有统计分析法、工作量法和增量分析法。

2. 销售培训的内容主要包括哪些?

答:(1)销售人员的心理素质和潜能培训。由于销售人员通常面对的是拒绝与挫折,因此,通过培训使销售人员永远充满自信和保持积极进取的心态显得尤为重要。

(2)专业销售技巧培训。销售是一门专业的科学,主要包括有销售前的准备技巧(了解推销区域、找出准客户、做好销售计划等)、接近客户的技巧(电话拜访客户、直接拜访客户、邮件拜访等)、进入销售主题的技巧、事实调查的技巧、询问与倾听的技巧、产品展示和说明的技巧、处理客户异议的技巧、如何撰写建议书的技巧及最后如何达成交易的技巧,等等。

(3)商品知识方面的培训。能够将产品的特性迅速转化成客户的利益需求点,这是专业销售员应该具备的基本素质。

3. 产品生命周期各阶段的主要特征和策略有哪些?

答:(1)产品生命周期主要包括:引入期、成长期、成熟期和衰落期4个阶段。

引入期。特征:利润低,甚至亏损;销量小且销售额缓慢增长。

策略:(1)控制投资规模,待销量有明显增加时才逐步扩大投资;(2)广告重点应放在知悉产品地存在和产品的利益、用途上,以便建立初级需求;(3)产品上市范围可全面铺开或先向区域市场;(4)定价和促销力度组合可形成快速高价策略、缓慢高价策略、快速低价策略和缓慢低价策略。

成长期。特征:产品被消费者接受销售额及利润迅速上升。

策略:改进产品质量、赋予新的特性等;进入新的细分市场,发展网点,扩大销售;提高品牌知名度,树立企业形象;降低价格,争取价格敏感顾客。

成熟期。特征:销量大,利润高。

策略:改进市场,即尽量再使用人数和用量上采取不同的策略;改进产品,如提高质量,增加性能,更新款式;改进促销组合,以适应激烈的市场竞争形势。

衰落期。特征:销售额迅速下降,利润也在下降甚至出现亏损。

策略:掌握时机立即退出市场或缓慢退出市场。首先要按照一定程序准确判断衰落期的产品;明确决定退出市场的方式和选择退出市场的时机。

4. 客户拖款的应对方法主要有哪些?

答:(1)限量发货法

限量供应客户所订的畅销产品,鼓励其他客户多销,迫使客户询问"为什么总是减少发货量"。销售员可以回答:"这种产品很畅销,公司的库存很少,其他客户都是现款提货,我们只能优先满足他们的订货需求。"

(2)情感法

销售员与客户建立良好的私人关系,说明自己的难处,请求客户协助回款。

(3)双簧法

销售员与同事配合，一个扮白脸一个扮黑脸，从消极和积极两个方面与客户沟通。

（4）声东击西法

制造假象让客户担心，使客户主动回款。例如，销售员频繁接触客户的竞争对手，让客户感到不解和担心，再通过第三方传出该客户回款不利的消息，促进客户回款。

（5）欲擒故纵法

销售员对客户提出的重要要求表示很难满足，暗示客户结清货款方可解决，促使客户主动回款。

项目 4　生产运营管理课后练习及答案

课堂讨论

1. 假设某一制造型企业，如何编制生产计划并开展生产运营活动？
2. 根据大家对当地企业的认识，讨论这些企业中现场管理方法的使用状况。

课后练习

1. 什么是生产运营管理？其目标是什么？

答：生产运营管理是指对企业生产/服务活动进行计划、组织和控制的总称。它包括生产系统设计与运行管理。生产运营管理的目标就是要使输出要素（产品或服务）在交货期、质量、成本、柔性和服务等几个方面都取得最优效果。

2. 生产计划的内容有哪些？

答：（1）生产什么东西——产品名称、零件名称；（2）生产多少——数量或重量；

（3）在哪里生产——部门、单位；（4）要求什么时候完成——期间、交期。

3. 在编制主生产计划时，应遵循哪些原则？

答：（1）最少项目原则：用最少的项目数进行主生产计划的安排。如果 MPS 中的项目数过多，就会使预测和管理都变得困难。

（2）独立具体原则：要列出实际的、具体的可构造项目，而不是一些项目组或计划清单项目。这些产品可分解成可识别的零件或组件。

（3）关键项目原则：列出对生产能力、财务指标或关键材料有重大影响的项目。

（4）全面代表原则：计划的项目应尽可能全面代表企业的生产产品。

（5）适当裕量原则：留有适当余地，并考虑预防性维修设备的时间。

（6）适当稳定原则：在有效的期限内应保持适当稳定。

4. 什么是现场管理？什么是定置管理？

答：现场管理就是指用科学的管理制度、标准和方法对生产现场各生产要素，包括人（工人和管理人员）、机（设备、工具、工位器具）、料（原材料）、法（加工、检测方法）、环（环境）、信（信息）等进行合理有效的计划、组织、协调、控制和检测，使其处于良好的结合状态，达到优质、高效、低耗、均衡、安全、文明生产的目的。

对生产与工作现场物品定量进行设计、组织、实施、控制，使现场管理达到科学化、规范化、经常化的全过程，就叫做"定置管理"。

5. 6S 管理的意义有哪些?

答:6S,是指通过提高人员素养,对生产现场不断进行整理、整顿、清扫、清洁,从而保障安全的活动。企业在生产过程中实施 6S 是为了消除工厂中出现的各种不良现象,改善产品品质,提高生产力。降低成本,确保准时交货,确保安全生产及保持员工的高昂士气。一般来说,实施 6S 可以为企业产生如下的效能:提升企业形象、增加员工归属感和组织的活力、减少浪费、安全有保障、效率提升、品质有保障。

6. 目视管理有什么特点?

答:(1)以视觉信号显示为基本手段,大家都能够看得见。

(2)要以公开化、透明化的基本原则,尽可能地将管理者的要求和意图让大家看得见,借以推动自主管理或叫自主控制。

(3)现场的作业人员可以通过目视的方式将自己的建议、成果、感想展示出来,与领导、同事及工友们进行相互交流。

所以说目视管理是一种以公开化和视觉显示为特征的管理方式,也可称为看得见的管理,或一目了然的管理。

7. 看板操作的使用规则有哪些?

答:看板操作的 6 个使用规则。

看板是 JIT 生产方式中独具特色的管理工具,看板的操作必须严格符合规范,否则就会陷入形式主义的泥潭,起不到应有的效果。

概括地讲,看板操作过程中应该注意以下 6 个使用原则。

(1)没有看板不能生产也不能搬运。

(2)看板只能来自后工序。

(3)前工序只能生产取走的部分。

(4)前工序按收到看板的顺序进行生产。

(5)看板必须和实物一起。

(6)不把不良品交给后工序。

8. ISO 9000:2000 的质量管理原则是什么?

答:(1)以顾客为关注焦点;(2)领导作用;(3)全员参与;(4)过程方法;(5)管理的系统方法;(6)持续改进;(7)基于事实的决策方法;(8)互利的供方关系。

9. 全面质量管理的工作程序如何?

答:PDCA 管理循环是全面质量管理最基本的工作程序,即计划—执行—检查—处理(Plan、Do、Check、Action)。这是美国统计学家戴明(W. E. Deming)发明的,因此也称之为戴明循环。这 4 个阶段大体可分为 8 个步骤,如图所示。

第一个阶段称为计划阶段,又叫 P 阶段(Plan)。

这个阶段的主要内容是通过市场调查、用户

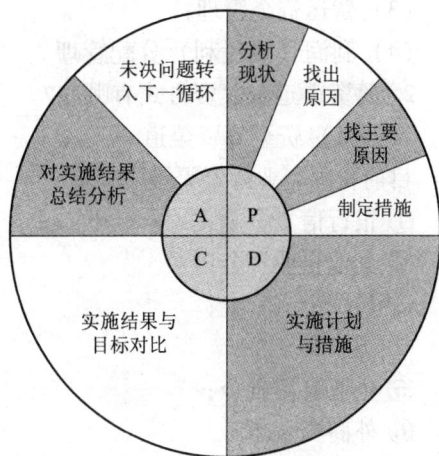

图 PDCA 循环

访问、国家计划指示等，摸清用户对产品质量的要求，确定质量政策、质量目标和质量计划等。

第二个阶段为执行阶段，又称 D 阶段（Do）。

这个阶段是实施 P 阶段所规定的内容，如根据质量标准进行产品设计、试制、试验，其中包括计划执行前的人员培训。

第三个阶段为检查阶段，又称 C 阶段（Check）。

这个阶段主要是在计划执行过程中或执行之后，检查执行情况，是否符合计划的预期结果。

最后一个阶段为处理阶段，又称 A 阶段（Action）。

主要是根据检查结果，采取相应的措施。

项目 5　财务管理课后练习及答案

课后讨论

1. 你是如何认识财务管理在企业管理中的地位和作用？

2. 如果毕业后打算从事财务管理工作，你认为应具备哪些财务管理知识和相关的知识，你觉得自己准备好了吗？

课后练习

1. 什么是财务管理？它的内容有哪些？

答：财务管理是基于企业再生产过程中客观存在的财务活动和财务关系而产生的，是组织企业各种财务活动、处理企业各方面财务关系的管理工作。

其主要内容有：

（1）资金筹集管理；

（2）投资管理；

（3）营运资金管理；

（4）利润（或股利）分配管理。

2. 筹资渠道与筹资方式有哪些？

答：（1）资金筹资渠道

目前我国企业筹资渠道主要有：

① 银行信贷资金；

② 其他企业资金；

③ 居民个人资金；

④ 国家资金；

⑤ 企业自留资金；

⑥ 外商资金。

（2）资金筹资方式

目前我国企业的筹资方式主要有：

① 吸收直接投资；

② 发行股票；

③ 利用留存收益；

④ 向银行借款；

⑤ 利用商业信用；

⑥ 发行公司债券。

3. 银行借款筹资的优缺点哪些？

答：（1）银行借款筹资的优点

① 筹资速度快。

② 筹资成本低。

③ 借款弹性大。

④ 易于企业保守商业秘密。

（2）借款筹资的缺点

① 财务风险大。

② 使用限制较多。

③ 筹资数额有限。

4. 吸收直接投资的优缺点。

答：（1）吸收直接投资的优点

① 有利于增强企业信誉。

② 有利于尽快形成生产能力。

③ 有利于降低财务风险。

（2）吸收直接投资的缺点

① 资金成本较高。企业经营状况较好和盈利较多时，支付的报酬就多，所以资金成本较高。

② 容易分散企业控制权。

5. 持有现金的成本有哪些？

答：企业持有现金，通常会发生以下 4 种成本。

（1）持有成本。现金的持有成本是指企业因保留一定数量现金而丧失的投资收益，即持有现金的机会成本。

（2）管理成本。企业持有现金发生的管理费用就是现金的管理成本。

（3）转换成本。转换成本是指企业把现金转换为有价证券及有价证券转换为现金时付出的交易费用。

（4）短缺成本。现金的短缺成本是指由于缺乏必要的现金，不能只为业务开支所需，而使企业蒙受损失或为此付出的代价。

6. 影响股利分配政策的因素有哪些？

答：公司在制订股利政策时，会受到多种因素的影响，这些因素主要有以下几个方面。

（1）法律因素。法律因素是指有关法律法规对股利分配的限制。

（2）公司因素。公司因素是指股份公司内部的各种因素及其面临的环境、机会而对股利政策的影响。主要包括现金流量、筹资能力、投资机会、资金成本、盈余稳定状况等。

（3）股东因素。股东出于承担的税负、拥有的投资机会及股权稀释、风险等方面的偏好，也会对公司的股利政策产生举足轻重的影响。

项目6　人力资源管理课后练习及答案

课后讨论

1. 公司人力资源管理与整体发展战略有何联系？
2. 公司如何制订人力资源规划？
3. 公司如何进行有效的人才招聘？
4. 人力资源管理中，如何有效地进行绩效管理的沟通？

课后练习

1. 人力资源的含义。

一是指一个国家或地区内，具有劳动能力人口的总和。

二是指在一个组织中发挥生产力作用的全体人员。

三是指一个人具有的劳动能力。

2. 人力资源管理的任务。

（1）促使员工将组织的成功当做自己的义务，进而提高员工个人和组织整体的业绩。

（2）确保各种人事政策和制度与组织绩效间的密切联系，维护人事政策和制度的适当的连贯性。

（3）确保各种人事政策与组织经营目标的统一。

（4）支持合理的组织文化，改善组织文化中不合理的地方。

（5）创造理想的组织氛围，鼓励创造性，培养员工积极向上的作风，并为合作、创新和全面质量管理的完善提供支持。

（6）创造灵活的组织体系，确保组织反应的灵敏性和强有力的适应性，从而协助组织实现竞争环境下的具体目标。

（7）确保并提高组织结构、工作分工的合理性和灵活性。

（8）为员工充分发挥潜力提供所得的支持。

（9）维持并改进员工队伍的素质，维护并完善组织的产品和服务。

3. 人力资源管理的功能。

（1）获取：包括招聘、考试、选拔与委派。

（2）整合：这是指使被招收的员工了解组织的宗旨与价值观，接受和遵从其指导，使之内化为他们自己的价值观，从而建立和加强他们对组织的认同与责任感。

（3）保持和激励：向员工提供奖酬，增加其满意感，使其安心和积极工作。

（4）控制与调整：评估他们的素质，考核其绩效，做出相应的奖惩、升迁、辞退、解聘等决策。

（5）开发：对员工实施培训，并提供发展机会。指导他们明确自己的长、短处与今后的发展方向和道路。

4. 工作分析的方法有哪些？

（1）问卷调查法（Questionnaire Method）——请员工填写调查问卷，然后分析问卷信息。

（2）关键事件法（Critical Incident Method）——识别并重点分析关键的工作事件（行为）。

（3）观察法（Observation Method）——观察工作过程，了解工作技能要求。观察执行任务时的一个工作样本即可。观察法主要用于分析通过一系列身体运动来完成任务的工作。

（4）访谈法（Interview Method）——采访熟悉所分析工作情况的员工或管理者，在交谈中获得关键信息。通常可以采用结构性的表格记录信息。

（5）职能工作分析法（Functional Job Analysis）——考察工作的各项职能与信息、人员和事务三方面关系的方法。

5. 面试类型与方法有哪些？

面试有多种类型和方法。常见的类型有三种。

第一种，结构化面试（Structured Interviews）：面试者按照预先确定的一份问题清单发问，对应试者的回答进行统一标准的评价。

结构化面试在不同评估者之间有较高的信度（多位评估者的评价结果易于达成一致），便于统一获取所有应聘者的必要信息。但是，结构化面试的限制因素较多，不利于获取结构化问题表格之外的相关重要信息。

两种常用的结构化面试是行为描述面试（Behavioral Description Interviews）和情境面试（Situational Interviews）。行为描述面试依据的理念是"对未来绩效的最好预测因子是过去绩效。"关键问题是设计出一套"行为描述面试题"。如何设计？首先要针对设计面试的工作进行彻底的工作分析，一定要揭示出这项工作所要求的具体知识、技能和能力是什么，以及"在职者履行工作职责需要作出的恰当而重要的行为是什么"。接下来要设计用于面试的问题，这些问题应该可以引导应试者作出令人满意的行为。比如，如果这项工作要求密切的团队合作，面试的问题可以要求应试者描述如果他们需要完成一个需要多种技能和能力的大型复杂项目，他们会怎么做。

情境面试，是指按照实际工作中会产生的情境提出问题的面试。假如面试的工作岗位是销售经理，可能要求应试者回答如何把某项新产品打入某个城市；面试的岗位是中学教师，可能要求应试者描述如果一位高二女同学的成绩最近突然下降，她（他）应该采取什么措施。情境面试一般由面试小组执行，每一位面试官独立评价，加总后取平均值即为应试者的总体评价结果。

第二种，半结构化面试（Semi-structured Interviews）：部分问题结构化的面试，即主要问题按照统一标准设计，次要问题有一定的自由发挥空间。面试前一般要制订计划，但在提问内容和方式上，可以灵活掌握。

第三种，非结构化面试（Unstructured Interviews）：面试者在一定的规范指导下，自选话题，随机提问，互动交流，从自由谈话中对应试者的特征与素质作出判断。专家们对非结构化面试褒贬不一。赞成者认为，以相对自由的方式，有利于应试者充分展示自己的内涵，便于判断应试者是否具有灵活性、创造性等特点。反对者认为，非结构化面试的结果，在应试者和面试者之间，往往有很大的差异。面试者之间的信度偏低（数位面试者对同一位应试者的评价结果，难以或无法取得一致意见或相近的评价结果），几乎不能获取有效或有价值的信息。为此，建议不要使用非结构化面试这一甄选工具。实际上，面试高手还是可以使用。

6. 在面试中常见的错误有哪几个方面？

（1）"晕轮效应"（Hallo Effect）。指面试者把对应聘者某一特征或行为（无论正面还是负面）的评价，推论到其他多方面或所有方面的一种不良现象。这是一种"爱屋及乌"、"株连九族"或"一人得道，鸡犬升天"式的评价行为。

（2）"对比效应"（Contrast Effect）——当面试者将应试者与前面几个应试者的表现相比较时就会发生。

（3）前后不一致。有时先松后紧，有时先紧后松。面试刚开始时，面试官精力充沛，思想集中，提问仔细，对应聘者的评价比较客观、准确。工作到后期，面试官很可能会筋疲力尽、思维混乱，只得快马加鞭、草草了事。观察发现，有不少机构的选拔面试要进行一整天，上午的评价显然要比下午的评价认真、准确和有效率。

（4）漫不经心。有些面试者有时会对应聘者表现出漫不经心的态度，使应聘者感觉到自己被冷落，结果对回答问题变得很消极。

（5）忽视非语言行为。应聘者上阵之前一般都有精心准备，面试时往往会表现得思维敏捷、对答如流，但其中不免有一些"表演"的成分。非语言的面部表情、肢体动作等特征，很可能承载着有价值的信息。"只记录语言内容、不收集非语言信息"的现象，在人力资源选拔面试中比较普遍地存在着，值得引起重视，注意纠正。

7. 培训的目标与作用。

（1）培训的目标

① 从根本目的来说，培训是满足企业长远的战略发展需求。

② 从职位要求来说，培训是满足职位要求，改进现有职位的业绩。

③ 从员工角度来说，培训是满足员工职业生涯发展的需要。

④ 从管理变革来说，培训是改变员工对工作与组织态度的重要方式。

⑤ 从响应环境来说，培训有利于员工更新知识，适应新技术、新工艺的要求。

（2）培训的作用

① 培训是调整人与事之间的矛盾，实现人事和谐的重要手段。

② 培训是快出人才、多出人才、出好人才的重要途径。

③ 培训是调动员工积极性的有效方法。

④ 培训是建立优秀组织文化的有力杠杆。

⑤ 培训是企业竞争优势的重要来源。

8. 影响职业规划的因素。

（1）个人特点

个性又称人格，原意是指戏剧演员在舞台上扮演角色所戴的面具，它代表剧中人物的某种典型心理，类似于京剧中的脸谱。传统心理学沿用这个含义，把一个人在舞台上扮演的种种角色的心理活动都看做个性的表现。所以，心理学中个性是指一个人种种行为的心理活动的总和。

美国的职业指导专家霍兰德基于自己对职业类型测试的研究，共发现6种基本的人格类型。

现实型（R）、研究型（I）、艺术型（A）、社会型（S）、企业型（E）、传统型（C）。

（2）气质类型

气质，从心理学上说，即人们进行心理活动或在行为方式上表现出来的强度、速度、稳定性和灵活性等动态的心理特征。它既表现在行为情绪上的快慢、情绪体验的强弱、情绪状态的稳定性及气质变化的幅度上，也表现在行为动作和语言的速度和灵活性上。与个性不同，气质与生俱来，每个人都有其固定的、与众不同的气质。苏联的生理学家巴甫洛夫把人的气质分为4种：多血质（活泼型）、胆汁质（兴奋型）、黏液质（安静型）、抑郁质（抑制型）。

（3）性格特征

性格是指在成长的过程中，受所处环境中的各种事物的影响，后天培养成的心理特征中的理性部分（性质），或者说性格是人对现实的态度和行为中比较稳定的、独特的心理特征总和。性格作为个性的一个方面，具有社会制约性，现实生活中的每个人都会感受到外界社会施加给他的影响，并对这种影响产生特定反应，从而形成自己的性格特征。

（4）个人能力

一般能力与职业选择

一般能力是指在不同种类的活动中表现出来的共同能力。包括观察能力（对实物券面和细致的分析能力）、思维能力（对事物的分析、综合、抽象和概括能力）、想象能力（包括在选想象和创造想象，它对人成功地进行一般活动是必需的）、记忆能力（指记忆的速度、准确性、巩固性和准备性等对人类知识的积累能力）等。一般能力可以通过智商（IQ）和情商（EQ）两个纬度去衡量。情商主要包括：认识自己的情绪的能力、妥善管理自己的情绪的能力、认知他人的情绪的能力、自我激励的能力、人际关系协调的能力。

特殊能力与职业选择

特殊能力是指从事某项专业活动的能力，也可称为一个人的特长。如语言表达能力、算术能力、空间判断能力、形态知觉能力、事物能力、动作协调能力、手指灵活度、手指灵巧度等。

9. 绩效与绩效管理的内涵。

在管理学领域的理论和实践中，"绩效"基本含义是"成绩和效果"，可以定义为"个人、团队或组织从事一种活动所获取的成绩和效果"。

实际上，绩效就是结果，就是收获，就是进展情况，是投入了要素之后的产出，付出了成本之后的收益。凡是有活动，就会有结果，即绩效。绩效有大有小，有好有坏。

绩效管理，就是在事关绩效事宜方面，开展4个环节的系列活动：计划——识别绩效、选择内容、确定标准、制订考评方案；组织——优化资源配置、有效落实考评方案；领导——做好指挥、协调工作；控制——监督实施过程，及时反馈信息，必要时作出调整。绩效管理活动由4部分组成：绩效计划、绩效考评、绩效反馈和绩效改进。联系到对绩效的界定，绩效管理概念可以定义为"对个人、团队或组织在从事一种活动中所获取的成绩和效果，进行系统性计划、考评、反馈和改进的过程"。

10. 决定薪酬的因素。

薪酬由内部因素和外部因素两类因素决定，包括以下几个方面。

（1）内部因素

① 组织薪酬政策。

② 组织支付能力。

③ 工作的价值。

④ 员工的利润贡献率。

（2）外部因素

① 人力资源市场信息。

② 地区薪酬水平。

③ 当地生活费用。

④ 法律规定。

⑤ 集体谈判能力。

项目 7　物流采购管理课后练习及答案

课后讨论

1. 采购部门设置的因素及各组织模式的对比分析。

2. 市场需求预测的主要方法和适用范围。

3. 如何选择供应商。

4. 采购谈判的技巧及采购合同签订应注意哪些方面？

课后练习

1. 采购的内涵。

采购是一项具体的业务活动，一般由采购员承担具体的采购任务。采购管理是企业管理系统的一个重要子系统，是指保障企业物资供应而对企业的整个采购活动进行的计划、组织、指挥、协调和控制活动。是企业战略管理的重要组成部分，一般由企业的中高层管理人员承担。

2. 采购的一般流程。

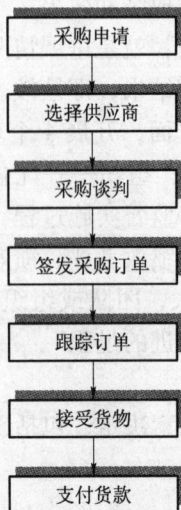

采购申请

↓

选择供应商

↓

采购谈判

↓

签发采购订单

↓

跟踪订单

↓

接受货物

↓

支付货款

3. 编制采购计划的目的。
（1）预计物料需用的时间和数量，防止供应中断，影响产销活动。
（2）避免物料储存过多，积压资金，占有库存空间。
（3）配合企业生产计划和资金调度。
（4）使采购部门事先准备，选择有利时机购入材料。
（5）确定物料的耗用标准，以便于管理物料的采购数量和成本。
4. 采购预算的含义。

企业受到客观条件的限制和制约，所能获得的可分配的资源和资金，在一定程度上是有限的。作为企业的管理者必须通过有效的分配有限的资源来提高销售率，以获得最大的利益。一个良好的企业不仅要赚取合理的利润，还要保证有良好的充分的资金流。因此，良好的预算既要注重实际，又要强调财务业绩。

预算就是一种用数量来表示的计划，是将企业未来一定时期内经营决策的目标通过有关数据系统地反映出来，是经营决策具体化、数量化的表现。

传统采购预算的编制是将本期应购数量（订购数量）乘以各项物料的购入单价，或者按照物料需求计划（MRP）的请购数量乘以标准成本，即可获得采购金额（预算）。为了使预算对实际的资金调度具有意义，采购预算应以现金基础编制，换句话说，采购预算应以付款的金额来编制，而不以采购的金额来编制。

5. 编制预算的方法。
（1）概率预算。
（2）零基预算。
（3）弹性预算。
（4）滚动预算。
6. 采购合同主要包括哪些内容？

合同、合约、协议等作为正式契约，必须条款具体、内容详细完整。一份买卖合同主要由首部、正文与尾部 3 部分组成。
7. 合同管理主要包括哪几方面内容？
（1）计划审查。
（2）合同审批。
（3）合同跟踪。
（4）缺料预测。

项目 8　构建企业文化课后练习及答案

课后讨论

1. 不同的企业文化将会对企业产生什么样的影响？
2. 某同学毕业后打算自己创业，建立自己的企业，那么试分析如何规划构建企业文化？

课后练习

1. 什么是企业文化？它有哪些特征？

答：企业文化，或称组织文化（Corporate Culture 或 Organizational Culture），是一个组织由其价值观、信念、仪式、符号、处事方式等组成的其特有的文化形象。

其特征：（1）历史性；（2）企业的"人化"；（3）具有明显的个性；（4）动态性。

2. 构建企业文化应遵循哪些原则？

答：（1）指导性原则；（2）主体性原则；（3）整体化原则；（4）求实性原则；（5）注重个异性；（6）不能忽视经济性。

3. 企业文化建设途径有哪些？

答：（1）坚持以人为本，调动员工积极性。

（2）结合实际，开拓创新，突出个性。

（3）培育优良的企业价值观。

（4）完善制度，实现文化创新。

（5）加强文化灌输，促进企业文化的习俗化。

4. 企业形象表达的手段有哪些？

答：主要包括以下几个方面。

（1）物质形象：这是指反映企业精神文化的物化形态，而不是指物质本身。比如企业的店徽、店旗、商标和特定的店面装饰、布置等等可以反映企业个性和精神面貌的直观形象。

（2）人品形象：不是指人的先天条件，而是指企业人员从后天学习的待人接物和工作上的行为态度等方面的表现。

（3）管理形象：是指管理行为的表现形式。如组织形态、工作程序、交接班制度、奖惩方式、领导指挥方式，等等。

（4）礼仪礼节：是指企业中人际关系的礼貌格式和庆典集会上的礼节规范。

（5）社会公益形象：是社会服务和赞助公益事业，包括支持关心文教、科研、慈善、卫生等事业的具体表现。

参 考 文 献

[1] 张建华. 杨频企业管理原理与实务. 苏州：苏州大学出版社，2007.

[2] 丁苹. 管理学原理与实务. 北京：北京交通大学出版社，2009.

[3] 纽约市公园及娱乐局实施"全面质量管理"技术. Steven Cohen and William Eimicke. Tools for Innovators. San Francisco：Jossey-Bass Publishers，1998：115 – 143.

[4] 梁全虎. 加强项目现场管理，提高项目管理效益. 山西建筑，2009，35（10）.

[5] 东跃明. 关于加强现场管理与基础工作的探索. 金山企业管理，2008（1）.

[6] 范兆馨，孙荣华，樊胜利. 浅谈技术型企业的现场管理. 金山企业管理，2008（1）.

[7] 杨莉. 工程项目施工的精益管理. 现代商业，2009（2）.

[8] 王冬梅. 基于精益管理思想的仓储中心作业优化. 物流科技，2009（1）.

[9] 吴焕林，赵明剑. 管理理论与实务. 北京：北京交通大学出版社，2009.

[10] 周三多. 管理学. 2 版. 北京：高等教育出版社，2005.

[11] 王绪君. 管理学基础. 北京：中央广播电视大学出版社，2001.

[12] 谢伟宁. 企业管理：知识与技能训练. 北京：北京交通大学出版社，2009.

[13] 孙永正. 管理学. 北京：清华大学出版社，2003.

[14] 刘信兆，魏树麾. 现代企业管理. 北京：北京交通大学出版社，2009.

[15] 史秀云. 管理学基础与实务. 北京：北京交通大学出版社，2010.

[16] 陈国生. 现代企业管理案例精析. 北京：对外经济贸易大学出版社，2006.

[17] 王占祥，申纲领. 新编企业管理. 北京：电子工业出版社，2009.

[18] 王关义，刘益，刘彤，李治堂. 现代企业管理. 北京：清华大学出版社，2004.

[19] 杨宗勇. 销售部高效工作手册. 广州：广东经济出版社，2009.

[20] 约翰斯顿，马歇尔. 销售管理. 黄漫宇，符大海，译. 北京：中国财政经济出版社，2004.

[21] 廖理. 企业管理新论. 北京：社会科学文献出版社，2004.

[22] 科恩. 营销计划. 刘宝成，译. 4 版. 北京：中国人民大学出版社，2006.

[23] 李先国. 销售管理. 4 版. 北京：中国人民大学出版社，2009.

[24] 撒母耳. 案例分析：管理学与市场营销学（英汉对照）：MBA 易学课本. 黎平海，译. 广州：暨南大学出版社，2005.

[25] 财政部注册会计师考试委员会办公室. 财务成本管理. 北京：经济科学出版社，2008.

[26] 张鸣，陈文浩，张月武. 财务管理. 北京：高等教育出版社，2007.

[27] 张玉英. 财务管理. 3 版. 北京：高等教育出版社，2008.

[28] 马元兴. 财务管理. 3 版. 北京：高等教育出版社，2008.

[29] 祝伯红，王发仁. 新编财务管理. 3 版. 大连：大连理工大学出版社，2008.

[30] 卢雁影. 财务分析. 北京：科学出版社，2009.